Edith Born

(gekauft i. J. 2008)

Als Barbara noch Waltraut hieß

»Die Spur führt nach Berlin«

Als Hanna Reitsch

Edgar Wallace: Mit Klaus Kinski

Glücklich mit Denis

Mit Michail Gorbatschow in Moskau

Haare ab!

Protest gegen Käfighaltung

Barbara Rütting

... und dennoch

Barbara Rütting

… und dennoch

Erfahrungen eines Lebens

Herbig

Bildnachweis
alle Fotos aus dem Privatarchiv der Autorin

Besuchen Sie uns im Internet unter
www.herbig-verlag.de

Schutzumschlag: Wolfgang Heinzel
Motiv: dpa
Herstellung und Satz: VerlagsService Dr. Helmut Neuberger
& Karl Schaumann GmbH, Heimstetten
gesetzt aus der 11 Punkt Minion
Druck und Binden: GGP Media GmbH, Pößneck
Printed in Germany
ISBN 3-7766-2364-0

Zärtlich gewidmet allem, was
Haut – Fell – Federn und Schuppen trägt
und glücklich sein will

Die Unterseite des Igels

Die Unterseite des Igels nämlich
ist weich.
Nur auf dem Rücken
trägt er die Stacheln.
Ich aber
habe nicht einmal da
welche.

Vorwort

Meine Memoiren soll ich schreiben? Ich, die ich total im Hier und Jetzt lebe? Vergangenes aufwühlen, längst Bewältigtes, Losgelassenes aufwärmen – kommt nicht in Frage, das tue ich mir nicht an. Plötzlich bin ich eine »Zeitzeugin«, werde gefragt: Wie war das denn damals, Kindheit in der Nazizeit, Kriegsende, Einmarsch der Russen, Flucht, Hochs und Tiefs des Schauspielerlebens, Festnahme in Mutlangen während der Blockade der amerikanischen Massenvernichtungswaffen, Ankettungsaktion gegen Tierversuche vor dem Schering-Konzern, als Vorreiterin für eine nachhaltige Lebensweise oft ausgelacht und verhöhnt, 30 Jahre Bauernhofidylle, erfolgreiche Buchautorin, Gesundheitsberaterin und mit 75 Jahren als Abgeordnete in den Bayerischen Landtag gewählt, für die Grünen, als Preußin ausgerechnet in den Bayerischen Landtag – wie fühlt man sich denn da? Ob ich für die Grünen kandidieren würde, wurde ich gefragt.

Klar, mach ich, kein Problem, ich bin ja ein hilfsbereiter Mensch. Was ich nicht wußte: Als sogenannter Promi sollte ich zwar Zugpferd sein, aber bloß nicht in den Landtag kommen!

Die alte Schachtel soll doch die Klappe halten, die wählt doch sowieso keiner, das war in etwa die Haltung der Grünen vor der Wahl. Man legte mir sogar nahe, das Mandat nicht anzunehmen.

Das wäre nun wirklich Betrug am Wähler gewesen. Dann der fast schüchterne Anruf: Du bist nun im Parlament die Älteste, der oder die Älteste eröffnet traditionsgemäß den Landtag … was meinst du …?

Klar, mach ich, kein Problem.

Sie toben durch das Leben, hat der Regisseur Kortner während der Dreharbeiten zum Film »Lysistrata« zu mir gesagt. Er hatte wohl recht.

Da ich nun mal Zeitzeugin bin, ging ich in den Keller und forstete etwa 1000 Tagebuchseiten durch. Ein ziemlich qualvoller Prozeß, in acht

Jahrzehnten läppert sich einiges zusammen. Auch mein Dasein wurde von sogenannten Liebesbeziehungen geprägt. Bei Durchsicht der Aufzeichnungen konnte ich allerdings nur den Kopf schütteln, so absurd das ewige In-Liebe-und-wieder-heraus-Fallen, die ständige Wiederholung alter Verhaltensmuster. Wann, wo, mit wem und wenn nicht, warum nicht – diese spannenden Geschichten habe ich hier ausgeklammert. Nur einige Fallbeispiele zum Schmunzeln und/oder Kopfschütteln im Kapitel »Und die Männer?«.

In dem unvergeßlichen Film »Das Spiel ist aus« läßt Sartre einen seiner Protagonisten sinngemäß äußern: Es ist fast unmöglich, einen anderen Menschen vorbehaltlos zu lieben. Aber versucht es, versucht es immer wieder. Auch deshalb der Titel meines Buches: … und dennoch.

November 1997: Auszüge aus einem Interview zum 70. Geburtstag

Man kennt Dich als Schauspielerin, Buchautorin, engagierte und unbequeme Tierschützerin. Zurückblickend – was, kannst Du sagen, waren Deine Erlebnisse, die Dich immer wieder veranlaßten, neue Wege einzuschlagen?
Mein Interesse an Menschen-, Tier und Umweltschutz besteht seit meiner Kindheit. Ich leide am Helfersyndrom. Einer meiner Brüder berichtete mir von einer Episode, die ich vergessen hatte: Meine Eltern machten sich große Sorgen, weil ich eines Tages nicht wie üblich von der Schule nach Hause kam. Was war passiert? Ich hatte einer alten Frau den schweren Koffer vom Bahnhof bis in das vier Kilometer entfernte Dorf getragen, in dem sie wohnte.
Als ich 15 Jahre alt war, bekam meine Mutter zu uns drei Kindern noch Zwillinge. Ich führte damals den gesamten Haushalt, war eine perfekte Kinderschwester. Als Älteste hatte ich immer die Verantwortung nicht nur für meine jüngeren Geschwister, sondern auch für eine ganze Schar anderer Kinder. Die Eltern sagten: Wenn die Waltraut – ich hieß ursprünglich Waltraut – wenn die Waltraut dabei ist, darfst Du mitgehen. Ich war immer das artige, vorbildliche Kind. Erst jetzt leiste ich es mir, unartig zu sein, aufmüpfig zu sein. Tut richtig gut.

Doch zuerst warst Du bei Film und Theater erfolgreich …
Mein Interesse galt von Anfang an mehr dem Theater als dem Film. Ich wollte mich als heilige Johanna auf der Bühne für die Menschheit opfern, andererseits aber wohl auch dem »normalen«, dem durchschnittlichen Leben entfliehen, hinein in die Traumwelt der Bühne, wo es leichter ist, heftig und abenteuerlich zu leben. Da ich meinen Lebensunterhalt hauptsächlich mit Blutspenden bestritt – monatlich $^{1}/_{2}$ Liter Blut für 30,– DM und ein warmes Mittagessen –, gab ich 1952 bei der Ufa in Berlin-Tempelhof ein paar Fotos ab, in der Hoffnung, als Komparsin engagiert zu werden und – bekam prompt eine Hauptrolle, ein Flüchtlingsmädchen in dem Film »Postlagernd Turteltaube«. Ich brauchte gar nicht zu spielen, nur zu sein, was ich war – nämlich ein Flüchtlingsmädchen.

Für den zweiten Film, in dem ich eine russische Soldatin spielte, die sich in ihren amerikanischen Gefangenen verliebt und ihn laufenläßt, nur eine 5-Tage-Rolle, erhielt ich gleich den Bundesfilmpreis als beste Nachwuchsschauspielerin. Damit war meine Karriere als Verkörperung leidenschaftlich liebender Frauen besiegelt. Es folgten insgesamt 45 Filme, wie »Die letzte Brücke«, »Canaris«, »Die Geierwally«, »Heideschulmeister Uwe Karsten«, »Die Schatten werden länger«, »Operation Crossbow«, und die berühmten Krimis von Edgar Wallace sowie eine Reihe Fernsehspiele. 1956 debütierte ich dann am Theater in Krefeld mit »Die Tochter des Brunnenmachers«. Ja, und dann folgte auf der Bühne eine Neurotikerin nach der anderen: Fräulein Julie von Strindberg, Hedda Gabler, die Fürstin Eboli, Lady Macbeth, die Marie im »Wozzeck«, die Tochter im »Postmeister« von Puschkin, die ehrbare Dirne, die ich insgesamt 250mal spielte, die Martha in »Wer hat Angst vor Virginia Woolf«, einige Komödien wie »40 Karat«, »Der Widerspenstigen Zähmung«, die Mutter Courage von Brecht – an allen großen deutschsprachigen Schauspielhäusern und auf Tourneen. Ich habe mich nie an ein Theater gebunden, war immer frei.
Mich interessiert einfach, was Lebewesen an- und umtreibt. Als Kind wollte ich zunächst Verkäuferin im Krämerladen des Dorfes werden, in dem meine Eltern Lehrer waren, dann Gärtnerin und schließlich Ärztin – diesen Plan machte das Kriegsende zunichte, als ich mit einem Rucksack in Flensburg stand und mich durchschlagen mußte, zunächst als Dienstmädchen in einer dänischen Familie, später in der dänischen Bibliothek und dann als Fremdsprachenkorrespondentin in Kopenhagen, wo die Idee geboren wurde, Schauspielerin zu werden.
Als Schauspielerin muß man ständig die Seelen der Personen ergründen, die man darstellt. Eines Tages merkte ich, daß meine eigene Seele Schaden nimmt, wenn ich ständig in andere hineinschlüpfe, und beendete die Schauspielkarriere mit meiner üblichen Radikalität, in doppelter Hinsicht: schnitt mir die gefärbten Haare bis auf die Wurzeln ab, weil auch für Haarfärbemittel Tierversuche gemacht werden – und schnitt gleichzeitig meine Schauspielkarriere ab. Ich hab das keine Sekunde bereut. Ich hatte nie den Ehrgeiz, auf der Bühne zu sterben. Kann Wiederholungen nicht ausstehen. Muß immer etwas Neues wagen.

Der 70. Geburtstag – eine Zeit zum Zurückblicken und Zwischenbilanzziehen.
Ich blicke nie zurück, lebe total in der Gegenwart. Mein Leben war gut so, wie es war. An meinem 60. Geburtstag habe ich gesagt, ich bin entschlossen, die kommenden Jahre zu den schönsten meines Lebens zu machen, und das ist mir gelungen – schön nicht im Sinne von gemütlich, im Gegenteil, ich habe mehr gearbeitet, mir mehr zugemutet als je zuvor und damit auch mehr Höhen und Tiefen erlebt.
Was ich anders machen würde, wenn ich die Gelegenheit dazu hätte? Da ich Wiederholungen nicht ausstehen kann, würde ich natürlich alles anders machen und wäre begierig auf neue Erfahrungen.
Was ich noch erreichen möchte: Daß eine Öko-Siedlung entsteht, wie ich sie in Österreich zu realisieren versuchte, eine Siedlung, in der Jung und Alt, Mensch und Tier in ökologisch intakter Umwelt liebevoll miteinander lebt – Alte nicht ins Altersheim, elternlose Kinder nicht ins Kinderheim, herrenlose Tiere nicht ins Tierheim müssen, also eine Gemeinschaft, in der diese drei Ghettobewohner miteinander leben – die Menschen vegetarisch, bei den Tieren wird es noch ein Weilchen dauern, bis, wie im Bibelspruch, das Zebra neben dem Löwen liegt und beide Gras fressen.

Hast Du Angst vor dem Tod?
Angst vor Alter und Tod habe ich überhaupt nicht. Vor Jahrzehnten sagte ich in einem Interview sogar »Aufs Sterben freue ich mich«, was ziemliches Entsetzen hervorrief. Sicher wäre es schlimm, lange leiden zu müssen. Aber auch ein solches Leiden würde ich als Möglichkeit annehmen, mich zu entwickeln – es jedenfalls versuchen. In der chinesischen Sprache gibt es angeblich das gleiche Wort für die Begriffe »Krise« und »Chance«. Bisher habe ich mich erfolgreich bemüht, die Schicksalsschläge in meinem Leben als Chancen für meine Entwicklung zu nutzen, demütiger zu werden, wesentlicher, liebevoller.

Woran glaubst Du?
Ich glaube an nichts, halte aber auch nichts für unmöglich. In der ehemaligen DDR soll ein Kind seine Mutter gefragt haben: »Weiß der liebe Gott, daß wir wissen, daß es ihn nicht gibt?« Wenn mir jemand

erzählt, er oder sie habe mit Engeln gesprochen, so werde ich nicht denken, diese Person gehört ins Irrenhaus, sondern werde es für möglich halten, daß dieser Mensch vielleicht feinfühliger ist als ich und Dinge erfährt, für die ich (noch) nicht reif bin.
Karma hin oder her, ich versuche, in diesem Erdenleben so wenig Leid wie möglich zu verursachen, soviel wie möglich dafür zu tun, daß es auf diesem Planeten etwas liebevoller zugeht, also das berühmte Apfelbäumchen zu pflanzen, immer wieder, auch wenn morgen die Welt unterginge. Ich gehöre keiner Religion an, weil ich schon als Kind erkannte, daß alle Religionen, ausgenommen die buddhistische, eine Blutspur hinter sich herziehen und sich die Menschen ständig im Namen Gottes die Köpfe abschlagen, weil sie meinen, nur ihr Gott sei der richtige.

Zu Deinem täglichen Leben gehört auch die Abwechslung von Aktivität und Passivität, von körperlicher Bewegung und Meditation. Welche der vielen Meditationstechniken und welchen Sport übst Du aus?
Ich mache täglich morgens seit meinem 17. Lebensjahr 15 bis 20 Minuten Yoga. Als Meditation verwende ich unterschiedliche Techniken. Nach dem »Scheitern« meines Dorfprojektes hat mir die »Transzendentale Meditation« sehr geholfen, wieder zu schlafen, auf die Beine zu kommen, mit dem Schmerz fertig zu werden, wieder zu gesunden. Später kamen die wunderbaren kathartischen Meditationsübungen von OSHO dazu, den ich für den größten Therapeuten des Jahrhunderts halte, weil er es meisterhaft verstand, westliche und östliche Techniken miteinander zu verbinden. Wenn ich lange an der Schreibmaschine gesessen habe, ist die »Kundalini« phantastisch. Wenn ich mich ungerecht behandelt fühle oder den ganzen Wahnsinn dieser Welt überhaupt unerträglich, brülle ich meine Verzweiflung in der »Dynamischen Meditation« hinaus. Eine besonders großartige Meditationsform ist die »Mystic Rose«, die ich im nächsten Jahr in Indien lernen werde, um dann als Trainerin – natürlich gemeinsam mit einem nach westlichen Kriterien ausgebildeten Therapeuten – Menschen zu helfen, unterdrückte Tränen und Wut in Lachen und Weinen zu transformieren.
Ich gehe viel mit meinen Hunden spazieren, bei jedem Wetter. Zu mehr Sport reicht die Zeit leider nicht.

Welche Stärken hast Du, und welche hättest Du gern? Welches sind Deine Schwächen? Hast Du ein Laster? Ißt Du immer 100%ig gesunde Sachen? Was ißt Du am liebsten, und/oder was bereitest Du am liebsten zu?
Die Stärken eines Menschen sind ja gleichzeitig auch seine Schwächen. Ich z.B. bin ein enorm großzügiger Mensch, mit tollkühnen Ideen, die ich sofort verwirklicht sehen will. Das bedeutet, daß ich extrem ungeduldig bin. Etwas mehr Geduld und Gelassenheit wäre gut. Das zu erreichen, daran arbeite ich. Zu meinen Stärken zähle ich Mut und Zähigkeit, die Fähigkeit, Menschen zu begeistern, Freude zu verbreiten, große Flexibilität und Toleranz – Eigenschaften, die von anderen als Schwäche, sprich Wankelmütigkeit, ausgelegt werden: Gestern hast du doch aber gesagt …
Ich bin ein typischer Skorpion, Aszendent Zwillinge, heftig, mit ausgesprochenem Gerechtigkeitssinn. Ein zuverlässiger Freund.
Laster? Wüßte ich keines. Im Essen bin ich sehr diszipliniert, habe mich so programmiert, daß, was mir nicht guttut, mir auch nicht schmeckt. Ich versuche, möglichst Lebensmittel aus ökologischem Anbau zu verwenden. Da ich kein Fleisch esse, lebe ich dennoch sehr billig – obwohl der Wein, den ich sehr gerne trinke, ökologischem Anbau entstammt. Ich koche sehr einfach. Suchtverhalten entwickle ich bei Pellkartoffeln mit Butter und Salz.

Was treibt Dich an? Wie überwindest Du Frust und Resignationsgedanken? Gibt es nach Deiner Meinung überhaupt noch eine Chance für die Menschheit?
Es muß so etwas sein wie der »Kategorische Imperativ«, das Sich-verpflichtet-Fühlen, eben das berühmte Apfelbäumchen zu pflanzen. Als ich begann, mich so intensiv auf das Thema Tierversuche einzulassen, habe ich wochenlang nur geweint, so daß ich einmal ein Fernsehteam wegschicken mußte. Das Leben wird nie mehr, wie es vorher war, wenn man die Herausforderung annimmt, etwas gegen diese Greuel zu tun, und nicht, wie die meisten Menschen, verdrängt und wegschaut.
Als ich einmal dachte, ich gebe auf, ich halte es nicht mehr aus, erhielt ich einen Brief von einem Wiener Eisenbahner. Ich muß die Käfige mit den Versuchstieren umladen, schrieb er, die Tiere sind halb verendet, haben sich gegenseitig angenagt vor Verzweiflung – wenn ich meinen

Mund aufmache, verliere ich meinen Job. Wenn Sie, als Prominente, Ihren Mund aufmachen, hören die Menschen eher hin. Ich flehe Sie an, geben Sie nicht auf!
Seither begreife ich diese ganze sogenannte Prominenz als Verpflichtung, meinen Mund aufzumachen, wenn es darum geht, auf die Leiden von Lebewesen aufmerksam zu machen.

Eva Schachinger

Als ich ein Kind war …
Erinnerungen an Wietstock

Wietstock am Nuthegraben. Das bedeutet für mich: Eine unbeschwerte glückliche Kindheit mit vier jüngeren Geschwistern, drei Brüdern und einer Schwester. Vater und Mutter sind Lehrer an der Zwergschule des kleinen Dorfes, alle Kinder von 6 bis 14 Jahren sitzen in einem Raum. Aufregend und angstfrei der Unterricht. Möchte ein Kind gern wissen, wie denn das Flugzeug überhaupt fliegen kann, das da gerade über das Dach der Schule braust und notlanden muß, so läßt der Herr Lehrer Stundenplan Stundenplan sein und den ganzen Vormittag wird über das Fliegen und alles, was dazugehört, diskutiert. Kein Kind, das sich nicht auf den Unterricht freut. Gelernt wird, ohne daß man es merkt. Vater ist ein großartiger Lehrer, damals schon eine Mischung aus Waldorf- und Montessori-Pädagoge. Beglückend die Arbeit im Kräutergarten der Schule, die Wanderungen auf Fontanes Spuren durch die brandenburgische Landschaft, der Duft von sonnentrockenen Kiefernnadeln in der Nase, Indianerspiele am Rötepfuhl, die abendliche Hausmusik – Vater spielt Geige, Mutter Klavier, am liebsten Schubert, wir Kinder Flöte.

Unser Leben ist einfach und gesund. Das Gemüse wächst im eigenen Garten, Vater schleudert den Honig unserer Bienen. Da ist der Duft von Bienenwachs und Jelängerjelieber, meiner Lieblingspflanze auch heute noch, die sich an der Geißblattlaube emporrankt, der Geruch von Teltower Rübchen, Mutters ansteckendes Lachen, sie kann lachen, bis ihr die Tränen kommen, das habe ich von ihr geerbt.

Beginnt man, in den Erinnerungen zu graben, tauchen immer mehr kleine Bruchstücke auf. Alle 14 Tage kam ein Friseur ins Dorf, um den Leuten die Haare zu schneiden. Dieser Herr Knöfeld hatte mir weder jemals die Haare geschnitten, noch mir sonst irgend etwas Schreckliches

angetan. Aber kaum wurde ich des allmählich völlig verstörten Mannes ansichtig, rannte ich laut schreiend die ganze Dorfstraße entlang bis nach Hause. Kein Mensch hat je erfahren, warum. Es ist mir selbst ein Rätsel. Jedenfalls wußte dann das ganze Dorf: Der Friseur ist da!
Da gab es die Leinölfrau und den Plundermann mit Schimmel und Planwagen, der allen möglichen Nähkram verkaufte; eine Frau, die mit einer riesigen Kiepe auf dem Rücken daherwandelte und Bettler, die ihr Hab und Gut im Kinderwagen mit sich führten, aber sehr zufrieden schienen.
Wietstock am Nuthegraben – wenn ich gefragt werde, wo ich geboren wurde, betone ich jedesmal: Nicht in Wittstock an der Dosse, nein, in Wietstock am Nuthegraben bitte!
Wietstock, das bedeutet auch Paddelbootfahrten auf dieser Nuthe, quakende Frösche und Störche – ja, damals gab es noch Störche! Und die erste Theaterrolle meines Lebens bei einer Schulaufführung war die einer Störchin.
Ich stolzierte im Stechschritt, mit schwarzweißem Oberteil und roten Strümpfen ausgestattet, über die Bühne und sang dazu:

Auf unsrer Wiese gehet was
watet durch die Sümpfe
es hat ein schwarzweiß Röcklein an
und trägt rote Strümpfe
Mit den Flügeln klapp klapp klapp
mit dem Schnabel schnapp schnapp schnapp
seht es ist Frau Störchin!

Mit diesem Auftritt begann gewissermaßen meine Schauspielkarriere. In Wietstock an der Nuthe.
Aber auch der Friedhof gleich neben unserem Schulhaus sollte mein Leben prägen und mir für immer das Wissen um die Vergänglichkeit alles Lebendigen in die Seele brennen, die Allgegenwart des Todes. Schon die kleine Waltraut erlebt die vielen Beerdigungen mit, sieht, wie aus einem Grab, das für einen neuen Toten freigeschaufelt wird, eine unversehrt gebliebene Puppe zum Vorschein kommt. Sie hatte der Schwester der Großmutter gehört, die früh gestorben war. Und da Wal-

traut im Zeichen Skorpion geboren wurde, fällt ihr Geburtstag häufig auf den Totensonntag oder den Bußtag, ein Tag, an dem es immer ungemütlich naßkalt ist, schwermütiger November eben.
Vielleicht saß ich deshalb so gern auf meinem Lieblingsplatz in unserem großen Apfelbaum und träumte mich in die große weite Welt. Die lernte ich dann ja auch gründlich kennen, die große weite Welt. Und habe mich oft zurückgesehnt nach der kleinen Welt, nach Wietstock an der Nuthe.
Vater war ein wunderbarer Lehrer, ist aber Nationalsozialist gewesen. Aus Blauäugigkeit vermutlich. Unsere sanfte Mutter konnte das offenbar nicht verhindern. Ich habe nicht mehr mit ihm über diesen seinen katastrophalen und verhängnisvollen Irrtum sprechen können, der ihn schließlich das Leben gekostet hat. Die Trauer darüber wird mich nie verlassen.
Als ich vor kurzem wieder einmal in Wietstock war, besuchten wir auch den Friedhof, meine Geschwister und ich. Auf einem Grabstein stand der Name Ernst Zander. Und da fiel mir nach fast 50 Jahren das Gedicht wieder ein, das Vater verfaßt und das ich als kleines Mädchen zur Hochzeit dieses Ernst Zander aufgesagt habe:

Es kam ein Bursch aus Pommernland,
Ernst Zander wurde er genannt.
Ernst Zander mochte nicht alleine bleiben,
ihm hat es Schulzen Ella angetan.
Wo Liebe so zwei Herzen aneinander bindet,
da fängt ein neues, schönres Leben an.
Mocht Mutter Schulze auch erst schimpfen,
Ella und Ernst sind Frau und Mann,
und haben Hindernisse überwunden,
die nur die Liebe überwinden kann.
So haltet fest, was Ihr gewonnen.
Was Liebe schuf,
kann nur die Treue Euch erhalten.
Dies ist mein Wunsch.
Mag hier im Beister-Schulze-Zander-Haus
bei Alt und Jung des Himmels Segen walten.

Zwölf Jahre alt war ich, als der Krieg ausbrach. Drei Jahre lang hatte ich bereits voller Stolz die Uniform der Hitlerjugend getragen. Als Klassensprecherin protestierte ich gegen die Fortsetzung des Englischunterrichts: wir wollten doch nicht die Sprache unserer Feinde lernen!
Aus der Kinderbeilage einer Hausfrauen-Fleischer-Zeitung hatte ich ein Gedicht abgeschrieben. Das betete ich jeden Abend vor dem Einschlafen. Die zweite Strophe lautete:

Doch das schönste Engelein
mit dem lichten Gottesschein
und dem silbernen Gefieder
sende unserm Hitler nieder.
Es behüte seinen Schlummer
und verscheuch ihm allen Kummer,
daß er morgens froh erwache
und sein Deutschland glücklich mache.
Lieber Gott mit starker Hand
schütze unser deutsches Land.
Amen.

Es folgte eine Gewissensfrage, die ich mir selbst auferlegt hatte. Nacheinander stellte ich mir meine gesamte Familie vor, die ich sehr liebte: Vater, Mutter und vier kleinere Geschwister, wäre ich bereit, sie alle für Führer und Vaterland zu opfern, wenn es sein müßte? Ich bin bereit, entschied ich jeden Abend aufs neue. Dann schlief ich ein. Wir waren wohl genau das, was man sich unter einer deutschen Familie vorstellt: gemütvoll, mit Hausmusik abends und Gedichtelesen.
Vater: Volksschullehrer in einem Dorf von 300 Einwohnern in der Nähe Berlins; aus sehr kleinen Verhältnissen.
Sein Vater, ein armer Berliner Schuhmacher, war an Schwindsucht gestorben und hatte seinen Kindern eine seiner Lebensregeln mit auf den Weg gegeben: »Laßt euch nie mit Juden ein.« Vater hatte sich autodidaktisch zum Volksschullehrer emporgearbeitet, war aus der Kirche aus- und in die Nationalsozialistische Partei eingetreten. Die Kellermisere zu Hause hatte in ihm Sehnsucht nach dem Lande, nach einem

gesunden »Blut- und Boden-Leben« erweckt. Die Partei versprach, ihm das zu bieten. Vater rauchte und trank nicht. Er schrieb ein Buch, das er im Selbstverlag herausbrachte: »Pädagogik als angewandte Biologie«. Er widmete das Buch »dem Führer« – doch die Partei verbot es: wegen kommunistischen Gedankenguts. Er vertrat darin die Ansicht, erworbene Eigenschaften seien vererbbar und die Umwelt bestimme den Charakter des Menschen. Das paßte den Rassenfanatikern nicht.

Mutter: aus großbürgerlicher Familie, wahrscheinlich schon deshalb gegen die Partei, aber auch aus religiösen Gründen. Sie ging zur Kirche, spielte sonntags in der Dorfkirche die Orgel. Wenn es zu Hause Differenzen gab, dann nur wegen der Partei. Ich liebte meinen Vater abgöttisch und übernahm blindlings jede seiner Ansichten. Immer. Als Mutter eines Nachts wieder einmal alle ihre fünf Kinder in den Luftschutzraum gebracht hatte und die Bomben niederhagelten, sagte sie verzweifelt: Wenn bloß der Krieg zu Ende wäre, ganz egal wie!

Ich weiß nicht mehr, habe ich es nur gedacht oder habe ich ihr geantwortet: für das, was du da eben gesagt hast, müßte man dich anzeigen. Ich habe sie nicht angezeigt. Aber ich habe es gedacht.

Daß die Juden unerwünscht waren, wußte ich. Ich hatte nie einen Juden gesehen. Bei uns im Dorf gab es keine, doch ein benachbarter Gutshof gehörte einer jüdischen Familie. Deren Tochter war ungefähr so alt wie ich, ging aber nicht mit uns zur Schule, sondern wurde von einer Erzieherin unterrichtet. Ich kannte das Mädchen nicht. Eines Tages marschierten wir in unseren Uniformen am Gut vorbei und mußten ein Lied singen, in dem eine Stelle vorkam »die Juden heraus«. Als ich mir vorstellte, das kleine Mädchen könnte uns singen hören, war ich verstört. Es tat mir leid. Später war die Familie nicht mehr da. Nach England gefahren, hieß es …

Als der Krieg zu Ende ging, war ich sechzehn. Ende April 45 war es, als ein Mann bei uns auftauchte, mit dem Vater früher befreundet gewesen war. Dieser Mann, ein Journalist, war als Anti-Nazi nach Dänemark emigriert, dort von der Gestapo verhaftet worden und hatte drei Jahre lang im Berliner Gefängnis Plötzensee gesessen, zum Tode verurteilt. Aus dem Gefängnis heraus wurde er für den Volkssturm mobilisiert. Er flüchtete, erschien bei uns und bat meinen Vater, ihn bis »zur Befreiung«, wie er sich zu meinem Entsetzen ausdrückte, zu ver-

stecken. Mein Vater, obwohl Parteimitglied, versteckte den Mann tatsächlich. Er riskierte Kopf und Kragen. Ich wußte nicht ein noch aus. Der Mann tat mir leid. Ich fand es richtig, daß wir einen zum Tode Verurteilten nicht fortschickten. Aber er war für mich ein Verräter. Noch eine Woche vor der Kapitulation war ich fest davon überzeugt, »unser Führer« würde ein Wunder vollbringen. Daß wir den Krieg verlieren könnten, erschien mir unmöglich; denn natürlich glaubte ich, daß es ein gerechter Krieg war und daß man gerechte Kriege gewinnt. Aber eines Tages mußte ich, als der Geschützdonner näher kam, in unseren Garten gehen und die Zeichen meiner Jungmädelzugehörigkeit, Schlips und Knoten und ewas Literatur über »unsere Kolonien« und die Gebiete in Polen vergraben, überzeugt, daß nicht nur ich das alles eines Tages wieder ausgraben, sondern daß auch unser Führer alles wieder zurückerobern würde, »was uns zustand«.
Der alte Vater unseres Emigranten, den wir inzwischen auch bei uns aufgenommen hatten, sah mir bei meiner »Grablegung« zu und spuckte hinter mir aus.
In endlosen Gesprächen nachts im Luftschutzkeller erzählte unser Flüchtling namens Hans Rütting, bleich und noch in der Erinnerung vor Aufregung zitternd, von seinen Erlebnissen in Dänemark und im Gefängnis, von Judenverfolgungen und Konzentrationslagern. Vater war stumm. Ich voller Abwehr und Haß. Ich weigerte mich, das alles zu glauben. Die Welt, in der ich bisher gelebt hatte, war die einzig mögliche Welt. Die ließ ich mir nicht so einfach zerstören. Eine Welt, in der es keinen Führer gab und nicht meinen Glauben an ihn, konnte ich mir nicht vorstellen. Darum durfte sie nicht sein.
Dann war es soweit. Ein wunderbarer Frühlingstag. Wir saßen im Luftschutzkeller; hörten die ersten russischen Panzer über die Straßen rattern, die ersten russischen Laute.vor dem Haus – dann betrat der erste russische Soldat den Keller, in dem wir uns alle mit erhobenen Händen aufgestellt hatten. Er suchte uns nach Waffen ab und zielte zum Spaß mit seiner Maschinenpistole auf meine Großmutter, lachte dröhnend über unsere Angst und küßte meine kleine Schwester. »Die Russen sind also gar nicht so schlimm, wie wir gefürchtet hatten!« stellten wir erleichtert fest, um so mehr als wir durch das Kellerfenster hindurch einen anderen Soldaten und eine Soldatin mit semmelblonden

Zöpfen über unser Tulpenbeet springen sahen; ganz offensichtlich wollten sie die Blumen nicht zertreten.
Wir wagten uns also nach oben in die Wohnung. Die Soldaten, die nun kamen, waren betrunken und verlangten Alkohol. Wir hatten keinen. So ging mein Vater in seiner Not in die Schulstube, nahm eine in Spiritus eingelegte Schlange, die seit Jahrzehnten als Anschauungsmaterial für den Naturkundeunterricht gedient hatte, aus ihrem Glasbehälter heraus und gab den Soldaten diesen Schlangenschnaps zu trinken. Gott sei Dank blieben sie am Leben. Die nächsten kamen nachts. Sie wollten Frauen. Wir hatten das Haus voller Flüchtlinge. Überall auf dem Fußboden lagen sie und schliefen. Als sich einer der Soldaten auf mein Bett setzte, stürzte mein Vater auf die Straße und schrie nach dem Kommandanten. Die Kommandantur befand sich in der Nähe, Vergewaltigungen waren den Soldaten streng verboten. Der Soldat stand fluchend auf, schoß durch das Zimmer und traf meinen auf der Erde schlafenden Bruder ins Bein. Um ähnliche Vorfälle in Zukunft zu vermeiden, hatten wir folgende Idee: Hinter der Wand des Schlafzimmers befand sich ein winziger Verschlag. Wir schlugen ein Loch in die Wand, meine Mutter und ich krochen hinein, Vater schob von außen einen Schrank davor. In diesem Versteck verbrachten wir zehn Nächte und blieben unentdeckt, wenn die Soldaten das Haus durchsuchten.
Als sich das Leben im Dorf einigermaßen normalisiert hatte, beschloß unser Emigrant, sich auf den Weg nach Dänemark zu machen. Zu Fuß. Denn Transportmittel gab es nicht mehr.
Er erbot sich, zwei von uns Kindern in die Westzone mitzunehmen. Die übrige Familie wollte später versuchen nachzukommen.
Mein verwundeter Bruder konnte noch nicht laufen, die anderen Kinder waren für die zu erwartenden langen Fußmärsche zu klein. So blieb ich allein übrig. Ich machte mich als alte Frau zurecht – das taten viele Frauen, um nicht vergewaltigt zu werden –, und dann zogen wir los, der Emigrant und ich. Am 17. Mai 1945. Vater begleitete uns bis zum Dorfausgang. Er weinte. Ich habe ihn nie wiedergesehen.
Mein Begleiter und ich marschierten am ersten Tag unserer Wanderung sechzig Kilometer, bis in die Nähe von Potsdam. Dort erhielt er einen Ausweis als »displaced person«, in dem ich der Einfachheit halber als seine Frau mit eingetragen wurde.

Noch wochenlang versuchte ich, »der Idee« die Treue zu halten. Ich konnte es nicht fassen, wie leicht viele derjenigen, die noch vor einigen Tagen Heil Hitler geschrien hatten, zu einer neuen Fahne überlaufen konnten. Die Tatsache, daß der Krieg verloren war, schien mir kein Grund. Ich wollte Beweise, daß »die Idee« falsch war. Ich erhielt sie.
Eines Tages, nach einem langen Fußmarsch vorbei an von Panzern zermalmten Soldaten, russischen wie deutschen, toten aufgeblähten Pferden, schliefen wir in einem Flüchtlingslager. In den Baracken lagen auf Strohschütten nebeneinander Männer, Frauen und Kinder, ehemalige KZ-Häftlinge, ehemalige Soldaten. Neben mir eine belgische Jüdin. Sie hatte im KZ mit ansehen müssen, wie ihre kleinen Kinder in die Luft geworfen und abgeschossen wurden. Nacht für Nacht wurde die Frau von diesem Bild verfolgt. Sie schrie im Traum, ich hielt sie im Arm, versuchte sie zu trösten und fand die Worte nicht. Und wußte nicht, wie ich weiterleben sollte.
Wir erreichten schließlich die dänische Grenze. Hans Rütting verabschiedete sich, fuhr weiter nach Dänemark. Ich blieb mit meinem Rucksack auf dem Marktplatz von Flensburg stehen. Die Sonne schien, ich entdeckte einen verlassenen, nur halb zerbombten Bunker, in dem ich mir ein Strohlager bereitete, meldete mich beim Roten Kreuz und wurde einer dänischen Familie als Dienstmädchen zugeteilt.
Ich lernte schnell fließend Dänisch, bekam bald eine Stelle als Bibliotheksgehilfin in der dänischen Bibliothek und fing an, die Bücher zu lesen, von denen mir der Emigrant auf unseren Fußmärschen erzählt hatte – Thomas Mann, Dostojewski, André Gide – alles Autoren, die bei uns verboten gewesen waren. Als entartet ... Eine neue Welt tat sich auf.
Jahrzehnte sind seither vergangen. Diejenigen, die gemeinsam mit meinem Vater abgeholt worden waren, aber zurückkamen, erzählten nicht viel. Einer meinte, Vater sei bereits im August 45 an Ruhr gestorben, ein anderer, er sei von den Russen totgetreten worden. Ich denke, er ist an Verzweiflung gestorben, er konnte nicht weiterleben, als er erkennen mußte, daß das, was er für den Sinn des Lebens hielt, Wahn-Sinn gewesen war; verzweifelt darüber, daß er in diesem Wahn-Sinn nicht nur seine eigenen fünf Kinder, sondern auch seine Dorfkinder erzogen hatte.

Ich habe weitergelebt. Aber überwunden habe ich diesen Schmerz nie. Und ich glaube, wie mir geht es vielen meiner Generation.

Hans

In »Undine geht« läßt Ingeborg Bachmann Undine sagen: »Ihr Menschen! Ihr Ungeheuer! Ihr Ungeheuer mit dem Namen Hans! Mit diesem Namen, den ich nie vergessen kann!«

Gibt es im Leben jeder Frau einen Hans? Mein Hans hieß Rütting. Seinen Namen trage ich heute noch.

Weihnachten 1945 erhielt ich die erste Nachricht von zu Hause. Mutter schrieb, daß Vater bereits Ende Mai mit anderen Lehrern zu einem »Umschulungskurs« abgeholt worden und nicht zurückgekommen ist.

Hans überredete mich, ihn zu heiraten. »Ich habe Verbindung zu den neuen Machthabern, kenne einige aus dem Gefängnis. Mit dem neuen Außenminister der Ostzone habe ich gesessen. Als meine Frau könntest du mehr für deinen Vater erreichen!«

Dein Vater lebt, berichtete er sogar, um meinen Hoffnungen neue Nahrung zu geben. Zu einem Zeitpunkt, als – wie ich später erfuhr – Vater längst tot war. Das Heiratsgesuch unterschrieb ich wie einen Pakt mit dem Teufel.

Unsere Scheinehe wurde in Dänemark geschlossen. Er holte mich illegal über die Grenze, denn ich hatte keinen Paß. Er, eigentlich Bibliothekar, ernährte sich damals davon, daß er an Volkshochschulen Puppentheater spielte. Wir lebten im Auto. Während seiner abendlichen Auftritte hockte ich im Wald auf einem Baumstumpf, auf seine Rückkehr wartend. Hans war mit einem Pfarrer befreundet, der war bereit, uns zu trauen, obwohl ich keine Papiere besaß.

Alle seine Freunde glaubten an eine Liebesheirat. Sie hatten ein Hummergericht zubereitet. Ich weinte den ganzen Tag. Dem Pfarrer zitterten die Hände, als er sie auf meinen Kopf legte. Er fühlte wohl die Welle von Widerstand, die von mir ausging.

Beim Scheidungstermin ein paar Jahre später war ich wie erlöst.

Aber zunächst übernahm Hans meine weltanschauliche und literarische Ausbildung. Ich verleibte mir die Anschauungen der Helden mit Haut und Haar ein, warf von einem Tag zum anderen meine Kleinmädchen-Romantik von der heilen Welt über Bord. Ich hatte so einen unbändigen Durst nach Wissen! Nach Erkenntnis! Nach Wahrheit! Nach Wahrheit vor allem. Ich kam mir so ungeheuerlich betrogen vor. Ist es möglich, daß Vater von allem nichts gewußt hat, nichts von den KZs, nichts von Judenverfolgungen?

Hans zerstörte zuerst die Anhänglichkeit an meine Familie, machte sich darüber lustig, wie wir gelebt hatten mit Hausmusik und Gedichtelesen und Kräutertee. Ich kam mir provinziell und hinterwäldlerisch vor, wollte sein wie die Helden von Gides »Falschmünzern« und wie der Julien aus »Rouge et Noir« … wollte so zynisch sein wie sie. Hans war verblüfft, das hatte er nicht erwartet. Wie beim Zauberlehrling entglitt der Schüler dem Lehrer. Als er alles rückgängig machen wollte, war es zu spät. Ich hatte genug von Gefühlen, vom Glauben vor allem, mir konnte man mit keiner Ideologie mehr kommen. Ich kam mir zynisch und toll vor.

Aber es dauerte noch Jahre, bis ich diese Scheinehe beendete. Während dieser Zeit arbeitete ich in Kopenhagen als Auslandskorrespondentin in einer Firma, die mit Därmen handelte. Ich bin überzeugt, der damals entstehende Wunsch, Schauspielerin zu werden, entsprang ganz simpel dem Bedürfnis, aus der tristen Wirklichkeit in eine schönere Traumwelt zu entfliehen.

1951 ließ ich mich endlich scheiden und ging zurück nach Berlin. Lebte zunächst bei Tante Frida auf dem Dachboden von Blutspenden. Dann wurde ich Schauspielerin. 45 Filme sollten folgen.

Immer unterwegs – irgendwohin

1964 wollte ich eigentlich meine Schauspielkarriere beenden und nach Israel in einen Kibbuz ziehen. Aber alles kam anders. Lilli Palmer schlug mich für die Rolle der Hanna Reitsch in dem englischen Film »Operation Crossbow« vor. Während der Dreharbeiten verliebte ich mich in einen amerikanischen Fotografen, der in Paris für das Life Magazin arbeitete. Ehe ich's mich versah, waren wir beide in Afrika unterwegs. Es folgte eine Odyssee quer durch Afrika.

Zurück in der Schweiz, wo ich damals lebte, erzählte ich beim Mittagessen in dem berühmten Züricher Restaurant Kronenhalle dem ebenso berühmten alten Fräulein Klara von meinen Abenteuern in Afrika. Ein Mann am Nebentisch entpuppte sich als der Chefredakteur der Schweizer Weltwoche, Rolf Biegler. »Wenn Sie so schreiben, wie Sie erzählen, lade ich Sie ein, eine wöchentliche Kolumne für die Weltwoche zu schreiben!«

Damit startete meine schriftstellerische Laufbahn. Nach Afrika berichtete ich über die Eröffnung des Europa Centers in Berlin, die beginnende Romanze zwischen Romy Schneider und Harry Meyen, den Besuch der englischen Königin, interviewte die amerikanische Starjournalistin Hedda Hopper, schrieb über einen Hutkauf in Paris, Besuche in London und New York, einen Kaffeeklatsch bei Rut Brandt – 1970 erschien dann mein Roman »Diese maßlose Zärtlichkeit«, nach dessen Erscheinen ein Kritiker schrieb: Man sollte sie vom Schreiben entmutigen.

Nun, man hat mich nicht entmutigt, beziehungsweise ich habe mich nicht entmutigen lassen. Dies hier ist mein 16. Buch …

1964: In Afrika bei Hanna Reitsch

»Haben Sie Zeit und Lust, in großem Carlo-Ponti-Goldwyn-Mayer-Film die Rolle der Fliegerin Hanna Reitsch zu spielen – Stop – Drehbeginn sofort«, kabelte mir mein Londoner Agent.
Ich war gerade als Mitglied der deutschen Delegation beim Filmfestival in Irland, in einer Krise, weil des Filmbetriebs ziemlich überdrüssig, und hatte eigentlich vor, endlich etwas Sinnvolles zu tun, zum Beispiel in Israel in einem Kibbuz zu arbeiten.
Hanna Reitsch, die sieht doch eher aus wie Maria Schell oder Luise Ullrich, erinnerte ich mich, also bin ich fehlbesetzt. Ich werde absagen. Das denke ich übrigens bei fast jedem Rollenangebot. Dann aber dieses merkwürdige Gefühl in der Magengegend, das sich immer einstellt, wenn ich versuche, mich vor etwas zu drücken. Ich wollte mich drücken vor der unbequemen Auseinandersetzung mit der Person Hanna Reitsch. So fuhr ich nach London, um den Regisseur des Films zu überzeugen, daß ich für die Rolle ungeeignet sei – erstens sähe ich Hanna Reitsch überhaupt nicht ähnlich, zweitens wolle ich keine Naziheroine verkörpern.
Er wolle keine Naziheroine verherrlichen, sondern so objektiv wie möglich eine ungewöhnliche Frau schildern, widersprach Regisseur Michael Anderson und drückte mir das Drehbuch und Hanna Reitschs Autobiographie »Fliegen – mein Leben« in die Hand. Das Vorwort hatte eine französische Widerstandskämpferin geschrieben, aus dem KZ Ravensbrück geflüchtet und – wie ich zu meiner Verblüffung las – mit Hanna Reitsch eng befreundet! Das Buch bewegte mich, fast wider Willen. Genau wie Hanna Reitsch hätte ich selbst gehandelt haben können. Uns beiden schien eine Art Jeanne-d'Arc-Komplex eigen, das – fatale – Bedürfnis, sich für Ideale aufzuopfern. Wie ich hatte Hanna Reitsch ursprünglich Ärztin werden und nach Afrika gehen wollen, sie allerdings als Missionarin. Es könne nicht schaden, wenn eine Missionarin fliegen kann, hatte sie gedacht und angefangen, Segelflugunterricht zu nehmen. Nach einer der ersten Unterrichtsstunden wäre sie fast aus der Flugschule geworfen worden, weil sie, statt wie vorgeschrieben, in ein Meter Höhe sanft über das Rollfeld zu gleiten, zum

Entsetzen des Lehrers steil in die Höhe stieg. Daß sie dann eines Tages Weltmeisterin im Segelflug wurde, geschah fast wie nebenbei, hat man beim Lesen den Eindruck.

Ebenso selbstverständlich steigt sie vom Segel- in das Motorflugzeug um. General Udet holt sie an die Erprobungsstelle für Militärmaschinen. Sie testet für das großdeutsche Reich Stukas, Bomber, Jagdmaschinen und fühlt, abgesehen vom Erlebnis des Fliegens, »Gewicht und Verantwortung dieser vaterländischen Aufgabe als Auszeichnung«. Zweifellos reizt es sie aber auch, sich als – körperlich noch dazu so kleine – Frau in diesem männlichen Beruf zu behaupten. Udet ernennt sie zum Flugkapitän. Der Hubschrauber wird entwickelt. Hanna Reitsch wagt in der Deutschlandhalle vor einer vieltausendköpfigen Menschenmenge den ersten Hallenflug. Ihr mißfällt zwar die Art der Veranstaltung, aber sie ist glücklich, »dem deutschen Ansehen in der Welt dienen zu können«.

Deutschlands Aufrüstung legt sie keine kriegerische Absicht zugrunde, sondern das Motto: »Wenn du den Frieden willst, sei für den Krieg vorbereitet.« Als der Krieg dann doch ausbricht, hält sie es für ihre Pflicht, alles für den Sieg zu tun. Immer wieder betont sie ihre Vaterlandsliebe, zu der die Eltern sie erzogen haben.

Eine ihrer schwierigsten Aufgaben sind die Ballonkappversuche. Die Engländer hatten, vor allem über London, Ballonsperren angebracht, in deren Stahlseilen sich die deutschen Flugzeuge verfangen und so zum Absturz gebracht werden sollten. Bei einem der Versuche, mit einem Bomber zum Test aufgespannte Stahlseile zu durchschneiden, stürzt sie ab. Als sie nach dem Aufschlag zu sich kommt, tastet sie ihren Körper nach Brüchen ab, greift statt an die Nase in ein Loch, nimmt aber erst Papier und Bleistift, um ihre Beobachtungen zu notieren, bevor sie erneut ohnmächtig wird.

Als einzige Frau erhielt sie das Eiserne Kreuz erster Klasse, von Hitler persönlich überreicht. Sie trug dem Oberbefehlshaber der Wehrmacht die Idee vor, die V1 als Selbstopferkommando zu bemannen, sammelte sogar Unterschriften für diesen Plan. Davon wollte Hitler allerdings nichts wissen.

Eines Tages zeigte ihr ein Freund eine Notiz aus einer schwedischen Zeitung, daß die Deutschen Juden in Gaskammern umbringen. Sie läßt sich beim Reichsführer der SS, Heinrich Himmler, melden, legt ihm den Zeitungsausschnitt vor. »Und das glauben Sie?« blufft Himmler. Natürlich will Hanna Reitsch das nicht glauben. Einige Tage später wird die Nachricht öffentlich dementiert. Erst 1945, schreibt Hanna Reitsch in ihrem Buch, erfuhr sie, daß sie von Himmler getäuscht worden war. Das hält sie aber nicht davon ab, dem Naziregime die Treue zu halten.

Wenige Tage vor der Kapitulation landete die Fliegerin mit Feldmarschall Greim vor der Reichskanzlei, die bereits von den Russen umzingelt war. Hitler, der sich von Göring verraten fühlte, ernannte Greim zu dessen Nachfolger. Im letzten Augenblick flog Hanna Reitsch den schwerverwundeten Greim unter Beschuß nach Zell am See. Bei der Landung wurde ihnen Deutschlands Kapitulation mitgeteilt.

Die Amerikaner waren zunächst der Meinung, Hanna Reitsch hätte Hitler aus Berlin herausgeflogen und hielte ihn irgendwo versteckt. Sie wurde verhaftet und verbrachte fünfzehn Monate im Gefängnis. Ihre Eltern und ihre Schwester nahmen sich das Leben.

Von alldem stand nichts im Drehbuch für den Film »Operation Crossbow«. In der Hanna-Reitsch-Episode wird die Fliegerin vielmehr auf dem Höhepunkt ihrer Karriere gezeigt. Der Film verdankt seinen Titel dem angeblich von Churchill so getauften Spionageunternehmen, dessen Aufgabe es war herauszufinden, wo in Deutschland die V-Bomben hergestellt wurden.

Der Film, in dem auch Sofia Loren mitwirkt, endet mit der Vernichtung von Peenemünde.

Zwei Monate Proben- und Drehzeit waren für meine Hanna-Reitsch-Episode vorgesehen, auf der Leinwand nimmt sie ganze zehn Minuten ein.

Vor meiner Vertragsunterzeichnung hatte die Filmproduktion auf mein Drängen hin immer wieder versucht, mich mit dem noch lebenden Original meiner Rolle zu verbinden. Sie lebte jetzt in Ghana, leitete dort in der Nähe der Hauptstadt Accra eine Segelfliegerschule, die sie aufgebaut hatte. Doch es kam keine telefonische Verbindung zustande. Es hieß, sie befinde sich zur Zeit in Kairo. Ohne mit ihr gesprochen zu haben, mußte ich mich für meine Mitwirkung bei diesem Film entscheiden. Ich sagte zu.

Der Wunsch, das Vorbild meiner Rolle kennenzulernen, hatte sich verstärkt, aber alle Anrufe in Hanna Reitschs Büro in Ghana verliefen ergebnislos, bis es eines Morgens endlich mit der Verbindung klappte und eine überraschend helle Stimme sich mit »Hier Hanna Reitsch« meldete. Sie war keineswegs erbaut, daß ich sie in Afrika besuchen wollte, verärgert, daß ich die Rolle angenommen hatte, ohne vorher mit ihr zu sprechen. Mein Freund Denis war eingeladen, in der amerikanischen Botschaft in Ghana Fotos zu machen, ich flog mit.

Ich hatte mir vorgenommen, mich nicht bei ihr zu melden, wurde aber ständig von Einheimischen auf meine Landsmännin angesprochen, zumal ich mehrere Male an ihrem Haus vorbeigefahren war und mir jedesmal gesagt wurde: »Da wohnen Flugkapitän.« Endlich faßte ich mir ein Herz und rief sie an. Zunächst verschlug es ihr die Sprache, dann gerieten wir ins Reden, und nach zehn Minuten meinte sie: »Da Sie schon einmal hier sind: Haben Sie Lust, zum Abendessen zu mir zu kommen? Ich schicke Ihnen meinen Wagen – in zehn Minuten. Aber bitte keinen Fotografen mitbringen!«

Dann stand sie mir in ihrem Haus gegenüber, nur 1,55 Meter groß, fast einen Kopf kleiner als ich, sehr mädchenhaft, zerbrechlich fast, unerwartet weiblich angezogen, in grünem Glockenrock und bunter ausgeschnittener Bluse, ergriff meine Hand, hielt sie fest und strahlte mich mit ihren hellen durchdringenden Augen an.

»Das ist also Barbara«, sagte sie. Ich sah ihr überhaupt nicht ähnlich. Mit ihren blonden, kurzgeschnittenen Haare und dem braungebrannten Gesicht erinnerte sie mich tatsächlich stark an Maria Schell. Vor allem, wenn sie lachte, was sie an jenem Abend ausgiebig tat. Im Salon stellte sie mir dann einen echten Häuptling samt gewaltiger Häuptlingsfrau vor. In kostbaren Brokat gehüllt, thronten die beiden auf dem Sofa, ein Geschenk für Hanna Reitsch in Händen – eine goldene Halskette und dazu passende Ohrringe, alles mit goldenen Flugzeugen garniert. Beide hatten bereits einen Ausflug in Hanna Reitschs Segelflugzeug gewagt. Er würde selbst gern fliegen lernen, erklärte der Häuptling begeistert, aber er bekäme nicht die Erlaubnis der Regierung – und dann, unter dröhnendem Gelächter: Die haben vielleicht Angst, ich fliege ihnen davon!

Die beiden fühlten sich so wohl, daß Hanna Reitsch sie schließlich mit einem Blick auf die Uhr hinauskomplimentieren mußte.
Wir beide aßen dann zusammen Abendbrot. Eierkuchen und Hanna Reitschs Spezialgetränk, das mir später bei der großen Hitze immer wieder half, nicht schlappzumachen: ein Gemisch aus Wasser, Zitronensaft und – Salz. Das Salz bringt den infolge des ewigen Schwitzens gestörten Salzhaushalt des Körpers wieder in Ordnung. Sie hat das Rezept von Nehru bekommen, als sie sich in Indien um den Segelflugsport kümmerte. Sie raucht und trinkt nicht – natürlich, hätte ich beinahe gesagt.
»Ich war mit dem Drehbuch nicht einverstanden, weil es nicht den Tatsachen entspricht!« erklärte sie. »Es stimmt, die V1 funktionierte nicht richtig. Aber dazu muß ich Ihnen eine Geschichte erzählen. Eines Tages wache ich auf und finde mein Hotelzimmer mit Blumen und Glückwunschtelegrammen überhäuft, ohne zu wissen, warum. Ich lasse mir eine Zeitung bringen und lese zu meiner Überraschung, ich hätte den Fehler der V-Bombe entdeckt! Das war eine reine Erfindung, der Fehler ist nie gefunden worden. Ich rief sehr aufgebracht im Ministerium an, um mich zu beschweren. Man erklärte mir, man habe die Meldung erfunden, um die deutsche Bevölkerung zu beruhigen und die englische zu beunruhigen, es sei meine Pflicht, dies Verdienst stillschweigend auf mich zu nehmen, im übrigen hätte ich mich verdient genug gemacht. Was blieb mir übrig? Diese Zeitungsente ist nie widerrufen worden, und eure Drehbuchautoren sind auch darauf hereingefallen. Es sind auch nicht vier Testpiloten ums Leben gekommen, sondern nur zwei, und das, weil sie nicht aufpaßten. Es stimmt, daß ich die V1 geflogen habe, acht- oder zehnmal. Und dann leistet sich der Film noch einen ganz groben Schnitzer: Sie werden doch mit der Bombe von einer Rampe abgeschossen. In Wirklichkeit wurde ich in meiner Bombe unter dem Flügel einer He 111 emporgetragen und abkatapultiert! Ich habe auch nie wie Sie am Grabe eines toten Testpiloten gekniet, noch kann ich mich erinnern, daß wir je mit Sekt gefeiert hätten!«
Etwas verängstigt spielte ich ihr nun vor, was ich – unter Anleitung eines Fachmannes – alles in der Bombe getrieben hatte. Glücklicherweise schien es zumindest im Bereich des Möglichen. Was die technische Darstellung betrifft, kann ich also einigermaßen beruhigt sein.

Während des Abendessens erzählte ich ihr, wie sehr mich ihr Buch beschäftigt hatte.
»Ich bin keine Schriftstellerin«, wehrte sie ab, »meine Stärke liegt mehr im Erzählen.«
Tatsächlich ist sie eine derartig blendende Erzählerin, daß ich sie frage, ob sie nie daran gedacht hat, Schauspielerin zu werden.
»Nie!« Sie lacht hellauf. »Im Gefängnis habe ich mit den anderen gemeinsam Theater gespielt. Man sagte mir auch, ich hätte Talent, aber einen Beruf daraus zu machen – nein, daran habe ich nie gedacht. Ich bin zu emotional, ich könnte nicht jeden Abend genau gleich sein. Ich kontrolliere mich nicht, ich lebe ganz unbewußt. Und ich würde mich wohl derartig in eine Rolle hineinsteigern, daß ich daran verbrennen würde.«
Dieser Satz hätte auch von mir stammen können.
Ein berühmter Schauspieler hat einmal auf die Frage, wie man ein guter Schauspieler wird, gesagt: Ganz einfach! Du sprichst mal laut, mal leise, mal schnell, mal langsam, mal hoch, mal tief.
Diese Lehre, klüger als sie scheint, fällt mir ein, als ich Hanna Reitsch zuhöre. Sie lacht, sprudelt ihre Sätze nur so hervor, im nächsten Moment wird ihre Stimme leise, unhörbar fast, sie schließt die Augen, minutenlang kommt es mir vor, gebannt starre ich gleich danach auf ihre kleinen, energischen Hände, die ihre Worte suggestiv unterstreichen.
Wir kommen auf Ghana zu sprechen. Vieles hier erinnert mich an das frühere Deutschland. Nkrumah ist ein Diktator. Die Reitsch liebt Diktatoren, hatte mir jemand in London gesagt. Stimmt es, frage ich sie, daß Nkrumah seit dem letzten Attentatsversuch von 300 Sicherheitsbeamten bewacht wird und kaum noch seinen Palast verläßt? Daß er sich eine Sommervilla für 30 Millionen Dollar gebaut hat, obwohl er doch Ghanas Bürger auch zu Neujahr wieder aufforderte, die gegenwärtige Finanzkrise durchzustehen und »den Gürtel enger zu schnallen?« Daß im Gefängnis von Accra 2000 politische Gefangene unter menschenunwürdigen Bedingungen inhaftiert sind?
Sie verneint temperamentvoll, verweist auf die ungeheuren Fortschritte, die Ghana zweifellos in sozialer und kultureller Hinsicht gemacht hat. Diese Meldungen seien Gerüchte.

Auch damals in Deutschland hieß es: Alles nur Gerüchte …
Über ein Thema sind wir nun ganz verschiedener Meinung. Wenn ich – gebranntes Kind – das Wort »Nationalismus« nur höre, auch ohne »Sozial« in der Mitte, kriege ich eine Gänsehaut. Nkrumah redet in seiner Biographie sehr viel von Nationalismus. In Gesprächen mit ghanaischen Studenten und Journalisten habe ich oft die Meinung gehört, man müsse mit dem Nationalismus beginnen, der Internationalismus käme dann schon von selbst. Ein Reporter meinte: »Das gilt doch auch für Sie als Schauspielerin! Jeder Künstler muß seine Wurzeln im Nationalgefühl haben, ohne diese Wurzeln hat er keine Kraft, ist er dekadent!«
Blut und Boden, wie gehabt. Ghana, Ghana über alles, tönt auch nicht gut.
Ghana ist übrigens der einzige afrikanische Staat, der eine Segelfliegerschule besitzt. Und das ist nun ihr eigentliches Element, die Fliegerei. Mit Wärme spricht sie von ihren Schülern. »Wie machen zwar morgen die Schule zu – Weihnachtsferien –, aber wenn Sie vormittags kommen, können Sie noch ein paar Starts mit ansehen!«
Die Schule liegt 27 Meilen von Accra entfernt. Ein von Hanna Reitsch entworfenes Schild, in dessen Blau unter dem schwarzen Stern Ghanas eine stilisierte Möwe schwebt, verkündet: »National gliding school«. Stolz führt sie uns über das Gelände. Vor eineinhalb Jahren war da noch nichts als struppige unebene Wiese mit einer Unmenge von Schlangen. Heute gibt es bereits 10 Gebäude: 2 Hangars mit 9 Flugzeugen, 7 Segel- und 2 Motorflugzeugen, 2 Wohnhäuser für die Flugschüler, ein Clubhaus, Bungalows für Hanna Reitsch und ihre 3 deutschen Mitarbeiter. Eine meteorologische Beobachtungsstation ist im Bau, in einer besonderen Halle werden aus Deutschland importierte Flugzeugteile von den Schülern zusammengesetzt. Von Februar bis Dezember haben die Schüler 8000 Starts durchgeführt. Die erste Stufe ihrer Ausbildung ist beendet, der Präsident hat sie besucht und ihnen seine Anerkennung ausgesprochen. Der zweite Teil der Ausbildung, Fliegen im Motorflugzeug, beginnt im Februar. Vormilitärische Ausbildung.
»Haben Sie Lust zu einem Flug?« fragt Hanna Reitsch.
Und ob ich Lust habe!

Fast senkrecht sausen wir von der Winde gezogen in die Höhe, bis sich das Seil ausklinkt und wir lautlos schweben. »Probieren Sie mal«, sagt sie, »es geht ganz einfach!«
Ich nehme den Steuerknüppel und fliege.
»Ist das nicht wundervoll?« fragt sie und lacht. Wie ein glückliches Kind. Fliegen – mein Leben, heißt ihr Buch. Fliegen ist ihr Leben. Aber wenn ihr das Fliegen versagt ist, wie nach dem Krieg, findet sie andere Wirkungsgebiete. Nach ihrer Entlassung aus dem Gefängnis hat sie in Frankfurt in einer Zentrale gearbeitet, die lebensmüden Menschen Mut zum Weiterleben gibt. Als sie einmal zwei Monate krank im Bett lag, brachte sie ihrem ghanaischen Moslem-Diener, der schwer unter seiner von ihm als Sünde empfundenen Nikotinsucht litt, Lesen und Schreiben bei – um ihn von dieser Sünde zu befreien. Täglich opfert sie eine halbe Stunde für ihren dankbaren Schüler. Er verfaßt bereits seine ersten Briefe.
Hanna Reitsch ist heute zweiundfünfzig Jahre alt. Sie hat nie geheiratet. Es heißt, General Udet sei ihre große Liebe gewesen. Mit ihren ghanaischen Hausgeistern lebt sie in diesem Prachthaus, in dem sie eigentlich nur ein bescheiden eingerichtetes Zimmer bewohnt, mit air-condition, Moskitonetz und einem Foto Nkrumahs ausgestattet. Sie steht um vier Uhr auf und arbeitet bis zehn Uhr nachts. Ihre Energie scheint unerschöpflich.
Sie winkt uns beim Abschied nach, klein und zerbrechlich, fast hilflos anzusehen, steht sie da zwischen ihren Hangars und winkt.
What a woman, sagt Denis.

»Es ist nicht leicht, Mensch zu sein«, bemerkt im »Traumspiel« des schwedischen Dichters Strindberg die Tochter des Gottes Indra, als sie auf die Erde niedergestiegen ist, um zu erfahren, »wie es die Menschen eigentlich haben«. »Wehe den Menschen. Engel sind sie nicht; aber es ist schade um sie. Es ist schade um die Menschen.«

1966: Besuch in Hollywood

In einem Witz über Hollywood springt ein junger Mann in den Swimmingpool – als er wieder auftaucht, ist er siebzig.
In Hollywood spielt sich das Leben am Pool ab. »Come and sit at the Pool – come and have lunch at the Pool«. Das Wasser ist selbstverständlich geheizt, auch im Sommer, warm wie in der Badewanne. Am Pool steht das Telefon, und ständig wird telefoniert. »Wir müssen uns sehen – let's have dinner together – I will squeeze you in ...«
Am Pool wird verhandelt, über Filme, die nie gedreht werden. Für die ganz Faulen sind in den obligatorischen im Wasser schwimmenden Schaumgummisesseln Dellen in die Lehnen eingebaut, zum Unterbringen der Whiskygläser. In Hollywood wird man passiv. Der Himmel ist immer blau, immer scheint die Sonne, obwohl die Einheimischen klagen, auch Hollywood sei nicht mehr wie früher – wegen des Smogs, der Wolke aus Auspuffgasen und Fabrikausdünstungen, die, von Los Angeles kommend, vormittags wie eine Dunstglocke über der Stadt lagert.
Ohne Auto ist man in Hollywood verloren. Fast jedes Familienmitglied besitzt ein eigenes. Da niemand zu Fuß geht – oft ist nicht einmal ein Bürgersteig vorhanden –, gibt es auch nur wenige Taxis. Bestellt man eins per Telefon, wartet man dreiviertel Stunden oder sogar länger.
Ich fuhr in eins der Paramount-Studios, um den Schauspieler Paul Henreid zu besuchen. Er hatte in dem Film »Operation Crossbow« einen deutschen Offizier verkörpert. Nun führte er Regie in »dem« amerikanischen Fernseherfolg, einer Serie namens Bonzo.
Paul Henreid, gebürtiger Österreicher, war einst ein großer Star in Hollywood. Mit nur leicht bitterem Humor betrachtet er seine Regiearbeit in Bonzo: Zwei Cowboys zu Pferde hatten mittels Lassos Kälbchen einzufangen, in die im Studio aufgebaute Koppel zu treiben und dort mit Brandzeichen zu versehen.
»Diese Serie läuft seit acht Jahren. Die Schauspieler sind Millionäre. Sie bekommen 21 000 Dollar pro Woche, stellen Sie sich das vor. Zehn Monate des Jahres drehen Sie diese Serie, immer diese Serie. Ist das nicht furchtbar?«

Beim Abendessen in seinem schönen Haus mit charmanter Wiener Frau, bei gebratenem Hühnchen und aus Österreich importiertem Weißwein kommen wir auf eine Theatertournee zu sprechen, die ich vorhabe. Das wäre etwas, das würde er auch gerne machen! »Aber die Tournee bereist vor allem kleine Städte, man verdient nicht viel!« gebe ich zu bedenken.
»Egal!«
»Man fährt in einem Bus, manchmal den ganzen Tag, und der ist nicht immer geheizt!« – »Egal!«
»Man ißt in Autobahnraststätten!« (Er ist ein Gourmet)
»Egal!«
Er ist Feuer und Flamme, und wir beginnen, über Rollen nachzudenken, die für ihn in Frage kämen. Er hätte überhaupt Lust, sein Haus zu verkaufen und irgend etwas »Kleines« statt dessen zu kaufen, vielleicht bei Salzburg, Ziegen zu haben …

Das kann sich seine Frau, der Hollywood gefällt, allerdings gar nicht vorstellen. Beim Abschied zeigt er auf einen Schuppen im Garten. »Das ist meine Werkstätte; da bastle ich, da hoble ich. Um etwas Sinnvolles zu machen …«

Habe Marihuana geraucht, aber keine andere Wirkung verspürt als die einer gewöhnlichen Zigarette. Das geschah aus Versehen, bei einer Party lagen die Marihuana-Zigaretten neben anderen Zigaretten auf dem Klavier herum, um das wir uns auf Wunsch der Gastgeberin geschart hatten, weil ein berühmter Komponist der zwanziger Jahre unbedingt seinen Erfolgsschlager von damals spielen wollte. Am Klavier lehnte, wie eine alt gewordene Jean Harlow, seine Gattin, gebleichten Haares, traurige Glutaugen im kalkweißen Gesicht. Ein ebenfalls blondes Starlet mit üppigem Dekolleté sang.
Das hübscheste Mädchen war ein deutsches Fotomodell, im Minikleid über geraden Beinen und hüftlangem rotem Haar. Sie klammerte sich an den Arm ihres sehr uninteressierten, sehr mädchenhaften Begleiters: »Sie glauben nicht, was ich hier in Hollywood zusammengeheult habe am Anfang. In keiner Stadt ist man so einsam. Jetzt geht es mir besser, jetzt habe ich Freunde, aber anfangs – ich war Skilehrerin. Nun arbeite ich als Fotomodell – rufen Sie mich mal an?«

Daß ich in Basel lebe, erweckte großes Interesse.
»Basel, Sandoz! Da wird LSD hergestellt!« LSD ist in Amerika wie in London im Augenblick wohl die begehrteste Droge, soll aber verboten werden.
Die Terrasse war natürlich infrarotgeheizt, das Essen, die Weine, der Whisky exzellent, aber am meisten Hollywood war für mich die Obstschale von fast einem Meter Durchmesser.
Eine interessante Karrierefrau traf ich auf dieser Party, Romana de Vries, eine gebürtige Tschechin. »Ihr Gesicht ist an sich gut«, meinte sie, »aber hier ist eine Stelle –« – sie kniff in meine linke Wange – »an der müßten Sie arbeiten. Schauen Sie mal, wie fest!« Sie blähte ihre eigenen Wangen und ließ mich mit der Hand fühlen – »und hier, mein Hals!«
Tatsächlich, beneidenswert fest alles. Romana de Vries mag Mitte Vierzig sein, aber ein Produzent von zweiunddreißig Jahren bat sie um ein »Date«. Wir verabredeten uns für den nächsten Tag – am Pool meines Hotels, sie wollte mich in ihre Schönheitsgeheimnisse einweihen. Frau de Vries ist 1958 nach Hollywood gekommen, ohne ein Wort Englisch zu sprechen. Ihre »unblutige Methode der Gesichtsstraffung« hat sie selbst erfunden und entwickelt. Das Geheimnis ist Straffung der Gesichtmuskulatur durch Bewußtmachen, bewußtes Spannen und Entspannen der einzelnen Muskeln. Viele der bekanntesten Hollywoodstars zählt Frau de Vries heute zu ihren Schülerinnen, von denen manche nicht genannt werden möchten, weil sie offiziell aber auch rein gar nichts »für ihr Gesicht tun, sondern schön sind von Natur«. Dreiundsiebzig Jahre ist die älteste Schülerin – was sie aber erst bei der letzten Sitzung zugab. Sie hatte sich am Anfang der Behandlung aus Eitelkeit auf 60 Lenze heruntergeschwindelt.
Wir brauchen uns also nicht operativ liften zu lassen. Aber um Erfolg zu haben, müssen wir ungefähr eine Viertelstunde pro Tag Grimassen schneiden, eisern jeden Tag, das ist wichtig, müssen wir uns die Kardinaltugend der amerikanischen Frauen anerziehen: Disziplin, Disziplin und noch mal Disziplin.
Kann man nachts nicht schlafen, ist für Unterhaltung gesorgt. Das Fernsehprogramm (13 Kanäle) läuft die ganze Nacht, und außer Wildwestfilmen werden viele alte Filme gezeigt, die es bei uns höchstens in

Kunstkinos zu sehen gibt, mit Marlene Dietrich, Conrad Veidt, Bette Davis, den Marx Brothers.
Oft ist die Reklame negativ: wenn Sie nicht im Regen fahren, wenn Sie nie scharf bremsen müssen, dann brauchen Sie nicht die xyz-Autoreifen zu kaufen!«

Forest Lawn, der berühmt Hollywood-Friedhof, hat Evelyn Waugh zu seinem Roman »The loved one« inspiriert, und dieses Buch wiederum den Regisseur Tony Richardson, einen bösen Film darüber zu drehen. Forest Lawn – »Wald-Rasen« – ist ein riesiger Rasen, rings von Hügeln umgeben. Auf der »Flüsternden Straße« fährt man mit dem Wagen an den Gräbern entlang. Die Gräber sind eben, ohne Hügel, nur eine im Sonnenlicht funkelnde Metallplatte zeigt, wo der geliebte Tote, the loved one, ruht, manchmal ein Blumenstrauß. Haustiere müssen im Wagen bleiben, mahnt das Schild. Charles Laughton liegt in Forest Lawn begraben und der Komiker Stan Laurel. Ein riesiges Fresko zeigt verschiedene heldenhafte Situationen der amerikanischen Geschichte, in der Kirche kann man eine komplette Gemäldesammlung besichtigen.
Verblüfft sieht man ein Schild, auf dem schnell noch gegen die Kommunisten gewettert wird. »Wenn wir in Vietnam gegen sie kämpfen können, warum dann nicht zu Hause, hier in Amerika?«

Den bösen Film über Forest Lawn hat der junge Mann an der Rezeption nicht gesehen, gelassen meint er, der richtet schon keinen Schaden an. Ob es denn auch die hübschen Kosmetikerinnen gäbe, die im Film so sinnlich durch die flüsternden Straßen wandelten? Ja, drei Kosmetikerinnen, die die Toten schminken, ihnen die Haare aufdrehen. »Aber das kann ich auch alles«, sagt der junge Mann stolz, »Locken aufdrehen, Perücken aufsetzen, das lernen wir im Einbalsamierungscollege. Perücken werden oft verlangt, zweimal die Woche durchschnittlich. Die Hinterbliebenen wollen ihren geliebten Verschiedenen so schön wie möglich haben. Oft arbeiten wir nach einem Foto, mit Wachs und Schminke. Wir haben auch Glasaugen vorrätig. Wollen Sie mit nach oben kommen, einen Schlummerraum ansehen?«
Mit einem Fahrstuhl fahre ich nach oben. Alles ist luftgekühlt, der

Fahrstuhl, die Gänge, die Zimmer, und da stehe ich auch schon in einem Schlummerraum, slumberroom, einer Art gemütlichem Wohnzimmer mit hellen Tapeten, Stühlen, in der Mitte ein himmelblauer offener Sarg, darin eine schöngeschminkte Dame. Tot. Im nächsten Schlummerraum eine Anzahl kleiner weißer Kindersärge, noch leer.
»In den Tagen der Trauer ist es eine Wohltat für die Hinterbliebenen, wenn sie alle die unangenehmen Formalitäten in eine zuverlässige Hand legen können. Wir holen die Verschiedenen ab, richten sie schön her, bestatten sie – Forest Lawn macht alles.«
Der Tod wird negiert in Hollywood (oder überhaupt in Amerika?). Über die dunklen Seiten des Lebens spricht man nicht gern, nicht über Fehlschläge, Traurigkeit, Gefühle, Gott oder gar den Sinn des Lebens. Man ist ganz diesseitig, man ist praktisch, Erfolg hat man zu haben, und heiter hat man zu sein.
»Lächeln Sie!« sagt der Friseur zu meinem Spiegelbild, das unter der Qual der Lockenwickler nicht einmal unwirsch, nur neutral dreinschaut. Rosa ist die Brille, durch die man das Leben sieht, Rosa auch in Hollywood die Lieblingsfarbe der Amerikanerinnen. Bei Blums, dem Café und Restaurant, wo wie überall, in allen Cafés, allen Pools ununterbrochen gefilterte Musik (die hohen und tiefen, nervös machenden und beunruhigenden Töne sind weggefiltert) auf einen herabträufelt wie ein lauer Sommerregen, bei Blums zum Beispiel ist alles rosa: Die Kleider der Bedienerinnen, ihre Lippenstifte, ihre Schminke, die künstlichen Rosen auf den gepflegten Haarschöpfen auch der angejahrten Serviertöchter, rosa die Blumen an der Decke, rosa die Plüschtiere zwischen den Cremetorten. Nervös ist niemand. Nervosität ist unrentabel, lohnt sich nicht. Relax! In den Geschäften wird man überaus höflich bedient. Hat man aber fertig eingekauft und sagt auf Wiedersehen, erhält man selten eine Antwort. Das wäre Energieverschwendung, denn gegangen wird ja nun sowieso.
»Wie geht es Ihnen heute?« hört man erstaunt die Kellnerin fragen, auch wenn man ihr Café eben zum ersten Mal beehrt. »Fein!« antwortet man. »Und Ihnen?«
»Auch fein!« sagt sie strahlend.
Amerikanern geht es nie schlecht.
»Finden Sie, daß man von der amerikanischen Frauenfigur sprechen

kann?« fragt mich ein Journalist. In Hollywood, finde ich, kann man. Bei den jungen Mädchen gibt es noch Dicke und Dünne, aber die Frau zwischen 40 und 70 (oder 80?) hat eine bestimmte Figur. Sehr schlank, denn sie ist ständig auf Diät, da unterscheidet sich die Mutter neben mir an der Bar in »Hamlets Restaurant« von ihren erwachsenen Töchtern nur im Gesicht. Da sind Falten, da ist eine gewisse Härte.

Wie die beiden Geschlechter sich eigentlich kennenlernen, außerhalb der Clubs, Colleges und Partys, ist mir rätselhaft. Zu Partys geht man mit einem Mann, um andere Männer kennenzulernen, zu Partys geht man, um Telefonnummern auszutauschen, bei der nächsten Party sieht man die gleichen Leute, nur in neuen Kombinationen. Eine Viertel Million Teenager pro Jahr werden von Geschlechtskrankheiten befallen, behauptet ein Sprecher im Fernsehen. Aber nirgends sieht man – auf der Straße oder am Strand – einen Jungen, der ein Mädchen anspricht. Sie brät allein in der Sonne, er brät allein. Freitags und sonnabends gegen Abend fahren die Teenager, Jungen getrennt, Mädchen getrennt, in ihren Autos den Sunset Strip entlang, hin und her, auf und ab, stundenlang. Hungrige Gesichter schauen aus offenen Fenstern, aber weiter passiert nichts. Sie fahren auf und ab.

Die hübsche Empfangsdame im Büro eines Filmagenten klagt über die amerikanischen Männer. »Sie sind so kalt. Und wenn man ein bißchen auf sie eingeht, schleppen sie einen gleich in die Wüste und wollen einen vergewaltigen!«

Aber sie selbst wäre auch beleidigt, würde ihr Strandnachbar es wagen, sie anzusprechen, erklärt sie auf meine Frage und wird nachdenklich. Die Beziehung zwischen den Geschlechtern scheint rettungslos verkorkst. Die Männer hassen die Frauen, die Frauen hassen die Männer. Es geht hauptsächlich darum, stärker zu sein als der Partner, ihn *to put down*, ihn unterzubuttern. Strindberg hätte seine helle Freude. Der kaugummikauende Held in dem Film »Harper« ist der Prototyp des amerikanischen Mannes. Die Mädchen fliegen auf ihn, weil er sich nicht um sie kümmert. Ein Fernsehspiel schildert einen von Komplexen geplagten, zärtlichen Studenten, der in dem Augenblick Erfolg hat, als ihm ein Freund ein »Image« aufbaut – »Der ist unnahbar, der ist nicht zu kriegen!« flunkert er den Mädchen vor, und von nun an liegen sie ihm zu Füßen. Eine andere Variante der gleichen Misere die

traurige Figur des Herzogs von Bellow und seine Beziehung zum Sex: Unfähig zur Liebe, sexuell angezogen von arroganten Frauen, die es zu brechen gilt. Die Männer haben Angst, sich zu verlieren, *to get involved.*
»Schlaf doch mal mit meiner Freundin (einer Französin)!« hörte ich einen Journalisten zu seinem Freund, ebenfalls Journalist, sagen. »Sie wird mir zu *possessive.* Sie will heiraten.«
Beide Journalisten hassen die amerikanischen Frauen. »Sie können nicht lieben, sie können sich nicht hingeben. Sie laufen den ganzen Tag mit Lockenwicklern auf dem Kopf herum, weil sie uns verachten. Sie wollen uns beherrschen, uns unterdrücken.« Warmherzige, hingebungsvolle kontinentale Frauen sind es, was die beiden Journalisten wollen. Einer von ihnen hatte im Laufe des letzten Jahres zwei hingebungsvolle kontinentale Mädchen geschwängert und sitzenlassen. Zwei pro Jahr sei für einen Amerikaner durchaus normal, war der zynische Kommentar. Die Abtreibung bezahlt der Mann, will die Sitte, weil das Mädchen ja »die Scherereien« hat.
Die Hölle auf Erden, sagt ein Sprichwort, ist dann erreicht, wenn die Engländer die Köche und die Amerikaner die Liebhaber sind.

1965: Kaffeekränzchen mit Hedda Hopper

Hedda Hopper, zu Elsa Maxwells Lebzeiten Amerikas Klatschtante No. 2, regiert die Domäne des »who with whom« heute allein. Ich interviewte die amerikanische Starjournalistin während ihres kurzen Aufenthaltes bei den Filmfestspielen in Berlin.
Auf ihre Hüte wollte ich, wenn überhaupt, erst ganz zum Schluß zu sprechen kommen. Aber als sie mir dann die Tür ihrer Suite im Berliner Hilton öffnete, um zwölf Uhr mittags bereits in schwarzem Kleid, unten noch rote Samthausschuhe, aber oben schon Perlen und Muscheln im Ohr, perfektes Make-up im schmalen Vogelgesicht, das Ganze gekrönt von einem enormen schwarzen Kuli-Strohhut, fing sie selbst davon an: »*My hair is a mess.*«
Sie war nicht zum Friseur gekommen. Aber davon abgesehen: sie trägt immer Hüte.

»In Amerika nennt man mich die Hut-Hopper. Dieser Hut-Faible begann, als ich vierzehn Jahre alt und arm war. Für fünf Dollar kaufte ich mir damals meinen ersten Hut: aus grünem Samt, mit roten Geranien bestückt. Beim Sonntagsspaziergang drehten sich die Leute nach mir um. Das war mir noch nie passiert. Zuerst dachte ich, der Unterrock schaut vor, dann merkte ich, es war der Grünsamtene mit den Geranien, den sie bewunderten. Und seither weiß ich, *what a hat does for a girl.*« Das Girl ist heute Ende Siebzig.
Kennengelernt hatte ich Hedda Hopper bei Helmut Käutner; sie war zwei Tage vor dem offiziellen Beginn der Filmfestspiele eingetroffen, und die Festspielleitung wußte nicht recht, was man ihr bieten könnte. Stars waren noch nicht da; die Hopper und Käutner kannten sich aus Hollywood. So wurde ein Kaffeeklatsch bei ihm arrangiert. Natürlich mit Fotografen und Interviewern. Über den deutschen Film konnte sie sich nicht äußern, geschweige denn über dessen Krise, weil sie in letzter Zeit keine deutschen Filme gesehen hatte.
»Waren Sie verheiratet? Wie oft? Warum? Warum nicht mehr?«
Sie lacht. Nur einmal hat sie geheiratet, entgegen der allgemein verbreiteten Ansicht, sie hätte sechs Ehen hinter sich. »Einmal, mit einem Mann, der älter war als mein Vater. Ich liebte ihn sehr. Einen herrlichen Sohn habe ich. Warum ich nicht noch einmal ... ? Ich bin zu selbständig! Bevor mir einer Feuer geben kann, habe ich mir die Zigarette selbst angezündet; bis mein Kavalier die Wagentür aufmacht, bin ich schon ausgestiegen. Ein guter Freund, mit dem eine Ehe geplant war, sagte zu mir: Wenn du noch einmal die Wagentür selbst öffnest, ist es aus mit uns, ich gehe! *I did – and so did he!*« Gefühle sind klar bei ihr. Da gibt es nichts Halbes: Verliebt ist verliebt, und geschieden ist geschieden.
Findet sie es schwierig, Privatleben und Karriere zu vereinen? Hat sie jemals vor dem Problem gestanden, das eine für das andere zu opfern? »Nein, nie«, sagt sie. Sie konnte und kann beides vereinen. Sie ist Schauspielerin, Journalistin und Mensch und findet, daß das Leben für eine Frau ab Dreißig gemütlicher wird. Ich bin ihrer Meinung. Ihre Aufrichtigkeit hat ihr Feinde gemacht. Aber mehr doch Freunde. Aufrichtigkeit, Direktheit schätzt sie auch an ihren Mitmenschen. Darum unterhält sie sich lieber mit Männern. Frauen findet sie reizvoll, aber meistens unaufrichtig.

»Ich sage meine Meinung, auch wenn ich nicht gefragt werde: Viele hören auf mich. Manche nicht. Lana Turner z. B. hat nicht auf mich gehört. Eben lese ich in der Zeitung, daß sie doch wieder geheiratet hat. Nur einmal hat ein Produzent versucht, mich zu bestechen. Ich fand seinen Film schlecht und sagte es ihm. Wenn Sie gut über den Film schreiben, antwortete er, drucke ich Ihren Namen in Riesenlettern quer über das Theater. Das war das erstemal, daß ich im Filmgeschäft wirklich beleidigt worden bin. Nein, ich bin nie zu kaufen gewesen; was ich bin, bin ich durch mich selbst geworden. Verstehen Sie mich nicht falsch, man braucht auch die Hilfe anderer, braucht Freunde …«

Auf einem Damenkränzchen bei Rut Brandt, der Gattin des Berliner Bürgermeisters, waren fünfzig, sechzig, hundert Damen zu Tee, Kaffee, Kuchen und Sandwich versammelt. Die meisten hatten wie ich ein leises Grauen vor soviel Weiblichkeit. Hedda Hopper, ich traf sie dort wieder, machte es Spaß. Sie dirigierte, einen enormen weißen Hut steil auf einem Ohr balancierend, alle Damen auf die Treppe, für die Fotografen. »Come on, girls!« Frau Brandts kleiner Sohn, in Cowboyanzug und Hut, sah sich die vielen Tanten gelassen an und bemerkte nur: »Sie reden zuviel.«

»Wie kamen Sie auf die Idee zu schreiben?« führte ich das Gespräch mit Hedda Hopper auf dem Damenkränzchen fort.

»Jemand von Esquire suchte einen Schreiberling. Für eine Kolumne. Meine Filmfirma sagte: Fragen Sie doch mal die Hopper, die weiß doch immer alles. Jetzt schreibe ich eine Kolumne pro Tag. Wochentags 900 Worte, sonntags 1500. Ich berichte nicht etwa nur Klatsch. Wer mit wem. Ich kümmere mich vor allem um die Entdeckung junger Schauspieler und um die alten, die in Vergessenheit geraten. Ich spiele auch selbst regelmäßig, Fernsehen, Film.«

»Was hat Sie zu der Autorität gemacht, die Sie heute sind?«

Typisch amerikanisch schießt es aus ihr hervor: »*Work, hard work. And ambition, of course. I am a fighter. I always was –*«

Neben ihren Perlen und Muscheln trägt sie ein Armband aus Elefantenhaar. Seit sie es in London geschenkt bekam, hat sie es nie abgenommen. »Es hat mir Glück gebracht. Auch hier in Berlin. Die Leute waren hinreißend nett zu mir!« Nur ihr Verleger nicht. Er hat ihren Berliner Aufenthalt nicht dazu benutzt, um ihr Buch »Die Wahrheit und nichts als die Wahrheit« in deutscher Sprache herauszubringen. Das ist ärgerlich. Aber dafür wird sie schon sorgen, sobald sie nach Hollywood zurückkommt, wo ihre Kolumne auf sie wartet, 900 Worte wochentags, 1500 sonntags, ihre Fernsehshows und Filmrollen und ihre Freunde, denen sie die Meinung sagt.

1965: Eröffnung des Europa-Centers in Berlin. Pepper-Corner oder Prominentensilo?

Seinen Spitznamen hat das neueröffnete Europa-Center in Berlin schon weg: »Prominenten-Silo«. »Bis jetz is et 'n Prominenten-Silo. Mal abwarten. Hauptsache, 's kommt 'n jesundet Miljö rin, der Stadt Balin würdig, un nich bloß so ne Makkaronis un Kameltreiber.« (Angst vor Überfremdung auch in Berlin?)

»Halt mal n'Momang meine blasse Mathilde.« Eine »blasse Mathilde« ist ein Brötchen. Das habe ich auch noch nicht gewußt. Die »blasse Mathilde«, um die es hier ging, gehörte einem Bauarbeiter. Er gab sie einem Kumpel, um mir derweil einen gelben Plastikhelm auf den Kopf zu stülpen; vieles nämlich im Europa-Center war zwei Tage vor seiner Eröffnung noch nicht niet- und nagelfest. Die zukünftige Eisbahn (auch im Sommer geöffnet), auf der übermorgen die Prominenz sitzen sollte, lag voller Strohmatten und stand unter Wasser, Drähte quollen ziellos aus Decken; Zementsäcke, Teereimer, Schubkarren voller Müll wurden weggefahren. Es gab kein Licht, und deshalb steckte ich wenig später mit einem Fuß im Teer fest. Ein Optimist schob einen Blusenständer vorbei. Schweißapparate zischten, Teermaschinen lärmten, »eiserne Jungfrauen« stampften, jemand klebte Plakate an die Fenster einer zukünftigen Fluggesellschaft, dazu dröhnte Musik aus Lautsprechern, so daß man die Studentinnen, die sich als Hostessen für die Eröffnungs-Feierlichkeiten verdingt hatten, nur mit Mühe und Not verstand: »... und da, wo jetzt noch das Baugerüst steht, meine Damen, wird heute abend um acht Uhr, ob Sie es glauben oder nicht, eine komplette Brücke aufgehängt.«

Die Brücke wurde aufgehängt. Um halb acht hatten sich die ersten Zuschauer versammelt, um halb neun waren es dreitausend, die lautstark jeden Zentimeter kommentierten – »Der Jeist is willig, bloß det Fleisch is schwach« –, den sich die 77 Meter lange Stahlkonstruktion vorwärts bewegte. – Der erste Spatenstich des 89-Millionen-Projekts wurde am 15. August 1963 getan. Heute nach Vollendung des Baus, der unter der künstlerischen Beratung von Prof. Eiermann konstruiert wurde, braucht der Besucher drei Stunden für einen ausgedehnten Rundgang durch die »Stadt in der Stadt«.

Über allem dreht sich die größte Neonreklame der Welt: ein elf Meter großer Mercedes-Stern.

Der Stiefvater von Romy Schneider, Hans Herbert Blatzheim, weihte sein »Haus der Nation« im »Edelweiß« einen Tag vor der offiziellen Eröffnung des Centers ein. Daddy Blatzheim, im Gehrock, überreichte Bauherrn Karlheinz Pepper den ersten Mietcheck, assistiert von Romy und Magda Schneider. Romy, Rio-de-Janeiro-gebräunt, sehr vergnügt in Schwarz von Chanel, Magda, weinrot, auch in Chanel. An diesem Abend verliebten sich Romy und Harry Meyen. Sie zerbrachen während des Essens ihre Weingläser mit den bloßen Händen, bis das Blut floß. Abends die Überraschung: die geladenen Gäste – tagelang hatten sie sich mit ihren Einladungen gebrüstet – mußten ihr Dinner (Hummer-Cocktail, Geschnetzeltes nach Zürcherart, Cassata und Berliner Pfannkuchen) selber bezahlen.

Freitag, 12 Uhr: Der Regierende Bürgermeister eröffnet das Europa-Center. Ganz Berlin auf den Beinen. Wie doch noch alles fertig geworden ist, bleibt ein Rätsel: die Eisbahn ist tatsächlich trocken, die Geschäftsauslagen sind gefüllt, die Hostessen – weiße Melonen auf den Köpfen – haben die Prominenz richtig zu Stuhle gebracht. Die Eurovisions-Fanfare schmettert, 5000 bunte Luftballons steigen in den strahlendblauen Frühlingshimmel auf. »Willy, Willy«, schreien die Berliner ihrem Bürgermeister zu, das Orchester der Berliner Schutzpolizei spielt, Blumenmädchen überreichen Veilchen-Sträußchen an die Damen, und als alle Reden gehalten waren, setzen die 1500 geladenen Gäste zum Sturm auf das Büfett im zweiten Obergeschoß an.

»Erst mal sehen, wie die Preise sind.« So der Kommentar der skeptischen Berliner zum neuen Wolkenkratzer ihrer Stadt. Sie lassen sich so leicht nicht becircen. Manche finden das Verkaufszentrum ungemütlich. Sie wollen lieber den kleinen Kaufmann um die Ecke behalten, der noch am Tod des Wellensittichs Anteil nimmt. Die meisten aber erkennen doch, wie genial diese »Stadt in der Stadt« ist.

Mai 1965: An der Mauer

Vor einigen Tagen hat sich ein auf Menschen abgerichteter Ostberliner Polizeihund von seiner Leine losgerissen und die Grenze nach Westberlin überschritten.

»Schäferhund wählte die Freiheit!« berichteten die Zeitungen. Das erste Foto zeigt den Hund, der übrigens eine Hündin war, noch mit gefletschten Zähnen, das zweite, wie er mit Behagen eine westliche Bockwurst frißt. Die Westberliner Polizei stellt zum Wachdienst keine Hündinnen ein, weil diese, wie das Beispiel zeigt, nicht zuverlässig sind. So kam der Hund, der die Freiheit gewählt hat, ins Tierheim Lankwitz.

Gestern abend war ich an der Mauer am Potsdamer Platz. Ein Foto vom Potsdamer Platz, wie er vor dreißig Jahren aussah: Straßenbahnen, Menschengewühl, Leben. Jetzt ist er wie ausgestorben. Man kann auf einen Turm steigen und nach drüben sehen. Stacheldraht, Panzersperren, einige Vopos. Vor vier Wochen ist die englische Königin hier vorbeigefahren, im offenen Mercedes, langsam, ohne anzuhalten. Damals standen mehr Vopos drüben, auf den Dächern, mit Ferngläsern, auf unseren Dächern standen unsere Polizisten und unsere Fotografen, um die drüben zu fotografieren. In die Zeitungen, die über den glanzvollen Tag berichteten, werden wahrscheinlich inzwischen Heringe eingewickelt. Nichts hat sich geändert.

Ein netter Polizist erlaubt mir, auf den verbotenen Wachturm zu steigen. Nichts ist zu sehen drüben, kein Mensch, kein Tier, kein Polizist. »Das täuscht«, sagt er, »die sind überall versteckt, mit ihren Hunden! Aber ab und zu gelingt es doch noch einem Flüchtling, über die Mauer zu kommen. Der letzte kam vor fünf Monaten. Am hellichten Tag. Er dolmetschte für eine Gruppe tschechischer Touristen, und als sie sich für eine Gruppenaufnahme in Positur stellten, kletterte der Dolmetscher über die Mauer. Die Vopos haben nicht mal geschossen, wegen der Blamage. Aber jetzt haben sie die Mauer drü-

ben glatt poliert, sehen Sie, so glatt, daß kein Fuß mehr Halt finden kann!«
Die unsichtbaren Wachhunde heulen.

Mai 1965: New York – in der »Lerche«

Denis ist für »Paris Match« in Kanada für ein Foto-Shooting. Wir werden uns hier in New York treffen, um herauszufinden, ob wir in Zukunft lieber in New York oder in Paris leben wollen – »nur wir beide, nur wir beide ganz allein, *my darling. Promise!*«.
Ich flog voraus, um New York schon mal auf eigene Faust zu erkunden. Freunde haben mir ein Buch geschenkt mit dem optimistischen Titel: »Wie man mit 5 Dollar pro Tag in New York leben kann«. Leider habe ich das Buch im Flugzeug liegen lassen, ungelesen, und so werde ich wohl nie mehr erfahren, wie die beiden Autoren diese erstaunliche Leistung fertiggebracht haben wollen. Um es vorwegzunehmen: Es geht gar nicht.
Da ich kein Zimmer gebucht hatte, ließ ich ich mich vom Taxifahrer in einem kleinen, lustig grün angestrichenen Hotel absetzen, »Lerche«.
Eine Sitzung in der UNO besucht. Ein Mitglied der UNO soll gefragt worden sein: Ist das nicht furchtbar langweilig, diese Sitzungen? Das Mitglied soll geantwortet haben: Es ist besser, ein paar alte Männer langweilen sich bei diesen Sitzungen, als daß hundert junge Männer sterben.
Ich habe bisher den Eindruck, daß ein großer Teil der Amerikaner immer noch für den Vietnamkrieg ist. Eine Mutter von vier Kindern hörte ich sagen – man sprach über einen jungen, in Vietnam desertierten Soldaten: Der gehört zurückgeschickt. Sie findet es durchaus in Ordnung, daß auch ihr Sohn nach Vietnam geht. Die New Yorker lieben Paraden. Letzten Sonntag paradierten die Veteranen die 5th Avenue entlang, einen Sonntag vorher war es die Armee. Kleine pazifistische Kundgebungen dagegen machten kaum Aufsehen. Der einzige, der sich ganz offen gegen den Vietnamkrieg aussprach, war ein Taxifahrer in Washington. Er fuhr mich zum Arlington-Friedhof. »Hier lie-

gen die Toten von 27 Kriegen«, sagte er, »aber die Menschen lernen nichts daraus. Hier liegen die Boys aus Vietnam, da die aus Korea, hier die Krankenschwestern, da die Gefallenen aus dem Ersten, dem Zweiten Weltkrieg, dort die aus dem spanisch-amerikanischen Krieg, dort die ältesten, aus der Zeit der amerikanischen Revolution – 135 000 Gräber insgesamt.«

Meilenweit erstreckt sich der Friedhof, keine Hügel, nur schneeweiße Steine auf grünem Rasen.

Eine 35-Meilen-Bootsfahrt auf dem Hudson River. Ich bin richtig froh, einen Amerikaner zu treffen, der mir ein bißchen auf die Nerven geht, nämlich den Mann, der die Bootsfahrt unsichtbar, aber dafür um so hörbarer kommentiert, mit einer Diktion wie ein Fußballreporter. *Kids*, nennt er uns, oder *fellows*, zu laut, zu fröhlich, gar zu optimistisch, zu stolz auf Amerika. Gebürtiger Ire ist er, und jeder zweite Satz beginnt: Als ich hierherkam – endend mit einem gegrunzten: *Yeah*. Ein Klischee nach dem anderen hat er parat, wie er selbst sagt, irgendwie ist auch das wieder rührend. »Das Wichtigste in der Welt ist timing.« – »Es ist nicht wichtig, was man sagt, sondern wann, und wie man es sagt.« (!) »In diesem Penthouse wohnt Frank Sinatra, und da Onassis«. – »Wir haben Gleichheit in Amerika, aber manche sind gleicher als andere, und das versuchen wir auszugleichen.«

Er hat nichts gegen die Reichen, aber die Armen, die genug Gehirn besitzen, sollen die gleichen Möglichkeiten haben. »Da leben die Juden, da die Deutschen, da die Puertoricaner, da die Holländer, da die Iren, die Polen, die Neger, die Chinesen – alle sind gleich in Amerika. Menschsein allein zählt.«

Weiter: »Glücklichsein ist nicht bekommen, was man will, sondern bekommen, was man zu wollen glaubt!« (?) Oder: »Hier sieht man keine Cadillacs. Hier sind die Leute so reich, daß sie niemanden mehr zu beeindrucken brauchen.«

Neben Frank Sinatras Penthouse, glaube ich, lag der Müllabladeplatz von Manhatten, einige armselige Häuschen daneben. »Sie können sich gegenseitig sehen, die Armen und die Reichen, das ist gut, das ist gut, das ist gut, yeah, das ist Demokratie, yeah, der Abfall neben den reichsten Leuten der Stadt, yeah.

Gleich vier Nobelpreisträger arbeiten gemeinsam in einem der nächsten Häuser, und nebenan hat Elizabeth Taylor eines ihrer Kinder bekommen, und dort, den ersten Wolkenkratzer überhaupt, hat Barbara Huttons Großvater gebaut, yeah, und das Geld, das er verdient hat, gibt Barbara Hutton jetzt aus, yeah. Ich habe nichts gegen reiche Leute, aber ... yeah yeah yeah. Einmal hatten wir 300 Verrückte an Bord, direkt aus der Irrenanstalt, man wollte sie der Wirklichkeit näherbringen und ließ sie Boot fahren, was glaubt ihr, Kids, die haben sich genauso über alles gefreut wir ihr, Kids, yeah.«

Die »Lerche« ist inzwischen ganz gut besetzt. Zu meinem Erstaunen ist am »Portal« ein Schild angebracht worden: Radio in allen Zimmern. Wovon nicht die Rede sein kann. Aber vielleicht kommt das noch. Einen Stöpsel für das Waschbecken habe ich gekauft, damit ich Strümpfe waschen kann. Die meisten meiner Hotelmitbewohner arbeiten beim Zirkus gegenüber im Madison Square Garden. Beim Frühstück bei Bickfords wurde ich gefragt, ob ich auch beim Zirkus sei. Regelmäßiger morgendlicher Gast ist eine kleine alte Dame mit aristokratischem Gesicht und völlig durchlöchertem Persianer, sehr heiter, sehr souverän, sehr verrückt. Sie fragt immer nach der Zeit, in Abständen von Minuten. »Verzeihen Sie, Darling, wie spät ist es?« Einmal treffe ich sie auf der Straße. »Verzeihen Sie, Darling«, sagt sie, ohne mich aber offensichtlich wiederzuerkennen, und ich will schon auf meine Armbanduhr schauen, da kommt statt der erwarteten Frage: »Verzeihen Sie, ist heute Montag?«

Nachts wache ich auf durch Geschrei. Schaue aus dem Fenster, unten steht eine Mulattin, ganz allein, eine Hure wahrscheinlich. »*I am amazed!*« ruft sie guttural, »*I am really amazed!*« immer wieder. Niemand der Vorübergehenden kümmert sich um sie. Schließlich schreitet sie davon, hocherhobenen Hauptes, stolz, einsam. Erstaunt ist sie ...

Bei der New Yorker Korrespondentin einer deutschen Zeitung hatte ich meine Hoteladresse hinterlassen, damit Denis mich finden konnte, auch eine deutsche Freundin wollte mich eventuell besuchen und dort anrufen. Die Dame war außer sich. »Um Gottes willen, Sie haben sich die schlimmste Gegend von New York ausgesucht! Das ist der Strich, wo Sie wohnen.«

»Was, direkt neben dem Broadway?« Ich fiel aus allen Wolken.

Denis läßt wieder einmal auf sich warten.

Der Termin für unser Treffen ist längst überfällig. Aber meine Freundin ist gekommen. Sie schlug die Hände über dem Kopf zusammen, als sie die »Lerche« sah. »Du bist verrückt«, sagte sie.
Wollte sofort in ein anderes Hotel ziehen. Aber dann schauten wir aus meinem Zimmer auf die Straße hinunter, auf das ganze brodelnde Leben da unten. Es war Muttertag, die Sonne schien, und da waren sie nun tatsächlich, alle die Blumenbeete- und Salatschüssel-Hüte, die neuen Kleider in der Lieblingsfarbe der Amerikaner, Rosa, rosa Orchideen hatten viele von ihnen angesteckt, ein Mann vom Zirkus verkaufte Erdnüsse für die Affen, und sie sagte wieder: »Du bist verrückt, aber das hier hat tatsächlich Charme.«
Pete, der im Zweiten Weltkrieg als Kriegsgefangener in Deutschland war, sagte auf deutsch zu ihr: »Willst du einen Schnaps? Ich heiße Pete. Wie heißt du?« Und auch sie blieb.
Sicher werde ich ein solches Experiment nie wieder in meinem Leben machen. Aber ich habe eine Seite von New York kennengelernt, die mir sicher verborgen geblieben wäre, hätte ich im »Waldorf Astoria« gewohnt. In den drei Wochen meines Aufenthalts habe ich allerdings außer zu Pete, von einigen unverbindlichen Gesprächen in Museen, im Bus, auf dem Boot abgesehen, zu keinem Menschen wirklich Kontakt bekommen. Wenn man einen Freund in New York hat, hat man viele, aber wenn man diesen nicht hat – allein ist man hier wohl besser nicht.
Ich tendiere zu Paris als künftigem Wohnort …

Mai 1966: New York – Bethesda Hospital

Nachdem ich wieder einmal tagelang auf Denis gewartet hatte – er mußte in Toronto eine Kellnerin trösten – »sie war so unglücklich« –, habe ich mir in der »Lerche« die Pulsadern aufgeschnitten und bin in die Psychiatrie eingeliefert worden, wie das so üblich ist bei Selbstmördern.
Die folgenden Zeilen sind aus meinem Tagebuch und dem 1970 entstandenen autobiographischen Roman »Diese maßlose Zärtlichkeit«. Therapeutinnen haben ihn ihren suizidgefährdeten Patientinnen empfohlen, zur Abschreckung …

»Hier ist eine Neue, Barbara. Sagt guten Tag zu Barbara!«
»Hallo«, antwortet eine von den Gestalten, die, wie ich in lange Kattunhemden gekleidet, im Korridor herumsitzen. Die anderen schauen gar nicht auf. Die meisten dösen vor sich hin. Eine reißt Papier in Streifen, eine blättert in einem Kinderbilderbuch, andere wandern geistesabwesend im Korridor auf und ab, schleifen Papiertüten an einer Strippe hinter sich her.
Ich gehe ans Fenster. Vergittert. Selbstverständlich. Schaue auf die Straße hinab. Im fünften oder sechsten Stock etwa sind wir. Unten fahren Autos, laufen Menschen in Sommerkleidern.
Die Wärterin bringt mir ein Stück Seife, eine Zahnbürste. Ich stecke beides in meine Kitteltasche. Die anderen haben ihre Habseligkeiten in diesen Papiertüten.
»Man muß alles festhalten, sonst wird es geklaut«, sagt die Wärterin.
Ich setze mich in eine Ecke. Eine alte Frau mit lose herabhängendem, grauem Haar, ihre Papiertüte hinter sich, kommt als erste zu mir. Erzählt von ihrem Mann, wie sie ihn liebt.
»Aber immer wieder bringt er mich hierher, er kommt nicht mehr, ein so reizender Mann – und es ist so schmutzig hier drin«, klagt sie, »so viele Vögel fliegen hier ein und aus. Aber das ist auch ein Zeichen!« Verschmitztes Augenzwinkern. »Sie sind erregt, wollen Sie eine Zigarette?« Sie läßt ihre Tüte los, ergreift meine beiden Hände. Ihre Hände sind eiskalt.
»Sie haben so kalte Hände«, sage ich. Mein Herz hämmert im Hals.
»Übersensibilität«, antwortet sie, »Sie sind auch übersensibel, ja, ich sehe das. Ich habe hier einen Muff« – sie fördert tatsächlich einen Muff aus der Papiertüte – »es ist der Muff des Papstes« – wieder Zwinkern – »habe ich im Radio gehört, aber verraten Sie mich nicht!« – Schüchternes Lachen, scheues Umblicken nach den anderen – »das Schlimme ist, hier gibt's kein Licht! Erdmagnetismus!«
Sie sieht nicht, daß es brennt, das elektrische Licht.
Andere sind aber genausowenig oder genausoviel verrückt wie ich. Die Kleine, die Papier in Streifen reißt, ist aus dem Fenster gesprungen, weil sie ihre Eltern nicht mehr ertragen konnte. Ist das verrückt? Hat sich beide Beine gebrochen. Eine andere mit verwüstetem Gesicht, eine

Nutte, wie sie selbst erzählt, hat einen Verband um den Hals. Ihr Zuhälter ist mit dem Rasiermesser auf sie losgegangen.
Alle reden gern von sich. Allmählich bildet sich eine Gruppe um mich. Viele schwarze Mädchen.
»Was haben Sie gemacht?«
»Schlaftabletten.«
Sekretärinnen, Hausfrauen. Ich funktioniere einfach nicht mehr draußen, ich komme einfach nicht zurecht draußen.
»Mein Psychiater hat gesagt ...«
»Sie müssen ja ganz schön hineingehackt haben«, sagt eine kleine Negerin* zu mir. »Bei den Verbänden müssen Sie mindestens vier Wochen hierbleiben. Mindestens.«
Vier Wochen! Angst.
Der Verband der anderen ist kleiner, sie hat nur links geschnitten, nicht so tief wie ich. Liebeskummer.
»Sehen Sie zu, daß Sie einen guten Psychiater bekommen«, sagt sie. »Doktor Bradley ist gut. Den habe ich auch.«
Sie bietet mir eine Zigarette an. Rauchen ist verboten. Aber irgendwie bringen sie es fertig, daß ihnen eine Reinemachefrau morgens Feuer gibt, und dann wird eine Zigarette an der anderen angezündet. Das Feuer geht den ganzen Tag nicht aus. »Morgen ist Besuchsstunde«, sagt die kleine Negerin, »da kriege ich neue. Mein Bruder kommt.«
Tagsüber sitzen wir auf den Holzbänken. Abends schieben die Wärterinnen Eisenbetten in den langen Korridor. Geschlafen wird auch im Korridor. Ein Bett steht hinter dem anderen, damit wir alle unter Aufsicht sind. Die kleine Negerin hat ihr Bett neben meinem, hilft mir beim Aufdecken, weil ich nichts richtig anfassen kann. »Erschrecken Sie nicht, hier sind Mäuse. Gute Nacht.« Sie setzt sich auf ihr Bett und schnallt ihre Beine ab, zwei Prothesen mit braunen Baumwollstrümpfen darüber, stellt sie neben sich an die Wand. Schläft ein ohne Beine.
»Gute Nacht!«
Alle haben Beruhigungsmittel gekriegt, fallen sofort in tiefen Schlaf. Ich habe nichts bekommen. Als Neuer ist mir der schlechteste Schlaf-

* Damals war es noch üblich, das Wort Neger oder Negerin. Heute unvorstellbar.

platz zugeteilt worden, gegenüber dem Schwesternzimmer. Die Tür steht offen, die Schwestern reden und lachen die ganze Nacht. »Kann ich ein Schlafmittel haben?«
Die Schwester schaut in der Kartei nach. »Nein, das können Sie nicht.«
»Aber etwas gegen die Schmerzen?«
»Nein, auch das nicht.«
Ich lege mich wieder hin, strecke die Unterarme in die Höhe, das lindert ein wenig. Dann wandere ich den Korridor entlang, an den vielen Eisenbetten vorüber. Außer mir schlafen sie alle, entspannt wie Tiere durch die Beruhigungstabletten, auf dem Bauch, auf dem Rücken, schnarchend. Zurück ins Bett. Genau über meinem Kopf hängt der Lautsprecher. Die ganze Nacht wird etwas durchgesagt, laut, erregt: »Doktor Soundso dringend auf Zimmer soundso!« Auch nachts neue Eingänge. Eine dreht durch, eine Mexikanerin, bekommt Schreikrämpfe, wird von zwei der bärenstarken Wärterinnen hinausgezerrt. Sie kommt in die obere Etage, da sind die schwereren Fälle, da gibt es Elektroschock. »Ich hab doch gar nichts getan«, schreit die Mexikanerin, um sich schlagend. »Ich hab doch gar nichts getan – o mein Gott – nein – nein – o mein Gott …«
Dann kommen die Mäuse. Huschen an den Betten vorbei, unter den Betten. Ich stehe wieder auf, sage es der Schwester.
»Hier sind keine Mäuse«, sagt sie barsch, »alles Einbildung. Nun schlafen Sie endlich!«
Die werden es schaffen, daß ich hier wirklich verrückt werde. Vier Wochen …
»*Good morning, ladies.*«
Wir stehen auf, machen eine Art Morgentoilette. Die Klos haben keine Türen, damit man sich nicht aufhängen kann, heimlich. Nebeneinander und einander gegenüber hocken wir auf den Klos. Ich habe Schwierigkeiten, mich abzuwischen. So gut es geht, wasche ich mich, putze mir mit Seife die Zähne. Die Zahnbürste zu halten ist schon ein Problem. Die hünenhaften Wärterinnen schieben inzwischen unsere Betten vom Korridor zurück in angrenzende Kammern. Frühstück, *ladies*. Hafergrütze, Tee, Marmeladenbrote. Um zehn Uhr sollen die Psychiater kommen. »Ich bin freiwillig hier reingekommen«, sagt die hübsche Sekretärin, »ich bin schon zum dritten Mal hier. Ich funktioniere ein-

fach nicht draußen.« Sie hat Spielkarten da, trägt einen geblümten Morgenrock, als einzige nicht das lange Kattunhemd. Sie hat sich hier eingerichtet.

»*Good morning, ladies!*«

Die kleine Negerin zeigt mir Dr. Bradley. Da alle Frauen sich hysterisch auf die beiden Ärzte stürzen, halte ich es für klüger, das nicht zu tun. Ich bleibe ruhig sitzen, Handgelenke in der Luft, und warte. Die Methode klappt.

Dr. Bradley bleibt vor mir stehen. »Wer sind Sie?« Er hebt meine Handgelenke an. »Warum?«

»Liebeskummer.«

»Hm.«

Der andere, Dr. Kosinski, kommt dazu, eine dicke Zigarre im Mund.

»Warum?« fragt er Dr. Bradley.

»Liebeskummer«, sagt der.

»Na, Eva Braun?« sagt Dr. Kosinski zu einer dicken Blonden, »wie geht's Hitler?«

»Sie glaubt, sie ist Eva Braun«, sagt Dr. Kosinski vergnügt.

Dr. Kosinski zapft mir Blut aus der Vene, die Zigarre im Mund. Ich habe den Eindruck, daß er nicht richtig weiß, wie man das macht. Er ist Pole. Spricht mit starkem Akzent und wirkt verrückter als die meisten von uns.

»Sie sind Deutsche?« fragt Dr. Bradley mich. »Nazi?«

»Nicht mehr. Als Kind, früher.«

»Ich bin Jude«, sagt Dr. Bradley, »hassen Sie die Juden?«

»Nein.«

»Haben Sie jemals einen jüdischen Geliebten gehabt?«

»Ja.«

»Was ist aus ihm geworden?«

»Er ist tot. Herzschlag. Wie lange muß ich hierbleiben?«

»Vier Wochen mindestens.«

Die Unterhaltung ist beendet. Die beiden Psychiater gehen. Eine einzige wird heute entlassen. Ihre Papiertüte auf dem Schoß, sitzt sie da. Wir warten auf die Besuchsstunde. Um zwei Uhr Schlüsselgeklirr. Die dicke Wärterin schließt die Tür auf. Die Besucher kommen herein, zögernd. Ich halte mich im Hintergrund.

Der Zuhälter erscheint als erster. Die Nutte mit dem Verband am Kehlkopf umarmt ihn. Die zwei Burschen in seiner Begleitung sehen noch wüster aus als er. Die Kleine mit den gebrochenen Beinen bekommt Besuch von ihren verhaßten Eltern. Der Vater ist Arbeiter. Unbeholfen schiebt er die Mutter im Rollstuhl. »Wie geht's dir?«

Die grauhaarige Hausfrau jammert nach ihrem Mann, der nicht gekommen ist.

Jetzt Denis. Das geliebte häßliche Gesicht. Ich gehe auf ihn zu. »Tut mir leid«, sage ich.

»Schon gut.« Er bietet mir eine seiner kleinen Zigarren an, Marke Schimmelpennick. Sein Gesicht ist ohne jeden Ausdruck, aber seine Hand zittert, als er mir Feuer gibt. Die beiden Psychiater beobachten, wie sich ihre Patientinnen verhalten.

»Das ist Doktor Bradley«, sage ich zu Denis, »bitte sei so gut und behaupte, alles ist o.k. mit uns, sonst läßt er mich nicht raus, und daß wir nach Kalifornien fahren werden, bitte.« – »Doktor Bradley, das ist Mister Cameron«.

Dr. Bradley sieht Denis an, böse oder verächtlich, scheint mir. Dabei kann doch wirklich kein Mensch dafür, wenn ein anderer sich seinetwegen umbringen will. »Werden Sie sich um sie kümmern, wenn sie hier rauskommt?« fragt er.

Denis nickt.

»Kommen Sie morgen wieder, dann werden wir sehen«, brummt Dr. Bradley.

Noch eine Nacht. Die abgestellten Beinprothesen. Die Mäuse. Die Lautsprecherdurchsagen. Die schwatzenden Schwestern. Die Schmerzen. Schlaflosigkeit. *Good morning, ladies.* Frühstück, *ladies.*

Dr. Bradley macht zwei Tests mit mir. Erst läßt er sich erzählen, wie das war: Der geliebte Vater ein Nazi; die Desillusion dann 1945, daß alles falsch gewesen ist. Mein gestürzter Gott Hitler. Kein neuer Gott seitdem. »Wer im Glashaus sitzt, soll nicht mit Steinen werfen«, sagt Dr. Bradley, »deuten Sie bitte dieses Sprichwort.«

»Wenn einer im Glashaus sitzt«, versuche ich, »ist er unklug, wenn er mit Steinen wirft, weil andere zurückwerfen und sein Glashaus zertrümmern werden.«

Dr. Bradley scheint nicht zufrieden mit meiner Auslegung. Er

wiegt den Kopf hin und her. »Wahrscheinlich Sprachschwierigkeiten.«
Zweiter Test: »Ein rollender Stein setzt kein Moos an.«
Das haben wir nicht auf deutsch.
»Solange man in Bewegung ist, rostet man nicht, setzt man kein Moos an«, schlage ich vor. Das scheint ihn zu überzeugen. Die Unterhaltung ist beendet. Als Denis um zwei Uhr kommt, sagt der Doktor: »Holen Sie ihr was zum Anziehen. Sie können sie mitnehmen.«
Die anderen gratulieren mir.
»So schnell, wir mußten vier Wochen hierbleiben. Und dürfen immer noch nicht raus.« Adressen werden ausgetauscht. »Wenn wir auch wieder draußen sind, müssen wir uns alle sehen.«
Denis kommt zurück mit einem Kleid, Unterwäsche, Schuhen. Die Wärterin bringt mein blutverkrustetes Nachthemd. Denis schließt die Augen.
»Sie können es wegwerfen«, sage ich zu der Wärterin.
Zwei Frauen fallen darüber her, zanken sich um das Nachthemd. Die Wärterin schließt die klinkenlose Tür auf. Die grauhaarige Hausfrau winkt und bricht in Tränen aus. »Viel Glück!«
Wir fahren mit dem Lift hinunter. Ich bekomme meine Krokodilledertasche zurück, der Inhalt wird mit der Liste verglichen. Reiseschecks, Geld, Paß, Kamm, Puderdose. Dreiundvierzig Dollar pro Nacht, die Näherei gratis. Das Plastikarmband mit meinem Namen darauf behalte ich. Ich bin plötzlich traurig. Will gar nicht mehr unbedingt hinaus in die Freiheit. Der Abschied von meinen Genossinnen fällt mir schwer. Sie funktionieren nicht draußen. Und ich funktioniere eben auch nicht draußen. Das hatte uns verbunden, die Sekretärinnen und die Nutte und die Schauspielerinnen und die Hausfrauen. Noch wochenlang sah ich jede Verkäuferin, jede Kellnerin, die mir mit grellrot geschminktem Mund dieses gräßlich unpersönliche How-are-you-today entgegenlächelte, in ein langes Kattunhemd gekleidet auf dem Klo ohne Türen sitzen und sagen: Ich funktioniere einfach nicht.

Mai 1965: Ende und neuer Anfang

New York bedeutete das Ende der Affäre Denis. Ich trennte mich endlich von ihm und sah ihn nie wieder. Er soll in Vietnam während seiner Fototätigkeit für das »Life Magazin« umgekommen sein.

Schnitt, wie es im Filmgeschäft heißt. Den nächsten Lebensphasen-Partner traf ich ein Jahr später während der Proben zu »Medea«, mit Peter Pasetti als Jason. Er war Regieassistent und sagte mir auf den Kopf zu: Sie sind eine Fehlbesetzung. Sie sind keine Heldin, Sie sind eine Sentimentale. Er hatte recht. Einen Tag später stand er mit einem Biedermeiersträußchen vor meiner Tür und übernahm, obwohl vierzehn Jahre jünger als ich, für die nächsten zwanzig Jahre die Regie in meinem Leben.
Es begann mit einer Reise kreuz und quer durch Australien, wo er in einer Fernsehserie spielte und ich ihn mehrmals besuchte, eine gemeinsame Reise durch Asien folgte und schließlich die Episode Leben auf dem Bauernhof, die drei Jahrzehnte dauern sollte.

1969 bis 1999 – 30 Jahre Sommerholz

Mein neuer Lebensphasen-Partner wollte aufs Land – also zogen wir aufs Land. Unsere Freunde Dietmar Schönherr und Vivi Bach wohnten in der Nähe Salzburgs, also lag es nahe, sich dort umzuschauen. Ich spielte inzwischen in München Theater, die Fürstin Eboli in Schillers »Don Carlos«, mit Helmut Lohner als Carlos. Mein Lebens-Regisseur ging auf Suche nach einem alten Bauernhaus. Sein Anruf: Da wäre eins – in der Gegend von Salzburg – wir müßten aber sofort zusagen, sonst würde es teurer: 17 000 DM für ein einigermaßen erhaltenes Bauernhaus mit 20 000 qm Grund, ganz einsam gelegen, umgeben von Wiesen und Wäldern. Traumhaft.

»O.K.«, sagte ich zu Lutz, »wir kaufen es!« Das war der Auftakt zum Lebensabschnitt Sommerholz.

Im Sommer 1969 zogen wir in unser Bauernhaus ein. Türen gab es noch nicht, auch keine Haustür, kein Raum außer der Küche war bewohnbar. Die hatte ich mit fünfzehn Eimern Wasser geschrubbt und lustige rotkarierte Gardinen an den winzigen Fenstern angebracht. In der Küche stand auch das Bett, neben das wir nachts eine Axt plazierten, zur Sicherheit. Inzwischen weiß ich, daß die Räuber heutzutage nicht auf dem Land und im Wald ihr Unwesen treiben, sondern in den Städten.

Als Einstandsgeschenk überbrachte der Jäger einen Fasan. Einige Stunden vorher hatte ich den prächtigen Vogel noch majestätisch durch die Wiesen stolzieren sehen.

Ein junger gesunder Fasan ist offenbar recht zäh. Er mußte einige Tage im Keller »abhängen«, um überhaupt genießbar zu werden. Da hing er nun, wundervoll gefiedert – aber tot. Irgendwann ließ es sich nicht länger aufschieben, ich mußte ihn rupfen und braten. In einer köstlichen Sauce, mit Weintrauben garniert, stand er schließlich bei Kerzenlicht auf dem schön gedeckten Tisch. Wir hatten bereits ein Glas edlen Weins auf den festlichen Anlaß geleert – dann stocherten wir in unseren Tellern herum, bis wir beide gestehen mußten: Ich kann es nicht. Ich kann ihn nicht essen.

An diesem Abend hat der Hund den ersten und einzigen Fasan seines Lebens verspeist. Wir die Klöße und das Weinkraut …

Das nächste kulinarische Desaster bescherte mir ein Kaninchen, ebenfalls ein Willkommensgeschenk. Zuerst mußte ich ihm das Fell über die Ohren ziehen, im wahrsten Sinn des Wortes, dann auch noch die sieben Häute ablösen, mit dem die Natur das Tier ausgestattet hat. Einem Embryo ähnlich, sich zunehmend bläulicher verfärbend, lag es in der von der Nachbarbäuerin empfohlenen Rotweinmarinade. Nur unter Tränen und mit Hilfe einer halben Flasche Whisky vermochte ich die Kaninchenleiche in einen Zustand zu bringen, der Feinschmeckern – unter anderem hatte ich nicht an Rosmarin und Crème fraîche gespart – das Wasser im Munde hätte zusammenlaufen lassen. Verspeist hat's wiederum – der begeisterte Hund.

Zum Rehbraten kam es dann gar nicht mehr. Die entzückenden Bambis mit ihren Lackschnäuzchen, die unter den Apfelbäumen zutraulich die herabgefallenen Früchte schmausten, mit Preiselbeeren angerichtet? Unmöglich! Und gar der Franzi, Nachbar Gustls Lämmchen, in grünen Bohnen? Unvorstellbar!

Die Katastrophe nahm ihren Lauf. Meine Sensibilisierung in bezug auf das Essen von Tieren und die allmähliche Hinwendung zur vegetarischen Ernährungsweise waren nicht mehr aufzuhalten.

Bald stellte sich die Frage, wie andere Vegetarier diese doch recht gewalttätige Welt aushalten. Vom russischen Dichter Tolstoi wird berichtet, daß er eine verwöhnte Prinzessin, die ihm auf seine Einladung einen Korb gegeben hatte, weil es in seinem Hause ja nichts Gescheites, sprich: Fleisch, zu essen gäbe, in die Küche geführt habe, in der ein angebundenes Kälbchen stand, der verdutzten Dame ein Messer in die Hand drückte und sie aufforderte, sich zu bedienen.

Von Tolstoi stammt auch der Satz »Solange es Schlachthöfe gibt, wird es Schlachtfelder geben«. Nun glaube ich nicht, daß Vegetarier grundsätzlich bessere, friedfertigere Bürger sind als andere. Dennoch scheint mir, daß Menschen, die sich Gedanken darüber machen, wie viel an Leben sie das Recht haben sich zu nehmen – auch der Salatkopf ist schließlich ein Lebewesen –, auch mit anderen Fragen des Lebens bewußter und behutsamer umgehen. Was mich betrifft, so habe ich mich immerhin in meiner Zeit als Carnivore ohne größere Gewissensbisse an Herz am Spieß, Gänseleberpastete und Schildkrötensuppe delektiert, Pelzmäntel getragen und auch sonst ziemlich rücksichtslos an anderem Leben genommen, worauf ich Lust hatte.

Ob fein abgepackt im Laden oder gaumenschmeichlerisch zubereitet im Restaurant – heute kann ein Fleischgericht noch so verführerisch gewürzt duften – ich rieche das Blut und die Verwesung, höre die Todesschreie der gemarterten Tiere, und rien ne va plus.

Eine Welt, in der niemand mehr tötet, in der »der Wolf beim Lamm lagert, der Panther beim Böcklein, Kalb und Löwenjunges gemeinsam weiden und ein kleiner Junge sie hüten kann« – diese Prophezeiung des Jesaja wird wohl für unsere Erde ein unerfüllbarer Wunschtraum bleiben. Dennoch, wie sagt Ben Gurion? »Wer nicht an Wunder glaubt, ist kein Realist.« Und von Franz Alt stammt der Satz: »Wer soll denn die Welt verändern, wenn nicht du und ich.«

Durch das Landleben inspiriert, schrieb ich 1976 mein erstes Kochbuch. Außer mir glaubte niemand an einen großen Erfolg. Keine Fleisch- und keine Fischrezepte, ja wer soll denn so ein Buch kaufen? Über ein Dutzend weitere Bücher folgten. Die vielen Dankesbriefe von ehemals Verstopften oder Rheumakranken, die nach der Lektüre meiner Bücher ihre Ernährung umgestellt haben und dadurch Gesundheit, Leistungsfähigkeit und Lebensqualität wieder gewonnen haben, bereiten mir immer wieder eine riesige Freude.

Hier das Vorwort zu »Mein Kochbuch von der Film-Geierwally zur Stadljakl-Bäuerin – oder wie das Landleben mich verändert hat«.

Von der Film-Geierwally zur Stadljakl-Bäuerin – oder wie das Landleben mich verändert hat

1956, als ich für die Bauerntochter »Geierwally« mein Filmdirndl anzog, hätte ich mir nicht träumen lassen, daß ich einmal als »die Stadljaklbäuerin« auf eigenem Hof leben würde.

Die Geierwally hauste in einer Hütte aus Sperrholz und Pappe; der Stallmist war künstlich, die »Landluft« roch nach Atelier. Die »Stadljakin« wohnt in einem alten Holzhaus; der Misthaufen ist echt und das Dirndl auch.

Schauspielerin mit Leib und Seele, hatte ich mich damals fast damit abgefunden, daß ich für mein aufregendes Leben, um das ich oft beneidet wurde, einen hohen Preis zahlen mußte. Nach anstrengenden Dreharbeiten konnte ich nur mit Tabletten einschlafen, aufwachen nur mit starkem Kaffee; der Kreislauf war matt und verlangte nach einem Cognac; rigorose Schlankheitsdiäten störten Verdauung und Gemüt.

Die Begegnung mit der Natur, den Tieren, den Bauern und alles, was ich von ihnen lernte, haben mein Leben von Grund auf verändert. Und das Wunderbare ist, all die hier gesammelten Erfahrungen lassen sich sozusagen im Handgepäck in mein anstrengendes Berufsleben mitnehmen. Da ist vor allem die naturgemäße Ernährungsform; das neugewonnene Wissen um den Körper und seinen ganz eigenen Rhythmus und die Heilkraft von Wasser und Pflanze; auch manches Kräutlein für die Schönheit ist dabei.

Mein liebster Lehrmeister ist der alte Gustl. Kein Märchenkönig könnte seine Krone vornehmer tragen als Gustl seinen löchrigen Strohhut. Er brachte mir das Johanniskraut für den guten Schlaf, Rosmarin für den Kreislauf, den Borretschsaft fürs Gemüt und gegen die Melancholie.

Gustl erinnert sich, wie die Leute hier früher lebten. Auf gesundem Boden zog der Bauer Kartoffeln, Gemüse und Getreide. Das Brot war grob und aus dem vollen Korn gebacken. Die Bäuerin brachte Gemüse und Obst auf den Tisch, im Winter milchsauer eingelegt und gedörrt, und alles, was sie aus der Milch herstellen konnte. An Fleisch, Fisch und Eiern wurde gespart. Fleisch war teuer, Fisch selten, und die Hühner legten auch nicht jeden Tag ein Ei. Daraus ergab sich zwangsläufig die Vorherrschaft von pflanzlichen Erzeugnissen (Vegetabilien) und Milchprodukten. Und das ist unseren Vorfahren bestens bekommen.

Ich bin ein neugieriger Mensch, und es reizte mich, diese sogenannte »Arme-Leute-Küche« einmal auszuprobieren. Die Überraschung war groß. Denn die Gerichte schmeckten nicht nur hervorragend, sie schufen auch ein bisher nie gekanntes Wohlbefinden und gute Laune.

Und manches Wehwehchen blieb dank Gustls Ratschlägen und meiner neuen Kochkunst auf der Strecke: Verstopfung, Abgeschlagenheit und Kopfschmerzen – wie ich heute weiß, alles Folgeerscheinungen der »normalen« Küche, die reich an Fleisch und leeren Kohlenhydraten, aber arm an Vitalstoffen ist.
Den Lustgewinn, den zum Beispiel ein gut funktionierender Darm bereitet, wird jeder zu schätzen wissen, der das Gegenteil erlebt und erlitten hat. Und das trifft für jede zweite Frau zu, wie der Konsum an Abführmitteln beweist.
Wäre ich Gustl und der »Arme-Leute-Küche« früher begegnet, ich besäße noch meinen Blinddarm und meine Mandeln und hätte einige Plomben weniger in den Zähnen.
Wahrscheinlich würden viele Menschen kein Fleisch mehr anrühren, wären sie gezwungen, die Tiere, die sie essen wollen, auch selbst zu schlachten. Ich habe, seit ich auf dem Land lebe, eine immer stärkere Abneigung gegen Fleisch entwickelt. Ich wäre einfach nicht mehr fähig, unser Zwerghuhnpärchen Herr und Frau Nebbich in den Suppentopf oder auf den Spieß zu stecken.
Und doch habe auch ich einmal gedacht: Kein Fleisch, kein Fisch, keine Eier, was soll man denn da überhaupt noch kochen? Sie werden es nicht für möglich halten, wie viele delikate Menüs man auch ohne Fleisch und Fisch zusammenstellen kann. Allerdings finden Sie bei mir schon ab und zu ein Ei und noch öfter ein Gläschen Wein. Ich trinke auch mal einen Schnaps, wenn mir der Hut hochgeht.
Sie können Ihren Gaumen nicht nur mit ländlichen einheimischen Genüssen erfreuen – auch mit einer Vielzahl internationaler Schlemmereien, die ich auf meinen Reisen gekostet und notiert habe. Und hier wie dort lautet die Devise: Es soll köstlich schmecken – *und* gesund sein.

1976: Kulinarische Anekdoten aus meinem ersten Kochbuch

In den ersten Sommerholzer Jahren erfand ich in einer regelrechten Koch- und Back-Euphorie fast täglich neue aufregende vegetarische Rezepte, die sich in den Kochbüchern wiederfinden, so auch das Bar-

bara-Rütting-Brot, das es heute noch in Reformhäusern und Bioläden zu kaufen gibt, und Barbaras Wundermüsli.
Zu letzterem eine kleine Anekdote: Wenn ich bei Beginn einer Theatertournee morgens im Frühstücksraum mein Müsli mixte, bissen meine Kollegen in ihre Marmeladensemmeln und grinsten mitleidig. Dann kam plötzlich heute der und morgen jener und sagte: Mir tut's hier weh und mich drückt's da; ich fühl mich so schlapp; du bist immer so energiegeladen, man wird richtig neidisch! Was ist denn da drin in diesem Teufelsmüsli?
Von da an mußte ich jeden Morgen größere Portionen Müsli mixen und konnte mit Genugtuung Berichte verzeichnen wie: Verdauung ist besser geworden; Magenschleimhaut tut nicht mehr weh; ich fühle mich überhaupt wie neugeboren usw. usw.
Wer zuletzt lacht, lacht am besten …

*

1970 war das Schweizer Tourneetheater mit der Komödie »40 Karat« nach Tel Aviv und Jerusalem eingeladen. Ich spielte die Pariser Geschäftsfrau Lisa, mein »Lebensregisseur« Lutz den Studenten Guillaume. Charles Regnier hatte das Stück aus dem Französischen übersetzt und gemeint: Das müßt ihr spielen, das seid ihr, wie ihr leibt und lebt! Möbel und Requisiten hatten wir vor Ort auf Flohmärkten zusammengestoppelt, denn die originalen Tourneemöbel nach Israel zu befördern wäre viel zu teuer gewesen.
Die Silvesterpremiere in Tel Aviv wurde zum unvergeßlichen Erlebnis. Festliche Stimmung im Parkett, sogar der Kulturattaché und hohe Diplomaten geben uns die Ehre. Das Vorspiel findet etwas improvisiert vor dem Vorhang statt, kaum mehr als einen Meter entfernt von der ersten Reihe. Eine zärtliche Liebesszene, untermalt von sinnlicher griechischer Musik.
Lisa (leise): »Was riecht da so gut?« – Guillaume (leise): »Lilien. Der Strand ist voll davon. Nach Sonnenuntergang duften sie besonders stark – nachts ist es manchmal kaum auszuhalten – es ist wie ein Rausch …«
In dem Moment geht das Licht aus und die Musik (Tonband) erstirbt jaulend. Rabenschwarze Nacht. Pause. Ich flüstere: »Was machen wir?«

– Guillaume leise zurück: »Weiter!« In das Rabenschwarz sage ich hinein: »Diese Ruhe, dieser Friede! Wenn ich daran denke, daß ich nach Paris zurückmuß.« Usw. usw.
So spielen wir im Dunkeln, bis endlich die Schlußsätze fallen. Laut Regie sollen Lisa und Guillaume jetzt eng umschlungen abgehen. Wenn wenigstens der Vorhang aufginge! Er geht aber nicht auf. Wir versuchen die Vorhangöffnung zu finden. Das Publikum klatscht.
»Wo ist die Öffnung vom Vorhang?« flüstere ich. – »Ich kann sie auch nicht finden«, sagt Guillaume. – »Wo bist du?« – »Ich bin hier!« – »Kriechen wir unten durch!«
Just in diesem Augenblick geht das Licht im Parkett an. Und das amüsierte Publikum sieht nur noch unsere Hinterteile, wie wir auf allen vieren von der Rampe weg unter dem Vorhang durchkrabbeln.

Die aus Israel mitgebrachten Rezepte erfreuen sich nach wie vor großer Beliebtheit bei mir wie bei meinen Leserinnen, so das Sesamkonfekt, die Pitta oder das Kichererbsenpüree Hoummous.

*

In dem amerikanischen Film »Zeit zu leben, Zeit zu sterben« nach dem Roman von Remarque spielte ich eine russische Gefangene. Alles sollte so lebensecht sein wie möglich. So mußte ich meine Rolle russisch sprechen. Ein wesentlicher Bestandteil des Parts war eine Fluchkaskade, die ich dem deutschen Erschießungskommando entgegenzuschleudern hatte. In meiner Münchner Wohnung traute ich mich nicht, die volle Lautstärke zu üben. So ging ich in den Wald, meistens bei Regen, weil dann kaum Spaziergänger zu erwarten waren. Doch als ich einmal laut Russisch schreiend durch den regennassen Forst stiefelte, sah ich ein altes Pilzsammlerpärchen, wie es sich schutzsuchend unter einer Tanne aneinanderklammerte und bei meinem Anblick bekreuzigte. Ich wußte vor Verlegenheit nicht, was ich machen sollte, und rettete mich in fröhliches Pfeifen.
Um meine russische Aussprache zu korrigieren, wurde mir die schöne Tanja zugeteilt. Von ihr habe ich viele meiner russischen Rezepte, wie die Russische Kohlsuppe »Schtschi«. Wer sie nicht probiert hat, weiß nicht, wie Kohlsuppe schmecken kann!

Kartoffelsuppe 1944. Meseritz, heute Polen. Meine Schulklasse war zum Einsatz abkommandiert, die Jungen zum Panzergräbenausheben, wir Mädchen zum Küchendienst.
Alle 15 oder 16 Jahre alt. Novemberwetter, Regen, die Welt in Schlamm versunken, die Front nahe, Geschützdonner Tag und Nacht.
Wir Mädchen schälten in einer zugigen Scheune mit klammen Fingern Zentner von Kartoffeln, während die Jungen die schwere nasse Erde aufrissen, um das Vaterland vor den herannahenden russischen Panzern zu schützen.
Später stand ich bis über die Knöchel im Matsch an unserer Gulaschkanone, die ihrem Namen keine Ehre machte, und teilte unsere trübe Kartoffelsuppe aus. Die Jungen warteten wie aufgereihte Vogelscheuchen stumm in ihren viel zu großen Soldatenmänteln, ihr Kochgeschirr in der Hand, auf ihren Schlag Suppe. Keiner sprach. Alle waren so müde. In der Ferne das Grollen der Geschütze. Und dieser Regen! Meine Wolljacke hing an mir wie ein nasser Sack. Da kam einer von den Jungen, zog seinen Mantel aus und legte ihn mir um die Schultern.

*

Edwin war in der Schule eine Klasse über mir. Er war blond und gab mir den ersten Kuß. Auf einer Jägerkanzel in der Nähe der Schule, am Waldrand.
Ich verpaßte den Zug, mit dem meine Brüder und ich sonst jeden Tag nach Hause fuhren. Um 17.30 Uhr kam ich heim und hatte trotzdem keinen Hunger. Wegen Edwin – und weil ich aufgewärmte Schmorgurken vom Mittag bekam; das einzige Gericht, das ich außer Kartoffelpuffern nicht leiden konnte. Edwin wurde kurz danach als Flakhelfer eingezogen. Er schickte mir ein Foto von sich in Marineuniform und noch ein paar Briefe. Dann habe ich nichts mehr von ihm gehört.
P.S. Während einer Theatertournee wurde mir ein Feldblumenstrauß in die Garderobe geschickt. Von Edwin! Aber er hat sich nicht zu erkennen gegeben.

*

Ganz besonders wohl schmeckende und schöne Kartoffeln wachsen in Wermelskirchen. Abgesehen von diesem erfreulichen Umstand habe ich das nette Städtchen im Bergischen eher in unliebsamer Erinnerung. Sinn der Theatertournee ist es, in Orten zu spielen, die über kein eigenes Theater verfügen. So kommt es vor, daß man ab und zu auch in Allzweck-Sälen, Turnhallen oder Kinos auftritt. Das hat sogar einen gewissen Reiz, man glaubt sich in die Zeit der Neuberin zurückversetzt, der Tourneebus wird zum romantischen Thespiskarren. Die Qualität der Aufführungen allerdings läßt manchmal zu wünschen übrig, und das ist nicht immer die Schuld der Schauspieler.

In Wermelskirchen wurde in einem Kino gespielt. »Die ehrbare Dirne« von Sartre, ein brisant politisches Stück. Ich spazierte vorher zufällig in der Nähe der Kasse vorbei und hörte zu meiner Verblüffung folgende Worte: Farrkarrrte bitte. Aha, also auch einige Gastarbeiter, dachte ich erfreut. Der Verkauf war ausgesprochen rege, und auf der Bühne vernahmen wir durch den geschlossenen Vorhang jenes Bienengesumme, das immer ein angeregtes Publikum verrät. Und so war es denn auch. Vielleicht durch das Wort Dirne im Titel animiert, wähnten sich die Leute wohl in einem Sexstück.

Als mein Partner und ich in Lizzies armseliges Eisenbett fielen, das ausgerechnet an diesem Abend auch noch quietschte, war der Jubel grenzenlos. Er steigerte sich noch beim Auftritt des Schwarzen, der irren Blicks die Dirne Lizzie um Hilfe bitten mußte. Unser Kampf oben auf der Bühne, dem Publikum einen Hauch Tragik zu vermitteln, kam den Bemühungen des Sisyphus gleich. Besonders angesichts des gejagten Schwarzen schlugen sie sich unten auf die Schenkel vor Vergnügen. Mir wurde heiß vor ohnmächtiger Wut – und als ich dann in einer Szene eine Pistole in der Hand hatte, mit der ich den »Neger« vor den Weißen beschützen sollte, geschah es: Ich riß die Pistole herum, richtete sie auf das johlende Publikum und schrie: »Da gibt's nichts zu lachen, verdammt noch mal! Wer's nicht kapiert, geht nach Hause! Also?«

Totenstille.

Ich hielt krampfhaft die Pistole auf das Publikum gerichtet (sie war natürlich nicht geladen). Da sagte ein dünnes Stimmchen furchtsam: »Bravo!« – und der Mutige klatschte zweimal kurz in die Hände. Dann war wieder alles still. Wir spielten weiter, als sei nichts geschehen. Die Leute gaben den ganzen Abend über keinen Mucks mehr von sich. Später saß ich im Restaurant, aß die schönen mehligen Wermelskirchner

Kartoffeln und konnte es nicht fassen, daß ich mich derart hatte hinreißen lassen. Wenn ich heute nach meinem Lieblingsgericht gefragt werde, lautet die Antwort nach wie vor: Pellkartoffeln mit Butter und Salz. Da kann ich nicht aufhören, da entwickle ich Suchtverhalten.

*

Wenn jemand plötzlich Bauer wird, so kann er was erzählen! (Frei nach Matthias Claudius.)
Unsere Haflingerpferde Lotti und Liwei waren gerade in Sommerholz eingetroffen. Der Stall, frisch gekalkt mit blankgeputzten Fenstern, ähnelte zwar noch einem sterilen Hospitalzimmer – aber eine Batterie von Mistgabeln und Reisigbesen wartete schon auf die Pferdeäpfel, die das Ganze sicher bald gemütlicher machen würden.
Vom ungewohnten Reiten und Striegeln und überhaupt vom Landleben todmüde, waren wir bereits um neun Uhr abends in tiefen Schlaf gefallen. Um halb sieben Uhr am nächsten Morgen sollte der Zimmermann Toni kommen. Wir wollten die Umbauarbeiten unseres heute so schmucken Häuschens besprechen, das damals noch gar nicht schmuck, sondern – 300 Jahre alt – recht baufällig aussah.
In jener Nacht schrecke ich hoch; blinzle, was der Wecker sagt: kurz nach sechs. Wir haben verschlafen! Also schnell aufgestanden, Stall ausgemistet, Pferde gestriegelt. Kalt ist es am Misthaufen, der ja noch sehr minimale Ausmaße hat. Die armen Städter, denke ich, verschlafen den schönen Morgen! und recke mich der Mistgabel entgegen. Die Pferde fressen jedes seinen Liter Hafer und seine Gabel voll Heu; die Hunde Rüpel und Amina, genannt Minchen, die Katzen Yuko und Fettuccini Haferflocken und Milch; das Zwerghuhnpärchen Herr und Frau Nebbich pickt seinen Mais. Zum Schluß kommen Herrchen und Frauchen dran. Der grüne Kachelofen bullert. Wir verspeisen den neuentdeckten Buchweizenbrei und trinken Tee. Immer noch ist es stockdunkel draußen. Wir fangen an, uns zu wundern: Wo bleibt der Toni? Ich schaue auf die Uhr und weiß nicht, wie sag ich's meinem Manne: Die Uhr zeigt zwei. Und der Wecker war nicht einmal stehengeblieben. Nein! Er hatte auf dem Kopf gestanden, was ich in meiner Verschlafenheit nicht bemerkte. Wir waren gegen halb eins aufgestanden und

hatten alle mitten in der Nacht ausgiebig gefrühstückt. Und keiner, nicht Hund noch Katz, hat sich darüber gewundert.
Wir stiegen alle wieder in die Federn bzw. krochen ins Heu und hüpften auf die Stange. Und als der Toni um halb sieben Uhr kam, schliefen wir wie die Murmeltiere.

*

Mit dem Hafer konnte ich mich nur langsam anfreunden, denn ich hatte ihn in grausliger Erinnerung. Meine jüngeren Geschwister und ich mußten während der Kriegsjahre auf den Getreidefeldern der Bauern »stoppeln«, das heißt liegengebliebene Ähren auflesen. Vater schlug dann die Haferkörner heraus, Mutter mahlte sie in der Kaffeemühle, und aus dem so entstandenen Mehl wurde – Milch, Honig oder Zucker gab's schon längst nicht mehr – mit Wasser und Salz eine ziemlich scheußliche Suppe gekocht, die wir Kinder haßten, weil die ganzen Getreidespelzen drin waren.
Eine Panne werde ich nie vergessen: Wir entdeckten ein Feld mit so viel liegengebliebenen Haferhalmen, daß wir schnell nach Hause liefen, Säcke holten und Vater freudestrahlend unsere Ausbeute präsentierten. Der, stutzig geworden, hörte sich bei dem Eigentümer des Haferfeldes um – der Bauer hatte noch gar nicht geerntet!
Vater konnte und wollte – Krieg hin, Krieg her – nicht riskieren, daß es im Dorf hieß: Lehrers Kinder klauen Hafer. Als es dunkel wurde, mußten wir unsere Säcke wieder auf das Feld zurückschleppen. Beschämt haben wir die Haferhalme wieder sorgsam verteilt.
Mein Tip: Haferklöße mit zerlassener Butter und geriebenem Käse bestreut.

*

Kurz vor Kriegsende gab es in unserer Familie noch einmal Nachwuchs – unsere dreiköpfige Kinderschar wurde um gleich zwei weitere Köpfe bereichert: Mutter bekam Zwillinge.
Ich, die Älteste, einziges Mädchen unter lauter Brüdern, mußte notgedrungen mit meinen fünfzehn Jahren Hausfrau und Säuglingsschwester spielen. Um Mutter und die Zwillinge zu feiern, wollte ich einen Kuchen backen. Das war gar nicht so einfach, denn damals kochten wird Suppen aus Kartoffelschalen, Marmelade aus Ebereschen, Sirup

aus Zuckerrüben. An Mehl oder gar Fett für den Kuchen war nicht zu denken. Ich kratzte ein paar Kartoffeln und Möhren zusammen, tat Sirup dran, und es kam eine Art Sandkuchen zustande, der uns damals ungeheuer delikat vorkam.
Seit meinem ersten Möhrenkuchen sind Jahrzehnte vergangen. Viele Kuchen habe ich inzwischen selbst gebacken und in aller Welt gekostet; und ich muß sagen, auf dem Kuchensektor unterscheiden sich die Nationen weniger voneinander als im übrigen kulinarischen Bereich. Ein Obstkuchen ist ein Obstkuchen und eine Quarktorte ist eine Quarktorte (frei nach Gertrude Stein).

Sommer 1970: Schick essen gehen im »Grünen Baum«

»Wir gehen mit Bekannten zum Mittagessen in den ›Grünen Baum‹, habt ihr Lust mitzukommen?« fragten Bekannte.
Wir hatten Lust an diesem wunderschönen Sommermorgen. Sonntag war es, man könnte später im nahen See schwimmen. Man muss die Feste feiern, wie sie fallen.
Der »Grüne Baum« hatte sich in den letzten Jahren von einem gemütlichen Landgasthof zum Tip für Feinschmecker gemausert. Ich kannte ihn noch nicht und war gespannt.
Der Koch, gleichzeitig der Wirt, schlug vor, ein Überraschungsmenü zu kreieren, selbst-ver-ständlich nach den Kriterien der nouvelle cuisine, leicht und lecker »en nature«.
Mein Tischnachbar entpuppte sich, während er mir den köstlichen Landwein eingoß, als KZ-Hühnerfabrikant. Den Ausdruck KZ-Huhn hat vor Jahren Prof. Grzimek per Gerichtsurteil erstritten. So darf man also zu Recht die armseligen Geschöpfe nennen, die, in Legebatterien eingepfercht, dahinvegetieren müssen im Gegensatz zu ihren freilaufenden, in Nester ihre Eier legenden, glücklichen Artgenossinnen.
Es hätte nicht der Suppe bedurft, um mir heiß zu machen. Wir gerieten uns sofort in die Haare, der Hühnerfabrikant und ich, wobei natürlich ich es war, die sich erregte, er dagegen mild lächelnd die Ruhe behielt: »Bitteschön, die – wie Sie es nennen – KZ-Hühnchen wehren

sich weniger gegen das Geschlachtetwerden als Ihre sogenannten glücklichen Hühner, bitteschön!«
Mir verschlägt es die Sprache. Kunststück! Die anderen waren ja bereits halb tot, während sie lebten!
Ein Gericht nach dem anderen wird aufgetischt, eins ziert ein geknoteter Schnittlauch. Mir gegenüber sitzt die 16jährige Tochter des KZ-Hühnerfabrikanten. Anorexia nervosa, denke ich, beginnende Magersucht, Krankheit der verwöhnten, mit falscher Liebe überhäuften reichen Töchter. Sie stochert lustlos in ihrem Essen, um es schließlich stehenzulassen.
Gang 2, 3, 4, 5, 6 – immer bemerkt jemand, er habe dieses und jenes noch besser und noch raffinierter schon da und dort gegessen. Läßt der Koch/Wirt auch schon nach? Letztes Mal war alles irgendwie besser, aufregender, eben raffinierter.
Nach dem sechsten Gang erscheint der Koch/Wirt und fragt, ob es weitergehen soll. Er ist Trinker, erfahre ich, und das wundert mich nicht im geringsten. Die Gaumen der Schickeria mit immer neuen Geschmacksreizen kitzeln zu müssen, ständig unter einem solchen Leistungsdruck zu stehen, das muss einen ja dem Alkohol in die Arme treiben.
Der Koch/Wirt säuft, die Wirtin lächelt verbissen, die Tochter des Hühnerfabrikanten wird magersüchtig aus purer Verweigerung. Aber die Mutter wenigstens genießt ihr Leben. Sie hat vom Hühnerfabrikantenmann ein nettes kleines Geburtstagsgeschenk bekommen. Es hat ihr so gut geschmeckt im Hotel XYZ an der Cote d'Azur, was tat der liebe Gatte da? Ließ zum Wiegenfeste der Frau Gemahlin den Koch des Hotels XYZ von der Cote d'Azur nach Salzburg einfliegen mitsamt einem ganzen Zentner der leckersten französischen Delikatessen.
Alle haben zuviel gegessen außer meinem Lebensphasen-Partner und mir, da wir nämlich kein Fleisch, sondern nur die Gemüsegerichte genommen haben. Lustlosigkeit macht sich breit, über die weder noch mehr Wein noch der Kaffee noch ein Verdauungsschnaps hinweghelfen. Woanders hungern Menschen.
Es stellt sich heraus, daß der Hühnerfabrikant uns alle eingeladen und bereits bezahlt hat. Er sammelt sogenannte Prominente, und zu dieser Schar zählt er mich. »Gut, daß ich von der Einladung nichts wußte«,

sage ich, »vielleicht wäre es mir sonst schwerer gefallen, Sie anzugreifen.«

Ich habe keine Lust mehr, mich von einem Reiz zum anderen jagen zu lassen. Ich habe Lust, mich bewußt zu disziplinieren, täglich, immer wieder herauszufinden, was ich wirklich brauche, Lust, einfache Dinge mit Liebe zuzubereiten und mit Genuß zu verzehren, weil ich wirklich Hunger habe. Dieses übersättigte Leben ist zum Kotzen. Pythagoras hat angeblich, nachdem er in Indien war, auch im Abendland die vegetarische Ernährungsweise einführen wollen. Es ist ihm nicht geglückt. Ich bin überzeugt, daß die Entwicklung vom Jäger und Sammler hin zum Ackerbauern kein Zufall ist, wobei interessanterweise der Ackerbau (cultura = Ackerbau) angeblich vornehmlich in matriarchalen Kulturen gedieh, und daß es, falls wir überhaupt noch überleben werden, in Zukunft für einen Menschen von Kultur unmöglich sein wird, lebendige Wesen, seien es Menschen oder Tiere, zu töten, geschweige denn zu essen.

»Die Erde hat genug für jedermanns Bedürfnisse, aber nicht für jedermanns Gier« (Mahatma Gandhi).

Schlank und schön

Im Autoradio hörte ich gerade Elke Heidenreich, »Schlank und schön« und bin vor Lachen fast in den Graben gefahren. Ein Auszug:

»Jeden Frühling guck ich in den Spiegel, und dann hab ich schon wieder Jahresringe zugelegt, und alles ist trostlos, und dann lese ich immer in der Zeitung die Serie ›Fit und schlank mit Barbara Rütting‹, oder ›schön und gesund mit Köhnlechner‹ oder sowas, Foto vorher/nachher: Sieben Kilo weniger mit unserer Diät, morgens eine Tasse Luft, mittags ein Ei mit Schnittlauchröllchen, abends wird eine Tomate durch die Stube getragen, und da wirst du schlank von. Was nicht noch alles …
Ich habe es versucht, Sie, ich habe es ehrlich versucht. Ich habe nach der Kalorientabelle gegessen, ich habe am offenen Fenster geturnt, daß der Josefiak von gegenüber schon Stielaugen gekriegt hat, ich habe drei Kartoffeln gekocht, Sahne reingetan, so eine Pampe daraus gemacht

und auf das Gesicht geschmiert für den Teint, und ich habe trotzdem nicht ausgesehen wie Barbara Rütting. Ich habe Gurkenscheiben auf die Augen gelegt und Eigelb auf die Backen geklatscht für zum Straffen von der verwüsteten Gesichtslandschaft, ich habe Möhren gefuttert, als wäre ich der Osterhase.
Jetzt laß ich es! Ich seh eben aus, wie ichausseh, und ich werde nicht mehr schön mit Köhnlechner und auch nicht schlank mit Barbara Rütting. Und wenn ich es mir genau überlege, will ich das auch gar nicht mehr, weil was tun denn die Männer für uns, gerade mal, daß sie im Frühling die langen Unterhosen ausziehen. Nachher bin ich schlank und schön und geh mit Willi durch die Gruga, und dann sagen die Leute: Guck mal da, so'ne schöne Frau und muß mit so'nem ollen Dicken rumschieben. Das ist auch nix, nä.
Und bloß schön wegen dem Köhnlechner? Wann treffe ich den Mann denn schon mal ...«

1972: Streitgespräch im ORF

Vom österreichischen Rundfunk zu einem Streitgespräch eingeladen. Es ging um Ernährung, Umweltschutz, Kindererziehung und last but not least um Aufrüstung und die Friedensbewegung. Ich stand mit meinen Ansichten auf ziemlich verlorenem Posten. Mein Turniergegner war ein »Rechter«, ein sehr berühmter Journalist, der Schiedsrichter war ein »Rechter«, ein sehr berühmter General. Beide waren entsetzt, daß man im historischen Kassettensaal nicht rauchen durfte.
Großer Protest, als ich behauptete, wer den Frieden will, muß auch den Frieden vorbereiten. Der General hängt immer noch der Ansicht an, wer den Frieden will, müsse den Krieg vorbereiten!
Als ich meine Theorie über Vollwerternährung vortrug, konterte der General: Lieber gesund an der Bar als krank in der frischen Luft. Das Publikum applaudierte stürmisch, und ich verlor einen Punkt. Daß ich schließlich das »Turnier« sogar gewann, lag an einem Zufall. Auf die Frage, was ich anders machen würde, wenn ich noch mal zwanzig wäre, hatte ich geantwortet: Alles – vor allem würde ich versuchen, in einer größeren Gemeinschaft zu leben, da ich finde, daß die heutige Klein-

familie bzw. Zweierbeziehung die Menschen zu sehr isoliert, und ich der Meinung bin, in einer größeren Gemeinschaft könne man sich besser entfalten. »Wenn Sie mit der Gemeinschaft keine Kommune meinen, sondern eine Großfamilie«, sagte der General, »bin ich einverstanden« – und gab mir den Siegerpunkt.
Später saßen wir im Restaurant. Der 76jährige General, seine hübsche junge Freundin und der Journalist. Alle drei tranken nach Herzenslust und aßen nach Herzenslust Braten und Fisch und Knödel etc. Wein und Kaffee mit Zucker drin und rauchten nach Herzenslust. Jeder einzelne kommt auf etwa 60 Zigaretten pro Tag. Alle drei waren sie nie krank. Der General hatte sich nur gerade ein Bein gebrochen, man hatte ihn aber nach fünf Tagen bereits aus dem Spital entlassen – »weil ich da auch soviel getrunken und geraucht hab!«
Die einzige, die den ganzen Abend hustete, war ich.
Nach Hause gekommen, fand ich unter meiner Post Berichte über Tierversuche und verbrachte eine schlaflose Nacht, in der ich beschloß, dem Verein der Tierschutzversuchsgegner beizutreten.
Eben beim Frühstück saß ich lustlos, unausgeschlafen und schlechtgelaunt, hustend und erkältet vor meinem Salbeitee und hätte mir mein Frühstücksmüsli am liebsten an den Kopf geworfen.
Alle die schönen Slogans über die Wirkung von Vollwertkost: Nie mehr erkältet! Nie mehr … immer gutgelaunt etc. – und wie sitze ich da?
Bei der Frühstückslektüre noch eine neue ärgerliche Mitteilung: Wie Wissenschaftler herausgefunden haben (allein schon bei dieser Formulierung sträuben sich mir neuerdings die Federn!), ist milchsaures Gemüse, überhaupt Milchsäure, ungesund, also auch Joghurt, ganz schlimm meine geliebten Kartoffeln, auch die Tomaten …
Wenn ich höre, diese Diät heilt alles, auch den Krebs, dann glaube ich nicht mehr dran. Bei dem einen tut sie das, bei dem anderen nicht. Der General kann jahrzehntelang 60 Zigaretten pro Tag rauchen und essen und trinken, was und wieviel er will, wenn ich das tue, bin ich morgen tot oder schlimmer noch, fühle mich miserabel. Er sagt: 30 Jahre geraucht, 30 Jahre gehustet, 30 Jahre gespuckt – macht 90 Jahre Leben. Was will man mehr?
Fazit: Jeder muß für sich herausfinden, wie er sich am wohlsten fühlt, was er bereit ist zu opfern, irgendwo muß man immer opfern.

Wunder gibt es nicht. Wenn ich Berichte über Tierversuche lese oder daß die BRD erwägt, nun auch Lebensmittel radioaktiv zu bestrahlen, hilft mir kein Baldrian und auch kein autogenes Training und kein Zen über meine Depressionen hinweg, auch kein Kneippsches Fußbad zum Einschlafen. Da verbringe ich halt eine schlaflose Nacht und setz mich am Morgen hin und schreibe meine Beitrittserklärung für den Verein. Schreibe alle möglichen (sinnlosen?) Protestbriefe und erwäge, mich dem Bundeskanzler hungerstreikend vor die Haustür zu setzen. Nebenbei: Der General schläft nur mit Schlaftabletten, seit Jahren. Das hat mich geradezu erleichtert.

Natürlich könnte ich mich meditierend unter einen Baum setzen und die Welt Welt sein lassen. Manchmal denke ich auch, ich mach das einfach und kümmere mich um nichts mehr. Aber erstens ist es in unseren Breitengraden viel zu kalt, um sich unter einen Baum zu setzen, wenigstens die Hälfte des Jahres, und zweitens bin ich nun mal eine, die es nicht lassen kann, sich zu kümmern, die unter diesem Stern angetreten ist und so auch enden wird. Schicksal.

Ich nehme mir meinen geschmähten Frischkornbrei wieder vor, beiße in meinen ungespritzten Apfel – und denke, daß andere Menschen nur noch vergiftetes Obst zu essen bekommen. Schau auf meine – noch – gesunden Tannen und denke, daß andere Menschen nur noch auf sterbende Tannen oder gar keinen Baum mehr sehen, nur noch Beton und Resopal und Plastik. Und da kriege ich wieder Mut.

»Wichtig ist, daß man sich nicht ergibt«, hat der türkische Dichter Nazim Hikmet gesagt. 16 Jahre hat er in Gefängnissen verbracht. 1933 beantragt der Staatsanwalt die Todesstrafe. Nazim gibt nicht auf. Er ruft »das Blei zu schmelzen«.

Seine Antwort an resignierte Freunde:

»Wenn keiner brennt,
ich nicht,
du nicht,
wir nicht,
wie
wird je
aus Dunkel
Licht?«

1976: Play-Strindberg-Tournee

3. September

Am 10. September beginnen die Proben, und ich habe noch nicht ein einziges Mal in mein Textbuch geschaut. Allerdings ist »Play Strindberg« von Dürrenmatt für mich nicht neu. Zweimal habe ich die Alice bereits gespielt, beide Male in der Inszenierung meines Lebensregisseurs, zuerst als Gast in Esslingen, dann vor zwei Jahren in Salzburg. Jetzt ist eine Tournee geplant, 41 Vorstellungen kreuz und quer durch Deutschland. Aus der Esslinger Inszenierung wird Klaus Lerm als Vetter Kurt übernommen, aus der Salzburger Inszenierung Dietmar Schönherr als Ehemann Edgar. Ich freue mich auf die beiden. Die menschlichen Qualitäten von Tourneepartnern sind genauso wichtig wie die künstlerischen.

Gestern in der Sauna fielen mir immerhin schon die Satzfetzen ein, die wir damals in unseren täglichen Sprachgebrauch übernommen hatten: »ist ja t – oll!« (mit ganz scharfem »T« ausgesprochen) oder Edgars ständige Floskel, wenn er mit seiner Weisheit am Ende war: »reden wir nicht mehr davon«. Wir haben das Stück damals wahnsinnig gern gespielt. Wird es uns heute genauso stark erscheinen?

Ich mache ein Experiment: Decke Edgars und Kurts Zeilen im Textbuch mit der Hand ab, um zu sehen, was mir für die Alice einfällt – ohne das Stück vorher noch einmal gelesen zu haben. Das Gefecht zwischen Ehepaar und Besucher läßt Dürrenmatt wie einen Boxkampf in zwölf Runden über die Bühne gehen. Edgar bleibt am Ende mit einem Schlaganfall auf der Strecke, Alice ist Siegerin. O weh: Nicht einmal die Anfangssätze fallen mir ein. Doch nach dem ersten Lesen tauchen immer mehr Brocken in meiner Erinnerung auf, und als ich das erste Bild wiederhole, ist vieles wieder da – auch meine Gänge auf der Bühne. Gott sei Dank habe ich alles minutiös in mein Textbuch eingezeichnet, jeden Schritt, jede Handbewegung. Da bin ich pingelig. Auf der Bühne dulde ich nichts Zufälliges, an mir nicht und am Partner auch nicht. Jeden Abend kontrolliere ich meine Requisiten, das Textbuch in der Hand. Bin einigermaßen beruhigt.

Samstag, 4. September
Wir probten in unserem Dorfgasthof. Szene von gestern wiederholt. Es geht schon erstaunlich gut. Dann das ganze Stück laut gelesen. Phantastisch, so ein Gehirn. Irgendwo ist alles gespeichert, was einmal stattgefunden hat. Man braucht nur den richtigen Schlüssel, um es wieder hervorzuholen. Großes Vergnügen am Stück, wie damals. Dürrenmatts Bearbeitung ist mir lieber als das Original Strindbergs, das Dürrenmatt ironisch als »Plüsch mal Unendlichkeit« charakterisiert. Aus einer bürgerlichen Ehetragödie hat Dürrenmatt eine Komödie über die bürgerlichen Ehetragödien gemacht – »Play Strindberg«.

Sonntag, 5. September
Mein Kostüm von 1974, wird es noch passen? Ich steige auf die Waage. Sie zeigt 60 Kilo, damals wog ich 61 oder 62 Kilo. Die Schneiderinnen haben nie Scherereien mit mir. Ich habe mein Gewicht gehalten, seit ich zwölf Jahre alt war.
Ein Sonntag heute wie im November. Wallende Nebel, kalt. Die Pferde haben den Weidezaun durchgerissen und sich an Nachbars Gras gütlich getan. Zaun repariert, Fallobst aufgesammelt, Apfelmus gekocht. Dabei Text vor mich hin gemurmelt, zwischendurch ins Buch geschaut.

Montag, 6. September
Zahnarzt, Gynäkologe, Friseur – alles muß in Ordnung sein, bevor man eine Tournee antritt. Beim Warten blicke ich ins Textbuch, das mich nun immer begleitet. Warum ist Edgars und Alices Ehe so furchtbar, und warum können sie sich dennoch nicht voneinander trennen? Ein Satz von Grass fällt mir ein zum Thema Ehe: »Erschöpfung täuscht Harmonie vor.«
Ich hoffe, ich werde nie werden wie Alice, Lutz nie wie Edgar.

Dienstag, 7. September
Inspiziere meinen Kleiderschrank. Fehlt noch etwas für unterwegs? Zu Hause brauche ich fast nichts. Ein paar Röcke und Hosen, Blusen und Pullis, Wollstrümpfe, die ich stopfe. Die Bedürfnisse beginnen immer erst in der Stadt.
In meinem Kopf haben sich Edgar, Alice und Kurt eingenistet. Das

großartige an diesem Stück ist die brutale Ehrlichkeit der Personen. Alice zu Edgar: »Stirb endlich, du mickriger Bojare!« Edgar zu Kurt: »Deine Kinder sollen ziemlich unbegabt sein, hört man.« Edgar über Alice: »Eine unbegabte Schauspielerin hat einen anständigen Offizier an den Rand des Wahnsinns gebracht ...« Edgar zu Kurt: »Rauchst du auch? Na ja, du hast nicht die Konstitution dazu.«
Hier wird ausgesprochen, was der Normalbürger nicht einmal zu denken wagt.

Mittwoch, 8. September
Nachmittags Tee mit Dietmar auf dem Balkon. Wir reden unseren Dialog und lachen Tränen, Klaus Lerm trifft aus Esslingen ein. Abendessen mit viel Wein. Mao ist gestorben. Ausgerechnet heute, eine Frechheit – heute abend läuft ein Fernsehspiel mit mir, das nun auf 23 Uhr verschoben wird: »Eine schlimme oder eine gute Zeit«. Meine Rolle: eine Frau mit Selbstmordversuchen und Nervenklinik. Wieder eine Beziehung zwischen Mann und Frau, die nicht geklappt hat. Vielleicht sind die Abnutzungserscheinungen zu groß, wenn man lange miteinander lebt.
Adorno soll gesagt haben, ein gemeinsam auftretendes Ehepaar habe immer etwas Lächerliches. Ich wehre mich mit Händen und Füßen gegen eine Heirat. Vielleicht lassen sich die Abnutzungserscheinungen bei einer wilden Ehe in Grenzen halten ...
Alle Rollen schlagen bei mir Wunden. Immer schlagen solche Rollen Wunden. Die Wunden heilen, die Narben bleiben. Nach »Virginia Woolf« – 120mal auf Tournee gespielt – hatte ich zwei Jahre lang Schwierigkeiten mit meiner Schilddrüse. »Die ehrbare Dirne« habe ich 250mal auf Tournee gespielt. Das war damals *der* Rekord.
Warum machen Schauspieler Tourneen? Mich hat ursprünglich das Zigeunerleben daran gereizt. Aber damals lebte ich allein. Da machte es mir Spaß, wie eine moderne Neuberin durch die Lande zu ziehen. Außerdem befriedigt das Leben in der Gruppe, es befriedigt auch, mit den Schwierigkeiten fertig zu werden, die dieses Gruppenleben mit sich bringt. Darüber hinaus konnte ich mir immer das Stück aussuchen, das ich spielen möchte, habe Mitspracherecht bei der Auswahl der Partner und des Regisseurs. Allerdings reise ich heute nicht mehr

so gern. Die Trennung von den Tieren, der Abschied von zu Hause fallen mir immer schwerer.

Freitag, 10. September
Erste Probe! In der Hauptschule unseres Dorfes. Möbel, Requisiten und Kostüme sind bereits vollzählig vorhanden.
Sehr nettes Team: die tschechische Maskenbildnerin Walli, Anfang 50, mütterlicher Typ – »no, wirrrd werrrden schönne Tournee –«, der Bühnenmeister Schmidt, Schmidtchen Schleicher genannt, sein Helfer Hartmut, früher technischer Kaufmann, der Reiseleiter Michael, eigentlich Bildhauer – beide Anfang 30. Dietmar, Klaus und ich werden mit dem Reiseleiter in einem PKW fahren, Hartmut mit Walli und den Koffern in einem zweiten, Schmidtchen Schleicher steuert den Kulissenwagen. Auf dem Kulissenwagen steht »Euro-Studio«, und da Schmidtchen Schleicher darin eine schöne Schlafkoje hat, heißt der Kulissenwagen bei uns das Euro-Hotel.
Nach der Probe gemeinsames Abendessen im Dorfkrug.

12.–28. September
Wir probieren (man sagt im Theater tatsächlich »probieren« und nicht »proben«) morgens von zehn bis ein Uhr, essen Mittag im Dorfkrug, und probieren abends wieder von sechs bis zehn Uhr. Danach gemeinsames Bierchen.
Ich bereite meine Koffer vor. Komme mit einem Koffer, einer Tasche und einem Kleidersack aus. Früher ging es nicht unter fünf Koffern.
Sehr wichtig: der Massageapparat, Water-Pik für die Zahnpflege. Ich nehme mir vor: eisern jeden Morgen Yoga – so oft wie möglich Massage. Außerdem: alle liegengebliebenen Briefe beantworten, manche stammen noch aus dem Jahr 75. Die Reiseschreibmaschine muß mit, Briefpapier. Als Lektüre: »Flüchten oder Standhalten« von Horst Eberhard Richter, ein Buch einer befreundeten Journalistin über Beobachtungen in einer psychiatrischen Klinik, Kipphards »März«. (Nanu, alles hat mit Außenseitern der Gesellschaft zu tun!?) Dazu: mein Yogabuch, eins über Fußreflexmassage, eins über Akupressur.

Sonntag, 19. September
Öffentliche Generalprobe in der Hauptschule. Das Ungewöhnliche: wir nehmen Eintritt, 25 Schillinge pro Person, und alles, was reinkommt, wird für die Renovierung unserer kleinen Wallfahrtskirche gestiftet. Unsere Feuerwehr hat Plakate gedruckt: »Sensationsgastspiel in Neumarkt!« Es ist auch wirklich alles auf den Beinen. Immer mehr Stühle müssen in die Turnhalle geschleppt werden.
Ich bin aufgeregt, als gelte es, den Broadway zu erobern. Was werden »unsere« Bauern sagen?
Der Pfarrer, den wir alle duzen, hält eine kleine Ansprache: gar so heilig sei es ja nicht, das Stück – aber es diene ja einem guten Zweck. Tolle Stimmung, riesiger Beifall. Ausgelassenes Beisammensein mit Bauern, Feuerwehr und dem Herrn Pfarrer im Dorfkrug. Viel Bier und Wein. 16000 Schillinge haben wir eingenommen, das sind etwa 2300 Mark.

Montag, 20. September
Zwei freie Tage, die Premiere wird erst am 22. in Hanau stattfinden. Der Briefträger bringt die Post. Sagt: »Na servus! Wenn die Barbara daheim auch so ist wie auf der Bühne, dann lebt der Lutz nimmer lang!« Kommentar von Dietmars Haushälterin: »Des hätt i net dacht, daß die Barbara so a Luder is!«

Mittwoch, 22. September
10 Uhr morgens Abfahrt. Ein Schnaps im Stehen. Abschied von Hunden, Pferden, Kater und Lutz. Möchte losheulen. Die Tournee hat begonnen.
Abends Premiere in Hanau. Kommt uns vor wie die berühmte »zweite« Vorstellung – Premiere war irgendwie schon bei uns im Dorf. Begeisterung bei Publikum und Presse. Nachher Beisammensein mit unserem Tourneeunternehmer. Alle happy.

Donnerstag, 23. September, Olpe
Gerate in eine FDP-Versammlung. Eine Wahlhelferin redet mich an: »Sie sind doch sicher liberal! Würden Sie mit uns Mittag essen?«
Bei der Suppe sage ich zu Herrn Mischnick: »Sie wissen ja, welchen

Beinamen die Liberalen im Volksmund haben: die Scheiß-Liberalen.« Er lacht, meint, diese Zeiten seien vorbei. Wir bekommen jeder ein Mischnick-Buch, signiert, eine Goldmünze (nicht ganz echt), mit Mischnicks Kopf aufgedruckt, sowie einen Kuli in den FDP-Farben Blau und Gelb.
Nach der Vorstellung Bergmanns »Szenen einer Ehe« im Fernsehen gesehen. Jeder von uns hat Ähnliches schon erlebt. Auch unser Jüngster, Hartmut, der gern seine geschiedene Frau wieder heiraten möchte. Er hält eine Hilfe aus so einem Ehedilemma nur über Gruppentherapie für möglich.

Freitag, 24. September
Wir wohnen vier Tage in Düsseldorf und machen Abstecher an die Spielorte. Herrliches Hotel (auch schön teuer, ein Einzelzimmer mit Bad DM 96.–). Ich sammle meine Brötchen und füttere damit die Enten im Park. Treffe Dietmar, wir füttern gemeinsam. Auf einer Bank ein Säuferpaar, aufgedunsene Gesichter, strähnige Haare, zerlumpte Kleider, die Frau läßt gerade aus einer Flasche irgendwelchen Fusel in ihre Kehle rinnen. Der Mann starrt stumpfsinnig in die Gegend. Ich singe Dietmar das Lied vor: »Trauriger Sonntag«. Als der ungarische Komponist es schrieb, wurde es verboten, weil die Menschen reihenweise Selbstmord begingen. Zum Schluß beging *er* Selbstmord.
Klaus läßt sich im Hotel die Haare waschen. Kostenpunkt: 20 Mark. Da er aber in seiner Rolle Brillantine in die Haare schmieren muß, hält die Pracht nur eine Stunde. Klaus: »Als ich die Rechnung sah, kriegte ich einen solchen Schweißausbruch, daß meine Haare gleich wieder strähnig waren. Vor Schreck hab ich auch noch 2 Mark Trinkgeld gegeben.«
Dietmars Kommentar: »Also für 20 Mark wasch ich dir auch die Haare.«
Mit Klaus Abendschuhe für mich gekauft, weil die Absätze von 1975 auf den Rocksaum von 1976 treten.

Freitag, 24. September
Abstecher nach Dormagen. Wir spielen hier zwei Abende hintereinander, einmal für erwachsenes Publikum, einmal für Schüler.

»Was sehen denn die Leute am liebsten?« frage ich den Hausmeister. Er: »Operette.« Und dann tröstend: »Aber spielen Se man ruhig so, wie Se immer spielen.« Am Schluß der Vorstellung gibt er uns dann doch noch gute Ratschläge: »Ja also morgen, für de Schüler, da müssen Se aber noch 'n Häppschen drauflejen, wenn Se ankommen wollen bei de Schüler!«

Sonnabend, 25. September
Nach der Schülervorstellung Diskussion. Ein junges Mädchen kann sich nicht vorstellen, daß es solche Strindberg-Ehen wirklich gibt. Wir spielten das gleiche Stück im Salzburger Gefängnis. Damals befanden alle Insassen: Es gibt *nur* solche Ehen.
Dieser Tag nimmt kein Ende. Spätes Abendessen mit viel Knoblauch in Düsseldorf in einem französischen Lokal. Lerne den Bildhauer Heinz Mack und seine schöne Frau kennen. Wir ziehen weiter, obwohl er arbeiten müßte und wir alle todmüde sind. Im Peppermint-Club entdeckt Klaus an der Wand eine alte Starpostkarte von mir. 50er-Jahre-Gesicht, Betonfrisur. Mack schreibt auf die Rückseite: »dreimal A = Barbara, einmal eins = Heinz = Sympathie.«
Dietmar verspricht, mir diesen »echten« Mack zu rahmen.
Chinesische Wandzeitungen brandmarken Maos Witwe als Hexe, die man in siedendem Öl kochen müsse, steht in der Zeitung.

Montag, 27. September, Velbert-Neviges
Diesmal kommen wir uns vor wie im Kasperle-Theater. Das Publikum redet mit, kommentiert alles laut. Schließlich donnert Dietmar in das Tohuwabohu: »Ruhe jetzt!« Da sind sie still für den Rest der Vorstellung. Aber wir werden nicht mehr froh. An einen solchen Abend wird der Beruf fragwürdig.

Dienstag, 28. September, Nordhorn
Wir steigen aus dem Auto, und schon klickt eine Kamera – aha, der »Brigitte«-Fotograf. Fotos in Hotel, beim Einkaufen. Ich bummle durch den Ort, kontrolliere im Reformhaus, ob »mein Brot« anständig gebacken ist, im Buchladen, ob sie »Mein Kochbuch« ausgestellt haben. Fotos auch im Theater, in der Garderobe, wie wir uns gegensei-

tig unsere Kostüme trockenföhnen, die noch klamm sind vom Schweiß von gestern.

Mittwoch, 29. September, Cloppenburg
Auf der Fahrt noch Cloppenburg das berühmte »Dorfmuseum« besichtigt. In der Schusterwerkstatt wird sogar gearbeitet – ein Bild, das Spitzweg gemalt haben könnte: Ein junger blasser Mann mit Nickelbrille besohlt Schuhe. Wäre es schöner gewesen vor ein paar hundert Jahren?
Mitten in meinem »Verführungstanz« den Unterrock verloren. Ich fühle, wie er langsam rutscht. Klaus hebt ihn auf und läßt ihn elegant von der Bühne verschwinden.

Donnerstag, 30. September, Lennestadt
Großer Spaziergang durch den herbstlichen Wald. Erregte Politik-Diskussion auf einer Bank. Ein Mann sagt was von »Splitterpartei« und eine Frau: »Der Kohl bleibt ja immer vornehm, immer vornehm!«
Skeptisch meint der Hotelinhaber: »Heute werden Sie wohl vor leerem Haus spielen. Hier ist es sowieso immer halb leer, und dann ist ja heute die große Diskussion!« (der vier Spitzenpolitiker). Das Theater ist dann doch dreiviertel voll. Die Panne des Abends: Eben will ich wutschnaubend das im Klavier versteckte Testament an mich reißen – da halte ich die gesamte Vorderfront des Instruments in den Händen. Was tun? Ich gebe es Klaus, und er montiert es seelenruhig wieder an, während ich weitertobe.
Sagt Walli: »No – was wirrrd fallen morrgen?!«
Nach der Vorstellung sofort ins Hotel zum Fernsehapparat. Wir sind ziemlich deprimiert über die Art und Weise, wie da diskutiert wird. Allgemeine Meinung: Genscher ist am sachlichsten. Aber der Wirt schüttelt entsetzt den Kopf: Für ihn gab und gibt es nur Kohl.

Freitag, 1. Oktober, kleines Nest in Norddeutschland
Nennen wir es X. Was macht eine Schauspielerin, wenn sie kurz vor dem Auftritt aufs Klo muß und kein Klo da ist? In Kostüm und Maske durch das versammelte Publikum? Unmöglich. Aus keiner Garderobe führt eine Tür ins Freie, die Fenster sind aus irgendwelchen unerfind-

lichen Gründen verrammelt. Mich packt Panik. Eine Freundin schafft es schließlich mit Gewalt – ein Fußtritt, mein Garderobenfenster ist offen. Der Erdboden liegt einige Meter weiter unten, an ein Hinuntersteigen ist nicht zu denken. Walli schaut auch hinaus, schlägt die Hände über dem Kopf zusammen. Ich schiebe meine Freundin und die jammernde Walli aus der Garderobe – »werrrden Sie fallen hinunter, joi joi mein Gott« –, mache das Licht aus und klettere in Kostüm und Perücke auf das Fensterbrett. Assoziationen an meine Kindheit stellen sich ein, das ewige Konkurrieren-Wollen mit den Brüdern. Einige Meter weiter schreiten die festlich gekleideten Besucher zur Theaterkasse.
Liebes Kulturamt, verzeih mir! Aber sollte mal ein bißchen was im Etat übrig sein – wie wäre es mit einem Klo für notleidende Schauspieler, die – Kultur hin, Kultur her – ja auch einmal müssen dürfen!

Sonntag, 3. Oktober, Hagen
Bundestagswahl – heute ist Wahltag! Wir sind alle sehr aufgeregt. Riesiger Betrieb auf der Autobahn. Staus. Mordshitze bei uns im Auto, ein Wetter wie im Hochsommer. Klaus unterhält uns mit mittelalterlichen Rätseln und einem Literaturquiz. Als das erschöpft ist, kaufen wir an der Tankstelle die »St. Pauli Nachrichten«. Damit erfreuen wir später zwei griesgrämige Herren in einem neben uns auf der Autobahn wartenden Auto, was bewirkt, daß die das Signal zur Weiterfahrt verpassen und einen neuen Stau verursachen.
Im Hotel gibt's nichts mehr zu essen. Meine Badewanne ziert ein dicker Schmutzrand vom Vorgänger. Decke über den Kopf gezogen, Oropax in die Ohren. Beim Aufwachen dann der übliche Anfall von Nachmittagsmelancholie: Was soll das alles? Was soll das Leben überhaupt? Heimweh.
Ein Gin Tonic. Man kann es nicht erwarten, ins Theater zu kommen, die vertrauten Möbel, Requisiten, Kostüme, Gesichter von Walli und den Technikern zu sehen. Auf der Bühne, da ist das Leben. Da bin ich glücklich.
Das schönste bei einer Tournee: die zwei Stunden auf der Bühne – und morgens das Abfahren. Die anderen müssen dableiben, vielleicht ihr Leben lang – wir können weiterziehen.

Sehr junges Publikum, viel (gescheites) Gelächter, was ja durchaus drin ist bei dieser Komödie über eine Ehetragödie – wenn auch heute die Tragödie etwas zu kurz kommt. Wie abhängig man doch vom Publikum ist.
Nachher sofort ins Hotel zum Fernsehapparat. Der Ausgang der Wahl war durch die vorherigen Hochrechnungen allerdings keine Überraschung mehr.
Herzstiche. Akupressur hilft.

Dienstag, 5. Oktober, Sprendlingen
Zwei Tage Luxus in einem traumhaften Hotel. Sauna, Massage, Dauerlauf durch Wald und Schrebergärten. Helfe einem Schrebergärtner, seinen entflohenen Gockel Ajax einzufangen.
Die hübsche junge Hotel-Masseurin ist enttäuscht, daß die CDU nicht gewonnen hat. Von einem CDU-Sieg hatte sie sich erhofft, daß sie nicht mehr 500 Mark Steuern monatlich zahlen müßte. Außerdem hat sie sowohl Strauß wie Dregger schon massiert – »da kriegt man natürlich gleich eine ganz andere Einstellung zu einer Partei.«
Sie findet bei uns allen dreien die gleichen Verspannungen an Rücken und Nacken. Déformation professionelle?

Mittwoch, 6. Oktober, noch einmal Sprendlingen
Im Wald zwei sehnsüchtige Mädchen auf einem umgestürzten Baumstamm. Aus dem Transistorradio singt Nana Moskouri von den weißen Rosen aus Athen. Wonach sehnen sich die beiden? Nach der großen Welt? Nach der großen Liebe?
Ein kleines Mädchen, saß ich in unserem riesigen Apfelbaum und sehnte mich auch. Nach der großen Welt. Nach der großen Liebe.
Inbegriff dieser großen Welt erschien mir aus unerfindlichen Gründen der Besitz einer schwarzlackierten Nagelbürste, als Zeichen von Erfolg und Wohlstand die Möglichkeit, einer Klofrau eine Mark geben zu können.
Heute sehne ich mich zurück in meinen Apfelbaum.
Wir kommen selten vor zwei Uhr nachts ins Bett. Die Einsamkeit von Schauspielern nach der Vorstellung ist groß. Der Absturz nach den zwei Stunden prallen hundertprozentigen Lebens auf der Bühne in die

mittelmäßige Alltagswelt ist schwer zu verkraften. Darum versucht man, den Traum zu verlängern, hockt stundenlang zusammen. Ich glaube, das ist auch der Grund, warum so viele Schauspieler trinken.

Mond schwimmt schief in saurer Milch.
Ich habe eine schwarze Nagelbürste.
Apfelblüten in denen Bienen summen.
In Wietstock an der Nuthe saß ich und sehnte mich.
Milchkannengeklapper, Knechte, die grölen,
auf der Wiese ein Storch.
Frosch grünt tot in rotem Schnabel.
Einmal einer Klofrau eine Mark geben können,
Duft von Dior im Haar!
Nun habe ich sie, meine Nagelbürste.
Schwarzlackiert ist sie,
und ich weine.

Donnerstag, 7. Oktober, Arnsberg
Nirgends in der Stadt ist unser Plakat zu sehen. Das Theater dann auch nur halbvoll. Beim Abendessen stört uns ein angetrunkener Gast. »Herr Schönherr, die Fifi (Vivi) hat meiner Frau seit zwei Jahren nicht auf ihren Autogrammbrief geantwortet. Wenn da nicht bald was passiert, verehren wir die Fifi nicht mehr!«
Er nötigt mich an die Bar. Ich muß grausliges Zeug trinken, süßen Likör mit Sliwowitz gemixt, nachher Absinth. Er: »Also, ich bin Polizist, woll! Und in der Kultur, da bin ich immer aktuell!«
Im Theater war er natürlich nicht. Er beurteilt Schauspieler danach, ob sie mit ihm saufen. Die Heidi Kabel hat das nicht gemacht – also ist sie eine eingebildete Ziege. Walter Giller hat mit ihm gesoffen – »die janze Nacht lang« – also ist er ein richtiger Mensch. »Ein Mensch wie du und ich«, sagt er – »der hatte ein einfaches kariertes Hemd an, genau wie ich!« Seine Frau verbessert ihn: »Ja, aber dein Hemd ist neu, und das Hemd vom Giller war alt!«
Dann fragt er mich: »Also, mal ne janz indiskrete Frage: welchet Baujahr sind Se denn?« Depression bei uns allen. Warum lassen wir uns so erpressen? Der Beruf kommt uns auf einmal sinnlos vor.

Ein anderes Beispiel für die Fragwürdigkeit der Popularität: Bei einer anderen Tournee hat mich morgens um sieben Uhr eine Frau geweckt – säuselte, wie sehr sie mich verehre, ich sei ihre Lieblingsschauspielerin usw. Was wollte sie wirklich? Gratis Karten für die Vorstellung. Ich wurde ärgerlich: »Liebe Frau, deshalb wecken Sie mich auf? Kaufen Sie sich Ihre Karten an der Kasse!« und hängte ein. Eine Minute später rief sie wieder an und schrie: »Sie miese Ziege, Sie, lecken Sie mich am Arsch!«

Ein Silberfischchen in dem unappetitlichen Badezimmer – im vierten Stock! – rührt mich fast zu Tränen. Es wirkt so menschenfreundlich. Dargebotene Brotkrümel verschmäht es. Einmal widerfuhr mir eine zirpende Grille. Im 17. Stock.

Am nächsten Morgen zahlen wir unsere Rechnungen und können kaum das Abfahren erwarten. Sagt der Wirt mitleidig: »Mein Gott, da müssen Se schon wieder weiterziehen!«

Herzstiche. Akupressur.

Freitag, 8. Oktober, Oberhausen

Ein richtiges Theater! Gleich eine ganz andere Atmosphäre als in den Kinos, Turnhallen und »Allzwecksälen«. Ein treuer Fan bringt mir einen Talisman, einen nickenden Plastikdackel in einem Körbchen. Letztes Jahr schenkte er mir eine rote Rose.

Die Panne des Abends: Dietmar alias Edgar verletzt sich an seinem Säbel. Seine Hand ist blutüberströmt, auf dem Bühnenboden bilden sich Blutlachen. Wir spielen automatisch weiter und denken doch nur: wie kommen wir an Verbandszeug? Keiner von uns verläßt ja die Bühne. Die zwölf Runden werden ohne Pause durchgespielt. In der Gasse sehe ich Hartmut mit Hansaplast winken. Aber nach der zweiten Runde hat das Bluten aufgehört. Wir können aufatmen.

Merkwürdig, nie hält es ein Intendant oder Dramaturg eines Theaters für nötig, uns zu begrüßen. Verachtung für das Tourneetheater? Komplexe, weil wir besser besucht sind? Vielleicht sind sie aber auch nur froh, endlich einmal Urlaub vom eigenen Theater zu haben. Ich möchte nicht fest an einem Theater engagiert sein. War es noch nie.

Montag, 11. Oktober, Hamburg
Ein Super-Tag. Herrliches Wetter. Spaziergang an der Alster. Besuch bei meinem Chiropraktiker. Einige Wirbel haben sich wieder verschoben, altes Leiden von vielen Stürzen beim Reiten. Er renkt alles wieder ein.
Fa-bel-haftes Publikum. Wir fühlen uns und das Stück verstanden wie selten. Ich bin immer selig, wenn ich meinen »Nabelschnur-Effekt« erreiche: einen ganz engen lustvollen Kontakt zum Publikum.
Unser »Intelligenztest« für die da unten ist Edgars Satz über den legendären Oberst: »Wer sich so um das Vaterland verdient gemacht hat wie der Oberst, dem können nicht alle Kassen stimmen, das wäre übermenschlich.« Je intelligenter das Publikum, um so stärker ist an dieser Stelle seine Reaktion. In Hamburg Gelächter und Applaus.

Dienstag, 12. Oktober, Meinerzhagen
Diesmal hat Dietmar Herzstiche. Ich zeige ihm, wie man akupressiert. Herzstiche weg.
»Es wird bestimmt leer sein im Theater«, höre ich bereits im Hotel – »erstens ist Kirmes, und zweitens werden jetzt die Kartoffeln eingekellert. Der Zentner kostet 45 Mark, stellen Sie sich vor!«
Der Hausmeister des Theaters hat schon einige Kognaks gekippt vor Kummer, daß er im Theater Dienst hat und nicht auf die Kirmes gehen kann. Entspinnt sich folgender Dialog zwischen ihm und Dietmar:
Hausmeister: »Dat Se in unser Dorf kommen!«
Dietmar: »Wieso, das ist doch schon eine Stadt, Meinerzhagen!«
Hausmeister: »Ne Kleinstadt, woll. Aber ich muß auch sagen, in ner Großstadt möcht ich nich mehr leben.«
Dietmar: »In welcher Großstadt haben Sie denn gelebt?«
Hausmeister: »In Lüdenscheid.«
Nachts um zwölf Uhr Anruf von Wolfgang Leonhard. Er hat in Lüdenscheid einen Vortrag über die Zukunft des Kommunismus gehalten und fragt, ob wir zusammen frühstücken wollen. Wir treffen uns seit zig Jahren regelmäßig auf Buchmessen, Empfängen oder aus anderen ähnlich illustren Anlässen und beschließen jedesmal, daß »man sich unbedingt einmal sehen muß«. So oft haben wir das schon beschlossen, daß wir uns heute plötzlich für ganz ganz alte Freunde halten und

uns vor Freude duzen. Fürs Frühstück bleibt keine Zeit – aber wir beschließen, daß »man sich unbedingt einmal sehen muß«.

Sonntag, 17. Oktober, Herford
Wir fahren noch nach der Vorstellung nach Düsseldorf – morgen ist unser erster freier Tag, und ich fliege nach Hause, Dietmar bekommt Besuch von Vivi. Um ein Uhr nachts in Düsseldorf, wir übernachten bei einem befreundeten Galeristen. Phantastische Wohnung, alles in Weiß. Bis halb drei sitzen wir vor einem sich drehenden Silberobjekt von Mack, trinken Rotwein und hören Sphärenmusik.
Um sieben Uhr dreißig geht mein Flugzeug.

Montag, 18. Oktober, zu Hause in Sommerholz
Um zehn Uhr Landung in Salzburg. Mittags endlich daheim. Haus und Garten in buntem Herbstgewand, der dampfende Misthaufen, das Plumpsklo, die Pferde – wie verrückt jaulen die Hunde vor Freude, der Kater streicht herbei.
Ist das alles wirklich – oder träume ich? Spaziergänge mit den Hunden, Pflaumenpflücken. Ich friere Schnittlauch ein und Petersilie, buddle Kartoffeln aus. Im Keller schäumt im offenen Faß der Most. In der Scheune hängen gebündelt Zwiebeln und Knoblauch.
Habe ich tatsächlich gestern noch in Herford Theater gespielt?

Dienstag, 19. Oktober, Biberach
Tournee geht weiter.
Dietmar, Klaus und ich zum Frühstück bei dem Maler Manfred Scharpf. Er wohnt in einem einsamen Bauernhaus. Wiesen, Nebel, vor dem Haus im Gras ein Eichensarg. 1936 wurde ein Fabrikant darin transportiert, mußte aber umgebettet werden, weil der Sarg für die Weiterbeförderung zu groß war. Gelegentlich schläft der Maler in dem Sarg – oder er zweckentfremdet ihn zum Grill. Innen ist der Sarg deswegen vom Feuer etwas angekohlt.
Wir können uns nicht trennen. Trinken Schnaps, sehen Manfreds Bilder an. Freunde aus München brechen als erste auf, mit Vivi, die nach Kopenhagen muß, wo sie mit Proben für eine Rock-Oper beginnt. Das Auto verschwindet im Nebel. Traurigkeit. Noch ein paar Schnäpse. Die

Bilder: Mädchengesichter, auf denen Fliegen sitzen – Scharpf interessiert Glanz, unter dem Verfall lauert. Er möchte mich malen. Ich stelle mir das Bild so vor: mein Kopf – darin müßten sitzen Lutz, die Hunde, der Kater, die Pferde, unsere Zwerghühner Herr und Frau Nebbich – und ein paar Würmer.
Endlich fahren auch wir ab. Manfred und seine winkende Frau nebst Sarg verschluckt der Nebel. Ich beneide die beiden, daß sie zu Hause sein können.

Mittwoch, 19. Oktober, Nürnberg
Lutz schaut sich die Vorstellung an. Findet die Vorstellung im Prinzip in Ordnung – aber einiges hat sich doch verschoben, obwohl wir uns gegenseitig täglich auf etwaige Abweichungen aufmerksam machen. Das ist der größte Nachteil einer Tournee: die unterschiedlich großen Theaterräume. Heute ein Haus mit 1500 Plätzen, morgen eins mit nur 290 – da bleibt es nicht aus, daß sich Ungenauigkeiten einschleichen. Notabene: Regisseure leiden immer, wenn sie nach einiger Zeit ihre Inszenierungen wiedersehen.

Donnerstag, 21. Oktober, Herborn
Sämtliche Briefschulden der beiden letzten Jahre erledigt!
Frau Richter und Professor Horst E. Richter (»Flüchten oder Standhalten«, »Die Gruppe«, »Lernziel Solidarität«) besuchen unsere Vorstellung. Richter, ein Exorzist und ich waren vor zwei Jahren Gäste einer Talk-Show von Dietmar. Eine große gegenseitige Sympathie wird heute vertieft.
Der übliche Tourneekoller kommt immer – immer! – um die 30. Vorstellung. Heute haben wir unsere 29., und diesmal ist es der Reiseleiter, der durchdreht. Ein reizender Kerl, er bringt sich für uns um. Aber er geht nie aus sich heraus, frißt immer alles in sich hinein. Richter hat sich verabschiedet, da sagt Michael: »Von dem hätte ich mehr erwartet, der hat ja überhaupt nichts Gescheites gesagt.« Die Tournee ist plötzlich beschissen, wir alle natürlich auch. Seine Wut konzentriert sich aus unerfindlichen Gründen auf Dietmar, der schimpft natürlich zurück.
Wir hielten unsere Tournee für besonders harmonisch. Aber vielleicht

sind Schauspieler schwer zu ertragen. Auf uns richtet sich der Applaus, obwohl die Leute hinter der Bühne genauso arbeiten – von uns werden Autogramme gewünscht, wir werden interviewt, stehen in der Zeitung, verdienen mehr Geld.
Michael ist nicht zu beruhigen. Er hat zuviel getrunken, was er sonst nie tut. Vivi und ich reden ihm gut zu, streicheln ihn, aber nichts hilft, die Unterhaltung wird sehr unsanft, trübseliges Ende des schönen Abends.

Freitag, 22. Oktober, Oelde
Morgens vergeblicher Versuch einer Aussprache. Nachmittags neue Aussprache und glücklicherweise Versöhnung. Michael kann nicht mehr begreifen, was gestern in ihn gefahren ist. (Vielleicht war der Mond schuld.)
Freier Abend. Einladung bei einem Großunternehmer, zwölf Fabriken, Beton. Sein Chauffeur holt uns im Mercedes mit Telefon ab. Landhaus in riesigem Park. Kaminfeuer, Antiquitäten. Gekochter Schinken und grüne Sauce, viel Alkohol. Die Männer: Beton, Erdöl, Wursthäute, eigenes Flugzeug, Jet. Die dazugehörigen Frauen: verkniffene Münder, Hochkarätiges an Hals und Handgelenk. Sie haben keinen Beruf, diese Frauen.
Bei zunehmender Alkoholisierung sagt er geringschätzig: »Babsi, für eine Frau sind Sie viel zu intelligent.«
Ich sage: »Zu intelligent – für wen?«
Um keinen Preis würde ich meine Welt gegen diese tauschen wollen.

Sonntag, 24. Oktober, Freiburg
Welch eine wunderschöne Stadt. In solchen Häusern müssen Menschen anders gedeihen als in Beton.
Freier Verkauf im 1000-Plätze-Theater. Nicht ganz voll, aber viele junge Leute, sie trampeln am Schluß vor Begeisterung. Wir fühlen uns verstanden, sind glücklich. Unser Unternehmer und seine Frau haben unserem Triumph beigewohnt. Wir seien ein gutes Gespann, hören wir. Und wir schmieden Pläne für eine neue gemeinsame Tournee. Im Herbst 1978 oder Frühling 1979.
Tournee ist schööön!

Montag, 25. Oktober

Ein freier Abend in Saarlouis. Hört sich an wie ein Stück von Tennessee Williams. Ist auch genauso trostlos. Durch mein Zimmer donnern Niki Lauda, James Hunt und alle übrigen Formel-1-Fahrer. »Wir haben schalldichte Fenster«, sagt die Wirtin, »es ist doch nicht sehr laut?«
Die Nachttischlampe brennt nicht. Nebenan singen (ich verbiete mir zu sagen: grölen) Spanier. »Gibt es ein Kino?« – »Das Kino ist geschlossen, wird für die morgige Aufführung geputzt. Ein Striptease-Lokal haben wir, aber das ist schlimm!« Ich trinke zwei Malteser und zwei Bier, nehme ein Schwefelbad gegen Verspannungen und sonstige Tournee-Ablagerungen und Schlaftabletten, stecke mir Oropax in die Ohren, ziehe die Decke über den Kopf.
Kein Striptease für mich in Saarlouis.
Heimweh! Heimweh! Heimweh!

Donnerstag, 28 Oktober, Titisee-Neustadt

Jetzt hab ich's: die Schwarzwälder sind das schwerfälligste Publikum! Hier geben die Leute den ganzen Abend über keinen Mucks von sich. Ihre Verstörung bei Worten wie Ehebruch, Angriffen auf die Obrigkeit etc. spüren wir bis auf die Bühne. Um so erstaunlicher die Dame, die später im Restaurant an unseren Tisch kommt: »Ich bin eine ganz durchschnittliche Ehefrau, ich habe einen ganz durchschnittlichen Mann, wir haben einen ganz durchschnittlichen Sohn, führen eine ganz durchschnittliche Ehe, mein Mann hat eine ganz durchschnittliche Geliebte – mit der spiele ich Canasta! Also, mir hat das Stück was gegeben!«
Die Geliebte erscheint dann auch noch, zuletzt der Ehemann. Sie haben sich in dem Stück wiedererkannt heute abend, sie haben ihre Streitereien und Bosheiten gegeneinander wiedererkannt, und sie geben es zu. Die anderen im Publikum hätten sich wohl auch wiedererkannt – würden es aber nicht zugeben. Also hat sich der Abend doch gelohnt. Immer wieder Verblüffung, wie unterschiedlich Menschen sich äußern.

Sonntag, 31. Oktober, Basel

Spielfreier Tag. Um elf Uhr vormittags eine Talk-Show. Erkältung von gestern schlimmer, bin ständig in Schweiß gebadet. Versuche, das ein-

fach zu ignorieren. Tolle Stimmung, 400 Leute sind gekommen, viele junge. Eine Dame, sehr schön, sehr elegant, sehr gescheit, die ich für eine Journalistin halte, stellt sich vor: Ich bin Prostituierte. Sie war Gast der letzten Talk-Show und inzwischen zu einer Art Wunderkind der Basler Gesellschaft geworden. Außer Dietmar und mir wird der Vertreter eines Piraten-Senders vorgestellt. Nach der Talk-Show riesiges Essen bei einem barocken Innenarchitekten. Wunderschöne Mädchen in hautengen Hosen gießen Wein ein. Das Klo ist mit nackten Playboy-Mädchen gepflastert. Wir sind alle in einer Art Rauschzustand, ziehen weiter auf ein Volksfest, fahren Motor-Scooter, Geister- und Achterbahn wie die Verrückten, lassen uns wahrsagen, duzen uns alle und sind nachts um zwölf Uhr immer noch beisammen.
Mein Kopf glüht. Ich habe Fieber.

Montag, 1. November, Basel
Katastrophaler Zustand. Ich bringe kaum einen Ton heraus. Fieber, Rachenkatarrh, Bronchitis. Soviel Unvernunft muß ja bestraft werden. Um halb eins kommt ein Arzt. Spritzen, Gurgeln, Tabletten. Nachmittags Panik wegen der Vorstellung. Versuche, mit autogenem Training dagegen anzukommen. Vorsichtige Stimmübungen gegen fünf Uhr. Krächze wie eine Krähe.
Die Vorstellung eine Qual. Meine Stimme kippt um, bleibt weg, ich kann nicht schreien, bin schweißnaß von Fieber und Anstrengung. Möchte mitten im Spiel in Tränen ausbrechen und weglaufen.
Sofort ins Bett mit einem halben Liter Glühwein. Weltuntergangsstimmung.
Kritiken aus Hamburg bekommen – sehr gut. Kritiken aus Freiburg – Verriß. Das Stück »kann seine Herkunft aus der Retorte nicht verleugnen«. Nun wissen wir's.

Dienstag, 2. November, Kaufbeuren
Glücklicherweise spielen wir hier drei Abende hintereinander. Ich verbringe die Tage im Bett mit schlafen. Gurgeln. Tabletten lutschen. Fühle mich mies.
Vor meinem Fenster ein Schulhof. Große Pause. Jungen und Mädchen in Hosen, kein einziger Rock. Wie aggressionslos die Kinder sind.

Draußen Schneeregen. Diesmal fliegen in regelmäßigen Abständen Militärmaschinen durch mein Zimmer. Man gewöhnt sich auch daran.

Donnerstag, 2. November, Waldkraibach

Unsere letzte Vorstellung! Habe meine Erkältung verschleppt. Zu Hause werde ich alles auskurieren. Weiß schon genau, wie das sein wird: erst einmal totale Erschöpfung. Läßt die Spannung nach, möchte man vierzehn Tage lang nur schlafen.

Neben der Vorfreude auf zu Hause auch Traurigkeit, daß wir alle auseinandergehen müssen. Immer wieder diese Abschiede. Ein paar Tage später haben wir einander vergessen. Der aus Basel mitgebrachte Strauß – buntes Herbstlaub, Pfefferschoten, eine rote Rose – ist verwelkt.

Adressen austauschen, Widmungen in Textbücher schreiben, Umarmungen. In einem italienischen Lokal ein Glas Wein zum Abschied. Wir fahren in verschiedene Richtungen auseinander, die Tournee ist beendet.

Vielleicht sehen wir uns irgendwo irgendwann wieder. Vielleicht.

Freitag, 3. November

Michael und ich nahmen das Flugzeug nach München. Wir wollten schnell noch einen Schnaps trinken vor dem Abflug. Da knallte ein Kopf hart auf den Fußboden der Schalterhalle. Als wir uns umdrehten, lag er auf dem Bauch, ein Herr im grauen Glencheckanzug. Sein schwarzer Füllfederhalter rollte von ihm weg. Sein Diplomatenköfferchen schwankte kurz, blieb dann aber aufrecht stehen. Seine wächserne Hand griff zaghaft ins Leere. Am Ringfinger ein Trauring, am kleinen Finger ein Siegelring mit einem Lapislazulistein. Der Mann röchelte. Ich stand da, meine Arme voller Blumen. Michael kniete sich neben den Mann, drehte ihn auf die Seite: Auf die Seite legen, das ist das wichtigste!

Das Gesicht des Mannes färbte sich bläulich. Michael sah einen Moment ratlos aus, dann öffnete er die Krawatte des Mannes, versuchte eine Herzmassage, drückte den Brustkorb zusammen und ließ wieder los, drückte den Brustkorb zusammen, ließ wieder los. Ein

Mann vom Bodenpersonal rannte zum Telefon, rief in die Telefonmuschel: Sanitäter, hallo Sanitäter, hallo!
Leute blieben stehen, ein Steward in blauem Anzug faßte den Mann beim Handgelenk, fühlte den Puls.
Noch da? fragte Michael.
Der Steward nickte, schüttelte den Mann, gab ihm leichte Ohrfeigen, rief: Können Sie mich hören, können Sie mich hören? Können Sie mich hören?
Der Mann reagierte nicht.
Das hat keinen Sinn, was Sie da machen, sagte der Steward zu Michael und ließ das Handgelenk des Mannes fallen.
Ja, soll ich ihn denn sterben lassen? fragte Michael, drückte weiter den Brustkorb und ließ los, drückte und ließ los, drückte und ließ los.
Ich hatte das Gefühl, der Mann hörte die ganze Unterhaltung. Beinahe Gestorbene berichten öfter, sie seien über ihrem Fast-Sterbeort gleichsam geschwebt, einige Meter über dem Geschehen, und hätten alles, was sich da unten abspielte, von oben betrachtet und mitgehört.
Die Hand des Mannes griff immer wieder ins Leere. Ist das ein Herzinfarkt? fragte ich. Wahrscheinlich, sagte Michael.
Endlich stürzten Sanitäter mit einer Bahre herbei, stülpten ein Sauerstoffgerät über das violette Gesicht, das schon ganz tot aussah, einer der Sanitäter fuhr mit der Herzmassage fort.
Michael beobachtete, ob der Sanitäter besser massierte, als er es getan hatte, dann sah er mich an und sagte: Trinken wir einen Schnaps!
Eine Gruppe lachender junger Leute kam vorbei. Sie blieben neugierig stehen, betrachteten den röchelnden Mann unter der Sauerstoffmaske, lachten und machten Witze: Weitergehen, meine Herrschaften, weitergehen, meine Herrschaften, weitergehen …
Wir holen uns an der Selbstbedienungstheke zwei kleine Flaschen Wodka. Die Bedienung erkennt mich. Ach, hätten Sie vielleicht ein Autogramm? Da ist gerade ein Mann umgefallen, sage ich.
Ja, furchtbar, sagt sie mit leuchtenden Augen, mit Widmung bitte, können Sie schreiben: Herzlichst für Helga?
Während ich herzlichst für Helga schreibe, vergleicht die Frau namens Helga mein Gesicht mit dem Foto auf der Autogrammkarte. Der Vergleich fällt deutlich zu meinen Ungunsten aus.

Der Koch kommt gelaufen: Bitte für meine Kleine, schreiben Sie für Petra, danke schön!
Der am Boden liegende Mann stößt jetzt schrille Pfiffe aus, wie eine Lokomotive. Die Sanitäter arbeiten immer noch, der eine mit dem Sauerstoffgerät, der andere massiert das Herz.
Ich schreibe: Für Petra, herzlichst, alles Liebe. Unser Flug wird aufgerufen. Wir kippen unseren Wodka hinunter. Als wir wieder an dem Mann vorbeikommen, arbeiten die Sanitäter immer noch, aber der schwarze Ballon des Sauerstoffapparates bewegt sich nicht mehr. Die Hand des Mannes greift nicht mehr in die Luft. Sie liegt entspannt auf dem Boden. Daneben immer noch der schwarze Füllfederhalter, der schwarze Diplomatenkoffer, sehr ordentlich alles. Kein Pfeifen mehr, kein Röcheln, Ruhe.
Aus, sagt Michael, sicher ein Geschäftsmann, hat sich abgerackert die ganze Woche, wollte nach Hause – heute ist Freitag – armer Teufel …
Es ist ein klarer Abend. Lange bleiben die Perlenschnüre der roten und gelben Lichter auf der Erde sichtbar, als das Flugzeug abhebt. Dann Wolken, später der Mond.
Ich stelle mir vor, wie die Frau des Mannes irgendwo in der Welt jetzt losfährt, um ihn am Flugplatz abzuholen, in Zürich vielleicht, Schneiderkostüm, Krokodiltasche, schmale Lippen vom nicht gelebten Leben.
Freitag abend, sagt Michael noch einmal, Geschäftsmann, zuviel Streß …
Einen Atemzug lang oder auch mehrere wünsche ich mir, ich wäre der Mann auf dem Fußboden der Flughalle. Dann hätte ich es hinter mir, dieses allzu schwere Leben.

1979: Bei einem Gläschen Wein – wie eine zur Tierversuchsgegnerin wurde

Ein scheinbar harmloses Erlebnis – und nichts ist mehr, wie es war. Das ganze Leben umgekrempelt.
Schauplatz: eine gemütliche Runde – im Jahr 1979 in einem Gasthof

im Salzburgischen Land. Beim Gläschen Wein erzählt mir mein Tischnachbar, wer nach einem Atomkrieg überlebe, sei durchaus nicht unbedingt verloren. Das hätten Atombombenversuche an Schafen auf einem Atoll gezeigt. Man könne z.B. immer noch, wenn alles Wasser verseucht sei, das geschlossene System der Zentralheizungen anzapfen, dieses Wasser trinken und damit eventuell überleben.
Das war kein Witz, nicht einmal zynisch gemeint. Mein Gesprächspartner entpuppt sich als einer der in Deutschland führenden Tierexperimentatoren, eine der Koryphäen der experimentellen Chirurgie. Er hat über Jahre Herzen von einem Tier ins andere verpflanzt und aufgezeichnet, wie lange diese Tiere jeweils überlebten – »wichtige Vorstudien« zur Verpflanzung z.B. des Pavianherzens in den Körper von Baby Fee. Für seine Arbeit wurde der Mann für den Nobelpreis vorgeschlagen.
Ich will aber kein Wasser aus Zentralheizungen trinken müssen! Ich will mir auch nicht von Thyssen für 20000 Mark einen strahlensicheren Privatbunker bauen lassen! Ich will auch nicht krepieren wie die meisten der unschuldigen Schafe auf dem Atoll, Herr Professor Brendel, ich will leben, und zwar gesund und glücklich! Es gäbe nämlich nicht nur genügend frisches Wasser, sondern auch genug Nahrung für alle Menschen dieser Erde, wenn wir es nur wollten!
Etwa ein Jahr später: Eine Schauspielerin gibt mir Informationsmaterial mit Fotos von gräßlich zugerichteten Versuchstieren. Ich fühle mich außerstande, das alles anzusehen, vergrabe das Informationsmaterial in der hintersten Schublade – ohne je zu vergessen, daß es da ist.
Dann der endgültige Anstoß, der mir hilft, meine Feigheit zu überwinden: ein Bericht in der TAZ von einem Tierpfleger des Schering-Konzerns über die dort praktizierten Tierversuche. Noch am selben Tag rufe ich bei der TAZ an, erkundige mich, wo es Organisationen gegen Tierversuche gibt, fahre zum erstbesten Treffen der erstbesten Gruppe, nämlich am 17. Mai 1981 nach Berlin, und von nun an ist das Leben nie wieder so unbeschwert wie vorher – wird es nie wieder sein.
Diese Erfahrung machen alle, die sich nicht davor drücken, sich mit dem Thema ernsthaft auseinanderzusetzen. Entweder man verdrängt das Problem – »ich kann das nicht sehen«, wie anfangs ich – das tun die meisten MitbürgerInnen, weil »da kann man doch nichts machen«.

Oder man läßt sich darauf ein.
Das bedeutet: schlaflose, durchweinte Nächte, ohnmächtige Verzweiflung, Wut auf »die da oben«, die es doch eigentlich wissen (müßten), aber nichts tun, um den Tieren zu helfen; bedeutet das Ende von Freundschaften und Beziehungen, in einigen Fällen auch Selbstmord. Ich mußte ein Fernsehteam wegschicken, weil ich vom vielen Weinen total verquollen und einfach nicht fähig war, an irgend etwas anderes zu denken als an die den Tieren zugefügten Qualen. Und letzten Endes war das auch der Anfang vom Aus der Beziehung zu Lutz und der Schauspielerei. Nichts ging mehr.
Eines Tages meinte ich, all die Greuel nicht mehr ertragen zu können. Da erhielt ich den Brief eines Wiener Eisenbahners. Er hatte täglich die Kisten mit Versuchstieren umzuladen, die zum Teil verstümmelt oder tot waren, er schrieb: Ich flehe Sie an, geben Sie nicht auf. Wenn ich meinen Mund aufmache, verliere ich nur meinen Job – wenn aber Sie als Prominente Ihren Mund aufmachen, hört vielleicht einer hin.
Da habe ich mich entschlossen, diese lächerliche Prominenz zu benutzen, um meinen Mund aufzumachen für alle, die das nicht können, die sich nicht trauen oder auf die niemand hört. Und das werde ich tun, bis ich tot umfalle.

Über den physiologischen Schwachsinn des Weibes. Eine Lesung in Salzburg

Die Mutmaßungen, warum die Frauen sich in der Geschichte weniger profiliert haben als die Männer, hören nicht auf. Die einen sagen, die Frauen seien einfach weniger begabt als die Männer oder anders begabt, die anderen behaupten, es läge an der Erziehung bzw. dem Mangel an Erziehung.
Nachdem nun in den letzten Jahren die Frauenbewegung ganz schön an Terrain gewonnen hat, mehren sich wieder die Stimmen, die die Frauen in das sogenannte Frausein zurückschicken wollen, in das Reich der 3 Ks: Kinder, Kirche, Küche.
In der Frauenbewegung scheint es immer zwei Schritte vor und einen zurück zu gehen. Um die Jahrhundertwende war sie schon einmal

außerordentlich stark – dann ging es wieder bergab mit ihr. Damals war einer ihrer berühmtesten Gegner ein Anatomieprofessor in München, Professor Bischoff. Der bewies die Minderwertigkeit der Frau auf folgende Weise: er wog die Gehirne von (toten) Männern und Frauen und stellte fest, daß die Gehirne der dümmsten Männer immer noch mehr wogen als die Gehirne der intelligentesten Frauen. Ergo: die Frau ist von Natur minderwertig.
Als Professor Bischoff starb, wurde auch sein Gehirn gewogen. Und da hatte er nun Pech: es erreichte gerade mageres Durchschnittsgewicht. Sein Nachfolger griff zu einer anderen Methode, er maß den Schädelumfang von Männern und Frauen. Und siehe da – die Männer hatten alle einen größeren Schädelumfang als die Frauen!
Damit nicht genug: Dieser Herr Dr. Möbius – Neurologe in Leipzig – stellte überdies fest, daß es viel mehr Ladendiebinnen gab als Ladendiebe, vor allem in Frankreich! Diese beiden Fakten – der geringere Schädelumfang der Frauen und die Häufigkeit der von ihnen begangenen Ladendiebstähle – waren für Dr. Möbius der Beweis: die Frau ist nicht nur minderwertig – sie ist sogar schwachsinnig. Er faßte seine Theorien zusammen in dem berühmt gewordenen Buch »Über den physiologischen Schwachsinn des Weibes«. Es ist vor zwei Jahren wieder aufgelegt worden. Einige Passagen daraus. Es handelt sich wohlgemerkt um wörtliche Zitate. Dr. Möbius definiert zunächst, was Schwachsinn überhaupt ist.

»Körperlich genommen ist, abgesehen von den Geschlechtsmerkmalen, das Weib ein Mittelding zwischen Kind und Mann, und geistig ist sie es wenigstens in vielen Hinsichten auch.
Der Instinkt macht das Weib tierähnlich, unselbständig, sicher und heiter. Mit dieser Tierähnlichkeit hängen sehr viele weibliche Eigentümlichkeiten zusammen. Zunächst der Mangel eigenen Urteils. Was für wahr und gut gilt, ist den Weibern wahr und gut. Sie sind streng konservativ und hassen das Neue. Wie die Tiere seit undenklichen Zeiten immer dasselbe tun, so würde auch das menschliche Geschlecht, wenn es nur Weiber gäbe, in seinem Urzustand geblieben sein. Aller Fortschritt geht vom Manne aus.
Nach allem ist der weibliche Schwachsinn nicht nur vorhanden, son-

dern auch notwendig. Gehirntätigkeit macht das Weib nicht nur verkehrt, sondern auch krank. Soll das Weib das sein, wozu die Natur es bestimmt hat, so darf es nicht mit dem Manne wetteifern. Die modernen Närrinnen sind schlechte Gebärerinnen und schlechte Mütter. Daß ein wirklicher Zorn mich erfaßte, das war bei Gelegenheit von Ibsens Nora. In diesem Stück handelt es sich darum, daß die Nora, die als kleines dummes Frauenzimmer geschildert wird, schließlich auf und davon geht, weil ihr Mann sie ihrer Meinung nach als Puppe behandelt hat.

Was Ibsen sich eigentlich dabei gedacht hat, weiß ich nicht. Man bekommt ja in der Regel nicht heraus, was dieser Apothekerdichter will (wenn uns doch ein gütiges Geschick von der ganzen nordischen und anderweiten Lazarett-Poesie erlösen würde!). In der Tat kann die tiefe Unsittlichkeit des Individualismus nicht treffender gezeichnet werden, als es durch Noras Weglaufen geschieht. Einem Weibe, das der Mutterpflicht durch wilde Leidenschaft untreu wird, mag man verzeihen, eine Mutter aber, die ihre Kinder verläßt, weil sie sich nicht gebildet genug vorkommt, ist ein Scheusal, oder, wenn man den Gesichtspunkt wechselt, eine Geisteskranke.«

Zitatende.

Sehr geehrter Herr Dr. Möbius, auch wenn Sie das Zeitliche schon gesegnet haben: Ihnen und den Männern überhaupt, wie den Erfindern von immer neuen todbringenden Waffen wie dem Neutronenbombenerfinder Cohen eine Portion des von Ihnen sogenannten weiblichen Schwachsinns gewünscht – und unsere Welt sähe heute anders aus.

Es ist gerade Ihre materialistische Denkweise, der auch die KZ-Ärzte huldigten. Sie führten an ihrer Meinung nach niedriger stehenden Lebewesen wie Juden, Zigeunern und »Andersdenkenden« Experimente durch. Einer dieser 350 Ärzte – er hatte zu experimentellen Zwecken KZ-Häftlinge mit Zyanhydratsalzen vergast – gab zu Protokoll, er habe bei der Ausführung kein Gefühl gehabt.

Ebendiese Wissenschaftler haben unsere Erde zu einem von Giften und Waffen starrenden Schrotthaufen gemacht, Herr Dr. Möbius. Ciba Geigy hat öffentlich zugeben müssen, Pflanzenschutzmittel außer an

Tieren auch an ägyptischen Kindern ausprobiert zu haben – und Schering die Antibabypille an Frauen der so genannten dritten Welt, bevor sie anderswo auf den Markt kam. Die Bestrahlung von Lebensmitteln ist an indischen Kindern getestet worden – bei den Kindern zeigten sich Zellkernveränderungen. Dennoch wird sie weiter angewandt.
Den Herstellern war durchaus bewußt, daß das in Vietnam versprühte Entlaubungsmittel Agent Orange zu unermeßlichen Gesundheitsschäden nicht nur bei der vietnamesischen Bevölkerung, sondern auch bei den amerikanischen Soldaten führen würde. Dennoch wurde es angewandt. Alles Resultate der von Ihnen so verherrlichten sogenannten männlichen Eigenschaften, gerechtfertigt durch »den Drang nach Erkenntnis«?
Denn – ich zitiere Sie: »Kraft und Drang in Weite, Phantasie und Verlangen nach Erkenntnis« würden das Weib nur unruhig machen. Zu Recht! Ihre Wissenschaftler nämlich, Herr Dr. Möbius, haben es nicht einmal fertiggebracht, jeden Menschen mit der überlebensnotwendigen Handvoll Hirse zu versorgen – aber pro Kopf der Erdbevölkerung stehen drei Tonnen Sprengstoff zur Verfügung!
Da geht selbst so ein schwachsinniges Weib wie ich auf die Palme! Fritjof Capra, Autor des Buches »Wendezeit«, immerhin ein Physiker (!), sagt: »Wir müssen weg von der Idee der Aufklärungszeit, die sowohl den Menschen wie die Natur als Maschine aufgefaßt hat.« Er zitiert den Philosophen und Staatsmann Francis Bacon, einen der sogenannten Väter der modernen Wissenschaft. Bacon sprach von der Natur als einer Sklavin, die der Mensch »mit Hunden hetzen und so lange auf die Folter spannen« solle, »bis sie ihre Geheimnisse preisgibt«. Capra kommt zu dem Schluß: »Und wenn ich den gegenwärtigen Raubbau an der Natur betrachte, dann hat die moderne Wissenschaft und Politik doch nichts anderes getan, als Bacons brutale Empfehlung in die Tat umzusetzen.«

Ach, Herr Dr. Möbius, heute würden Sie mit dem Schwachsinn, den Sie verzapft haben, ausgepfiffen, nicht nur von Noras. Ich fange tatsächlich an, wieder daran zu glauben, daß die Menschheit doch entwicklungsfähig ist!

21. November 1977: Also ich bin 50 geworden

Das Fernsehen hat aus diesem Anlaß ein Portrait von mir gedreht. Denn ich bin eine prominente Fünfzigjährige. Niedlich, wie der Interviewer sich beim Vorgespräch am Telefon drehte und wand, die Frage sei etwas indiskret …
»Nur zu«, sagte ich, »es geht um meinen fünfzigsten Geburtstag!«
Wie erleichtert war er da, keine Frau außer mir habe sich dazu äußern wollen, nämlich zur Umfrage: Was hat man mit 50 noch für Träume?
Ich mußte lachen. »Na, Sie sind gut! Noch für Träume? Das hört sich ja an, als interviewten Sie eine Hundertjährige!«
Der Journalist konnte nun ebenfalls von Herzen lachen. »Na, wenn Sie die Sache so leicht nehmen – das hätte ich gar nicht zu hoffen gewagt, gnädige Frau!« Und er notiert, was ich da lässig in die Telefonmuschel gebe: Träume eigentlich nie gehabt, da immer alles verwirklicht, was ich mir vorgenommen habe – aber Pläne, viele Pläne: Endlich die Bücher lesen, für die ich nie Zeit fand; Gitarre spielen, vor allem weniger arbeiten; Holundersaft einkochen etc.
Ich fange an nachzudenken. Die Wechseljahre werden kommen, die Zähne gehen. Ich rechne nach: Der Mann, mit dem ich lebe, ist 14 Jahre jünger als ich. Wenn ich 80 bin, ist er …
Aufkommende Panik versuche ich zu beruhigen. Die Engländer sind bekannt für schöne Sprichwörter, unter anderem für dieses: Alle Eier in einen Korb tun. Mein Leben lang habe ich alle Eier in einen Korb getan und werde das auch weiterhin tun. Falle ich hin, gibt es ein enormes Rührei – aber vielleicht falle ich auch nicht hin!
Eigentlich war ich nie richtig jung. Weil Krieg war? Auch nie richtig schön. Irgendwie immer anders. Darum erscheint es mir nicht sooo schlimm, älter zu werden, wie es sehr schönen Mädchen wohl erscheinen mag. Wie Grace Kelly habe ich sowieso nie ausgesehen. War auch nie perfekt, werde es nie sein. Wenn es darauf ankommt, bricht mir ein Absatz ab – einmal geschehen vor dem Hotel Kempinski in Berlin –, oder eine Laufmasche ruiniert, was bisher an Feinmachen einigermaßen geglückt war. Oft bin ich nicht ausgeschlafen, habe Falten, von

zuviel Arbeiten, zuviel Lachen, zu viel Weinen, immer von allem zu viel. Meine Maße sind auch nicht 91–59–91.
Man, richtiger gesagt Mann, geht immer davon aus, daß eine Frau um die Fünfzig in Torschlußpanik geraten muß. Die Männer bleuen das den Frauen so lange ein, bis die Frauen es glauben. Dabei sehen die meisten Frauen mit Fünfzig akzeptabler aus als die meisten Männer mit fünfzig, weil sie disziplinierter sind.
Ein geradezu monströses Beispiel für männliche Selbstüberschätzung: Vor Jahren stand in einem besonders frauenfeindlichen Blatt, nämlich im »Spiegel« – und ich habe mich derartig darüber geärgert, daß ich es bis heute nicht vergessen habe – aus dem Gedächtnis zitiert: die alternde Mimin Brigitte Bardot, 34 oder 33, tat das und das – wenig später: Der junge Priester Soundso (Namen habe ich vergessen), 45, tat das und das.
Brigitte Bardot ist mit 33 oder 34 eine alternde Mimin, der Priester mit 45 ein toller Hecht!
Und die Frauen lassen sich das gefallen, jedenfalls meistens.
Mit Ausnahmen. Ich erinnere nur an den berühmt gewordenen Ausdruck »klimakterische Kuh«, woraufhin die bekannte Schauspielerin, der er galt, ihren Geliebten erschoß.
Im Tode hilft dem Mann die ganze Überheblichkeit nichts mehr. Da wird er nicht etwa ein Leich, da wird er eine Leiche! Das ewig Weibliche zieht ihn hinan bzw. hinab, ätsch fallera!
Ich werde endlich Alice Schwarzers EMMA abonnieren.

Sommer 1981: Tierversuche – zum Wohle der Menschheit?

Inzwischen erkennen auch immer mehr Ärzte, daß Tierversuche die Forschung nicht etwa vorangebracht, sondern eher den Fortschritt verhindert haben, weil am Tierversuch gewonnene Erkenntnisse nicht oder nicht unbedingt auf den Menschen übertragen werden können, wie ja auch die Mißerfolge bei Krebs, Aids zeigen. Ein Tier mit dieser oder jener Substanz vollzupumpen, um bei ihm künstlich Krebs zu erzeugen, dann an ihm Medikamente zu testen und bei einer eventuellen Gesundung Rückschlüsse auf die Wirkung des angewandten

Medikaments beim Menschen zu ziehen, bei dem die Krebserkrankung eine Folge vieler Komponenten ist wie Vererbung, Lebensführung, Umwelt usw., ist naiv und unwissenschaftlich.
Tierversuche dienen als Alibi, wenn etwas schiefgeht, siehe Contergan, oder weil einer Professor werden will. Menschenversuche finden dennoch statt. Trotz immens gestiegener Tierversuche sind wir nicht gesünder, sondern kränker geworden. Krebs nimmt ständig zu, die Herzkreislaufkrankheiten, das Rheuma, die Mißbildungen haben sich in den letzten 25 Jahren sogar verhundertfacht.
Dennoch werden in Deutschland pro Tag ca. 40 000 Versuchstiere »verbraucht« – im Bereich nicht nur der Kosmetik- und Medikamentenforschung, sondern auch in der Rüstungsforschung. Die Bundeswehr hat 1980 nach Angaben der Bundesregierung 23 403 und im ersten Halbjahr des vergangenen Jahres 4085 Versuchstiere verbraucht. Als Schwerpunkt der »wehrmedizinischen Tierversuche« wurde der ABC-Schutz genannt. ABC steht für die Begriffe atomar, biologisch und chemisch.
Um die Kriegsmaschinerie möglichst perfekt zu machen, werden stellvertretend für uns Menschen in den sogenannten friedlichen Zeiten erst einmal die Tiere geopfert, sozusagen als Generalprobe für die Vernichtung der Menschen.
Die Neutronenbombe wurde zuerst an Affen ausprobiert. Wissenschaftler haben im Experiment diejenige Menge Gamma-Neutronen zu finden gesucht, die auf Menschen tödlich wirkt. Sie haben Affen durch Strahlen langsam getötet, um herauszufinden, wie lange wohl ein Mensch nach intensiver Bestrahlung noch fähig sein würde, Panzer und andere Waffen zu bedienen. Sie haben die Gehirne von Katzen und Tauben herausoperiert und diese als lebendige Computer für Kampfhandlungen getestet. Schweine wurden in für sie geschneiderte Uniformen gesteckt und Atombombenexplosionen ausgesetzt, weil man ausprobieren wollte, wie stark später beim Menschen die Verbrennungen sein würden.
Tiere werden lebend aufgeschlitzt, zersägt, verbrüht, in brennbare Flüssigkeiten getaucht und lebend angezündet; lebenden Tieren wird der Schädel angebohrt, das Gehirn schichtweise abgetragen und der Schädel mit kochendem Wasser oder Eiswasser durchgespült; lebenden Tieren werden die Augen zugenäht oder herausgeschält, die Glie-

der gebrochen, die Beine zu Brei zerhämmert usw. Die Aufzählung dieser Ungeheuerlichkeiten ließe sich beliebig fortsetzen. Sie sind dokumentiert, von den Experimenten gibt es – teilweise heimlich aufgenommene – Fotos. Und all das geschieht im Namen der Wissenschaft, zum Wohl des Menschen, von unseren Steuergeldern finanziert.
Um vor Verzweiflung nicht verrückt zu werden, bleibt einem nur Tätigwerden. Und tatsächlich bilden sich in der ganzen Welt Gruppen von Menschen, die sich gegen die den Tieren angetanen Greuel zur Wehr setzen.
Für mich heißt das: Fahrten zu allen Demonstrationen, von denen ich höre, in Frankurt, Lübeck, Stuttgart, München, Straßburg, die Ankettungsaktion am Tor des Parkhauses vom Schering-Konzern, Diskussionen im Fernsehen, im Rundfunk. Mein Beruf, die Schauspielerei, wird immer fragwürdiger vor dem Hintergrund dieses Wahnsinns Tierversuche, die, ich sehe es immer wieder, dem Menschenversuch vorangehen bzw. mit ihm parallel laufen.
Wenn ich das einmal erkannt habe, kann ich nicht einfach hier in meinem schönen Bauernhaus meine glücklichen Hunde und Katzen streicheln und sagen, was draußen passiert, das geht mich nichts an. Da mache ich eben meinen Mund auf.

Tierfreunden wird gern vorgeworfen, sie seien zu emotional. Dazu möchte ich Jean Amery zitieren, der im KZ gefoltert wurde: »Wo steht geschrieben, daß Aufklärung emotionslos zu sein hat? Das Gegenteil ist der Fall.«

*Die Versuchstiere klagen an**

Die Unbarmherzigkeit
die Eigensucht
die Profitgier
den Sadismus der Menschen
Tiere fordern ihr Recht

---

* Aus dem Buch »Gebete der Versuchstiere«

auf natürlichen Lebensraum
auf Pflege und Zuwendung
auf Leben …
TIERE rauchen nicht –
TIERE trinken keinen Schnaps –
TIERE schnupfen kein Kokain –
TIERE schlucken keine Pillen –
TIERE wollen kein Make-up –
TIERE fahren kein Auto –
TIERE werfen keine Bomben –
TIERE fliegen nicht in den Weltraum!
IHR wollt das alles tun …
warum sollen aber SIE dafür leiden?

September 1983: Europarat lehnt Konventionsentwurf zum Schutze der Versuchstiere ab

Im September trat die Parlamentarische Versammlung des Europarates zusammen, um zur Europäischen Konvention zum Schutz von Tieren bei Experimenten zu einem Abschluß zu kommen. Der Ministerausschuß des Europarates hatte der Parlamentarischen Versammlung einen nicht nur bei engagierten Tierschützern umstrittenen Konventionsentwurf vorgelegt. Die darin enthaltenen Bestimmungen liegen weit unter den im deutschen Tierschutzgesetz verankerten Vorschriften. Der Konventionsentwurf ist für den Tierschutz völlig unannehmbar.
Um zu verhindern, daß solche Bestimmungen geltendes Recht und damit auf unabsehbare Zeit festgeschrieben werden, hat die deutsche Delegation den Konventionsentwurf abgelehnt. Der bisherige Entwurf ist damit gescheitert, es muß ein neuer erarbeitet werden.
Die Ablehnung ist das Ergebnis intensiver Bemühungen engagierter Tierschützer, die die Parlamentarier, insbesondere die österreichische und deutsche Delegation, davon überzeugen konnten, daß dem bisherigen Entwurf unter keinen Umständen zugestimmt werden durfte.
Einige unserer Gegner hatten den Raum bereits vor der Abstimmung verlassen, in der irrigen Annahme, der Entwurf würde angenommen,

was sie hinterher bereuten. Ich hörte sie später in allen möglichen Sprachen in die Telefone brüllen: Les Allemands – die Deutschen haben den Entwurf blockiert …
Gerechtigkeitshalber sei es gesagt: Diesmal haben uns auch deutsche CSU-Abgeordnete mit ihren Stimmen unterstützt. Danke!

Einige Pressestimmen zu unseren Demonstrationen gegen Tierversuche:

Anläßlich der Kosmetikmesse 14./15. Mai 1984
Der Arbeitskreis »Kosmetik ohne Tierversuche« mit Barbara Rütting plazierte sich vor dem Messeeingang. Mit einem ausgestopften Versuchstierhund, Plakaten, Flugblättern und Informationsschriften wurde den Messebesuchern die Kehrseite einer millionenfachen Tiertragödie vor Augen geführt … (Münchner Stadtanzeiger)

Gegen Tierversuche – »Ersticken für eitle Frauen«
Hauptprotest der Tierfreunde richtete sich gegen Tierversuche für Kosmetika. Auf einem Transparent stand: »Tiere sind unsere Mitgeschöpfe. Wir foltern und morden sie für zweifelhaften Fortschritt, millionenfach für Pillen, Sprays und Kampfstoffe. Die Barbaren des 20. Jahrhunderts.« (Stuttgarter Nachrichten am 6. Juni 1983)

»So furchtbar habe ich mir das nicht vorgestellt!«
Sichtlich betroffen reagierten viele Bürger, die am vergangenen Wochenende in Bonn zum ersten Mal mit dem Themenkomplex »Tierversuche« konfrontiert wurden. Tierversuchsgegner protestierten in Bonn – einhellige Empörung über gängige Praxis … ein sofortiges Verbot der Tierversuche wurde gefordert in der Kosmetikbranche und der Rüstungsindustrie … (Südhessische Post, 10. August 1983)

»Tierversuche sind Mord an Lebewesen« –
Demonstrationszug durch München mit prominenten Tierschützern
Mit Transparenten und grausigem »Anschaungsmaterial« zogen am Samstag rund 700 Tierfreunde durch München. Sie zeigten den

schockierten Passanten, mit welchen Geräten auch in Münchner Labors Hunde, Katzen, Affen oder Mäuse bestialisch zu Tode gequält werden – im Namen von Wissenschaft und Fortschritt. Ziel der in München bisher einmaligen Aktion: ein generelles Verbot aller Tierversuche.

Schauspielerin Barbara Rütting schilderte den entsetzten Zuhörern einen Versuch des Max-Planck-Instituts, bei dem lebenden Katzen langsam die Gehirne zertrümmert werden, um deren Tod zu beobachten. Die Tierschützerin: »Das sind Verbrechen an Wehrlosen. Tiere sind keine Sachen, sondern fühlende Lebewesen.«

Nach Angaben von Schering werden jährlich 120 000 Mäuse und Ratten, 10 000 Meerschweinchen, Kaninchen und Hamster sowie 500 Katzen, Hunde und Affen in der Forschung verwendet. (AZ, 6. Juni 1983)

Protestmarsch zur MHL gegen Versuche an Tieren

In einem Protestmarsch vom Holstentor bis zur MHL demonstrierten gestern mehr als 150 Menschen gegen jegliche Tierversuche in der medizinischen Forschung, für die allein in der Bundesrepublik nach Schätzungen jährlich rund 14 Millionen Mark ausgegeben werden.

Zu den Teilnehmern, die aus vielen Teilen der Bundesrepublik angereist waren, gehörte auch die Schauspielerin Barbara Rütting.

Die Teilnehmer der Demonstration führten neben zahlreichen Transparenten (»Der Tierquäler von heute ist der Mörder von morgen«) auch eine ausgestopfte Katze mit sich. Sie war eingespannt in ein stereotaktisches Gerät, welches lebenden Versuchstieren fast keinen Bewegungsfreiraum läßt. »Versuchen sie es dennoch, dann fügen sie sich schwere Augenverletzungen zu«, erläuterte ein Sprecher der Bürgerinitiative.

Am Holstentor und vor der »Zentralen Tierhaltung« der MHL legten die Demonstranten jeweils einen Kranz nieder. Nicht als Zeichen einer Vermenschlichung der Tiere, wie es hieß, sondern als Ausdruck der Trauer über die anhaltenden Tierversuche (Lübecker Nachrichten, 26. September 1982)

Tierversuche sinnlos. 14 Mio. werden jährlich umgebracht
Welt-Prominenz tagt im CCH
Hamburg – Tag für Tag sterben Tausende von Tieren in den Laboratorien der Bundesrepublik. Geschätzte Zahl: 14 Millionen jährlich. Das hat die Tierschützer auf den Plan gerufen. Gestern tagte die »Aktion gegen Tierversuche« im CCH am Dammtor.
Neben vielen Wissenschaftlern war die Schauspielerin Barbara Rütting die prominenteste Sprecherin. Und sie steht nicht allein: Judy Winter, Martin Held, Harald Juhnke, Helen Schneider und Mike Krüger haben mit ihr den Kampf aufgenommen.
»Professor Hackethal meint, daß 90 Prozent der Tierversuche sinnlos sind«, sagt Barbara Rütting, »und er steht in der Ärzteschaft nicht allein da. 1,5 Millionen Bundesbürger haben der ›Aktion gegen Tierversuche‹ bereits ihre Unterschrift gegeben.« (25. Oktober 1982)

Über die Ankettungsaktion bei Schering berichtete BILD auf der Titelseite, kaum eine deutsche Zeitung, die den Bericht nicht übernahm. Viele Menschen erfuhren durch unsere Aktion zum ersten Mal von den grausamen Tierversuchen. So hat sich der Einsatz schließlich doch gelohnt.

Tierliebe! Barbara Rütting an Schering-Tor gekettet
Es war ein aufsehenerregender Protest gegen Tierversuche: Mit einer 15 Meter langen Eisenkette haben sich die Schauspielerin Barbara Rütting (54) und zwanzig junge Leute gestern früh an ein Tor des Berliner Chemie-Konzerns »Schering« gekettet. ... Gestern morgen, 6 Uhr, Berlin Wedding: 20 junge Leute in Jeans, Felljacken und Pudelmützen spannen vorm Parkhaus des Schering-Konzerns in der Müllerstraße ein weißes Transparent über das Einfahrtstor: »Tierversuche, Folter für Profit« steht in schwarzen Buchstaben darauf.
Schauspielerin Barbara Rütting, durch Filme wie »Der Zinker« bekannt geworden, verteilt Flugblätter. Wenig später schließen sich alle Demonstranten mit einer Kette an das Werkstor – die Schlüssel zu den Schlössern werfen sie weg ...
Ein Spezialtrupp der Polizei rückt um 8.15 Uhr Uhr mit Bolzenschneidern an. Knack, knack, die Ketten fallen, die Einfahrt ist wieder frei.

Barbara Rütting zu BILD: »Tierversuche müssen verboten werden. Auch der Schering-Konzern quält Tiere.«
Im letzten Jahr hat Schering für die Forschung Experimente mit 120 000 Mäusen und Ratten, 10 000 Meerschweinchen, Hamstern und Kaninchen gemacht. 500 Affen, Hunde, Katzen gaben für die Erforschung neuer Präparate ihr Leben.
Barbara Rütting: »Wir wollen mit der Ankettungsaktion die Bevölkerung darüber informieren, was den Tieren hinter den verschlossenen Labortüren angetan wird. Tierversuche müssen verboten werden. Entgegen allen anderen Behauptungen dienen sie nicht dem Wohl der Menschheit.« (BILD, 9. November 1982)

Zu meinem Abgang in der ZDF-Live-Sendung »(K)ein Herz für Tiere« schrieben:

Krach bei ZDF-Diskussion um Tierversuche
Harte Vorwürfe gegen Moderator.
Millionen Fernseh-Zuschauer blickten überrascht auf die Mattscheibe: Barbara Rütting, beliebte Schauspielerin und engagierte Tierversuchsgegnerin, packte am späten Donnerstag abend mitten in der ZDF-Live-Sendung »5 nach 10« ihre Siebensachen zusammen, lächelte noch einmal freundlich in die Kamera und verschwand.
Moderator Alfred Schmidt schaute verdutzt in die Röhre.
Der spektakuläre Auf- und Abtritt während der Talk-Show zum Thema »(K)ein Herz für Tiere«, der so spontan wirkte, war sorgfältig geplant. Barbara Rütting (56): »Ich wollte damit protestieren und die Öffentlichkeit wachrütteln. Hier sollte nur eine Scheindiskussion über das Thema Tierversuche geführt werden. Das war mir klar, als ich die Teilnehmerliste las … Ich habe Herrn Schmidt sofort aufgefordert, auch Experten von unserer Seite einzuladen wie namhafte Mediziner und Theologen. Aber alle unsere Vorschläge wurden abgelehnt. Das war Absicht.«
Offensichtlich war die Aktion nicht für die Katz. Barbara Rüttings Telefon stand nicht mehr still, der Briefträger brachte Glückwunschtelegramme. (Kölner Express, 8. 10. 83)

»Ponkie« schrieb am 8. 9. 83 in der Münchner Abendzeitung:
Wie man bereits in den ersten 15 Minuten eine absolute Geisteslähmung herstellt, das wurde in der ZDF-Live-Sendung »5 nach 10« zum Thema Tierschutz erschreckend demonstriert.
Um die Haustier-Interessen von 50 Millionen Zierfischen, 3,3 Millionen Hunden, 3,3 Millionen Katzen, 7 Millionen Vögeln und 2,2 Millionen Hamstern und Meerschweinchen ordnungsgemäß zu vertreten, setzte man einen Haufen standpunktgeölter Verbandsfunktionäre an den Schwätzertisch und ließ Wissenschaftler, Politiker und Amateur-Tierschützer zentnerweise aus ihren Verlautbarungs-Aktenordnern zitieren.
Barbara Rütting, als Gegnerin der Tierversuche geladen, hatte von diesem Einerseits – Andererseits schnell die Nase voll und machte einen donnernden Abgang. Das war zwar unsachlich, aber angesichts dieser auf Experten-Referate trainierten Berufs-Verlautbarer dann doch das Richtige. Wer ein Herz für Tiere hatte, vernahm frohe Botschaft: Die Statistik-Erfahrung etwa, daß Hühner im Käfig gesünder sind als solche, die im unhygienischen Naturdreck herumscharren, ließ einen Eierinteressenvertreter zum Schluß kommen, daß das gesunde Käfighuhn leistungsfähiger und deshalb (!) glücklicher sei. Da lachen die Hühner. Und legen schnell ein marktgerechtes (Kuckucks-)Ei.

Schließlich sei noch der Kritiker der Süddeutschen Zeitung, K. H. Kramberg, zitiert:
... Aber die Runde der Debattanten, gelackt und geschleckt moderiert durch Herrn Alfred Schmidt, war mit einer Ausnahme von Persönlichkeiten besetzt, die aus Neigung oder Beruf in Wirtschaft, Politik und Kultur mit Bill und Unbill des zoologischen Alltags so routinemäßig vertraut sind, daß sie in dem Hin- und Hergerede zum vorgegebenen Thema das Ihre beisteuern konnten, ohne sich dabei intellektuell oder seelisch exaltieren zu müssen. Man sah sie reden: Jedoch aus all dem Gerede war für den Zuschauer nichts zu entnehmen, was ihn hätte zwingen können, Partei zu ergreifen für oder gegen die Handhabung tierischen Lebens in Haushalt, Operationssaal oder Nahrungsmittelfabrikation.
Dankbar war ich deshalb dem beherzten Unmut, mit dem Frau Bar-

bara Rütting in ihrer Eigenschaft als radikale Gegnerin aller medizinisch und pharmazeutisch motivierten Versuche am lebenden Tier die Rolle des beleidigten Störenfrieds spielte. Statt sich dem Disput mit dem ihr zugeordneten »Gegner« zu stellen, ging sie knapp und energisch auf den indignierten Veranstalter los, zieh ihn der Unfairneß und Voreingenommenheit, weil er die wissenschaftlichen Koryphäen des von ihr, wie sie sagte, nur laienhaft verfochtenen Standpunkts aus diesem Kreis ausgeschlossen habe. Sie sei überhaupt nur gekommen, dies einmal klarzustellen und öffentlich zu verkünden. Punkt. Dann packte sie ihr Täschchen und verließ grimmig aufrecht die Szene, die dann ja auch prompt zum Vakuum wurde. Ansonsten: Von der Tierfront nichts Neues.

Katzenversuche bei der Max-Planck-Gesellschaft

Bei einer Demo in München gegen Tierversuche sagte mir eine Frau weinend, sie arbeite in einem Tierversuchslabor. Es sei entsetzlich, aber sie könne mir nichts Genaueres darüber erzählen und auch ihren Namen nicht nennen, weil sie sonst ihre Stellung verlöre.
Vermutlich war sie es, die mir anonym das Buch »Die gedeckten Schäden des Gehirns« zuschickte, in dem ein Experimentator seine Versuche an Katzen schildert.
Bei einer erneuten Demo in München gegen Tierversuche, nämlich am 4. Juni 83, habe ich in meiner Rede am Marienplatz aus diesem Buch zitiert. Das Max-Planck-Institut wollte mich daraufhin wegen Rufmords verklagen.
Nachfolgend Rede und Briefwechsel mit dem Max-Planck-Institut.

»Friedrich Unterharnscheidt, Dr. med. Privatdozent für Neurologie und Psychiatrie, bei Erscheinen seines Buches wissenschaftlicher Assistent an der Deutschen Forschungsanstalt für Psychiatrie (Max-Planck-Institut) München, schildert in seinem Werk ›Die gedeckten Schäden des Gehirns‹ auf 124 Seiten ausführlich und bebildert, wie man Katzen und Kaninchen die Schädel zertrümmert hat, minutiös angegeben die Stärke, Häufigkeit und Stoßrichtung der Gewaltanwen-

dung, die Dauer der Erholungspausen zwischen den Gewaltanwendungen. Zur ›Verhämmerung‹ wird eine extra dafür konstruierte Gasdruckkanone empfohlen. Er schildert die Dauer der Bewußtlosigkeit der Tiere, ihre schließlichen Exitus sowie die dann diagnostizierten Schädel- und Hirnverletzungen. Beispiel Katze: 29malige Gewalteinwirkung von 1,2 atü in 2tägigen Abständen in 65 Tagen. Überlebenszeit: 80 Tage / Bewußtlosigkeit: 11 Mal / Gesamtdauer der Bewußtlosigkeit: 16 min. 41 sec.«
Es wurden 29 Gewalteinwirkungen mit der Geschwindigkeit von 9,4 m/sec. in 65 Tagen – also in etwa 2tägigen Abständen – vorgenommen. 80 Tage nach Versuchsbeginn wurde das Tier getötet.
Es sind Fälle aufgezeichnet, in denen die Katzen bei der 1. Gewaltanwendung starben, andere überlebten beispielsweise 282 Tage.
Dr. Unterharnscheidt kommt am Schluß seiner Arbeit zu folgender Erkenntnis, was den Nutzen seiner Versuche für den Menschen betrifft: »Allerdings findet sich beim Menschen eine solche Wiederholung und Häufung von stumpfer Gewalt nur selten, nämlich bei Fußballspielern, die Bälle ›köpfen‹, Boxern sowie eventuell bei Epileptikern mit gehäuften Stürzen während der Anfälle.«

Die Max-Planck-Gesellschaft zur Förderung der Wissenschaften e.V., München, schrieb mir am 28. 6. 1983:

Sehr geehrte Frau Rütting,
nach einem Bericht der Abendzeitung (München) haben Sie bei der Demonstration gegen Tierversuche am 4. Juni 83 in München in Ihrer Rede auf dem Marienplatz die Behauptung aufgestellt, in einem Max-Planck-Institut seien »lebenden Katzen langsam die Gehirne zertrümmert« worden, »um ihren Tod zu beobachten«. Kopie des Berichtes fügen wir bei. Unter der Voraussetzung, daß die Zeitung über Ihre Aussage korrekt berichtet hat, möchten wir Sie fragen, wie Sie derartige Behauptungen beweisen wollen, die die einschlägigen Beleidigungstatbestände des Strafgesetzbuches erfüllen. Wir weisen Sie darauf hin, daß wir solche Verleumdungen unserer Wissenschaftler nicht mehr hinnehmen und künftig zivil-und strafrechtlich gegen derartig unhaltbare Vorwürfe vorgehen werden. Tierversuche in Max-Planck-Institu-

ten finden selbstverständlich nur im Rahmen der durch das Tierschutzgesetz gezogenen Schranken statt, unterliegen also der dort vorgeschriebenen Genehmigungspflicht, den Vorschriften über Narkose etc. und der Kontrolle durch die Veterinär-Behörden.
Wie Sie den beigefügten Dokumenten entnehmen können, nehmen unsere Forscher die im Zusammenhang mit Tierversuchen auftretenden ethischen Probleme sehr ernst. Sie haben daher einen Anspruch darauf, vor übler Nachrede geschützt zu werden.

Mit vorzüglicher Hochachtung
gez. P. Gutjahr-Löser

Darauf antwortete ich am 21. 7. 1983:

Sehr geehrter Herr Gutjahr-Löser,
vom Urlaub zurückgekommen, finde ich Ihren Brief vom 28.6. vor, der mich, gelinde gesagt, befremdet. Offensichtlich haben Sie diesen Brief geschrieben, um mich einzuschüchtern, Sie drohen sogar mit Rechtsmitteln. Normalerweise würde ich einen solchen Brief in den Papierkorb werfen, aber es reizt mich doch sehr, Sie zu fragen, wie es möglich ist, daß Sie sich beleidigt fühlen, wenn man Ihre eigenen Wissenschaftler zitiert. Genau das habe ich nämlich getan. Ich habe in meiner Münchner Rede anläßlich der Demonstration gegen Tierversuche auf das Buch »Die gedeckten Schäden des Gehirns« (Springer Verlag von Dr. med. Friedrich Unterharnscheidt) hingewiesen.
Dr. Unterharnscheidt war bei Erscheinungstermin des Buches wissenschaftlicher Assistent an der Deutschen Forschungsanstalt für Psychiatrie (Max-Planck-Institut) München.
So steht es jedenfalls auf dem Titelblatt. Und Herr Dr. Unterharnscheidt schildert in seinem Werk auf 124 Seiten ausführlich und bebildert, wie er mittels einer Gasdruckkanone Katzen und Kaninchen immer wieder bewußtlos geschlagen hat, um die Zerstörung der Gehirne zu messen. Sie brauchen es nur nachzulesen. (Die Abendzeitung hat meine Aussage nicht korrekt wiedergegeben, aber das ist nicht meine Angelegenheit.)
Sie sprechen nun von übler Nachrede und Verleumdungen Ihrer Wissenschaftler, wenn man eben diese Wissenschaftler wörtlich zitiert.

Das ist wirklich der perfekteste Verdrängungsprozeß, den man sich vorstellen kann, und eigentlich nur so zu erklären, daß es mit der vielzitierten Ethik der Tierexperimentatoren vielleicht doch hapert. Denn daß wir es bei dem geltenden Tierschutzgesetz mit Gummiparagraphen zu tun haben, die praktisch jedem erlauben, jeden Tierversuch zu machen, wenn er ihn nur anmeldet, ob mit oder ohne Narkose (wenn die Narkose die Endergebnisse verfälschen würde, darf ohne Narkose gearbeitet werden), das weiß ja nun inzwischen jeder interessierte Mensch. Und daß diese Tierversuche zum Wohle der Menschheit geschehen, wie die Experimentatoren oder diejenigen, die daran verdienen, uns immer wieder weismachen wollen, das nimmt ihnen nun wirklich auch niemand mehr ab.
Ein Zitat von Professor Klaus Gärtner, Leiter des Zentralen Tierlaboratoriums der Medizinischen Hochschule Hannover, sagt es: »Alle an Tieren experimentell gewonnenen Ergebnisse haben nur für die jeweilige Art Aussagekraft und in exakter Auslegung sogar nur für das Individuum, an dem experimentiert wurde.«
Ich könnte Ihnen dutzendweise Aussagen von Wissenschaftlern gegen Tierversuche anführen, eine mag genügen, die des englischen Krebsforschers Alexander: »Wir sind auf dem falschen Weg, ein Mensch ist eben doch keine Maus.«
Ich werde mir jedenfalls mein Recht auf freie Meinungsäußerung von Ihnen nicht streitig machen lassen. Im Gegenteil: Ich werde ähnliche Arbeiten wie die von Dr. Unterharnscheidt in noch stärkerem Maß verbreiten. Ich werde mit all meiner Kraft dazu beitragen, daß die Wahrheit über Tierversuche mehr und mehr bekannt wird, mit dem Ziel, daß diese Barbarei einmal der Vergangenheit angehören wird wie heute die Hexenverbrennungen und die Sklaverei. Ich weiß, daß ich für Millionen fortschrittlicher Tier- und Menschenfreunde spreche.

Hochachtungsvoll
gez. B. Rütting

P.S. Sie werden mir gestatten, daß ich unseren Briefwechsel zur Veröffentlichung gebe.

Daraufhin hörte ich nichts mehr.

*Gebet der Katze**

Lieber Gott,
sie züchten uns in engen Drahtgestellen.
Unsere Pfoten sind verletzt vom Maschendraht.
Nie haben wir ein warmes, ruhiges Plätzchen.
Eine Plastikschüssel war unsere Wiege.
Unsere Mutter mußte dreimal im Jahr gebären.
Wir kennen keinen Baum oder Strauch.
Sind nie von Ast zu Ast gesprungen.
Haben nie in die Sonne geblinzelt
oder wohlig im Gras uns geräkelt.
Warum sollen wir unser Fell putzen,
es wird nie jemand streicheln.

Mich haben sie in ein Gestell gespannt
und mir ihre Medizinen eingegeben,
die mein Inneres verbrennen.
Meine Brüder und Schwestern rauchen Zigaretten,
bis sie Lungenkrebs haben.
Oder tragen eingepflanzte Sonden auf dem Kopf.
Ihre Augen blicken irre.
Ihre Gehirn ist zerstört.
Sie zucken in Elektroschocks.
Man verbrüht uns, steckt uns in Eiswasser.
Sie hacken uns die Glieder ab.
Zum Wohle der Menschheit?

Sie sagen, wir haben sieben Leben und sind zäh.
O Herr, es dauert lange,
bis wir sie alle sieben verloren haben.
Kürze sie ab, diese Marter, o Herr,
es ist zuviel.

---

* Aus dem Buch »Gebete der Versuchstiere«

1983: Schluß mit Haarefärben!

Ich werde aufhören, mir die Haare zu färben. Auch für Haarfärbemittel werden Tierversuche gemacht. Außerdem sollen sie krebserregend sein.
Ich färbe meine Haare schon so lange, daß ich gar nicht mehr weiß, welche Farbe sie einst hatten. Dadurch habe ich etwas ganz Wichtiges verpaßt, nämlich das Erlebnis, sie langsam ergrauen zu sehen. Oma und Mutter waren auch schon mit dreißig Jahren grau. Wer weiß, was durch die Haarfärberei sonst noch alles zugekleistert wurde.
Ich werde sie ratzekahl abschneiden lassen, bis auf die Stoppeln, und so langsam, wie sie nachwachsen, etwa einen Zentimeter im Monat, so langsam und sanft werde ich herauszufinden versuchen, wer ich einmal war, wie ich eigentlich gedacht bin.

September 1983: Promi-Blockade in Mutlangen

Auf dem Treppenabsatz im Gasthof »Mutlanger Hof« sitzend, hört sich Erhard Eppler meine Sorgen an. Sich von der Polizei wegtragen lassen, immer wieder, kann doch nicht die Lösung sein … eine Antwort weiß auch er nicht.
Muß man nicht mehr tun? Aber was? Sich vor die Kaserne setzen? Sitzenbleiben, wenn die Polizei auffordert, den Weg freizumachen? Die Regierenden höhnen: Das soll ein heißer Herbst gewesen sein … Friedensbewegung resigniert … die demonstrieren, wir regieren … Politik wird nicht auf der Straße gemacht …
Die Dauerblockierer haben den Winter über in Schnee und Kälte ausgehalten; sich festnehmen lassen, immer wieder. Wir sogenannten »Promis« (Prominenten) hingegen kommen zu den Sonn- und Feiertagen angereist, schwingen Reden, singen Lieder, werden fotografiert, wie wir vor dem Raketendepot sitzen, durch dessen Zufahrt an diesen Tagen sowieso keiner raus- oder reinwill – reisen wieder ab, und kaum sind wir weg, werden die Normal-Blockierer festgenommen.

Frühstück mit Horst Eberhard Richter, seiner Frau und den beiden Enkelkindern.
Vom Nebentisch Wortfetzen: Iris blockiert ... wenn Iris vom Blockieren zurück ist ... Iris blockiert schon seit acht Uhr ...
Vermutlich blockiert diese Iris eben an diesem US-Airfield, wo an Sonn- und Feiertagen sowieso niemand heraus- oder hineinwill. Sie fliegen ihre Soldaten mit Hubschraubern ein und machen sich lustig: angeblich haben wir vor dem leeren Depot gesessen, sie hätten die Raketen vorsorglich woanders hintransportiert. Ist doch völlig egal, wo die Raketen gerade stehen, die Blockade kann eh nur symbolisch sein.
Gestern saßen nur ein paar Leutchen am Depot, darunter ein Mönch in orangener Kutte. In monotonem Rhythmus schlugen sie Steine aneinander, archaisch anmutendes, für die wacheschiebenden Polizisten auf die Dauer sicher nervtötendes Geräusch. Aber kann das alles sein? Ist das unser ganzer ziviler Ungehorsam?
Heute also die sogenannte Promi-Blockade. Natürlich werden wir anders behandelt als die Normal-Blockierer. Heute sitzen hier Heinrich Böll, Walter Jens, Dorothee Sölle, Petra Kelly, Gert Bastian, die Medien sind präsent.
Später, in der Diskussion um Sinn oder Unsinn der ganzen Mutlangen-Blockaden schreit der temperamentvolle Pestalozzi plötzlich los: Über den Zaun des Raketen-Depots hätten wir Promis steigen sollen! Es wäre großartig gewesen, wenn sie uns alle eingesperrt oder noch besser erschossen hätten ...
»Das weiche Wasser bricht den Stein« ist unser Motto, ursprünglich von Lao-tse, chinesischer Philosoph vor Hunderten von Jahren.
Aber wie lange wird das dauern?
Mit bunten Bändern befestigen wir Kinderfotos am Drahtzaun, Fotos von weißen, gelben, schwarzen Kindern.
Die Soldaten auf der anderen Seite des Zauns, dort hinbefohlen, um die Mordwaffen vor uns friedlichen Demonstranten zu schützen, wenden sich verlegen ab, manche weinen.
Unser Mut wird langen, singen wir trotzig ...

Welttierschutztag am 4. Oktober 1983 in der Kirche zu Großgmain

Es war wie wohl einst in der Arche Noah: Da spazierte eine zahme weiße Ratte auf dem Kragen eines Jungen, ein anderer hielt vorsichtig ein Kästchen mit drei Heuschrecken und zwei Ameisen, auf der Hand eines kleinen Mädchens posierte ein zierlicher Hamster – die Erwachsenen trugen in Käfigen ihre Katzenlieblinge oder führten an der Leine ihre geliebten Hunde – und sie aller erbaten den Segen von Pfarrer Herbert Schmatzberger, denn Schauplatz des Geschehens war die katholische Kirche in Großgmain bei Salzburg am 4. Oktober, Welttierschutztag und Geburtstag des Schutzpatrons der Tiere, des heiligen Franz von Assisi.

Kurzes erstauntes Kläffen, als die beiden Esel die Kirche betraten, die sich zunächst weigerten, die Stufen zum Altar hochzugehen, um es sich dann schließlich doch auf der Strohschütte neben Pfarrer Schmatzberger und dem prächtigen Gockel mit seinen Hühnern bequem zu machen.

Auf der anderen Seite des Altars standen Mutter Schaf und ihre zwei Kinder, mucksmäuschenstill während der ganzen Messe schauten sie aufmerksam die Menschenmenge an, als dachten sie: Vor euch müssen wir keine Angst haben. Barockmusik und Orgelklängen schienen sie geradezu andächtig zu lauschen. Angesichts dieser friedlichen Schaffamilie dürfte so manchem der Appetit auf den Lammbraten zu Ostern vergangen sein.

Es gab keine Beißereien, keine Hundehäufchen, niemand hob sein Bein, trotz vorheriger Unkenrufe. Im Gegenteil, die Tiere hätten sich besser benommen als häufig manche Menschen, bemerkte Pfarrer Schmatzberger. Eine Frau stellte fest, sie habe noch nie so viele heitere und friedliche Gesichter in der Kirche gesehen. Ein Duft erfüllte den Raum wie vermutlich im Stall zu Bethlehem bei der Geburt Jesu. Auch damals wurden Ochs und Esel nicht zu gering erachtet, dem großen Ereignis beizuwohnen.

Dieser Abend weckte die Hoffnung, daß die Kirche sich endlich auch der Tiere annimmt, die sie so lange so sträflich vernachlässigt hat.

1983: Offener Brief an Professor Dr. Gärtner

Institut für Versuchstierkunde der Medizinischen Hochschule Hannover.

Sehr geehrter Herr Prof. Gärtner,
Ihr offener Brief in der Ärzte-Zeitung, nachgedruckt in mehreren anderen Zeitungen, zwingt mich, Ihnen zu antworten.
Sie schreiben, Report habe »... Bilder von grausigen Tiermißhandlungen gezeigt ...« und daß Sie »solche Forschungen nicht mit Ihrem Gewissen vereinen könnten«. In anderen Berichten (gegenüber Report) sprachen Sie sogar von »strafbaren Handlungen«.
Sehr geehrter Herr Prof. Gärtner, Sie wissen sehr wohl, daß diese gezeigten Versuche laut Gesetz eben nicht strafbare Handlungen darstellen. Die Freiheit in der Forschung läßt ja so gut wie alles zu – und genau deshalb verlangen wir Gegner von Tierversuchen auch, daß das jetzige, für den Schutz der Tiere völlig unzureichende Gesetz geändert wird.
Sie behaupten, daß Ähnliches in Ihrem Institut nicht geschieht. Ich muß Ihnen sagen, daß ich nicht mehr bereit bin, Ihnen noch irgendeinem anderen Wissenschaftler Glauben zu schenken – dasselbe gilt ausnahmslos für die Politiker. Zu oft sind uns von beiden Berufsgruppen Lügen aufgetischt worden, beiden glaube ich kein Wort mehr, wenn sie vorgeben, nur zum Wohle der Menschen zu handeln.
Was z. B. wirklich hinter den verschlossenen Labortüren der Versuchstierinstitute geschieht, ist glücklicherweise durch die Tierbefreiungsaktionen und die Informationen seitens Ihrer eigenen Mitarbeiter, die solche Greuel vor ihrem Gewissen nicht länger verantworten können, an die Öffentlichkeit gedrungen. Ich habe neue Fotos vor mir liegen aus der Physiologie Universität Heidelberg, Fotos von verstümmelten Tieren, die man nur noch an Resten einer Pfote mit ein paar Krallen als Hund überhaupt identifizieren kann – Fotos aus dem Kühlraum des Physiologischen Instituts der Universität Freiburg (CH) von bis zur Unkenntlichkeit durch Dioxin verbrannten Hunden oder Affen usw. usw., übrigens auch Protokolle der Kriminalpolizei über Lieferungen eines Tierhändlers von Hauskatzen an Institute – wie:

6 Katzen 22,5 kg an Nervenklinik Erlangen
8 Katzen 33 kg an Forschungszentrum Oststadt, Hannover
10 Katzen 36 kg Max-Planck-Inst. Ffm. Niederrad
10 Katzen 35 kg Med. Hochschule Hannover etc. etc. etc.
Daneben ein Schreiben vom Verteidigungsministerium, datiert 10. August 1983 (!), in dem mitgeteilt wird: »Sanitätsoffiziere der Bundeswehr wurden und werden nicht in der Notfallmedizin oder der Kriegschirurgie durch Behandlung von angeschossenen Tieren ausgebildet. Dies wäre weder zweckmäßig noch sachgerecht, weil der Lehrerfolg aufgrund der unterschiedlichen Anatomie und Physiologie von Mensch und Tier (!) vermutlich gering wäre.« Tierversuche werden geleugnet und als »Ente« abgetan. Spätestens seit dem Spiegelbericht ist jedoch bewiesen und schließlich vom Verteidigungsministerium zugegeben worden, daß auch in der BRD Tierversuche für atomare, biologische und chemische Waffen vorgenommen werden.
Sie reden zwar von »Tiermißhandlungen« – distanzieren sich aber nicht davon, daß Ihre Kollegen:
Strangulationsversuche an Hunden vornehmen
Tiere ohne Beine zu züchten versuchen und Hühner ohne Federn (Ihr Kollege Dr. Gowe, Institute of Animal Physiology, Ottawa, Kanada)
die Kreuzung zwischen einem Menschen und einem Tier anstreben, einen Tier-Menschen (Ihr Kollege Edwards)
bereit sind, nach Verpflanzungen von Ratten- und Affenköpfen nun auch Verpflanzungen von Menschenköpfen durchzuführen (Ihr amerikanischer Kollege White) usw. usw. usw.
Auf dem Weltkongreß für Retortenbefruchtung in Helsinki wurde vom »Einsatz von Embryos zur Ersatzteilgewinnung« (für den kranken Menschen) gesprochen. Prof. Edwards redet gar von einem »maßgeschneiderten Reparatursystem« – immer neue Stammzellen (von Embryonen) könnten übertragen werden zum Nachbilden alter erschöpfter Zellen – alles vielversprechend im Rattenversuch erprobt – Prof. Edwards glaubt, damit den legendären Jungbrunnen gefunden zu haben.
Ich habe ferner die Bestell-Liste der Firma »Flow Laboratories«, Niederlassung Meckenheim, vor mir liegen, in der das Unternehmen u. a. den Verkauf »gesamter menschlicher Embryonen« anbietet, außerdem in »Haut und Muskel, Lunge, Niere, Mandel, Vorhaut, Hypophyse,

Nasenschleimhaut und Leber« zerlegte Embryonen. Unter Katalognummer »05-547« in Preisgruppe »F« preist das Unternehmen eine Spezialität an: »Neger (männl.) embryonale Lunge«.
Alle diese Beispiele sind Folgen einer rein materialistischen Denkweise, der Denkweise eines Descartes – der gesagt hat: »Ich sehe keinerlei Unterschied zwischen Maschinen, die von Handwerkern hergestellt werden, und den Körpern, die allein die Natur zusammengesetzt hat«, und der kranke Menschen mit »schlecht gemachten Uhren« verglich.
Die Freiheit, auch in der Forschung, muß da ein Ende haben, wo die Freiheit anderer Lebewesen beeinträchtigt wird! Es nützt uns heute gar nichts, daß Otto Hahn, dem 1938 die Kernspaltung gelang, nach dem Abwurf der Hiroshima-Bombe Gewissensbisse hatte und »Freunde um sein Leben fürchteten«.
Ihr Kollege Richard Ryder, der selbst Tierversuche gemacht hat, sagt heute: »Wenn sich eines Tages dem Menschen überlegene Geschöpfe aus dem Weltraum die Erde untertan machten, hätten sie dann das Recht, Versuche an Menschen vorzunehmen?« Und weiter: »Ich glaube nicht, daß die Leiden, die ich Versuchstieren zugefügt habe – es waren leider etliche –, der Menschheit im geringsten geholfen haben ...«
Der englische Krebsspezialist Alexander schließlich drückt es so aus: »Wir sind auf dem falschen Weg, der Mensch ist eben keine Maus.«

Also nicht nur ethische, auch rationale Gründe sprechen gegen Tierversuche. Die Menschheit ist trotz aller angeblichen Fortschritte in der Medizin heute kränker als je zuvor.
Wir sind ein Volk von Pillensüchtigen geworden. Wir leben ja nicht länger gesund und glücklich – wir hängen nur länger am Tropf oder an irgendwelchen Apparaten! Ein Arzneimittelskandal jagt den anderen, immer wieder müssen – an Tieren getestete – Medikamente vom Markt genommen werden, weil sie beim Menschen schwere, oft tödliche Nebenwirkungen hervorrufen.
Im sozialen Bereich ist kein Geld da – für Tierversuche aber werden ungeheure Steuergelder verschwendet: 200 Millionen DM hat die Bundesregierung für den Berliner »Mäusebunker« aufgebracht, allein der Unterhalt kostet 10 Millionen DM jährlich – für die Alternativfor-

schung (zum Tierversuch) dagegen wurden bisher jährlich ganze 3 Millionen DM zur Verfügung gestellt!
Die Bevölkerung ist nicht mehr bereit, sich damit abzufinden, was ihr von Wissenschaftlern und Politikern angetan wird.
Wir haben ein Recht auf Unversehrtheit; und wir fordern dieses Recht, für uns Menschen – und auch für die Tiere, wie wir Freude und Schmerz empfindende Lebewesen. Und wir werden so lange Druck auf die Politiker ausüben, bis der bisher von ihnen eingeschlagene lebensfeindliche Kurs geändert wird.

Mit freundlichen Grüßen
Barbara Rütting

Herr Professor Gärtner hat nicht geantwortet.

3. April 1983: Offener Brief an den Herrn Bundestagspräsidenten

Sehr geehrter Herr Bundestagspräsident,
Mit in- und ausländischen Mitgliedern von Friedens- und Frauengruppen hatte ich Gelegenheit, die Eröffnung des 10. deutschen Bundestages von der Tribüne aus mitzuerleben.
Welch ein ermunternder Auftakt Ihre Antrittsrede: Ihre Worte von Fröhlichkeit und Vertrauen – die Arbeit den Bundestages werde von der Rücksicht auf das Recht der anderen getragen – Friedfertigkeit und gute Nachbarschaft begännen im Hause, auch hier im Hause, etc.
Dann die Ernüchterung, der Schock am zweiten Tag, als die Abgeordnete der Grünen, Gabriele Potthast, in ihrer Rede auf die Diskriminierung von Frauen, Vergewaltigung etc. zu sprechen kam und der Flügel der CDU/CSU versuchte, sie lächerlich und mundtot zu machen.
Wir oben auf der Tribüne haben uns für die Herren da unten im Sitzungssaal des »Hohen Hauses« geschämt. Das war ein feixender, pöbelnder Männerhaufen, wie man ihn sich schlimmstenfalls bei einem Kegelausflug vorstellen kann oder in einer Soldatenkaserne. Assoziationen drängten sich auf an einen Vorfall vor kurzem in

der (allerdings schweizerischen) Bundeswehr: Da hatten Soldaten sich mitsamt ihren Vorgesetzten verlustiert, indem sie als »Pappkameraden« einen nackten weiblichen Körper beschossen. Zielpunkte die Geschlechtsmerkmale, Volltreffer die Vagina. Eine von Feministinnen angestrengte Klage gegen die Veranstalter dieser Schießübungen ist, wie vorauszusehen war, abgewiesen worden.
Die Frauen werden nach wie vor diskriminiert. Die Reaktionen der Herren Abgeordneten ließen die vorhergegangenen Versprechungen zum Thema »Gleichberechtigung der Frau« des SPD-Abgeordneten Jahn wie blanken Hohn erscheinen. Einer der Herren Abgeordneten fand es übrigens angebracht, in der Lobby über die 60jährige Abgeordnete der Grünen, Christa Reetz, folgende Bemerkung zu machen: Gestern will sie Vizepräsidentin werden, heute kriegt sie den Arsch nicht mehr hoch.
Die von manchen Parlamentariern gern als »kriminelle Randgruppe« apostrophierten Grünen sind schließlich immerhin von Millionen deutscher Bürgerinnen und Bürger in den Bundestag gewählt worden, und die Mißachtung ihrer Abgeordneten bedeutet auch eine Mißachtung dieser Bürgerinnen und Bürger. Im übrigen wissen wir alle, daß die deutschen Gerichte manche krimineller Handlungen verdächtigte Herren des Hohen Hauses nicht entlastet haben. Und diese sitzen nun wahrlich nicht in den Reihen der Grünen, sondern auf ganz anderen Plätzen.
Das Demokratieverständnis der etablierten Parteien kann sich doch nicht nur in der formgerechten Anrede der Vizepräsidentin, dem fristgerechten Einreichen von Anträgen und dem Tragen von Krawatten erschöpfen.
Jedenfalls hat dieser beschämende Vorfall im Bundeshaus wieder einmal gezeigt, daß von den etablierten Parteien, die ja typischerweise auch nur ganz wenige weibliche Abgeordnete stellen, für die Ent-Diskriminierung der Frauen nicht viel zu erwarten ist.
Bleibt nur die Hoffnung, daß in Zukunft irgendwann einmal »die Werktagsarbeit mit den Sonntagsreden« übereinstimmen wird!
In diesem Sinne grüße ich Sie herzlichst.

Kopien dieses offenen Briefes gehen an:
EMMA/Spiegel/Stern/Frankfurter Rundschau/Die Zeit/Die Grauen Panther/In- und ausländische Frauen- und Friedensgruppen/Simone de Beauvoir/Uri Avenary, Tel Aviv/The Rajneesh Times

Für Kosmetik soll kein Tier mehr sterben! *Parteien einig gegen qualvolle Versuche*

Bonn – Eine tiefe Schußwunde klafft im Bauch des Schäferhundes; einige Stunden lang röchelt er noch. Unter grausamen Schmerzen krümmt sich die Katze, der giftige Chemikalien injiziert wurden. Es sind nur zwei der 14 Millionen Tiere, die jährlich bei Tierversuchen in der Bundesrepublik unter grausamen Qualen ihr Leben lassen müssen. Jetzt wollen alle Bonner Parteien mit einem neuen Tierschutzgesetz gegen die Experimente vorgehen.
»Wir werden mit unserem Gesetzentwurf die Tierversuche um die Hälfte reduzieren«, beteuert Dr. Werner Kloos für die CDU/CSU. Die Pläne der Union, die sich größtenteils mit denen der anderen Parteien decken:
Es soll keine »Qualzüchtungen« lebensunfähiger Tiere mehr geben, die nur für bestimmte Experimente gebraucht werden.
Schmerzhafte Versuche dürfen nur noch unter Betäubung vorgenommen werden.
Tierexperimente für Studenten sollen weitgehend entfallen.
Ebenso Versuche für die Kosmetikindustrie.
Bußgelder für Verstöße werden angehoben.
Die FDP will außerdem einen unabhängigen Tierschutzbeauftragten in den Betrieben einsetzen, die solche Versuche durchführen. Die Sozialdemokraten wollen auch Versuche für Militär und Kosmetikindustrie ganz verbieten. Totalverbot wird auch für die berüchtigte LD-50-Methode gefordert, bei der eine Tiergruppe so lange Gift bekommt, bis die Hälfte der Tiere tot ist.
Die Grünen gehen noch weiter. Sie verlangen eine Datenbank beim Deutschen Institut für medizinische Dokumentation. Damit könnten Mehrfachversuche für denselben Zweck verhindert werden. Außer-

dem: Wer genehmigte Versuche durchführt, soll vorher einen Beitrag »zur Förderung oder Entwicklung von Alternativmethoden« leisten. (Kölner Express, 3. April 1984)

P.S. Bis heute, im Jahr 2004, hat sich nichts geändert. Im Gegenteil, Tierversuche sind weder für Kosmetika noch in der Grundlagenforschung eingeschränkt worden, sie nehmen eher zu als Folge versuchter Xenotransplantationen.

Demo in Bonn
Hunde bellen für arme Hunde – hundert Fifis bellten vor der Bonner Bannmeile

Die große braune Dogge bellte lauthals vor dem Bundeshaus in Bonn – Demo für die armen Hunde, die bei Tierversuchen ihr Leben lassen. 300 Tierfreunde und Hunde kamen, einige Vierbeiner mußten erst mal Beinchen heben, dann wurden Plakate ausgerollt: »Tiere sind kein Konsumartikel für jeden Zweck« und »Tierversuche sind Verbrechen am Wehrlosen«.
Die Kette der Demonstranten war ein Kilometer lang … Ilja Weiss, Vorsitzender des Verbandes der Tierversuchsgegner (15 000 Mitglieder) kritisierte das neue Tierschutzgesetz als »Freibrief für Tierversuche«: »Dieses Gesetz ist Augenwischerei. Es schützt Tierversuche! Es sollen weiterhin Kosmetika, Chemikalien und Waffen an Tieren erprobt werden. Tieren kann es gleichgültig sein, ob sie mit oder ohne amtliche Erlaubnis leiden und sterben müssen.«
Barbara Rütting und Ilja Weiss übergaben mittags eine Resolution an Bundeskanzler Kohl: »Wir fordern die Abschaffung aller Tierversuche!« 1,7 Millionen Tierfreunde hatten unterschrieben. (BILD, 5. April 1984)

7. April 1984: Ostertreffen für den Tierschutz in Stuttgart Auszüge aus meiner Rede »Gejagt – gequält – getötet«

Bei Treffen von Tierversuchsgegnern hört man gelegentlich den Vorwurf, es würden immer dieselben Leute immer dieselben Reden halten.

Solange sich an den Zuständen nichts ändert, müssen leider die gleichen Inhalte wiederholt werden – so lange, bis sich die Zustände ändern. Und leider werden als Anziehungspunkt immer wieder »Promis« gebraucht, d. h. sogenannte Prominente. Da leider nur wenige Promis bereit sind, Privatleben, Gesundheit und Nervenkraft zu opfern, um sich immer wieder gerade mit den Greueln der Tierversuche auseinanderzusetzen und sich darüber hinaus auch immer wieder hinzustellen, um diese Greuel immer wieder öffentlich anzuprangern, müßt ihr halt vorläufig immer wieder mit denselben Rednern vorliebnehmen. Ich freue mich auf den Tag, an dem es nicht mehr nötig sein wird, gegen Tierversuche zu demonstrieren – weil Tierversuche verboten wurden.

Obwohl jeder von uns zwischendurch verzweifelt, wenn sich nichts zu ändern scheint, gibt es gewisse Lichtblicke. Die Zahl der Tierversuchsgegner nimmt täglich zu – auch die Medien unterstützen uns mehr als je zuvor. Die einzigen, die sich nach wie vor sperren, sind die Politiker. Obwohl ich Gewalt ablehne, auch Gewalt gegen Sachen, muß ich sagen, daß die Tierbefreiungsaktionen einen großen Beitrag zur Aufklärung der Bevölkerung geleistet haben. Dennoch, der Weg zur Abschaffung der Tierversuche kann nur ein politischer sein. Wenn es eines Tages nicht nur ein paar Millionen Tierversuchsgegner in der BRD gibt, sondern 40 oder 50 Millionen, dann werden diese Tierversuche aufhören. Es liegt also an uns, dieses Ziel zu erreichen. Wir leben in einer Demokratie.

Welches Demokratieverständnis »die da oben«, die Mächtigen, haben, ersieht man aus gelegentlichen Äußerungen wie: »die demonstrieren, wir regieren« (mit »die« sind z. B. wir gemeint) – oder der Ausspruch: »Politik wird nicht auf der Straße gemacht«. Mit der Straße sind wieder wir alle gemeint, die angeblich mündigen Bürger. Eine Regierung, die ihre Bürger mit einem derartigen Zynismus behandelt, darf nicht wiedergewählt werden!

Forschungsminister Riesenhuber bedauerte vor einigen Monaten, daß die Krebsforschung nicht die erwünschten Erfolge gebracht habe. Das hätte ihm jeder ganzheitsmedizinisch einigermaßen gebildete Landarzt vorhersagen können. Eine Krebsforschung, die darauf basiert, daß man gesunde Tiere künstlich krank macht, mit allen möglichen Medikamenten behandelt und von eventuellen Heilungen dieser Tiere Rückschlüsse auf Krebserkrankungen und deren Heilungen beim Menschen zieht, muß in die Irre führen. Warum wird die Bevölkerung darüber nicht aufgeklärt? Warum wird sie nicht aufgeklärt, wie sie gesund zu leben hat, damit sie möglichst gar nicht erst krank wird? Weil sich mit einer gesunden Bevölkerung weniger verdienen läßt, darum!

Die Forschung muß frei sein, egal ob die Menschheit dabei draufgeht oder nicht. Wenn ich mir ein Bein breche, muß ich Angst haben, im Krankenhaus irgendwelchen Organjägern in die Hände zu fallen, die mir Herz, Leber und Nieren herausreißen, um eine schicke Arbeit darüber zu verfassen.

Und immer wieder sind Tierversuche »nötig«: zur Entwicklung künstlicher Herzen, zur Entwicklung von Arzneimitteln gegen zu erwartende Schäden von atomaren, biologischen und chemischen Waffen. Da werden Hunde, Schweine und Affen beschossen, da werden unschuldigen Tieren die Leiber zerfetzt, damit die Herren Forscher erforschen können, was uns wohl blüht, wenn uns die Pershings und SS 20 oder 30 um die Ohren fliegen.

Vor einigen Tagen haben Ärzte gegen Atomaufrüstung in Tübingen erklärt, es habe keinen Sinn, sich medizinisch auf einen Atomkrieg vorzubereiten, es wäre dann nämlich niemand mehr da, dem noch zu helfen wäre, und es wäre auch niemand mehr da, der helfen könnte nach so einem Atomkrieg. Im Fernsehen war diesem Thema ein einziger Satz gegönnt, damit die Bevölkerung nicht erfährt, in welcher Gefahr sie schwebt. Statt dessen wurde des langen und breiten über eine Aktion von Bundespräsident Karl Carstens berichtet: Er hat einen restaurierten Bronzelöwen eingeweiht.

Glücklicherweise gibt es noch ein paar aufrechte Kämpfer in den

Medien, die sich nicht mundtot machen lassen. Sie brauchen unsere Unterstützung.

Als ich in der Traumschiffserie mitspielte, waren an Bord auffallend viele Ärzte mit ihren Frauen. Einer von ihnen »gestand«, daß sie alle von der Pharmaindustrie zu dieser Reise eingeladen worden waren. Die Pharmaindustrie lädt Ärzte mit ihren Frauen auf einen Luxusdampfer ein, zu einer Fahrt den Amazonas rauf und runter, Höhepunkt der Karneval in Rio. An Bord finden Vorträge für diese Ärzte statt, und was glaubt ihr wohl, was diese Ärzte ihren Patienten verschreiben, wenn sie von so einer schönen Reise, zu der die liebe Pharmaindustrie sie so selbstlos eingeladen hat, wieder nach Hause kommen?

Als ich einen dieser Ärzte fragte, wie er denn dieses Verhalten mit seiner Ethik als Arzt und mit seinem hippokratischen Eid vereinbaren könne, erwiderte er: Wir Ärzte müssen heutzutage nicht mehr auf den hippokratischen Eid schwören!

Man wundert sich nicht mehr über diesen Zynismus, wenn man bedenkt, was den zukünftigen Ärzten, den Medizinstudenten also, bereits beim Studium eingetrichtert wird: den Medizinstudenten wird immer wieder empfohlen, ihre Mitleidsschwelle gegenüber den Tieren, die zu vivisezieren sie gezwungen werden, zu senken, das sei eine gute Vorbereitung für ihren Beruf als Arzt. Wohin das führt, hat man an den KZ-Ärzten gesehen. Die haben ihre Mitleidsschwelle gegenüber den als weniger wertvoll eingestuften Lebewesen noch weiter gesenkt, die haben nicht nur Tiere viviseziert, sondern auch sonstwie »Minderwertiges« wie Slawen, Juden, Zigeuner. Und sie haben immer wieder betont, sie hätten »bei der Ausführung kein Gefühl gehabt«.

Ich möchte ein eigenes Beispiel beisteuern. Meine Mutter starb an Rheuma bzw., wie ich heute weiß, an den Folgen der Medikamente, die ihr die Ärzte gegen ihr Rheuma verordnet hatten. Gerade vor einigen Wochen sind über 60 Rheumamittel vom Markt genommen worden, weil sie – obwohl an Tieren getestet! – beim Menschen schwere, oft tödliche Folgen verursachten. Meine Mutter hatte das Pech, zu diesen tödlichen Fällen zu gehören. Durch die verordneten Rheumamittel veränderte sich zunächst das Blutbild, es folgte Krebs, ein gräßliches Sterben.

Ich bekam ebenfalls Rheuma und erhielt die gleichen Medikamente, die ich mein Leben lang nehmen sollte. Ich schluckte sie auch gewissenhaft ein Jahr lang, ohne daß sich das Rheuma besserte – bis ich eines Tages gründlich den Beipackzettel las und nicht nur die Rheumamittel, sondern sämtliche anderen Arzneimittel dazu in den Müll warf. Hätte ich sie weiter genommen, ich wäre heute nicht hier – oder zumindest an Krücken oder im Rollstuhl. So aber habe ich durch die Begegnung mit einem fortschrittlichen Ganzheitsmediziner meine Ernährung auf Vollwertkost umgestellt und greife heute höchstens einmal zu Naturheilmitteln.

Was jeder von uns tun kann:
Um die Massentierhaltung, Legebatterien etc. abzuschaffen, müssen wir vom Fleischkonsum herunter.
Auch die Raucher fördern Tierversuche, denn »zum Wohle der Menschen« wird immer wieder nach gesünderen Zigaretten geforscht, für die Hunderttausende von Tieren sich zu Tode rauchen müssen.
Zu Ganzheitsmedizinern gehen, die Naturheilmittel verschreiben.
Möglichst gesund leben, um gar nicht erst krank zu werden und keine Medikamente zu brauchen.
Firmen unterstützen, die keine Tierversuche mehr durchführen und auch auf Tierversuche zum Testen neuer Grundstoffe und Konservierungsmittel verzichten. Übrigens werden auch Haarfärbemittel an Tieren getestet – und sind trotz dieser Tierversuche hochgradig krebserregend, wie der Deutsche Verbraucherschutzverband mitteilt. Also wieder einmal ein Beweis, daß den Tierversuchen in der Kosmetikindustrie eine reine Alibifunktion zukommt.
Immer wieder die Politiker Eures Wahlkreises unter Druck setzen. Wählt sie nicht, wenn sie nicht endlich einen Kurs einschlagen, der dem von uns geforderten lebensschützenden entspricht.
Ich lese zum Schluß das

*Gebet der Ratte**

O Herr, sie sagen, ich sei ein Ekeltier.
Aber Du hast auch mich geschaffen.
Wer gibt ihnen das Recht,
mich millionenfach zu quälen, aufzuspießen,
mit Gift vollzupumpen,
bis ich wahnsinnig vor Schmerzen
die eigenen Brüder zerfleische?

Immer haben sie uns verfolgt,
in ihren Fallen gefangen,
mit ihrem Gift grausam getötet.
Nun aber sitzen wir fest in ihren Käfigen.
Können nicht mehr wegrennen.
Sie üben an uns ihre Operationstechniken.
Tausendfach.
Millionenfach.
Ohne Erbarmen.

Wir sind die Geringsten unter Deinen Geschöpfen.
Wir zählen kaum im Chor der gemarterten Tiere.
Aber auch wir fühlen
Den Schmerz und die Verlassenheit.
Erlöse uns, Herr, aus diesem Leid.

1984: Pfingsten in Mutlangen

Bei der sogenannten Promi-Blockade im Herbst 1983 habe ich einsehen müssen, daß »Über-den-Zaun-Gehen« – das wollte z.B. unbedingt die amerikanische Nonne Ann Montgomery – nicht der richtige Weg ist. Es galt, die mißtrauische Bevölkerung für uns zu gewinnen, gegen

* Aus dem Buch »Gebete der Versuchstiere«

die Pershings zu gewinnen; jenen Wirt zu gewinnen, der immer wiederholte: Hier haben schon seit jeher Waffen gestanden, unter den Nazis, als ich ein Kind war, später die Pershing I, warum regt ihr euch plötzlich über die Pershing II auf? Er hat weniger Angst vor der Pershing als davor, daß wieder mal eine bei dem ewigen Herumkutschieren vom Transportwagen fallen könnte, wie das ja bereits geschehen ist.
Das Leben in der Mutlanger Bezugsgruppe, auch beim zweiten Mal im Dezember, hat mich überzeugt: Nur wenn wir gewaltfrei bleiben, können wir etwas ändern. Das weiche Wasser bricht den Stein, wie das Motto auf unseren blauen Tüchern ja auch lautet. Das weiß ich gewiß: Nie werde ich einen Stein auf einen Menschen werfen, nie Gewalt gegen einen Menschen anwenden, eher selbst Gewalt erleiden.
Tina, Schauspielerin aus Köln, die zum ersten Mal »bei so etwas« dabei ist, malt mir mit Kugelschreiber auf den Boden eines Pappkartons: »Bruder Polizist, Bruder Bundeskanzler, ich sitze hier auch für dich und deine Kinder.« Ich hatte eigentlich »Sie« sagen wollen, aber Tina meint: Wenn schon Bruder, dann auch du. Ich hatte etwas mehr Distanz angestrebt – aber sicher hat sie recht.
5000 haben inzwischen den Aufruf »Ärzte gegen den Atomtod« unterzeichnet. Die meisten am Nebentisch sitzenden Ärzte sind zum ersten Mal in Mutlangen.
Es sind diesmal weniger Leute gekommen als erhofft, kaum »Promis«. Die wenigen aber unbeugsamer denn je. Gestern das Lied von Bettina Wegner – Spekulation, was wäre, wenn Jesus wieder auf die Erde käme: »Mensch, Jesus, bleib bloß oben, hier schlagen sie dich tot ...«
Till Bastian zeigt seinen Film: Wenn auf Frankfurt eine Atombombe fällt, was passiert dann: Der Verkäuferin X, auf dem Weg in »ihr« Kaufhaus, dem Angestellten Y, unterwegs zu Hoechst, dem Frauenarzt Z, der seine Praxis öffnet, der Mutter, die ihre Kinder in den Kindergarten bringt – sie verglühen, verkohlen, wenn sie Glück haben. Die Lebenden werden die Toten beneiden. Sechs Millionen vergaste Juden haben die Deutschen weniger beeindruckt als das Schicksal einer einzigen Familie in einem Fernsehfilm. Vielleicht wird dieser Atombombenfilm eine ähnliche Wirkung ausüben. Denn wer kapiert denn überhaupt noch, daß man die Welt 16mal in die Luft sprengen könnte, so viel Waffen sind vorhanden ...

Im Kreis auf dem Rasen in der Sonne sitzend eine Frauengruppe: Ist Blockieren männlich? Und wenn ja: Wie artikuliert frau ihren Widerstand? Ein Mann, der sich etwas außerhalb des Kreises ebenfalls auf dem Rasen gelagert hat und zuhören will, erregt die Gemüter unverhältnismäßig stark: Die Frauen fühlen sich im Reden behindert durch die Anwesenheit eines Mannes. »Ja, ist denn hier und heute in Mutlangen der Mann der Feind oder die Pershing?« entfährt es mir, ohne daß ich mich zum Reden gemeldet habe, und dann gleich noch einmal, auf die Klage, es seien so wenige Frauen aktiv, so wenig Frauen in irgendeinem Stadtrat: »Ja, weil wir immer zu feige sind, den Mund aufzumachen!« – was die Engländerin Jane veranlaßt auszurufen: »Barbara, you do it again!«

I do what?

Ist der Altersunterschied zwischen den viel jüngeren Frauen und mir schuld, daß mir ihre Probleme – zumindest hier und heute – zu leichtgewichtig erscheinen? Nein, Tina ist erst dreißig, und auch sie hält die Diskussion um den Mann, der immer noch, Ellenbogen aufgestützt, im Gras liegt und offenbar gar nicht begreift, daß alles sich um ihn dreht, nicht mehr aus. Eine Grazer Friedensfrau schlägt ein Spiel vor, bei dem man die Augen schließen und einander fühlen soll – ich denke wieder und sage es auch: »Kinder, jeden Moment kann die Bombe hochgehen!«

Eva Quistorp, die Wert darauf legt, die Gruppe und auch die Diskussion nicht autoritär zu führen, regt an, daß wir uns an die Hardt-Kaserne setzen, vielleicht schweigend. »Wir sind nicht alle so selbstbewußt wie du«, sagt ein Mädchen zu mir.

Vor der Hardt-Kaserne sitzen wir dann eine halbe Stunde, richtiger gesagt neben der Ausfahrt an der Seite, während ein Militärfahrzeug nach dem anderen die Ausfahrt passiert, singen ein bißchen, die Soldaten in den Autos, weiße und schwarze, starren krampfhaft geradeaus, ohne uns eines Blickes zu würdigen. Bei den schwarzen wundert mich das. Letztes Mal, beim Dezemberspaziergang um das Depot, gab es von ihnen noch Zustimmung. Wenn wir ihnen zuwinkten oder zuriefen: »Hi!«, kam fast immer ein verstohlenes »Hi!« zurück.

Das weiche Wasser bricht den Stein, we shall overcome, es wirkt alles wie ein schaler Aufguß. Die deutschen Polizisten schauen gelangweilt, als ein paar Frauen eine Art Ringelreihen beginnen. Einige Männer machen mit, »softies«, Straßenpassanten feixen. Wieder Hinsetzen, Singen, Schweigen. Eine Frau, die aussieht, als hätte sie mehrere Jahre Greenham Common hinter sich, Nagelstiefel, Kopftuch, Pfeife im Mund, hat sich einen mir unangenehmen forschen Ton im Umgang mit den Polizisten zugelegt: »Wenn wir uns jetzt wirklich vor die Zufahrt setzen, tragt ihr uns dann weg? Ich laß mich gern auf Händen tragen!« Der Polizist darauf eisig: »Ich habe heute meine Handschuhe nicht dabei!« (Unterton: An euch Dreckzeug mach ich mir doch nicht die Hände schmutzig!)

Wir beschließen, einige Minuten zu schweigen. Einige schließen die Augen. Beten sie? Mich übermannt (mannt?) plötzlich ein Weinkrampf, das Gefühl der Ohnmacht angesichts dieser gigantischen Tötungsmaschinerie ist zu stark. Tina streichelt mich, die Frau mit der Pfeife bricht schluchzend in meinem Schoß zusammen: Ich kann ja auch nicht mehr …

Wut auf die Freunde zu Hause (wen von ihnen werde ich in Zukunft überhaupt noch zu meinen Freunden zählen wollen?), Zorn auf diese Bequemlinge, die immer nur quatschen, quatschen, intellektuelle Reden schwingen und gemütlich Pfingsten feiern, während die Leute hier sich verbluten. Wenn jeder dieser Stammtischredner wenigstens einmal im Jahr nach Mutlangen ginge …

Um vier Uhr ist eine Blockade vor der Bismarck-Kaserne geplant, berichten neu Hinzugekommene.

Kurz nach 16 Uhr an der Bismarck-Kaserne. Tina und ich setzen uns zu der Gruppe, die bereits die Zufahrt blockiert. Nach ein paar Minuten will ein Fahrzeug heraus. Erste Aufforderung der Polizei über Megaphon, die Straße zu räumen, dann die zweite, die dritte – die Gruppe bleibt sitzen. Wir singen: »Gegen die Raketen hier im Land, schließt euch fest zusammen, wehrt euch, leistet Widerstand«, immer wieder von vorn. Die ersten werden weggetragen. Da ich mir vorgenommen habe, den Polizisten die Mühe zu ersparen und freiwillig mitzugehen, wenn die Reihe an mich kommt, hat das zur Folge, daß ich nur zur Seite gestoßen werde. Ebenso ergeht es Tina.

Das Fahrzeug fährt durch. Sofort setzen sich die nicht Weggetragenen wieder hin, neue kommen hinzu. Obwohl jetzt aber gar kein Fahrzeug

herein- oder herauswill, verkündet ein Uniformierter über Megaphon: Auflage der Stadt Schwäbisch Gmünd – wir hätten die Zufahrt zu räumen, andernfalls würden Wasserwerfer eingesetzt.
Tina und ich sitzen jetzt ganz vorn. Ein Junge aus der Gruppe sagt: »Ich weiß nicht, Wasserwerfer, davor habe ich Angst, sollen wir nicht ...«
Jetzt geht aber alles so schnell, daß ich nicht einmal rekonstruieren kann, wie es dazu kommt: Plötzlich singen wir wieder, lauter und lauter, so daß ich nicht einmal die Durchsagen mehr höre, sondern nur noch diesen immer wiederholten Gesang: »Gegen die Raketen hier im Land, schließt euch fest zusammen, wehrt euch, leistet Widerstand ...«
Die Umstehenden, Hunderte, singen und klatschen mit, dieser Gesang macht so stark, daß ich gar keine Angst mehr habe, der Wasserwerfer steht da, die Videokamera der Polizei läuft, ich halte mein Pappschild vor mir: »Bruder Polizist, Bruder Bundeskanzler, ich sitze hier auch für dich und deine Kinder«, wir singen und singen, laut und ruhig immer wieder von vorn den gleichen Text.
Der Wasserwerfer wird nicht eingesetzt. Statt dessen greifen uns die Polizisten. Ich erkläre »meinem«, daß ich gehen, ihm das Wegtragen ersparen will. Wir werden in die bereitstehenden Polizeiwagen geführt, jeder fotografiert, die Zurückgebliebenen winken, viele durchaus nicht junge Gesichter, viele lila Halstücher vom Kirchentag »Umkehr zum Leben – die Zeit ist da für ein NEIN ohne jedes Ja zu Massenvernichtungswaffen ...«
Jemand wirft mir ein Päckchen Tabak zu. Jeder von uns bewacht von »seinem« Polizisten, junge nette Leute zumeist, fahren wir nach Straßdorf. Dort werden üblicherweise die Personalien aufgenommen, dann läßt man die Demonstranten wieder frei.
In Straßdorf angekommen, dauert es endlos, bis alle erfaßt sind. Gespräche mit den Polizisten. »Meinem« wird schlecht beim Autofahren, und eigentlich hätte er gern diesen schönen Pfingstsonntag bei seiner Freundin in München verbracht. Einige sind ziemlich unverhohlen auf unserer Seite, besonders die jungen, andere, meist die älteren, kommen mit den alten Sprüchen: Geht doch nach drüben, in den Osten ... und was ist mit den SS 20?
Die wollen wir doch auch weghaben, wenn die Leute das doch endlich kapieren würden!

Volker aus Tübingen ist schon siebenmal festgenommen worden (ihm galt der Tabak). Er und ein Freund haben einen offenen Brief an Bundeskanzler Kohl verfaßt, den wir für die Rechtfertigung unseres Tuns zu verwenden beschließen. Viele sind schon mehrmals festgenommen worden, sprechen in Termini wie: Hab überlegt, ob ich mir heute oder morgen eine Festnahme leiste – geben ihren letzten Groschen und letzten Knopf, damit dieser Wahnsinn endlich ein Ende findet. Auch Praktisches wird diskutiert: Wegen Nötigung kann die zweite Gruppe, zu der z.B. Tina und ich gehörten, gar nicht bestraft werden, da kein Fahrzeug behindert wurde – man kann uns höchstens wegen Verstoß gegen des Versammlungsgesetz belangen.

Einer zitiert aus dem kürzlich im »Spiegel« veröffentlichten Artikel des Verteidigungsministers Wörner. Da steht es nämlich endlich mal schwarz auf weiß, ausgesprochen von Regierungsseite: »Die Pershing IST eine Erstschlagwaffe ... kann das Bündnis weder – wie von der SPD gefordert – auf die Konzeption der nuklearen Abschreckung noch auf die Androhung des nuklearen Ersteinsatzes verzichten.«

Die Richter sehen das Problem der gewaltfreien Blockade offensichtlich auch unterschiedlich. Wenn das Horten von atomaren, biologischen und chemischen Waffen in der BRD gegen das Grundgesetz verstößt, dann haben wir recht, der Rechtswissenschaftler Prof. Küchenhoff recht, daß wir mit diesen gewaltfreien Blockaden verfassungswidriger Todeswaffen aktiven Verfassungsschutz betreiben. Wir werden sehen ...

»Die Regierung ist demokratisch gewählt, ihr seid in der Minderheit«, meint wieder ein Polizist, »wie kommt ihr dazu, der Mehrheit euren Willen aufzuzwingen?«

Darauf einer von uns: »Die Regierung ist aber nicht gewählt worden, weil die Leute so sehnsüchtig die Pershing wollten, sondern weil ihnen versprochen wurde, daß die Arbeitslosigkeit aufhört.«

»Warten Sie mal die nächste Wahl ab, da gibt es eine grün-rote Koalition!« rutscht es mir heraus. (Schöner Versprecher, grün an erster Stelle!) »Die Menschen fangen an, aufzuwachen, sie werden sich diese lebensfeindliche Politik nicht länger gefallen lassen!«

Zu meinem 50. Geburtstag hat mir Helmut Kohl ein Glückwunsch-

telegramm geschickt: Mit Dank für viele schöne Filme ... ich muß lachen. Zum 60. wird er mir wohl nicht gratulieren.
»Mein Polizist geht mit mir Pipi machen!« verkündet Tina. So zart sie ist, hat sie doch einen Kursus in Selbstverteidigung absolviert. »Fühlen Sie mal Tinas Bizeps«, ermuntere ich »ihren« Polizisten.
Der fühlt den Bizeps.
»Und erst Tinas Bauchmuskeln!«
Der Polizist streckt die Hand aus, zieht sie dann aber doch wieder zurück. Wir tauschen Adressen aus. Ich gebe Volker meine Visitenkarte, da bemerkt mein Polizist: »Ach, wohl noch aus der Nobelzeit!«
Auch Cathy ist festgenommen worden, amerikanische Friedensfrau, die ich gestern auf dem Weg nach Schwäbisch Gmünd im Auto mitgenommen hatte samt ihrem aus Kopenhagen trampenden schwedischen Freund. Die Stimmung ist angespannt bis lustig.
Personalaufnahme schließlich auch bei den letzten. Als wir uns alle in einem Saal wiederfinden, stellt sich heraus, daß bei einigen »Nötigung« eingetragen worden ist, z.B. bei Tina, bei anderen dagegen »Verstoß gegen das Versammlungsgesetz«, für das gleiche Delikt. Wir verlangen eine Aussprache darüber, es erscheint ein Herr, der meint, das seien nur Nuancen (dabei kann die Strafe für Nötigung, wie ich höre, um 1000 Mark betragen, ein Verstoß gegen das Versammlungsgesetz dagegen etwa 40 Mark). Mitten in das Gespräch stürmt ein Trupp junger Polizisten, schwarz behandschuht, und packt die Nächststehenden, als gälte es, schwer bewaffnete Geiselnehmer unschädlich zu machen, Arme auf den Rücken gedreht, der erste geht gleich zu Boden. Jemand erklärt etwas, was ich nicht verstehe, akustisch oder weil es schwäbisch ist, und schon wird einer nach dem anderen abgeführt. Da ich mich laut gegen diese Behandlung verwahre, werden die nächsten nicht mehr gepackt, sondern »geleitet« – freiwillig steigen wir alle in ein ellenlanges grünes Polizeiauto, in dem wir sofort in Einzel- oder Zweierzellen gesperrt werden. Rasselnde Schlüssel wie im Gefängnis, Sehschlitze nach draußen. Ich habe eine Einzelzelle. Als alle drin sind, fährt das Auto los. Durch das Gitter in der Tür höre ich einen Polizisten zu mir sagen: »Und Sie habe ich einmal verehrt!«
Leider fällt meine Antwort: »Auf Ihre Verehrung kann ich verzichten« nicht so milde aus, wie ich mir das gewünscht hätte.

An der Ausfahrt des Geländes winkt die Frau eines unserer Mitgefangenen – auch schon mehrmals festgenommen in Mutlangen. Ihre Freundin war bei der Vernehmung splitternackt ausgezogen worden, weil man nach besonderen Kennzeichen wie Narben fahndete. Diesmal, zu Pfingsten, leistet sich das Ehepaar nur eine Festnahme, diesmal ist der Mann dran, das Ganze ist ja auch ein Geldproblem. »Und ersatzweise Gefängnis?« will ich wissen, »ich gehe lieber ins Gefängnis!« Wenn kein Geld da ist, wird erst mal gepfändet, wird mir erklärt (vielleicht weil die Gefängnisse schon voll sind!). Die Frau macht uns ein Zeichen, daß sie hinterherfahren wird – tatsächlich sehen wir, wenn wir in den zahlreichen Kurven durch den Sehschlitz die Straße hinter uns überblicken können, wie sie, eingekeilt zwischen einem Konvoi von Polizeiautos, sich in ihrer »Ente« tapfer den Berg hocharbeitet.

Wir fahren und fahren. Einige lachen, andere singen, dann ruft einer: He Leute, die bringen uns woanders hin, nach Aalen vielleicht oder nach Ulm!

Ich muß an Festungen denken, an Eingesperrtsein ein Leben lang, an Stammheim. Einen Augenblick lang überkommt mich Angst. »Barbara, sieh mal die schönen Blumen draußen!« ruft Tina ein paar Zellen weiter. Ich versuche, was ich in Meditationen geübt habe: Alles ruhig und bewußt wahrzunehmen, die grünen Wiesen draußen, die schwäbischen Dörfchen, die wir durchqueren, blitzblank, aber wie ausgestorben. Wo sind die Leute bloß? Sitzen sie alle vor dem Fernseher und schauen den »Blauen Bock« an oder »Dalli-Dalli«? Die wenigen Sichtbaren starren verdutzt unserem Polizeitroß nach.

Die Zeit erscheint endlos. In einem Dorf halten wir schließlich an, werden in eine Halle gesperrt, die hohen Eisentüren von außen verriegelt. Unser Ruf nach einem Rechtsanwalt verhallt unerhört, ebenso der nach dem Einsatzleiter, die Frage, warum und wie lange wir hier festgehalten werden.

In der Halle Klappstühle, eine Holzhütte, auf der steht: Bonanza-Hütte. Darin eine Bar, am Boden ein vergammeltes Würstchen. Gag am Rande: Holger spielt am Schloß einer der hohen Eisentüren, die geht auf – er nimmt einen zufällig daneben lehnenden Besen und fegt seelenruhig den draußen wachehaltenden Polizisten Staub vor die Füße.

Wildes Geschrei, Gelächter bei uns, er wird zurückgestoßen in die Halle, als gelte es, die Flucht eines Massenmörders zu vereiteln. Mit zigfachem Hin- und Hermanövrieren eines Polizeiautos verbarrikadieren die Polizisten schließlich die schlimme Tür.
Ihre lautstarken Diskussionen veranlassen Holger »Ruhe« zu rufen. Gelächter bei uns. Da auch nach einer viertel oder halben Stunde von seiten der Polizei keine Auskunft erfolgt, hämmern einige an die Wand und rufen, sie müßten aufs Klo. Endlich wird eine Tür geöffnet: Aber immer nur einer!
Tina ist dran. Vielleicht kann sie, bei ihrem Charme, ein Fläschchen Rum auftreiben zum Wärmen? Die Zurückgekommenen haben berichtet, gegenüber sei ein Gasthof, dahin werden die Leute zum Pinkeln gebracht. Volker hat bei dieser Gelegenheit gehört, wie ein pinkelnder Biertrinker zu einem anderen pinkelnden Biertrinker gesagt hat: Saublöd sind die (wir), da hocken sie sich vor die Kaserne, und hier im Wald stehen die Pershings rum …
Als ich dran bin, begleitet von den beiden jungen Polizisten, die vorhin einem von uns die Arme auf den Rücken gedreht hatten und die jetzt plötzlich ganz menschlich aussehen, fragt der eine: »Sind noch mehr Prominente da?« Er hat mich im »Traumschiff« im Fernsehen gesehen, seine Freundin ist auch gegen Tierversuche und hat ihm erzählt, daß ich mir aus Protest gegen Tierversuche für Haarfärbemittel die Haare abgeschnitten habe.
In der Wirtsstube darf ich sogar einen Tee trinken, meinen Polizisten neben mir. Wirtin und Gäste sind verwirrt. Solche Leute wie wir, von der Polizei eingesperrt in ihrer Festhalle – das erklären sie nämlich bier- oder weinselig: In ihrer Festhalle seien wir eingesperrt, und darüber müssen sie selbst lachen. Einer von ihnen leiht Tina und mir zwei Jacken.
Gefragt, was die Wirtin denn von den Pershings und unserer Aktion halte, wieder die ewig gleiche ausweichende Antwort: Die da oben machen ja doch, was sie wollen, man muß halt mit den Pershings leben usw.
»Aber gerade damit die da oben eben nicht mehr länger machen können, was sie wollen, damit die da oben endlich das machen, was Sie und wir wollen, gerade deshalb setzen wir uns ja in Mutlangen in

diese Todesstraße, weil wir verhindern wollen, daß Sie und Ihre Kinder einmal an diesem ganzen atomaren Wahnsinn zugrunde gehen!«

Verlegene Blicke, aber schließlich ist die Stimmung, auch bei den Polizisten, eher so, daß man uns bewundert: Die Leute haben ja recht ... die opfern ihr Pfingstfest ... das sind halt Idealisten ... aber jeder hat eben nicht den Mut ...

Vor der Halle sind inzwischen viele Einheimische versammelt, eine Gruppe mit brennenden Fackeln: Freunde aus Mutlangen, gekommen, uns beizustehen, uns abzuholen.

Um viertel vor elf Uhr nachts wird endlich die Tür geöffnet. Ohne Kommentar werden wir auf die Straße entlassen. *We shall overcome* singen wir, die draußen mit ihren Fackeln singen mit, alle fallen sich gegenseitig in die Arme. Es sind genügend Autos gekommen, daß alle etwa dreißig Festgenommenen nach Mutlangen zurückgefahren werden können.

Im Brauereigasthof kriegen wir sogar noch etwas zu essen und zu trinken: Für den Frieden tun wir alles! sagt die Kellnerin. Die Tochter der Wirtsleute ist bei den Grünen. Nach uns sind noch viele festgenommen worden, u.a. Dietmar Schönherr und Walter Schwenninger, aber nach Feststellung ihrer Personalien hat man alle »normal« entlassen. Anwesende Rechtswissenschaftler empfehlen unserer Gruppe, Strafanzeige gegen die Polizei zu stellen, da das, was man mit uns angestellt hat, an Freiheitsberaubung grenze.

Ich frage mich, wie wohl unsere Polizisten sich fühlen nach vollbrachtem Tagewerk. »Wenn wir noch lange miteinander diskutieren, ziehen Sie noch Ihre Uniform aus«, hatte ich einem gesagt, darauf er: »Wissen Sie denn, was ich wirklich denke?«

Über die Pfingstfeiertage sind in Mutlangen ca. 150 Menschen festgenommen worden, weil sie sich nicht von der Regierung durch Atomraketen schützen lassen wollen, gegen den bösen Feind. Durch meinen Sehschlitz, aus meiner grünen Minna heraus, habe ich immer wieder das Plakat mit dem Gesicht von Otto Graf Lambsdorff an mir vorüberflitzen sehen: Dieser Mann hat doch tatsächlich die Stirn anzukündigen, daß er ein paar Tage nach Pfingsten in Schwäbisch Gmünd eine Rede halten will!

Es soll mir eine Ehre sein, unter dieser unserer Regierung in diesem unserem Lande zu gegebener Zeit ins Gefängnis zu gehen.
Aber vielleicht ist die »Wende« näher, als man zu träumen wagt. Da sind die sensationellen Erfolge der Grünen bei der Europawahl, besonders in Hamburg und Baden-Württemberg – in Hamburg steht die Dioxin-Schleuder Boehringer, in Baden-Württemberg liegt Mutlangen. Immer mehr Bürger werden aufmüpfig, nehmen es nicht mehr hin, daß die da oben machen, was sie wollen, daß sie dioxin-mißgebildete Kinder zur Welt bringen müssen, daß ihre Kinder, erstickt an der verpesteten Umwelt, tot in ihren Bettchen liegen. Boehringer mußte dichtmachen, die FDP ist an der 5%-Hürde gescheitert, und die Tierversuchsgegner haben durch ihren unermüdlichen Protest zunächst einmal die Straßburger Konvention verhindert. Tierschutz und Menschenschutz sind untrennbar, bedingen einander. Überall Hoffnungsschimmer.
Unser Mut wird langen. Wir werden die Pershings auch noch wegkriegen.

»Europa führte zweimal Krieg
der dritte wird der letzte sein
und sind wir schwach und sind wir klein
wir wollen wie das Wasser sein
das weiche Wasser bricht den Stein ...«

Am 19. Februar 1984 gründete die Lehrerin Lotte Rodi mit Vertretern verschiedener Gruppen der Friedensbewegung den Verein »Friedens- und Begegnungsstätte Mutlangen«. Der Verein beabsichtigt, das Grundstück mit der Pressehütte zu erwerben, um so in unmittelbarer Nähe der Pershing II ein Mahnmal zu setzen, ein Symbol des Lebens und der Hoffnung.

P.S. August 2004
20 Jahre später. Am 25. Juli war ich als »Zeitzeugin« zu einer Diskussion nach Stuttgart eingeladen. Teilnehmerin unter anderen Lotte Rodi, einer der Richter, die uns verurteilten, und der Einsatzleiter der Polizei, der uns damals festnehmen ließ.

Trotz brütender Hitze war der Saal – am Sonntag nachmittag! – brechend voll.
Der Richter zeigte sich nachdenklich, eher einsichtig für unsere Beweggründe zur Blockade, ganz im Gegensatz zum Einsatzleiter der Polizei. Dieser beharrte darauf, daß Recht Recht sei und respektiert werden müsse. Wo käme man hin, wenn jede/r für sich definiert, wann und wo Recht zu Unrecht wird und Widerstand Pflicht.
Erinnerungen drängen sich auf an andere berühmte Rechtsbrüche, und ich erwähne sie auch: Den Prinzen von Homburg, Antigone, die trotz Verbots ihren Bruder beerdigte, die ersten Christen! Auch Jesus hätte damals bestimmt nicht auf dem Richterstuhl gesessen, sondern unter uns Demonstranten oder im Gefängnis.
Einige Richter haben sich dem Gedankengang von Professor Küchenhoff angeschlossen, daß unser Protest gegen Massenvernichtungswaffen aktiven Verfassungsschutz bedeutet. Das erklärt, warum der gleiche Tatbestand tatsächlich einmal als Nötigung, ein andermal als bloßer Verstoß gegen das Versammlungsgesetz geahndet wurde.
Die Diskussionsleiterin: »Ich frage jetzt nicht die Privatperson Barbara Rütting, sondern die Abgeordnete im Bayerischen Landtag: Sind Sie nach wie vor der Meinung, wo Unrecht Recht ist, wird Widerstand zur Pflicht? Würden Sie wieder handeln, wie Sie gehandelt haben?«
Meine Antwort lautete: »Selbstverständlich würde ich wieder so handeln – als Mensch und als Abgeordnete.«
Das sehr engagierte Publikum von jung bis alt war überwiegend auf unserer Seite.

Vor Jahren sagte mir übrigens ein ehemaliger DDR-Minister, unsere Demos und Blockaden gegen die Pershings hätten sehr wohl dazu beigetragen, Friedensbewegte auch in der DDR zu mobilisieren, hätten die Montagsdemonstrationen vorbereitet. Wir haben unsere waffenlosen Hände hingestreckt, Menschenketten gebildet, haben denen in der DDR die Angst vor uns Kapitalistenschweinen genommen, haben ihnen, die bisher sprachlos waren, Mut gemacht, ebenfalls den Mund aufzumachen, ihrerseits Friedensgruppen zu bilden, Friedenslieder zu singen – wir sind das Volk, und das Volk will den Frieden. Selbstverständlich hat die so oft verhöhnte Friedensbewegung einen erheblichen Anteil am Fall der Mauer.

»Je mehr Bürger mit Zivilcourage ein Land hat, desto weniger Helden wird es einmal brauchen« (Franca Magnani).

Januar 1985: Expedition nach Assisi

In meinem umfangreichen Poststapel fand ich eines Tages ein Heftchen von »Pro animale«. Überflog den Text, las noch einmal gründlich und rief sofort die Initiatorin und Herausgeberin Johanna Wothke an. Damit entstand eine Freundschaft, die ein Leben lang dauern wird.
Die Lehrerin Johanna Wothke ist nicht nur tierlieb, rettet ungeliebte und mißhandelte Tiere, die sie in ihrem Wohnhaus betreut, sie ist auch menschenlieb. Und sie träumt ebenso wie ich von einer Gemeinschaft, in der Mensch und Tier, jung und alt in einer liebevollen Gemeinschaft zusammenleben und miteinander alt werden können.
Ihr Bericht über die alte Gräfin de Lazara, die mit 100 Hunden in einem Bauernhaus in Assisi lebt, erschütterte mich. Ich bot sofort an, bei der nächsten Hilfsexpedition nach Assisi mitzufahren. Und so trafen wir uns am 8. Januar in Verona.
Dort stand sie im Schnee, mit kaputten Schuhen. Für sich selbst hat sie keine Zeit. Ihre Gedanken, ihre ganze Kraft gehören leidenden Lebewesen.
Das uralte klapprige Autochen, buntbemalt mit grüner Wiese, blauem Himmel und Tieren, leider schon sehr hinfällig, gab unterwegs sechsmal seinen Geist auf. Die Scheinwerfer fielen aus, und wir landeten nachts im Graben, einmal brach sogar der meterlange Auspuff ab. Jedes Mal, wenn wir ratternd und knatternd in eine Autoreparaturwerkstatt einfuhren, schlug der Mechaniker die Hände über dem Kopf zusammen.
»Mamma mia! Der heilige Fransziskus kann vielleicht Wunder vollbringen, aber ich doch nicht!«, rief einer in komischer Verzweiflung, befestigte dann aber doch noch, irgendwie, den durchgerosteten Auspuff. Wir kamen tatsächlich glücklich wieder nach Hause – mit zwölf

Hunden der Gräfin, die alle an gute Plätze weitergegeben werden konnten.
Die 82jährige, schwerkranke Frau beherbergt allein 40 Hunde in ihrem Schlafzimmer! Bevor jemand den Kopf schüttelt und sagt »verrückt«: Diese Hunde haben die alte Frau mit ihren Körpern gewärmt, sonst wäre sie im letzten kalten Winter erfroren. Ist es ein Wunder, daß sie an ihnen hängt? Und sich hartnäckig weigert, einen von ihnen einschläfern zu lassen?
Die Hunde laufen alle frei herum. Natürlich ist der Gestank mörderisch, sie sind voller Flöhe und kratzen sich unaufhörlich, mit Entsetzen sieht man, daß einige nur drei Beine haben oder total verrenkte Schultern; andere auf ihrer Liegestatt, bis zuletzt von der Gräfin gestreichelt, nur noch ihrem Ende entgegendämmern, Hunde, die wir »Normalen« (was ist das eigentlich?) selbstverständlich längst »erlöst«, die wir längst »eingeschläfert« hätten. Wie man so schön sagt.
Aus meiner heutigen Sicht frage ich mich, ob wir unsere Tiere nicht zu früh »erlösen«, ob wir es nicht aus reiner Bequemlichkeit tun, weil wir ihr langes Sterben nicht ertragen können oder wollen. Denn eine der armseligsten dieser Kreaturen, von der niemand von uns annahm, daß sie überhaupt eine Überlebenschance hätte, habe ich zu mir mit nach Hause genommen, weil ich mein Wort nicht brechen wollte. Francesco, ein Schäferhund mit rachitischen Dackelbeinen, war der Gräfin gerade erst über den Zaun geworfen worden. Er kroch auf dem Bauch, zu unterernährt, um stehen zu können, sein Schwanz schleifte auf dem Boden, er starrte vor Dreck, fraß gierig seine eigenen und die Exkremente der anderen Hunde vor Hunger.
»Er ist unglücklich, er kann sich gegen die anderen nicht durchsetzen! Bitte, nehmt ihn mit, und schwört mir, daß ihr ihn nicht tötet!« flehte die Gräfin unter Tränen. Und so geschah es.
Heute ist Francesco (er entpuppte sich als ein Mädchen, wird deshalb abwechselnd Francesco oder Francescolina gerufen) ein wohlgenährter lieber Kerl, der sich seines Lebens freut und mit großem Vergnügen unsere Zwerghühner jagt.
Mit den Spendengeldern der Vereinsmitglieder konnten wir zwei Pfleger engagieren, die die Gräfin und ihre Hunde in Zukunft betreuen, einen voll ausgestatteten Wohnwagen auf das Gelände stellen, in dem

sie leben können, ein breites, bequemes Bett für die alte Frau und eine Menge abwaschbare Plastikmöbel zur Verfügung stellen, ebenso Decken, Desinfektionsmittel, Medikamente und zentnerweise Futter für die Hunde. Und last but not least: Mit einem der örtlichen Tierärzte haben wir ein Kastrationsprogramm in die Wege geleitet. Denn nur so ist des Tierelends Herr zu werden. Natürlich hatte ich, wie wohl die meisten Menschen, angenommen, es gäbe im Geburtsort des großen Tierfreundes Francesco ein würdiges Tierheim. Weit gefehlt. Wie überall in Italien nur ein *canile*, ein Auffanglager, viel zu klein für mehr als 150 *randaggi*, die Herumirrenden, die Heimatlosen, wie die Einheimischen die Straßenhunde nennen. Im Heimatort des Francesco, des größten Sohnes der Stadt, Schutzpatron der Tiere in aller Welt, gibt es kein Tierheim, müssen die Hunde in kläglichen Caniles jämmerlich dahinvegetieren, obwohl jährlich Hunderttausende nach Assisi pilgern, um dort zu beten!

Und die Menschen in und um Assisi sind genauso grausam zu Tieren wie anderswo, schießen Vögel ab oder fangen sie in Netzen, vergiften Hunde, halten sie das ganze Jahr über eingesperrt, um sie zweimal im Jahr für die Jagd freizulassen.

Ich fühle Zorn und Verbitterung über die Verlogenheit gerade der sogenannten Christen.

Wohl kein Heiliger wurde und wird über die Jahrhunderte hinweg so verehrt und bewundert wie er – von Katholiken wie Nichtkatholiken in aller Welt: Der *poverello*, der Arme von Assisi, der heilige Franziskus, San Francesco. Seine Tierliebe, seine Tierpredigten, in der Kunst oft verherrlicht, haben ihn zum Schutzpatron der modernen Tierschutzbewegung werden lassen. Für ihn waren alle Tiere Brüder und Schwestern. Er sprach mit den Vögeln und dem Wolf, mit Mutter Erde, Bruder Feuer und Schwester Wasser.

Assisi beutet ihn aus, den Francesco.

»Dieser Dummkopf«, höre ich oft, »war so reich und verschenkt alles. Verdienen wir wenigstens an ihm!«

Das stimmt. Die Läden sind voll von Souvenir-Kitsch.

Wieder mal in Mutlangen

Wie oft war ich schon in Mutlangen? Ich habe es nicht gezählt.
Statt der üblichen fünf Stunden brauche ich diesmal fast die doppelte Zeit: Die Autobahn wie mit Seife eingeschmiert: neun Stunden lang arbeiten die Scheibenwischer, neun Stunden lang muß ich die Scheibenwaschanlage betätigen. Übermüdet bin ich auch. Gestern war es spät, wieder einmal. Unser Ortsverband Freilassing hatte Antje Vollmer von der Fraktion der Grünen zu einem Vortrag über Agrarpolitik eingeladen, in Dorf Abtsdorf am See. Etwa 100 Bauern, immerhin, hatten skeptisch aber interessiert vernommen, daß die Grünen nicht vorhätten, die Bauern zu enteignen. Mitternächtliche Kartoffelsuppe bei Edeltraud, Stellvertreterin unseres grünen Bauern Hias im Stadtrat von Freilassing – immerhin.
Wie tot ist der Wald, durch den ich jetzt fahre? Im Radio höre ich: jede Minute werden weltweit 234 Kinder geboren, Spekulation darüber, wann sich die heute lebenden Milliarden Menschen verdoppelt haben werden. Gestern im Fernsehen die Gesichter der Verhungernden in Äthiopien. 60 Prozent aller Wissenschaftler der Welt seien mit Forschungen beschäftigt, die das Zerstören von Leben zum Inhalt hätten, erfahre ich weiter. Dann Durchsagen über Massenkarambolagen – 150 Autos ineinandergerast, dabei allein 15 Tote. Baden-Württemberg hat ein Volksbegehren erstellt, 100 000 Unterschriften gegen A-, B- und C-Waffen sind gesammelt worden. In der Waldheide bei Heilbronn, im Pershing-Raketenlager, hat es gerade eine Explosion gegeben: Ein Soldat soll tot sein, andere schwer verletzt.
Warum fahre ich immer wieder nach Mutlangen? Warum fahre ich heute nach Mutlangen? Kein Privatleben mehr. Seit Monaten will ich meine verbogene Brille reparieren lassen, ist der Reißverschluß meines Parkas kaputt, fehlt ihm ein Knopf. Keine der alten Freunde sind noch Freunde – nur noch Dietmar, aber der fährt selber auch immer wieder nach Mutlangen. Die anderen, die nicht nach Mutlangen fahren, kommen irgendwie nicht mehr in Frage, sie nicht mehr für mich, ich nicht mehr für sie. Für die bin ich zu unbequem geworden, ihr personifiziertes schlechtes Gewissen, sie wollen gemütlich Skifahren

gehen, Gänsebraten essen, fröhlich sein. Ich störe sie, und sie stören mich.
Im Rückspiegel sehe ich ein vergrämtes, uraltes Gesicht: mein Gesicht. Heute erscheint mir alles sinnlos, auch diese Fahrt nach Mutlangen. Sich immer wieder vor das Depot setzen? Sich wieder und wieder wegtragen lassen? In den diversen »hohen Häusern« bereiten sie längst den Krieg der Sterne vor. Wie hat man so schön aus dem Kanzleramt verlauten lassen: »Die demonstrieren, wir regieren!«
Entmutigend vor allem der Gedanke, die kalten Krieger könnten recht haben: Abschreckung IST der Weg zum Frieden …
Scheibenwischer, Scheibenwaschanlage, Matsch, Heimweh. Total mutlos jetzt, Lust umzukehren. Unser Mut wird langen, Pustekuchen. Das weiche Wasser bricht den Stein – wo denn, wann denn? Hat sich irgendwas geändert seit Laotse, vor Tausenden von Jahren?
Wieder Unfallmeldungen. Eine Seite der Autobahn nach Ulm ist jetzt gesperrt, ich soll über Nördlingen weiterfahren, rät mir der Tankwart. Das Restaurant total überfüllt, schließlich finde ich doch einen Platz. In fette stumpfsinnige Gesichter schaufelt es Stelzen, Hühnerkeulen und Pommes, ehe mir schlecht wird, stehe ich wieder auf. Was habe ich eigentlich gegen die Atombombe? Soll sie doch fallen! In Äthiopien verhungern sowieso Millionen. Sehnsucht nach Hause, Sehnsucht nach meinem Bett, nach Schlafen. Aus, Schluß, nie wieder fahre ich nach Mutlangen. Die Zen-Buddhisten haben ganz recht: Nichtstun ist die einzige Lösung.
In der Schnellimbißstube will ich mir eine Käsesemmel aus dem Automaten ziehen und einen Plastikbecher Kaffee. Der Computer hat den Kaffee mit Fleischbrühe vermischt, in der trüben Brühe grüne Fetzen von Petersilie. Die Käsesemmel schmeckt, wie die Plastikfolie aussieht, in die sie eingewickelt ist. Trostlos, was die Menschheit konsumiert.
Bin ich hier noch richtig nach Mutlangen? frage ich den nächsten Tankwart. Diesen Ortsnamen hat der Mann noch nie gehört. Er überlegt: Nördlingen – Bopfingen – Mutlingen? Nein, Mutlangen, das ist der Ort, wo die Raketen stationiert sind! Wieder schaut er verdutzt. Auch davon hat er noch nie gehört!
Die Explosion im Pershing-Depot soll drei Todesopfer gefordert

haben, erfahre ich jetzt aus dem Radio – die Rakete habe aber keinen Sprengkopf getragen.
Der Freitagnachmittagsverkehr hat eingesetzt. Familien fahren zum Skilaufen. Warum kann ich kein Wochenende haben wie ein normaler Mensch? Lust, einfach umzukehren.
14 Uhr. In Mutlangen beginnt die Sitzung, und ich habe noch 130 km zu fahren auf der matschigen Landstraße. Wenn es klappt, soll heute der Kaufvertrag über das Grundstück mit der Pressehütte abgeschlossen werden, zwischen dem Eigentümer und der »Friedens- und Begegnungsstätte Mutlangen«. Jetzt habe ich mich total verfranst. Bin irgendwo in der Gegend, wo uns die Polizei im letzten Sommer, nach der Blockade und der Festnahme, in einen Schuppen gesperrt und dann mitten in der Nacht ausgesetzt hat. Wieder die Lust umzukehren.
Um halb fünf komme ich endlich in Mutlangen an. Das Treffen nicht im angegebenen Gasthof, sondern im Grünen Baum. Also in den Grünen Baum. Eine Gruppe der Dauerpräsenzler ist nach Heilbronn in die Waldheide gefahren. Mein erster Impuls: ebenfalls hinzufahren. Bei der Diskussion komme ich mir dann auch total überflüssig vor. Der Kauf ist heute nicht zustande gekommen, es muß abgewartet werden, ob der Bürgermeister von dem ihm zustehenden Vorkaufsrecht Gebrauch macht oder nicht. Die Chancen stehen aber gut. Immerhin haben wir auch schon 200 000 DM zusammen, an die 400 000 DM werden insgesamt gebraucht. Diskussionen über Banken, Zinsen, Darlehen, zukünftige Mitgliederversammlungen, Sinn oder Unsinn von Promiblockaden etc. Ein Mädchen von der Dauerpräsenz, hochschwanger, sitzt die ganze Zeit dabei, ohne ein Wort zu sagen; schwer atmend, als gingen jeden Moment die Wehen los.
Doris, Maria und ich fahren in die Pressehütte. Die Lehrerin Lotte Rodi hat sie geschaffen. Ein Gefühl, als komme ich nach Hause. Wir machen meinen mitgebrachten Holundersaft heiß, auf der Herdplatte daneben kocht Wäsche, auf der anderen brutzelt jemand Reis. Viele für mich neue Gesichter. Das schlimme hier ist, daß man sich nicht zurückziehen kann, sagt Maria. Sie sei psychisch fertig, eine Eierstockentzündung hat sie sich auch geholt. Einen abgetrennten Schlafraum wenigsten müßte es geben, eine Dusche. Es ist wie beim letzten Mal: die einen

kochen, die anderen schlafen, wieder andere telefonieren, trocknen die nassen Sachen, alles in einem Raum. Und das über Monate. Auf einem Stuhl, stumm, schwer atmend, das schwangere Mädchen.

Die meisten der Dauerpräsenzler werden von »Paten« adoptiert, erzählt Maria, von Einzelpersonen oder Gruppen, die den Dauerpräsenzlern eine Art Taschengeld zahlen. Maria sucht noch einen Paten/eine Patin.

Alkohol und Nikotin sind in der Pressehütte verboten. Diejenigen, die rauchen wollen, stehen draußen vor der Tür. Die Gruppe aus Heilbronn kommt zurück. Wir machen wieder Holundersaft mit Honig heiß. Keiner wisse genau, was eigentlich in der Waldheide passiert sei, die Polizei lasse niemanden heran, habe sofort von allen die Personalien verlangt.

Wir ziehen los zum Depot. Doris und Maria und ich, die Todesstraße entlang. 22 Uhr. Schnee auf dem Feld, über das vor einem Jahr – auch damals Schnee – die Ärzte gegen Atombomben ihre schwarzen Holzkreuze getragen haben. Heute sind auch hier fünf Pershing-Transporte rausgefahren. Die Soldaten kiffen, bevor es losgeht, weiß Maria. Und Doris erzählt: als sie sich vorhin dem Zaun genähert hat, habe einer der Soldaten »Hilfe« geschrien und dann, hysterisch lachend, mit einer Waffe auf sie angelegt.

Der Schnee knarrt vor Kälte unter unseren Füßen. Der suchende Finger des Scheinwerfers erfaßt uns. Zaun und NATO-Stacheldraht sind mit Rauhreif überzogen. Ein einziger Mann steht diesseits des Zauns: Paul, Gärtner von Beruf. Er schläft direkt vor dem Zaun des Nachts, in der klirrenden Kälte, jede Stunde wecken ihn die Polizisten; um zu sehen, ob er nicht erfroren ist. Wir stellen uns schweigend vor dem Tor auf. Im Polizeiauto der Deutschen, hinter dem Zaun, Reden, einmal pfeift jemand. Aus einer der Baracken immer wieder Husten, gutturale Laute dunkler Stimmen. Von Zeit zu Zeit tritt ein Soldat mit Stahlhelm heraus, stapft durch den Schnee zu irgendeiner anderen Baracke. Und immer wieder der die Landschaft abtastende Scheinwerfer. Eine Welle von Mitgefühl für diese Burschen da jenseits des Zaunes packt mich, schwemmt meine anfängliche Wut weg. Wie der schwarze Soldat damals aus dem Fenster der Kaserne einen Zettel warf: Macht weiter, wir denken wie ihr … Auf dem Weg zurück zur Pressehütte treffen

wir eine bürgerlich aussehende Frau. Ist noch jemand am Zaun? fragt sie, ich bringe heißen Tee!
Sie wohnt hier in der Todesstraße. Wir trinken mitten auf der Straße heißen Tee mit Rum. Ein Mädchen kommt hinzu, ein Junge, Paul, der Gärtner, der inzwischen aus der Pressehütte Isomatte, Luftmatratzen und Schlafsack geholt hat, um sein kaltes Nachtlager vor dem Raketenzaun einzunehmen. Er überlegt, ob er seinen Beruf an den Nagel hängen und endgültig hierbleiben soll, bei der Dauerpräsenz.
Abschied von den anderen in der Pressehütte. Sag es allen, die du kennst: wir brauchen ihre Unterstützung! bittet mich Maria – wir sind zu wenige hier, wir gehen kaputt, wir brauchen Hilfe, nicht nur finanziell, auch psychisch!
Ich gehe schweren Herzens. Als ich dem schwangeren Mädchen alles Gute wünsche, habe ich ein schlechtes Gewissen. Sie antwortet nicht.
Im Bräugasthof trinken Doris und ich einen Obstler und wärmen uns mit einer Zwiebelsuppe auf. »Unser Leben ist völlig von den Pershings geprägt«, erzählt die Kellnerin. »Wir wohnen gegenüber der Pressehütte. Unser kleiner Sohn Simon kam neulich mit einem dicken Honigbrot. Hast du gebettelt? fragte ich ihn. Nein, sagte er, man muß nur in die Pressehütte gehen, die geben allen was. Die Kinder spielen nichts anderes als Demonstrant und Polizist. Hier ist Sperrgebiet, verkündet Simon zum Beispiel, und neulich saß er vor der Küchentür auf dem Fußboden: ich blockiere! Und was willst du mit deiner Blockade erreichen, Simon? fragte ich ihn. Ich will viel Grießbrei mit ganz ganz viel Nutella, war Simons Antwort. Als Berufswunsch gibt Simon an: Demonstrant. Die Kinder haben Angst vor der Pershing«, fährt sie fort, »wir Eltern sprechen mit ihnen offen über die Gefahren.«
Mir scheint, es hat sich ein Stimmungswandel vollzogen in Mutlangen, zu unseren Gunsten. Die Bevölkerung ist zum großen Teil – offen oder versteckt – auf unserer Seite. Aber so richtig kapieren werden die erst, was hier eigentlich los ist, wenn mal durch einen Unfall wie heute in Heilbronn der halbe Ort in die Luft fliegt! meint jemand.
Ich lasse mir von der Kellnerin den besten Weg zurück beschreiben: über Süßen, dann über Kuchen – ganz leicht zu merken: süßen Kuchen essen! Dann weiter über Ulm.
Am nächsten Morgen fahre ich Doris zur Bahn und bringe einen Sta-

pel Briefe zur Post. Na, wieder im Einsatz? fragt mich der Postbeamte. Er betrachtet die Aufkleber auf den Briefumschlägen, »Schluß mit Tierversuchen«, den geschundenen Affenkopf, dem man Metallstäbe eingerammt hat. Der Versuch am Tier – Vorbereitung auf den Menschenversuch. Wir reden über den gestrigen Unfall. Die sollen mit den Dingern nicht soviel im Nebel herumkutschieren, meint er. Ich liefere noch mein Sprüchlein ab, daß die Friedensbewegung, wie ich sie verstehe, die Abrüstung in West und Ost meint.
Für die Rückfahrt rät mir Lotte: Denk an süßen – Kuchen – essen, und denke umgekehrt, wenn du nächstes Mal wiederkommst!
Tatsächlich, es klappt: Diesmal schaffe ich es in acht Stunden, finde sowohl »Süßen« wie »Kuchen«, allerdings kein »Essen«, gibt es vielleicht gar nicht, ist vielleicht nur eine Eselsbrücke: süßen Kuchen essen – die Route muß ich mir merken, wirklich besonders kurz, umgekehrt: Essen Kuchen Süßen ..., denn natürlich werde ich wieder nach Mutlangen fahren.
Dem früheren FDP-Landesvorsitzenden von Rheinland-Pfalz wird vorgeworfen, in Baden-Baden ein Juweliergeschäft überfallen und Schmuck im Wert von 2 bis 3 Millionen Mark geraubt zu haben, meldet das Radio. Das Konterfrei eines anderen FDP-Politikers säumte damals die Straßen, als uns die Polizei in vergitterten Autos in die Schwäbische Alb verschleppt hat. Durch den Sehschlitz meiner Einzelzelle sah ich immer wieder den Kopf von Otto Graf Lambsdorff vorbeiflitzen – der Mann hatte doch tatsächlich die Stirn, für eine Wahlveranstaltung in Pershing (Schwäbisch) Gmünd zu werben, die dann allerdings nicht mehr stattfand, weil er inzwischen seines Amtes enthoben wurde, wegen des Verdachts der Bestechlichkeit.
Eine Frauenstimme erklärt, sie sei wieder zu Pampers zurückgekehrt, nachdem sie alle anderen Windeln ausprobiert habe. Die Deutschen sind gegen Atombunker, erfahre ich weiter. Glaubt man einer Umfrage, so haben 79% der Deutschen gar keine Lust, in einer Umwelt zu überleben, die durch einen Atomkrieg zerstört ist. 72% halten es nicht einmal für möglich, daß ein Atomkrieg überhaupt überlebt werden kann. Und 69% sind der Ansicht, der Bau von Atombunkern lohne sich nicht, entsprechende Gesetze seien überflüssig.
3 Tote 16 Verletzte hat es gestern in der Waldheide gegeben; Präsident

Reagan sei bestürzt über den Tod der Soldaten, beabsichtige aber nicht, die Pershing-Stationierung neu zu überdenken.
Eine Männerstimme singt: Hallo, guten Morgen Deutschland – ich wünsch dir einen schönen Tag …

Tun wir den ersten Schritt …

Ich schreibe auf einen Brief – Empfänger unbekannt –
ich schreibe auf den Umschlag »Mutter im Feindesland«.
Es ist ein Liebesbrief, doch nicht an einen Mann:
Ein Brief gegen den Haß. Ich hoffe, er kommt an.
Er muß, um – fremde Mutter – Dich zu finden,
so viele Kilometer überwinden,
so viele Grenzen, Gräber und Granaten,
Angst, Vorurteil, Erinnerung an Soldaten.
Ich denke noch an Euer fremdes Land,
als sei es voll von Panzern und Kanonen.
Ein Land, in dem nur Funktionäre wohnen
und Generäle, Panzerfäuste in der Hand.
Ich brauche, fremde Frau, viel Phantasie,
um mir bei Euch Gärtner vorzustellen
und Bauern, die das Feindesland bestellen,
und Kirschenbäume blühen dort wohl nie?
Ob dort bei Euch auch Feindesveilchen blühn
und Feindeskinder sie so gerne pflücken?
Ob Feindesfrauen auch Radieschen ziehn,
und sich mit müden Knien danach bücken?
Sagt, liebt Ihr Euch, anstatt nur uns zu hassen?
Und liebt Ihr Euch genauso wie wir hier?
Sind wir wirklich so verschiedene Rassen?
Kriegt Ihr die Kinder nicht genau wie wir?
Bekommen Eure Kinder manchmal Fieber?
Bangt Ihr dann auch, ob's nur die Zähne sind?
Dreht sich die Welt nicht um ein krankes Kind?
Beugst Du Dich dann atemlos darüber?

Liegst Du auch nachts oft wach aus Angst vor Kriegen?
Die unsre Kinder und auch uns bedrohn?
Scherst Du Dich auch den Teufel um das Siegen?
Schätzt Du das Leben mehr als Ruhm und Lohn?
Willst Du auch keine Völker überfallen,
auch nicht Dein Mann und später nicht Dein Kind?
Willst Du nicht, daß sie im Kampfe fallen?
Fragst Du auch, warum wir noch Feinde sind?
Warum wir uns nicht längst als Frauen verbünden
und nehmen alle Waffen aus der Hand.
Statt Vaterland und Feindesländer gründen
wir quer zu Grenzen dann das Mutterland.
Wenn die, die unter Kriegen immer leiden,
sich als Verbündete zusammentun
und selber als Betroffene entscheiden –
dann wird im Massengrab die Rüstung ruhn.
Es heißt, wir sollen unsere Feinde lieben?
So fangen wir doch selber damit an.
Tun wir den ersten Schritt – sogar nach drüben
und was oft schwerer ist – nach nebenan.

Diesen Brief hat Birgit Berg von der Wortwerkstatt in Mutlangen an eine Mutter in der Sowjetunion geschickt, die wegen ihrer Friedensarbeit im Gefängnis sitzt. Friedensarbeit leisten täglich all die Hausfrauen und Mütter, die ihre Freizeit opfern, um in Behindertenorganisationen oder in Selbsthilfegruppen mitzuarbeiten; die Lehrerin Johanna, die mit ihrer Schulklasse einen Malwettbewerb nach dem anderen zum Thema »Umweltschutz« gewinnt; leistet Halo, grüne Abgeordnete im Bundestag, die sich für die Holzschutzmittelopfer einsetzt; die Lehrer und Lehrerinnen, die mit ihren Kindern Alufolie sammeln und Ausstellungen zur Müllverwertung veranstalten; die Geschäftsinhaber und Restaurantchefs, die auf Käfighühnereier und Schildkrötensuppe verzichten und Gänseleberpastete von der Speisekarte streichen; all die Menschen, die in amnesty international und den vielen neu entstandenen Selbsthilfegruppen, den Kinderdörfern und den Entwicklungsländern arbeiten; die Pfarrerin Christa wie die Journalistin Ursel, die nicht müde wird, in Trauerkutten vermummt und Fässer bollernd mit ihren Friedensfrauen gegen Atomkraft durch die Stadt zu ziehen, genauso wie Birgit, die vor dem Todeszaun in Mutlangen einen weißgedeckten, blumengeschmückten Tisch aufbaute, mit Freunden bei Musik dort tafelte und den wachhabenden Soldaten auf der anderen Seite des Zaunes ihren »Brief an die Mutter im Feindesland« vorlas.

Ein Jahr später schreibt die Gmünder Tagespost über den Prozeß:

Der Staat, der sich einen Bärendienst erweist? Die Anzeichen verdichten sich, wenn Bürger, die gestern noch ihre Ruhe haben wollten und die Augen verschlossen, unruhig werden. Das zunehmend als kleinlich bezeichnete Verhalten der mit Macht gegen Friedensdemonstranten auftretenden Staatsgewalt scheint in der Tat zu einem Effekt zu führen, den Walter Jens als frisch verurteilter Blockadeteilnehmer gegen Raketen in Schwäbisch Gmünd beim Namen nannte. »Ohne die«, sprach der Rhetorikprofessor jene in der Stauferstadt der »Nötigungsfließbandurteile« bezichtigten Richter des Amtsgerichts an, »würde doch keine Mensch mehr über Mutlangen reden.«
Justitia also der zwar unfreiwillige, aber beste Werbeträger der Friedensbewegung? Jedes Prominenten-Urteil vor allem bewirkt Sympathie- und Solidaritätsbekundungen für den Verurteilten. Bekannte Namen verfehlen auch und gerade beim weniger politisch denkenden Bürger nicht ihre Wirkung. Schwäbisch Gmünd, quasi über Nacht bundesweit in die Schlagzeilen geraten, ist da ein gutes Beispiel. Nur einen Tag nach dem Vortragsauftritt von Dorothee Sölle, einst Teilnehmerin der von polizeilichem Zugriff und gerichtlicher Ahndung verschonten »Promi-Blockade«, stand gestern mit Barbara Rütting wieder einmal eine prominente Verfechterin der Friedensbewegung vor den Schranken des Gmünder Amtsgerichts.
Ihr Plädoyer hinterließ einen so nachhaltigen und für die Diskussion erneut zu einer Belebung führenden Eindruck, daß Prozeßbeobachter einmal mehr von einem Meilenstein im Kampf der Bewußtseinsbildung gegen den weltweiten Rüstungswahn sprachen.

Was sie zur Angeklagten gemacht hat, ist schnell erklärt: an Pfingsten 1984 hat die 57jährige »im Rahmen einer Spontanversammlung die Zufahrt zur Bismarckkaserne blockiert und trotz dreimaliger Lautsprecheraufforderung keine Zufahrtsgasse freigemacht«. Verstoß gegen Paragraph 15, Absatz 1 des Versammlungsgesetzes. Der rechtzeitige Einspruch gegen den Bußgeldbescheid der Stadt Schwäbisch Gmünd führte zu der Verhandlung ohne Verteidiger (Otto Schily hatte Verpflichtungen im Deutschen Bundestag).
Was sie zur Verurteilten machte, ist ebenfalls mit wenigen Sätzen zu erklären. Der Richter am Landgericht in Ellwangen, Klaus Mayerhöffer, hält – auch aufgrund der Zeugenaussagen des städtischen Oberinspektors als Vertreter der Versammlungsbehörde und eines Polizeibeamten – den objektiven Sachverhalt für »relativ unstrittig«. Entscheidend für ihn ist alleine die Frage, ob die Auflage des Freimachens einer Zufahrtsstraße angesichts des Rechts auf Demonstrationsfreiheit rechtmäßig war. Da es sich um einen »sehr geringfügigen Eingriff nicht zum Verbot, sondern mehr zur Regelung« der Demonstration gehandelt habe, sei angesichts der kollidierenden Grundrechte abzuwägen und zu verurteilen.

Anders als im Dritten Reich

Keine Rolle spielt dabei die sowohl von den Zeugen bestätigte als auch vom Richter anerkannte Tatsache, daß eine Beeinträchtigung des Straßenverkehrs durch die Handlungsweise nicht gegeben war. Es wollte nämlich weder ein Auto aus der Kaserne raus noch eines hinein. Eine moralische Pflicht zum symbolischen Protest aufgrund der Geschehnisse im Dritten Reich ist für Richter Mayerhöffer abwegig, da der Vergleich mit dem heutigen Staat angesichts zahlreicher Möglichkeiten sowohl des Demonstrationsrechts wie auch der Willensbildung in politischen Parteien, einer freien Presse und der Gerichte hinke. Auch diesmal wieder nimmt das Gericht der Betroffenen ab, aus Angst um den Frieden gehandelt zu haben. Daß Barbara Rütting einen »Antrag auf Zulassung der Rechtsbeschwerde« stellt, versteht sich angesichts der Überzeugung, für eine Ordnungswidrigkeit nicht des Falschparkens, sondern des »moralischen Handelns« verurteilt worden zu sein, von selbst. (Gmünder Tagespost, 25. 4. 1985)

Wenn ich ein Tagebuch schriebe …

Unter diesem Titel sammelt Rolf Hochhuth Tagebuchblätter für das »ZEIT-Magazin«. In meinem Beitrag »MÄNNER SIND WOHL SEHR ANDERS« schildere ich meinen Prozeß in Mutlangen und wie ich das Kriegsende und den Einmarsch der verhaßten Russen erlebt habe.
Einige Auszüge:
Von deutschem Boden darf nie wieder ein Krieg ausgehen, heißt es im Grundgesetz. Aber die Pershing ist doch eine Erstschlagswaffe, das hat selbst Herr Wörner zugegeben.
Nicht Partner, nicht Freunde hatten Zeit an meinem Prozeßtag. Wie froh sie alle waren, glaubhaft versichern zu können: sonst gern, jederzeit, aber ausgerechnet heute … Ich fühlte mich sehr einsam. Bis Hinrich von der Mutlanger Dauerpräsenz mit einem Usambaraveilchen anrückte: Damit du weißt, du hast Freunde. Eine unbekannte Frau drückte mir einen Strauß roter Tulpen in die Hand – rote Tulpen, wie sie vor 40 Jahren in unserem Garten blühten. Ich verteidigte mich selbst. Redete von dem russischen Mädchen mit den Zöpfen, meinem Nazivater, der Mutter, die dagegen war, aber den Mund hielt, auch davon, daß ich später einmal nicht mit der Ausrede dastehen möchte: Man konnte ja nichts machen, hat nichts gewußt.
Zitiere Margarete Mitscherlich. Sie schreibt in ihrem Buch »Die friedfertige Frau«: Es hat den Anschein, daß »der das Weltgeschehen dominierende Mann in sich einen unveränderbaren … Todestrieb, einen Zerstörungsmechanismus trägt, der ihn zwingt, alles, was er mit der rechten Hand aufbaut, mit der linken wieder umzustoßen und schließlich sich und den ganzen Globus zu vernichten«.
Steckt denn wirklich in jedem Mann ein Killer, wie Renee Zucker nach dem Fußballmassaker in Brüssel behauptete? Ist ein ähnlicher Blutrausch unter Frauen vorstellbar? Ich meine, nein. Männer sind wohl sehr anders. (Doch, Alice! …)
Aber Paul ist doch auch ein Mann! Der Gärtner Paul, der sich jede Nacht mit seiner Matratze in der klirrenden Kälte vor den Mutlanger Zaun legte, stündlich kontrolliert von den Polizisten, weil sie befürchteten, er könne erfrieren.

Eine Gruppe von Frauen besucht regelmäßig junge Vergewaltiger im Gefängnis: ein Versuch, im Gespräch Haß (auf die Frau) abzubauen. Diese Frauen möchte ich umarmen. Oder die Krankenschwester Erika. Sie bittet um Spenden, ihr afrikanisches Dorf braucht eine Wasserpumpe: 10000 Mark, und ein ganz Dorf litte keinen Wassermangel mehr. Aber die Bundesrepublik gibt 40 Milliarden Mark für die Rüstung aus.

»Krieg liegt eben in der Natur des Menschen.« Des Menschen oder des Mannes? Steckt wirklich in jedem Mann ein Killer?

Manchmal überfallen mich Todessehnsüchte wie in meinen bestschlimmsten Zeiten. Daß mich ein Auto totfährt oder mir beim nächtlichen Waldspaziergang ein Baum auf den Kopf fällt wie dem Dichter Horvath! Aber ach: Nach einer in einer zugigen Scheune verbrachten Nacht, gewitterdurchweicht, umwallen mich Nebelschwaden, und der Kuckuck brüllt mir in die Ohren, daß ich nicht gestorben bin, nur erkältet.

Gegen gewisse Traurigkeiten hilft die beste Vollwertkost nichts, kein Melissentee. Diese mörderische Empfindlichkeit! Nicht lebensfähig. Gut, daß ich keins der heftig ersehnten Kinder bekommen habe, gut für die Kinder. Vielleicht habe ich noch zwanzig Jahre zu leben, du meine Güte! Mildred Scheel und mir stellte der gleiche Reporter die gleiche Frage. Welches wäre für Sie das größte Unglück? Sie hat geantwortet: Jung sterben zu müssen. Ich: Wenn das Leben nicht endlich wäre.«

Nach dem Erscheinen meines Beitrags im »ZEIT-Magazin« erhielt ich viele zustimmende Briefe von Frauen – negative nur von Männern. Einer schrieb: »Ihr Nazi-Vater hat Ihrer Karriere in keinster Weise geschadet, Sie jedoch seinem Andenken. Wer beschmutzt schon sein eigenes Nest? Ich wünsche Ihnen jedenfalls eine saftige Vergewaltigung.«

150 Mark Geldbuße

Wie viele andere wurde ich auch verurteilt – zu 150 Mark Geldbuße wegen der Ordnungswidrigkeit »Verstoß gegen das Versammlungsgesetz und Nichtbefolgen einer vollziehbaren Auflage«.

25. Februar 1985: Busfahrt nach Wackersdorf

An die Grünen im Kreisverband Freilassing

Schauplatz: der Bus vom Ortsverband Freilassing zur Großdemonstration gegen die Wiederaufbereitungsanlage von Atommüll in Wackersdorf am 16. Februar 1985.
Kurz vor Regensburg sehen einige von uns einen verängstigten, abgemagerten Hund mit eingezogenem Schwanz am Straßenrand im Schnee stehen, in eisiger Kälte, offensichtlich angebunden.
Die Bitte anzuhalten findet kein Gehör. Der Nebenmann des Fahrers brummt etwas wie: kann Hunde sowieso nicht leiden, scheißen überall hin etc.
Während der Demo von uns darum gebetene Polizisten versprechen, hinzufahren und nachzusehen, auf dem Rückweg wollen wir dann selbst noch einmal kontrollieren, ob der Hund noch da ist.
Aber der – sonst sehr ortskundige – Fahrer verfährt sich genau auf dem Streckenabschnitt, wo der Hund angebunden war! Kommentar des Nebenmannes auf unseren Einspruch: … bloß wegen dem Hund …
Meine Trauer über diesen Vorfall wird noch verstärkt, als ich erfahre, daß der Mann, der da so wenig mitgeschöpfliches Denken an den Tag gelegt hat, grüner Stadtrat in einem bayerischen Ort ist.
Es fällt mir immer wieder auf: die Grünen – auch und speziell die Grünen im Bundestag – müssen dringend ihr Verhältnis zum Mit-Lebewesen Tier überprüfen. Immer wieder sind es besonders sogenannte »linke« ebenso wie sogenannte »christliche« Grüne (ähnlich materialistische, rein anthropozentrierte Denkweise???), deren Ethikbegriff vor dem Tier endet. Ethik ist aber unteilbar (oder sollte es wenigstens sein).
Professor Mitscherlich bemerkt in »Medizin ohne Menschlichkeit«: »Vom Versuchstier und der Experimentalsituation kann der Schritt zur Manipulation des Patienten unbemerkt vollzogen werden.«
Wer schon nicht zur Liebe fähig ist, sollte wenigstens Respekt aufbringen. Die Verantwortung, die wir für unsere Mitmenschen, unsere Umwelt empfinden (sollten), darf auch vor dem Mit-Lebewesen Tier nicht haltmachen.

Dieses Problem ist von großer Aktualität deshalb, weil im März ein neues Tierschutzgesetz verabschiedet werden soll. Den grünen Abgeordneten zur Erinnerung: wir haben Euch unter anderem auch deshalb in den Bundestag gewählt, weil keine der Altparteien Entscheidendes für den Tierschutz getan hat und weil wir das von Euch erwarten!
Im ganzen Land wächst die Akzeptanz gerade für die unverdünnten grünen Grundpositionen. Dazu gehört, daß die Menschen ihr Verhältnis zu den Tieren schon um ihrer eigenen Überlebensinteressen willen auf eine völlig neue Grundlage stellen müssen ... »alternative Verteidigung welcher Art auch immer wird uns nicht retten. Ebenso müssen wir die Folterpraxis an den Tieren bedingungslos aufgeben ... wir wollen die völlige Abschaffung der Tierversuche« (Rainer Trämpert und Rudolf Bahro).
Wir erwarten von Euch grünen Abgeordneten, daß Ihr für das totale Verbot aller Tierversuche eintretet: »Tierversuche sind ausnahmslos verboten.«

Barbara Rütting

30. Juni 1985: Parteiaustritt

Abkehr der Grünen vom wichtigsten Prinzip Gewaltfreiheit – dann das Erlebnis während der Busfahrt nach Wackersdorf – schließlich noch der Parteitag in Hagen – Tropfen genug, um das Faß zum Überlaufen zu bringen. Ich bin aus der Partei ausgetreten.

An die Grünen – und alle, die es betrifft.
Hiermit erkläre ich meinen Austritt aus der Partei »Die Grünen«, weil sie sich von einer alternativen immer mehr zu einer Partei der Angepaßten entwickelt.
Letzter Anstoß: die Entscheidung auf dem Parteitag in Hagen gegen das Totalverbot von Tierversuchen und die Tolerierung eines Hetzblattes übelster Machart, das Tierversuchsgegner mit Nazis gleichsetzt. Tierversuche sind immer die Vorbereitung auf Menschenversuche gewesen; gerade sie machten und machen die Mengeles möglich, immer wieder!

Zum Ja zur Genmanipulation an Tier und Mensch ist es dann nur noch ein Schritt.
Koalition über alles!?!
Um eine große Hoffnung ärmer, sehr traurig

ehemals Grüne im Ortsverband Freilassing
Barbara Rütting

PS: Das grüne Tierschutzplakat »Tierschutz statt Profit« anbei wegen Unglaubwürdigkeit zurück.

Das Leben auf dem Land – ein Irrtum!

Schauspieler gehören in die Stadt! In die Großstadt! Hier sind und bleiben wir Fremde unter Fremden, vereinsamte Einzelgänger. Kann man sich meinen Partner bei den Sonntagabendbesäufnissen der Bauern im Wirtshaus vorstellen? Und was habe ich mit den Nachbarbäuerinnen gemein?

Worüber soll ich mit ihnen reden, über die neugeborenen Rinder und Kinder, das Eingemachte? Ich habe weder Rinder noch Kinder, mein Eingemachtes setzt Schimmel an, weil niemand da ist, es aufzuessen. Wir arbeiten ja dauernd irgendwo anders. Meine Zwiebeln verfaulen im Garten, weil ich irgendwo Theater spiele und niemand da ist, sie zu ernten, die Möhren fressen die Mäuse. Meine Getreidemühle wartet im Schrank, eine Maschine, mit der ich Nudeln machen wollte – einmal gebraucht. Für wen soll ich Nudeln machen? Mann inszeniert in der Stadt X, frau spielt in der Stadt Y Theater.

Lächerlich, unsere Reportage in den Illustrierten. Da stehen wir in geblümten Wiesen, umgeben von unseren schönen Tieren, sind wir fotografiert beim Morgenausritt, beim Dämmerschoppen, beim Birnenpflücken. Und unser Most verdirbt im Keller, weil wir nicht da sind, ihn zu trinken. Weil wir wieder mal irgendwo anders sind und rackern.

Das Theater – die Bretter, die die Welt bedeuten – nicht für mich. Um ein wirklich guter Schauspieler zu sein, ist es nötig, derartig viele *déformations professionelles*, berufsbedingte charakterliche Deformationen über sich ergehen zu lassen, an sich zu erdulden, zu akzeptieren, daß ich mit Wonne darauf verzichte, mich mit allen Kräften dagegen wehre, eine gute Schauspielerin zu sein.

Ambivalent alles. Da sehne ich mich nach Ordnung – gleichzeitig aber nach Auflösung, danach, ausgelöscht zu werden, endlich zu sterben. Auf die Frage im chinesischen Orakelbuch I Ging, umbringen oder nicht, kam diesmal die Antwort: Es gibt Wichtigeres als das Leben.

Peng! Mein Leben zerbröckelt. Wieder einmal.

Petunien im November

Gute Nacht, meine schönen Blümchen!
Morgen früh
seid ihr erfroren.
Guten Morgen,
meine toten Blümchen!

Hab Sonne im Herzen

Auf der Wiese dicke Büschel wilder
Schneeglöckchen.
Nicht pflücken
laß sie leben
sage ich mir
und freu mich.
Eine Stunde später
hat der Bauer mit seiner Egge
sie alle zermalmt.

Symbiose

Wie wenn der Wind die Äste
von zwei Trauerweiden vermischt
so sind wir ineinandergestürzt.
Du hast deine Blutgefäße in meine getaucht,
und sie haben Wurzeln geschlagen.

Deine Traurigkeit

Mein Körper und auch meine
feinstofflicheren Atome
meine sogenannte
Seele
sind voll von deiner Traurigkeit.
Ganz eingeweicht bin ich in
deiner Traurigkeit.

April 1986: Alle meine Komplexe

Frau hat eine Brille bekommen müssen.
Frau denkt: Jetzt werde ich alt!
Unlogisch, auch viele junge Menschen tragen eine Brille.
Im Hotel kann sie eine Anweisung für die Aircondition nicht lesen, Brille hat sie verlegt.
Mann: Wer blind ist, kann doch fühlen!
Frau (denkt): Von diesem Mann muß ich mich trennen, sofort. Nach diesem Satz ist ein gemeinsames Weiterleben wirklich nicht mehr möglich.
Fraus ewige Minderwertigkeitskomplexe haben Hochkonjunktur:
Ich kann nicht Brot schneiden, ich kann nicht Auto fahren. Ich operiere immer noch nicht richtig mit dem Korkenzieher, manchmal bricht der Korken ab. Ich laufe gern salopp herum, besonders wenn Besuch kommt, feiner Besuch. Ich unterhalte mich nicht gern mit dem Besuch. Ich unterhalte mich überhaupt nicht gern. Ich sitze nicht gern auf unseren steifen Sesseln, ich ziehe gern die Beine an. Ich liege gern bei den Hunden auf dem Teppich. Ich liebe es, mit den Hunden zu schmusen. Mann haßt das. Ich habe oft Hundehaare am Pullover. Ich trinke gern Bier aus der Flasche. Das haßt mann auch. Bier aus einem Glas schmeckt mir einfach nicht, schmeckt schlecht, riecht schlecht. Ich bin streichel- und harmoniesüchtig. Ich weine leicht. Ich zeige meine Gefühle. Ich bin unbeherrscht. Schon Denis fand, mein Französisch,

das ich so gern sprach, hört sich gräßlich an – selbstverständlich kam in seiner Gegenwart nie wieder ein französisches Wort über meine Lippen. Nein, ich spreche leider nicht Französisch. Er selbst konnte gar keine Sprache – außer Amerikanisch.

Was kann ich überhaupt? Gar nichts. Ich hätte gern ein Kind, früher einmal hätte ich gern ein halbes Dutzend Kinder gehabt, ein halbes Dutzend Kinder habe ich mir gewünscht und einen Mann, dem ich treu bin, der mir treu ist, bis daß der Tod uns scheidet. Habe ich auch nicht hingekriegt, weder Kind noch Mann, bis daß der Tod uns scheidet. Dann hätte ich hätte gern ein Kind adoptiert, am liebsten mehrere Kinder, aber wenigstens ein Kind. Das arme Kind, sagt mein Lebensphasen-Partner, die armen Kinder! Soll heißen: Eine fürchterliche Mutter wäre ich auch. Du hast doch mich! sagt er. Ich bin doch dein Kind! sagt er.

Nicht mal eine richtige Schauspielerin bin ich. Vermutlich hätte ich gar nicht auf einer ordentlichen Bühne stehen dürfen ohne eine anständige Ausbildung. Die hatte ich nämlich auch nicht, eine anständige Ausbildung. Alles self made bei mir, immer learning by doing. Nichts habe ich richtig gelernt außer dänischer Stenografie und Schreibmaschine, als Sekretärin in der Kopenhagener Firma für Ex- und Import von Därmen. Wo und wem aber kann ich schon mit dänischer Stenografie in Ex- und Import von Därmen imponieren?

Zwei Kritiker schreiben über den gleichen Abend der gleichen Aufführung, der eine, durch mich sei die Aufführung eine Sternstunde gewesen, der andere, ich hätte kein Recht, auf einer Bühne zu stehen.

Alle die Eigenschaften, die eine richtige Schauspielerin ausmachen, verabscheue ich zutiefst, finde ich unerträglich, dieses ständige Um–sich–selbst-Kreisen, dieses Angst-Eitelkeit-Gemisch. Mir sagte doch tatsächlich jemand – und das war als Lob gemeint! –, ich hätte die Soundso an die Wand gespielt. An die Wand gespielt, entsetzlich!

Gräßlich fand und finde ich diese »richtigen Mimen« wie den Typen: Ich rede den ganzen Abend von mir, reden wir doch mal von Ihnen. Wie fanden Sie mich in meiner letzten Rolle?

Ich bin keine Schauspielerin, ich bin eine Schau-Leberin. Ich bin auch keine Künstlerin, ich bin das Gegenteil, eine A- oder Antikünstlerin.

Mich interessiert überhaupt nicht die Form, mich interessiert nur der Inhalt, nur das Leben.

Man muß Zwischenabrechnungen machen, nicht auf dem Sterbebett plötzlich fromm werden. Sonst fällt man aus allen Wolken. Was hat man sich für sein Leben erhofft, wie war es wirklich? Eine Geschichte über Mulla Nasrudin fällt mir ein. Mulla liegt im Sterben und wird gefragt, was er anders machen würde, wenn er sein Leben noch einmal leben könnte. Nach langem Nachdenken antwortet er: Eigentlich sei alles, so wie es war, in Ordnung gewesen – aber doch, er habe sich immer einen Mittelscheitel gewünscht. Ein Mittelscheitel, ja, das wäre es gewesen!

Heute nacht wie schon so oft geträumt, daß ich auf die Bühne muß, nichts anzuziehen habe, die Bühne nicht finde, jemand hängt mir irgendeinen Fummel aus dem Fundus um, der muffig und nach Mottenkugeln riecht, während alle anderen schöne Kostüme anhaben.

Text kann ich auch keinen, bitte flehentlich: Sagt mir wenigstens kurz den Inhalt des Stückes, dann fällt mir schon was ein – aber nein, zu spät! heißt es, ich höre schon das Gemurmel des Publikums, der Vorhang wird gleich aufgehen, ich werde hinausgestoßen.

Diesmal, endlich – nachdem ich Dutzende Male diesen Traum über mich ergehen ließ – wehre ich mich: Nein, ich gehe nicht hinaus! Wenn ihr mir nicht rechtzeitig Text und Kostüm besorgen könnt, euer Problem – ich trete nicht auf! Das wird Folgen haben, du wirst gekündigt etc., höre ich noch – verlasse aber erleichtert die Bühne.

Es folgte ein zweiter Traum, ausgelöst vermutlich durch ein reales Erlebnis: Im Swimmingpool des Hotels badeten gestern Eltern mit einem total kahlköpfigen Baby. Das Baby bewegte sich wie eine Kaulquappe im Wasser, vollkommen angstfrei.

Ich träumte: Das Kind öffnet die Lippen und sagt ganz zart zu mir: Waltraut!

Nur dieses eine Wort, meinen ursprünglichen Namen.

Will mir mein inneres Kind eine Botschaft vermitteln?

Meine Sehnsucht weg von allem Groben, nach Zartheit …

Ich werde mir das Kinderfoto heraussuchen, auf dem ich, ein kleines zierliches Mädchen, gelockt und im Chiffonkleidchen, mein Schaukelpferd streichle, und werde darauf meditieren.

Herbst 1986: Szenen einer Ehe

Frau träumt seit ihrer Jugend davon, wieder Klavier und Gitarre zu spielen. Wenn sie nämlich irgendwann genug gerackert, Schulden ab- und Renten einbezahlt haben wird, dann, ja dann wird sie wieder bei Clementi anfangen, unbedingt, so weit war sie schon einmal. Sie wird damit wieder anfangen, auch wenn sie darüber achtzig geworden ist. So hat sie eisern aufbewahrt eben die Sonaten von Clementi, einiges von Beethoven (so weit ist sie aber nicht gekommen), ihre Gitarrenschule, Lieder von Hermann Löns, die man in ihrer Kindheit gesungen hat, von Vater und Mutter selbstgeschriebene Noten, das einzige, was sie gerettet hat aus der ehemaligen DDR-Heimat.
Mann weiß von diesem ihrem Traum. Mann könnte jederzeit, in einem Fernseh-Quiz oder auf die Frage eines Zeitungsreporters, was denn wohl seiner Meinung nach fraus unerfüllter Wunschtraum sei, jederzeit könnte mann da antworten: Gitarre- und Klavierspielen. Mann hält aber nicht viel von fraus Ideen. Man hält nur etwas von seinen eigenen Ideen.

Mittagszeit. Mann kommt nach Hause. Frau hat sich wie immer große Mühe mit dem Kochen gegeben.
Frau begrüßt ihn. Das übliche Gezirpe und Geflöte: Wie war's, wie war's bei dir, Küßchen mein Schnauzel-Mauzel-Pauzelchen.
Mann strebt zum Mittagstisch.
Frau: Sag mal, weißt du, wo meine Noten hingekommen sind?
Mann: Welche Noten?
Frau: Na die alten Klaviernoten, die immer auf dem Schrank lagen!
Mann: Nein.
Frau: Aber du hast doch das Zimmer umgeräumt!
Mann: Ich weiß aber nicht, wo sie sind.
Frau: Wenn du das Zimmer umgeräumt hast, mußt du es doch wissen!
Mann: Weiß ich aber nicht.
Frau (stockt der Atem): Kann es – kann es sein, daß du sie mit den anderen Büchern ins Antiquariat gebracht hast?
Mann. Nein. Ja. Weiß nicht! (fängt an, die Suppe zu löffeln)

Frau (fühlt sich abwechselnd blaß und rot werden): Kann es sein oder nicht?

Mann: Ja. Nein. Ich weiß es nicht! (Haut wütend den Löffel in die Suppe, zieht sich die Jacke wieder an, grapscht sich den Autoschlüssel). O.k, fahre ich eben wieder in die Stadt zurück! Morgen komm ich überhaupt nicht mehr nach Hause!

Frau (mühsam): Aber wenn du sie wirklich dorthin gebracht hast, sind sie doch längst verkauft!

Mann: Vierzehn Jahre hat das Zeug hier rumgestanden! Denkst du, irgendwer kauft diese alten Klamotten?

Frau (stammelt): Das ist – das ist – als ob ich deinen kleinen Kinderstuhl, deinen kleinen Kinderstuhl, auf dem schon deine Mutter als Kind gesessen hat, als ob ich deinen kleinen Kinderstuhl verkauft hätte!

Mann: Na geh doch und zerschlag den Stuhl! Geh doch! Mach's doch! Mein Gott, dieses Getue! Da kommt man nach Hause, freut sich auf ein gemütliches Mittagessen und seine Ruhe und dann so ein Theater!

Mann knallt die Tür zu, frau bricht in Schluchzen aus.

Die Empfindliche

Also
wenigstens hier auf dem Land
will ich mir
meine Empfindlichkeiten
leisten!
Die überfahrene Drossel.
Überfahren von mir.
Ich will weinen dürfen,
eine Stunde oder zwei!
In der Wanne aus Blech
mein Reh.
Tannengrün
sprießt ihm in der Schnauze aus Lack.
Tannengrün auch am Hute des Jägers.

Seine Hände voll Blut.
Daneben die Kiste mit Bier.
Ich will weinen dürfen,
wenigstens hier auf dem Land.
In der Stadt
geht das nicht da
passiert Schlimmeres,
ich weiß.
Paß auf, du wirst langsam
wunderlich, sagt er, nun
hör schon auf mit der Drossel!
Wunderlich.
Wunderlich war ich schon immer.
Aber hier auf dem Land
wenigstens
werde ich mir
meine Empfindlichkeiten leisten.

Manchmal ...

Manchmal
sehne ich mich
nach einem rauschhaften Menschen.
Nicht von Hegel soll er reden
nicht von Dialektik
nicht von Bausparverträgen
möglichen Zinsen und sonstwie
Sicherheiten
Als ginge morgen
die Welt unter
so möchte ich mit ihm leben und es wäre ganz egal ob wir
heute
besoffen sind und morgen
tot.

21. März 1986: Heute habe ich die Prüfung als Gesundheitsberaterin GGB bestanden.

Gesellschaft für Gesundheitsberatung (GGB) e. V.

URKUNDE

Barbara Rütting

Neumarkt

Gesundheitsberater (GGB)

4. April 1986: Brief an Rita Süssmuth

Sehr verehrte liebe Ministerin Rita Süssmuth!
Anders als Ihre Vorgängerinnen besitzen Sie Mut. Bitte, beweisen Sie diesen Mut auch bei der bevorstehenden Novellierung des Tierschutzgesetzes. Der neue Entwurf ist ein Skandal, er wird von Tierschützern zu Recht als ein Tiermordgesetz bezeichnet. Ich hörte vor ein paar Tagen eine alte Frau unter Schluchzen sagen: immer habe ich als Christin die CDU gewählt, aber wie kann denn eine christliche Partei solche Greuel zulassen?
Ich sende Ihnen mit gleicher Post »Das Tierbuch« von Eva Kroth. Wir haben es an alle Bundestagsabgeordneten geschickt, an ihr Gewissen appelliert, diesem Gesetz nicht zuzustimmen, wie es scheint, vergeblich. Ich flehe Sie – als Gesundheitsministerin, als Mensch, als Frau an: tun Sie alles Menschenmögliche, um dieses Gesetz zu verhindern, sagen Sie nein und veranlassen Sie auch Ihre Parteifreunde, nein zu

sagen. Sagen Sie darüber hinaus auch nein zu einer Medizin, die ihre Erfolge lediglich an verabreichten Medikamenten und verpflanzten Organen mißt statt an wirklich gesunden Menschen. Die Bevölkerung ist kränker als je zuvor, die Krankenkassenkosten wachsen ins Unermeßliche. Machen Sie Schluß mit einer Medizin, die einen über hundert Jahre langen Irrweg gegangen ist, einer Medizin, die ihre (falschen) Schlüsse aus Tierquälereien bezieht. Helfen Sie uns, daß in unserer Welt der Mensch endlich wieder als das gesehen wird, was er ist, nicht eine Maschine, deren Teile beliebig auswechselbar sind, sondern eine Ganzheit aus Körper, Seele und Geist, die gepflegt sein will, helfen Sie uns, daß in unserer Welt endlich, wie es sich gehört, Tierschutz und Menschenschutz untrennbar werden.
Sagen Sie NEIN zu diesem zutiefst unchristlichen Tierschutzgesetz.
Dies ist ein letzter verzweifelter Hilferuf an Sie als Ministerin, an Sie als menschliche Frau, als weiblichen Menschen.
Ihre Barbara Rütting

30. April 1986 – nach Tschernobyl

Während einer Reise durch die USA im Radio eine kurze Meldung, in der UdSSR habe es einen Reaktorunfall gegeben.
Von einigen Toten und Verletzten war die Rede. Kein Grund zur Besorgnis.
Ein paar Tage später zurück in Sommerholz ernte ich ahnungslos im Garten meinen Salat und meinen Schnittlauch, das am 18. April geborene Fohlen Stella tollt mit seiner Mutter auf der Weide.
Das Ausmaß des Unglücks wird erst langsam bekannt, immer neue Meldungen über Tote, Verletzte und zu befürchtende Spätfolgen sickern durch, lassen sich nicht länger verheimlichen.
Tschernobyl – dieser magische Name hat in vielen Familien fast die Bedeutung einer Stunde Null erlangt.
Ist der Salat vor Tschernobyl gesetzt wurden? Haben die Erdbeeren vor oder nach Tschernobyl geblüht? Werde ich die Walderdbeeren pflücken dürfen, den Holunder, im Herbst die Pfifferlinge sammeln? Wie ist es mit den Brennesseln, dem Löwenzahn, der wilden Brunnenkresse?

Die Lebensmittelindustrie reibt sich die Hände. Auch die Körndlfresser rennen jetzt zu Aldi und kaufen H-Milch, lauten schadenfrohe Kommentare. Wieder zurück zu H-Milch, Dosengemüse und Eiern von KZ-Hühnern? Das kann ja wohl nicht die Devise sein!

Eine Hiobsbotschaft jagt die andere. Kinder dürfen nicht ins Freie; nicht im Sandkasten spielen, die Katze nicht mehr streicheln, denn ihr Fell sammelt radioaktiven Staub an. Die Mütter mit kleinen Kindern sind am schlimmsten dran.

Die Politiker verhalten sich wie üblich. Anstatt an die Beseitigung der Ursachen zu gehen, schlagen sie eine Symptombehandlung vor. Professor Kollath, der geniale Ernährungswissenschaftler, hat es schon vor Jahrzehnten gesagt: entweder schaffen wir das Atom ab, oder das Atom schafft uns ab. Wer die beiden Studien unabhängiger Forschungsinstitute gelesen hat, weiß, daß wir die sogenannte Kernenergie nicht brauchen!

Ich helfe mir über die Runden, indem ich uns ernähre wie im Winter. Da essen wir ja auch keine Erdbeeren und keinen Glashaussalat. Da leben wir von Getreide, Wintergemüse wie Sellerie, Möhren, roten Rüben, Kohl, Sauerkraut und milchsauer eingelegtem Gemüse, Hülsenfrüchten.

Auf die frischen Wildkräuter habe ich diesmal schweren Herzens verzichtet. Auch den ersten Spinat habe ich abgeschnitten und auf den Sondermüll gegeben – nur: Wo kommt denn der hin? Aber die Waldhimbeeren werden wir essen und die Holunderbeeren ernten. Ohne die lebensnotwendigen Vitalstoffe bin ich ja noch viel anfälliger gegen Krankheiten und wahrscheinlich noch anfälliger gegen alle die Krankheiten, die uns von Cäsium und Strontium noch beschert werden. Schäden, die sich höchstwahrscheinlich erst in Jahrzehnten herausstellen werden. Also: Weg von H-Milch und Dosengemüse, zurück zu einer vitalstoffreichen Vollwertkost.

Wir sind noch einmal davongekommen. Dieses war der erste GAU – damit es nicht zu einem zweiten kommt, ist Widerstand angesagt. Es darf doch nicht sein, daß uns erst unsere eigenen Kinder tot vor die Füße fallen müssen, ehe wir endlich aufwachen und uns wehren.

Am meisten erschüttert hat mich im Zusammenhang mit Tschernobyl die Geschichte eines kleinen Mädchens, dem die Mutter gesagt hatte, die Erde sei sehr krank, deshalb dürfe es nicht mehr im Sandkasten spielen. Die Mutter fand ihre Tochter dennoch im Sandkasten sitzend, aber ohne zu spielen, ganz still. Auf die Frage, ob sie denn nicht gehört habe, was die Mutter gesagt habe, antwortete die Kleine: Du hast uns doch gesagt, die Erde ist sehr krank. Und wenn wir krank sind, läßt du uns doch auch nicht alleinl Da sitzt du doch auch an unserem Bett!

8. Mai 1986: Kundgebung mit Professor Robert Jungk

Trotz strömenden Regens und der Warnung über das Radio, wegen des besonders verseuchten Regens lieber zu Hause zu bleiben, versammelten sich am 8. Mai, Christi Himmelfahrt, laut Polizeiangaben dreitausend, nach unserer Schätzung wesentlich mehr Salzburger, um an einer Kundgebung mit Professor Robert Jungk teilzunehmen. Motto: Atomtechnik ist lebensfeindlich! »Wir fordern, daß die Politiker in Ost und West das Grundrecht der Bevölkerung auf eine gesunde Lebensgrundlage respektieren. Wir fordern eine lückenlose Aufklärung über die Folgen von Tschernobyl für alle Bürger Europas! Wir fordern den Ersatz der Atomenergie durch alternative Energiequellen!«

Eingeladen hatte der österreichische Naturschutzbund, die Grünen, die Bürgerliste und andere Organisationen.

Die Bürgerliste bekräftigte den Gemeinderatsbeschluß gegen die Atomaufbereitungsanlage in Wackersdorf, bot dem Landkreis Schwandorf eine Anti-Atompartnerschaft an und empfahl der Salzburger Landesregierung, dem bayerischen Ministerpräsidenten Franz Josef Strauß den ihm kürzlich verliehenen höchsten Landesorden Salzburgs wieder abzuerkennen. Außer gegen Wackersdorf wurde auch gegen Atomwaffen der NATO in Deutschland und solche des Warschauer Paktes in den angrenzenden Ostblockstaaten protestiert und eine atomwaffenfreie Zone in Europa gefordert.

In Salzburg und allen umliegenden Orten liegen entsprechende Unterschriftenlisten aus. An eine grundsätzliche Sicherheit von Atomreaktoren glaubt kaum jemand mehr – außer den Politikern. Große Empörung herrscht unter der Bevölkerung darüber, daß die Meßwerte bewußt verharmlost bzw. zunächst verschwiegen wurden. Kinder spielten noch in Sandkästen, als die erhöhte Bodenbelastung präzise ausgewertet war: Am 4. Mai nämlich fand die Wahl des Bundespräsidenten statt, und es sollte unter allen Umständen verhindert werden, daß die grüne Kandidatin Freda Meissner-Blau noch mehr Stimmen erhielt!

Bei den Versammlungen und Demonstrationen lese ich das Interview mit dem Neutronenbomben-Erfinder Cohen vor. Als es erschien, habe ich gedacht, das ist ein Witz: Ein Mann preist eine Bombe an, welche Häuser verschont und nur die Menschen tötet! Einige Sätze aus diesem Interview:

Cohen: ... hoch oben in der Luft, so 600 bis 900 Meter über der Stadt, lasse ich meine Neutronenbombe explodieren.

Entwickeln Sie gerne Waffen?

Cohen: Ehrlich gesagt, ja. Es ist eine Herausforderung. Eine sehr faszinierende Beschäftigung.

Was denkt Ihre Frau über die Bombe?

Cohen: Meine Frau beschäftigt sich absolut nicht mit der Bombe. Sie spielt Tennis und beschäftigt sich mit dem Haushalt.

Was passiert mit den Soldaten, über denen die Bombe explodiert?

Cohen: Die werden schwer verletzt durch eine intensive Bestrahlung mit Neutronen. Die meisten Soldaten sind in ein paar Minuten außer Gefecht gesetzt, gelähmt. Die Strahlung greift das zentrale Nervensystem an. Sie können nicht mehr kämpfen. Auf größeren Abstand greift die Strahlung den Magen-Darm-Kanal an. Die Symptome sind: Übelkeit, Erbrechen, Durchfall usw.

Sterben sie danach?

Cohen: Ja. Je dichter sie dran sind, desto schneller sterben sie.

Ist das nicht ein schrecklicher Tod?

Cohen: Sterben ist immer schrecklich.

Ihr Sohn ist bei der Marine. Wie fänden Sie es, wenn er Opfer Ihrer Bombe würde?

Cohen: Oh, nein nein nein, die Bombe wird auf dem Land eingesetzt.

Sehen Sie ihn lieber von Torpedos oder von einer Neutronenbombe bedroht?

Cohen: Eigentlich lieber von einem Torpedo. Torpedos vernichten

Material, kein Leben. Dann kann mein Sohn auf einem Floß oder einem Rettungsboot entkommen und am Leben bleiben.

Haben Sie in den letzten 20 Jahren nie gedacht: Gott, was habe ich da erfunden?

Cohen: Nein, niemals. Es ist mit Abstand die genaueste Selektivwaffe, die jemals erfunden worden ist.

Sehen Sie sich selbst als Wissenschaftler?

Cohen: Nicht mehr, nicht ganz. Nun, die erste spontane Assoziation, die bei mir hochkam, war, daß ich mich selbst als Humanisten betrachte, ist das nicht merkwürdig?

Ja, ziemlich. Wie kann man eigentlich kreativ sein, wenn man an zerstörerischen Sachen arbeitet?

Cohen: Verzeihung, mein Herr! Die Neutronenbombe ist keine zerstörerische Sache!

Aber sie tötet Menschen!

Cohen: Feindliche Militärs, das gehört nun leider mal zum Krieg. So war es immer.

So war es immer. Herr Cohen, Neutronenbomben-Erfinder, sieht sich als Humanist, seine Frau spielt Tennis und kümmert sich um den Haushalt. Aber in Tschernobyl ging ja nicht mal eine Neutronenbombe los, da handelte es sich ja um »friedliche Atomenergie«!

Der Lungenkrebs nimmt sprunghaft zu, berichten die »Salzburger Nachrichten«. Seit 1971 hat sich die Zahl der Lungenkrebsfälle versechsfacht. Na sowas, bin ich versucht zu antworten, das hat doch unser Salzburger grüner Lungenfacharzt schon seit Jahrzehnten vorausgesagt. Aber wie alle großen Seher und Warner wurde auch er als Spinner und Panikmacher verschrien und ausgelacht.
»Zu Pfingsten baden schon Kinder«, lese ich weiter. Und eine Pfingstwallfahrt nach Altötting ist abgesagt worden.
Zu Pfingsten, empfehlen die Ärzte, solle man sich nur mit Decken auf den Boden legen und Gebirgstouren tunlichst unterlassen. Der Zivilschutzverband rät, Mineralwasser und Sardinendosen einzulagern, eine kleine Haushaltsapotheke bereitzuhalten und persönliche Dokumente der Familienmitglieder in einer Mappe zu sammeln. Die Salzburger

erkundigen sich nach Strahlenschutzräumen. Die Geigerzähler sind ausverkauft. Eine Firma preist Strahlenanzüge an, und als ein Mann mit so einem Anzug durch die Salzburger Innenstadt lief, hat sich niemand darüber gewundert. Ihre Champignons seien nicht verseucht, da in Hallen gezüchtet, beeilen sich zwei Champignonzüchter zu versichern. Die Halter von KZ-Hühnern triumphieren über diejenigen, die glückliche Hühner auf dem Misthaufen scharren lassen, und die Kinder werden aufgefordert, ihre Hunde und Katzen nicht mehr zu streicheln.
Der österreichische Bundeskanzler beteuerte gestern im Fernsehen, so eine Katastrophe wie Tschernobyl habe niemand voraussehen können. Dem Wiener Bürgermeister wurde das Recht zuerkannt, sich geirrt haben zu dürfen. Sich geirrt haben zu dürfen in bezug auf die Gefährlichkeit von Reaktorunglücken!
Nach der Wahrscheinlichkeitsrechnung könne sich ein solcher Unfall, ein GAU, nur in etwa einer Million Jahren ereignen, also eigentlich nie, log man uns vor. Warum hat Professor Kollath aber schon vor Jahrzehnten gewußt: »Es gibt nur eins: der Mensch oder das Atom. Mit dem Atom kann der Mensch nicht leben.« Warum er und einige wenige – und warum haben so viele andere das nicht gewußt?
Wie auch immer: der Atomreaktor Zwentendorf ist endgültig »gestorben«, er wird nicht in Betrieb genommen. Die Österreicher haben es geschafft, daß ihr Land frei von Atomreaktoren bleibt, und sie haben es auch geschafft, die Hainburger Au zu retten. Warum schaffen wir so etwas nicht in Deutschland?
Oder wann schaffen wir es?

Mein Vater

Nach einem Vortrag über gesunde Ernährung spricht mich eine Frau an, aufgeregt, rotbackig: »Erkennst du mich? Ich bin Elfriede! Wir waren zusammen in Wietstock bei deinem Vater in der Schule!«
Vater und Mutter Lehrer in unserer Wietstocker Zwergschule. Alle Kinder von sechs bis 14 Jahren in einer Klasse. Ich denke: Elfriede soll mit mir in einer Klasse gewesen sein? Sie sieht ja uralt aus! Sehe ich auch so verbraucht aus?

Elfriede zeigt Fotos von Mann und Kindern. »Weißt du noch? Unsere Jungmädelzeit? Wie du uns Vorträge über die Kolonien gehalten hast, die wir zurückerobern sollten? Und wie dir dein Vater die Ohrfeige gab? Traurig, die Geschichte mit deinem Vater. Er war so ein guter Lehrer. Und wie Ingrid bei dem Luftangriff zerquetscht wurde, mein Gott, vorher hatten wir noch Völkerball gespielt!«
Ingrid, zerquetscht im zerbombten Nachbarhaus. Alle die toten kaputtgefahrenen Körper am Straßenrand, flachgeplättet wie Flundern, unkenntlich, Russen wie Deutsche, fast wieder zu Erde geworden. Der Leichengeruch aus den Ruinen. Ich hatte nur eine Brandbombe in meinem Bett, die ich mit dem Kopfkissen ersticken konnte. Der angebrannte Zuckerrübensirup, gekocht und angebrannt im Waschkessel – andere Leute hatten nicht einmal angebrannten Zuckerrübensirup. Der erste Russe, den ich durch das Fenster des Kellers, in den wir uns alle geflüchtet hatten, erspähte. In all dem Tohuwabohu springt der schöne große russische Soldat über das Beet, will die Tulpen nicht zertreten. Vorträge, daß wir unsere Kolonien in Afrika zurückerobern müßten, konnte ich vorläufig wohl nicht mehr halten. Aus mit »Im Frühtau zu Berge wir zieh'n, fallera«.
Vor kurzem war in einer Zeitung ein Brief abgedruckt, von Himmler am 13. Mai 1942 an den SS-Obergruppenführer Oswald Pohl geschickt: »Lieber Pohl, ich höre, daß es eine Erfindung gibt, daß die Abgase aus den Kaminen der Bäckereien eingefangen werden und daß aus ihnen Alkohol gemacht wird. Bäckereien wie unsere Bäckerei in Dachau müßten täglich 100–130 Liter Alkohol auf diese Art liefern. Kümmern Sie sich doch bitte einmal um diese Frage und sehen Sie zu, daß wir das auch bei unseren Bäckereien machen.«

Trübsinnig trinke ich mein Bier. Warum muß ich immer Vorträge halten! Ich hasse es, Vorträge zu halten. Warum lasse ich mich ewig fremdbestimmen. Ich habe überhaupt keine Lust, irgend jemandem zu sagen, wie er/sie leben soll. Weiß es selbst nicht!

Meine Jungmädelgruppe hatte den Auftrag, Birkenblätter zu sammeln. Tee sollte daraus gemacht werden, ich weiß nicht mehr, für wen. Ohne Stiele sollten die Blätter abgeliefert werden. Meine Truppe riß aber die

Blätter einfach von den Bäumen mitsamt der Stiele. Was tat die kleine pflichtbewußte Waltraut? Kippte zu Hause im Keller sämtliche Säcke Birkenblätter auf den Boden und schnitt die Stiele mit der Nagelschere ab, eine ganze Nacht lang. Das fand sogar Vater übertrieben. Und der war doch nun wirklich parteitreu.

Sein Vater Schuhmacher. In Berlin in einem freudlosen Hinterhof an Tuberkulose gestorben. Auf dem Totenbett soll er seinen Kindern eingeschärft haben: Gebt euch nie mit Juden ab!

Vater hat sich emporgearbeitet und wohl als Reaktion auf seinen tuberkulösen Vater eine unbändige Lust auf Gesundheit entwickelt, Sehnsucht nach Natur, einfachem Leben, Erdscholle, Blut und Boden. Auf dieser Suche ist er vermutlich in die Nazipartei hineingetaumelt, wo ihm all das versprochen wurde.

Vater gab uns sechs Kindern nordische Namen: Waltraut, Hartmut, Reinhard, Volkmar, Reimute, Siegmar. Meinen Argwohn, daß ich wohl gar nicht zur nordischen Rasse gehöre mit meinem slawischen Gesicht und den schwarzen Haaren, wußte er zu zerstreuen: Die Konsistenz meiner Haare sei nordisch. Seine Briefe an mich im Kinderlandverschickungslager unterzeichnete er: Bleib gesund, mein liebes Kind. Heil Hitler. Dein Vater.

Warum hat Mutter ihm nie widersprochen? Geduldig ertrug sie, daß Vater Nazi war. Warum hat sie ihn nicht davon abgebracht? Sie wußte es doch besser! Man geht eben immer den Weg des geringsten Widerstands, sagte sie später zu mir.

Ich war außer mir. Nie nie nie würde ich den Weg des geringsten Widerstands gehen, nie nie nie!

Vater liegt in einem Massengrab, totgetreten oder an Ruhr gestorben, erfuhren wir erst vor kurzem. Genaues weiß man nicht. Über dem Massengrab wurde angeblich eine Siedlung errichtet. Mutter starb an Leberkrebs, sie wurde nur achtundsechzig Jahre alt.

Kartoffelkäfersammeln – Kartoffelkäfer sind Volksschädlinge und müssen bekämpft werden. Wie die Juden. In einem unserer Lieder kam eine Zeile vor: »Die Ju-den her-aus«. »Herr Lehrer, dürfen wir das singen, wenn wir bei den Wertheims vorbeimarschieren? Die sind doch Juden!« Den Wertheims gehörte damals dieses wunderschöne Gut im Nachbarort. Das erlaubte Vater aber nicht, daß dieses Lied gegen die Juden gesungen wurde. Und so zogen wir an Wertheims Gut vorüber, die Rechen von der Feldarbeit geschultert, und es blieb beim Frühtau zu Berge fallera.

Deutsch ist die Saar. Pulswärmer stricken für unsere Soldaten an der Ostfront. Unsere Skier abliefern, für unsere Soldaten an der Ostfront. Obwohl unsere Kinderskier viel zu klein sind für unsere Soldaten an der Ostfront.
Im Herbst 44 war ich mit meiner Klasse zum Osteinsatz im Raum Meseritz abkommandiert. Wir schaufelten Gräben, lächerliche Gräben, sie sollten die russischen Panzer aufhalten, schälten in einer zugigen Scheune Kartoffeln, während sich der Geschützdonner näherte. Eines Nachts kamen Soldaten auf dem »siegreichen Rückzug« in die Scheune, wir schälten Kartoffeln und sangen Durchhaltelieder. Ein Offizier fragte mich: »Na, werden wir denn den Krieg gewinnen?«
»Natürlich!« antwortete ich mit sicherlich leuchtenden Augen.
Er lächelte traurig: »Na, das ist ja fein!«
Vater. Schreibt ein Buch über Pädagogik, das er im Selbstverlag herausgibt und der Partei widmet, die es prompt verbietet – wegen marxistischen Gedankenguts. Er behauptet darin nämlich, erworbene Eigenschaften könnten vererbt werden. Stimmt.
Vater verbietet uns, vor Wertheims Gut zu singen »Die Juden heraus«, bleibt aber bis Kriegsende in der Partei. Vorher allerdings versteckt er in unserem Keller bis zum Einmarsch der Russen unter Lebensgefahr seinen soeben aus dem Gefängnis Plötzensee entlassenen früheren Freund und Anti-Nazi Hans Rütting samt dessen Eltern. Vater hat ihn aufgenommen und seinen Kopf damit riskiert.
Was mag damals in Vater vorgegangen sein! Die endlosen Unterredungen im Luftschutzkeller, fast jede Nacht Fliegeralarm, Brandbomben fielen in unser Haus, wir liefen nach oben, um zu löschen. Ich verstand damals nicht viel von den Gesprächen, aber ich denke, Hans Rütting hat meinem Vater langsam, aber sicher klargemacht, daß er einer verbrecherischen Clique gefolgt war. Vater muß bei dieser Erkenntnis ungeheuer gelitten haben. Denn daß er es erkannt hat, daran zweifle ich nicht. Er ist daran gestorben. Damals stand ich im Keller in der Ecke, stumm und verbissen, hielt meine Fahne hoch, während dieser

entlassene Zuchthäusler Rütting aus der Todeszelle bleich vor Haß und mit verkniffenem Mund sich anschickte, meine heile Welt zu zerstören. Weihnachten 44 hatten wir wie immer im Wald gefeiert, lebende Tannenbäume mit Kerzen geschmückt, »Stille Nacht, heilige Nacht« gesungen und alle gefühlt, es war unsere letzte gemeinsame Weihnacht.

»Weißt du noch, die Ohrfeige, die dir dein Vater verpaßt hast?« Elfriede lacht.

Diese Ohrfeige, die einzige, die ich jemals von Vater erhalten habe, war Gesprächsthema im ganzen Dorf. Der Schulrat hatte seinen Besuch angekündigt, Schulrat Radtke, dick und mit Glatze. Er kam einmal im Jahr, um sich von den Fortschritten der Schüler zu überzeugen. Jedesmal war das ganze Dorf in heller Aufregung, wie bei Gogols Revisor. Vater probierte nervös Krawatten aus. Ich wurde in ein blaurotkariertes Kleidchen gesteckt, das soweit in Ordnung war. Aber der Schlüpfer war zu lang und schaute unter dem Kleidersaum hervor, einer dieser üppigen Barchentschlüpfer mit einem Gummiband oben und einem unten an jedem Bein. Wir hatten noch nicht so hübsche Sachen wie die Kinder heute, keine Strumpfhosen – unsere Strümpfe waren aus brauner kratzender Wolle, die Strumpfhalter aus einem schwarzen Stück Gummi mit mehreren Löchern drin. In eins der Löcher wurde der am Strumpf angenähte Knopf gehakt. Oft waren die Strümpfe an den Knien gestopft, im schlimmsten Fall mit andersfarbiger Stopfwolle. Ich maulte wegen des unter dem Kleidchen hervorlugenden Schlüpfers, maulte und maulte, bis Vater, sonst sehr geduldig, die Hand ausrutschte. Diese berühmte Ohrfeige fiel so unglücklich aus, daß mir die Lippe aufsprang, das Blut hervorschoß, Mund und Backe fürchterlich anschwollen. Eine schlechte Reklame für einen Pädagogen! Ich mußte vor dem Schulrat versteckt werden. Unser Dienstmädchen führte mich in den Wald. Da gingen wir erst einmal spazieren und setzten uns dann auf zwei Baumstümpfe, bis Stunden später wie verabredet mein Bruder kam, um zu melden, daß der Schulrat endlich wieder weg war. Nach der Inspektion von Schülern und Schülerinnen, die verhältnismäßig schnell über die Bühne gegangen war, hatte sich der Schulrat endlos in der Geißblattlaube unseres Gartens erholen müssen, wo Mutter unsere selbstgemachte Leberwurst und Honig von unseren Bienen aufgetischt hatte.

Mutter. Selbst gläubige Protestantin, ertrug sie geduldig, daß ihr Mann Nazi war und »gottgläubig«, einer Art Pantheismus vergleichbar. Fröhlich war sie und großzügig. Andere Kinder kamen gern zu uns, auch Elfriede, weil es bei uns gemütlicher war als bei ihnen zu Hause. Dennoch habe ich immer dagegen angekämpft, so zu werden wie Mutter – kämpfe ich wohl heute noch dagegen an. Den Weg des geringsten Widerstands gehen – nie werde ich das. Nie.
Da bin ich lieber unbequem.

26. September 1986: 25 Jahre WWF in Assisi

Assisi – WWF 25th Anniversary stand auf den Einladungskarten des World Wildlife Fund, zur Feier seines 25jährigen Jubiläums in Assisi zu Ehren des größten Sohnes der Stadt, Francesco – des Heiligen, der wie kein anderer die gleichberechtigte Mitgeschöpflichkeit von Mensch und Natur, von Mensch, Tier und Pflanze gelehrt hat. Vom 23. bis 29. September 1986 sind Vertreter aller Religionen, Buddhisten und Christen, Hindus, Moslems und Juden, Pilger und Pilgerinnen aus aller Welt aufgerufen, in Assisi miteinander ein Netzwerk zur Erhaltung der Natur zu erarbeiten. Abschluß ein großes Festival vor der Basilica San Francesco.
Grund für uns – die kleine Tierschutzgruppe »Pro animale« –, den WWF um Unterstützung zu bitten, damit endlich in Assisi ein Tierheim entsteht. Der Deutsche Tierschutzbund hat uns als Starthilfe einen Scheck mitgegeben.
»Pro animale« hat gemeinsam mit dem Tierschutzverein von Assisi ein Sterilisationsprogramm in die Wege geleitet, da sich auf die Dauer das Problem nur durch Sterilisation der weiblichen Tiere lösen läßt.
Wir traten also an den WWF mit der Bitte heran mitzuhelfen, daß endlich in Assisi ein Tierheim gebaut wird.
Es beginnt eine endlose Korrespondenz, Briefe und Telegramme werden gewechselt, Telefonate geführt. Man wird sich in Assisi treffen.
Inzwischen wird der Bürgermeister von Assisi mit Briefen von Tierschützern aus Deutschland, Österreich und Luxemburg bombardiert mit der Bitte, ein Stück Land zur Verfügung zu stellen, was er zusagt.

»Die ganze Zeit hatten wir herrliches Wetter!« Die Wirtin schüttelt den Kopf. »Und ausgerechnet jetzt, wo das Fest losgeht, fängt es an zu regnen!«

Wir haben 2400 Aufkleber gedruckt, 5000 Flugblätter und 500 Plakate, die den Kopf des weinenden Franziskus zeigen neben dem viersprachigen Text: »700 Jahre sind vergangen seit dem Tod des heiligen Franziskus, und Assisi hat immer noch kein Heim für unsere ärmsten Mitbrüder, die Tiere. Bitte helft mit bei der Errichtung des ›Ricovero per Animali San Francesco‹.«

Sonnabend, 27. September. An der Porta Romana Treffen mit dem Vertreter des WWF.

Er verweist uns an seinen Pressemann. »Finanzielle Unterstützung ist auf keinen Fall möglich.«

»Aber vielleicht dürfen wir unser Anliegen kurz während Ihrer Pressekonferenz vorstellen?« bitten wir.

»Der WWF kann seine Ziele nicht mit Tierschutz verwässern!« erklärt der Pressesprecher. Wo käme man hin, wenn hier jede Organisation ein Forum für ihre Anliegen suche! Die straffe Form des Programms lasse so etwas nicht zu. Außerdem sei der WWF nicht zuständig. Wenn wir einen Radioapparat kaufen wollten, gingen wir ja auch in das entsprechende Geschäft. Und das Anliegen des WWF sei nicht der Tierschutz, sondern der Naturschutz.

»Franz von Assisi fordert aber beides!« beharre ich.

»Wenn Franz von Assisi jetzt hier auftauchte und zum Thema zu sprechen wünschte, würden sie ihn auch wegschicken, weil er nicht ins Programm paßt!« meint ein neben mir Stehender.

Lediglich zwei Mönche der Hare-Krishna-Bewegung können wir für unsere Sache interessieren. Sie gewähren ein Interview für ihren Radiosender. Das Problem des Vegetarismus wird erörtert. »Prinz Philip war verärgert, als ich ihn darauf ansprach«, sagt Diana. »Auch als ich ihn fragte, wie er es fertigbringe, auf die Jagd zu gehen und wehrlose Tiere zu erschießen!«

Wir verteilen unsere Flugblätter vor der Basilica San Francesco und fragen uns immer wieder, warum der WWF überhaupt in Assisi feiert. Was, in Assisi gibt es kein Tierheim? Viele Pilger können das gar nicht glauben.

Zwischendurch Besuch bei der Gräfin de Lazara. Es geht ihr schlechter seit Ostern. Sie ist unfähig, sich aus eigener Kraft aufzurichten. Die Pfleger haben sie in einen Stuhl gesetzt. Sie empfängt uns weinend. Man sollte meinen, daß irgend jemand unter den vielen in Assisi ansässigen Mönchen und Nonnen hier helfen würde – weit gefehlt. Niemand ist bereit, obwohl der Fall bekannt ist.

Nachmittags ein Rendezvous mit dem christdemokratischen Bürgermeister. Er räumt uns zehn Minuten Zeit am morgigen Sonntag vormittag ein, sagt uns ein Stück Land zu!

Dann langes Warten auf den sozialistischen Vizebürgermeister. Sein Wort gilt viel, heißt es. Johanna zeichnet eine grobe Skizze, wie das Tierheim in etwa aussehen könnte. 2000 Quadratmeter sollen wir bekommen, wir kämpfen um etwas mehr. Der Vizebürgermeister wird am Montag morgen eine viertel Stunde für uns erübrigen zur Besichtigung des Baugrundes.

Weitere Flugblattaktionen an der Basilica, im Raum der Dritte-Welt-Gruppe. Es regnet.

Sonntag vormittag, 28. September. Um elf Uhr Treffen beim Bürgermeister. Nebenan konferieren Prinz Philip und irgendwelche Stadthonoratioren. Endlich der große Augenblick – im prächtigen Amtszimmer, in dem natürlich eine Statue des heiligen Franziskus steht, die Übergabe unseres Schecks, Handschlag mit dem Bürgermeister unter dem Blitzlichtgewitter internationaler Fotografen – das Grundstück ist uns sicher!

Wieder Besuch bei der Gräfin. »Ich möchte mit meinen Hunden sterben!« jammert die alte Frau. Sie glaubt keinem Politiker mehr, zu oft ist sie belogen worden. Wenn sie stirbt, muß das Tierheim stehen!

Wieder Flugblätterverteilen. Inzwischen wimmelt die Stadt von Pilgern. Abends ein großes Fest vor der Basilica.

In dem für die Fotografen reservierten, mit Drahtzäunen abgesperrten Gebiet rennen drei kleine Hunde herum, die grünen Armbinden der WWF-Ordner umgebunden, WWF-Aufkleber auf dem Rücken. Später werden wir sie in den Straßen umherirrend wiederfinden. Sie seien den Pilgern gefolgt und finden nicht mehr nach Hause, berichtet eine Pilgerin aus England.

Die Menschenmassen versammeln sich vor der Basilica. Polizei sperrt ab, Prinz Philip tritt auf, ein Vertreter des Dalai Lama. Ein plötzlicher orkanartiger Wind reißt den Rednern die Worte von den Lippen, wirbelt den Pilgern die mitgeführten Papierschlangen um die Ohren. Ein gespenstischer Himmel bricht auf, im Tintenblau fast unnatürlich grellrote Wolken. »Il cielo è rabbiato!« meint ein Italiener neben mir, »der Himmel ist erzürnt, weil hier die Botschaft des heiligen Franz so sehr auf der Strecke bleibt!«

Überall Bilder von San Francesco mit Tieren, mit Kühen, Vögeln, Drachen. »Francesco ist zum Werbegag verkommen!« klagt eine Frau. »Eine goldene Anstecknadel mit dem Pandabären am Anzug, aber taube Ohren für die ›kleine‹ Not der Straßentiere!«

»Il Panda è lontano!« sagt Luciana. Der Pandabär ist weit.

Einige Schweizer Alphornbläser stehen noch vor der Basilica, als der ganze Spuk längst vorüber ist und Nacht sich über Assisi senkt. Der Himmel hat sich beruhigt. Jemand zieht eine kleine Flöte aus der Tasche und spielt gegen die dumpfen Töne der Alphörner an.

Im Raum der Dritte-Welt-Gruppe, die der Missionar und Franziskanerpater Marcello leitet, wird ein gefundenes Hündchen gesegnet. Wir sitzen im Kreis auf dem Boden, Pater Marcello mit dem gütigen Gesicht, die goldene Schärpe über der schwarzen Soutane, betet Francescos Gesang, für Bruder Feuer und Schwester Wasser, für unsere Mutter die Erde und für alle Kreaturen. Das kleine Hündchen mit den kahlen Stellen auf Rücken und Schwanz und den traurigen Augen soll »Baccio« heißen, beschließt Diana. Baccio, der Kuß.

Auf dem Weg zum Abendessen begegnen wir zweien der drei Hunde mit den grünen WWF-Binden. Ein italienischer Tierschützer nimmt sie erst einmal mit nach Hause. Über die Presse will er am nächsten Tag versuchen, anhand der Pilgerrouten die Eigentümer zu finden. »Il regalo di WWF per Assisi dopo la marcia della Pace!« sagt Luciana. »Tre cani abbandonati!« Das Geschenk des WWF an Assisi nach dem Friedensmarsch – drei im Stich gelassene Hunde.

Baccio darf mit ins Restaurant. Wir bestellen Rührei für ihn. Wir sind in glücklicher Stimmung, trotz allem. Baccio wird in Deutschland einen guten Platz erhalten und – wir werden morgen unser *terreno* bekommen!

Montag vormittag, 29. September. Wir fahren zum verabredeten Zeitpunkt zum Grundstück. Der Vizebürgermeister ist verspätet, erscheint endlich mit Geometer und einer Architektin. Das Grundstück, 2400 Quadratmeter groß, liegt unterhalb von Assisi, mit Blick auf die Basilica San Francesco, eingebettet in Weinberge und Olivenbäume.
An einer Seite fließt ein kleiner Bach. Ein wolkenloser, klarer, sonniger Herbsttag. Nichts erinnert an der Spuk des Vortages.
Händeschütteln – die Schenkung des Grundstücks ist besiegelt. Nun werden wir viel Geld brauchen, um das »Ricovero per Animali San Francesco« zu bauen. Und viele, viele Menschen, die hinunterfahren, um mitzuarbeiten.
Nicola, der Taxifahrer – natürlich Mitglied des Tierschutzvereins –, fährt uns mit seinem schönsten Auto zum Flughafen Rom. 400 Hunde hat Nicola in fünf Jahren von den Straßen aufgesammelt und weitervermittelt.
»90 Prozent habe ich in der Nähe der Basilica San Francesco gefunden!« freut er sich. »San Francesco ruft sie dorthin!«
»Nun haben Sie diesen Hund gerettet!« kriegen wir am Flugplatz zu hören. »Das ist doch nur ein Tropfen auf den heißen Stein!« Mag sein. Aber gerade dieser Tropfen könnte es sein, der den heißen Stein zum Zerspringen bringt.

P.S. Die Schenkung des Grundstücks wurde rückgängig gemacht nach Protesten eines hohen kirchlichen Würdenträgers, weil ihn das zu vermutende Gebell der Hunde stören könnte.
Wir fangen von vorn an.

Frühling 1987

Nach vielen vergeblichen Versuchen haben wir uns endlich getrennt. Lutz wird sich eine Wohnung in Salzburg suchen. Ich werde weiter auf dem Bauernhof bleiben. Solange die Pferde leben …

November 1987: Mein 60. Geburtstag

Der Reporter war sehr behutsam.
»In der Einladung zur Feier Ihres 60. Geburtstages schreiben Sie: *Ich bin entschlossen, die kommenden Jahre zu den schönsten meines Lebens zu machen.* Sie geben Ihr Alter preis. Sie haben, wie Sie sagen, Ihre Schauspiellaufbahn bewußt beendet, indem Sie sich die ehemals schwarzgefärbten Haare abschnitten, nicht nur ein äußerer, auch ein innerer Schnitt; Sie haben sich nach zwanzig Jahren von Ihrem Lebensgefährten getrennt. Die von Männern umschwärmte Frau sitzt jetzt mutterseelenallein auf einem Bauernhof – Sie wollen, wie Sie sagen, als Single leben –«
Hier unterbrach ich ihn: »Nur die beiden nächsten Jahrzehnte. Dann sehe ich weiter!«
»O.K. Jedenfalls insgesamt Umstände, die sich ein normaler Mensch ja nicht gerade wünscht. Woher beziehen Sie Ihre Kraft? Wie ist es möglich, daß Sie dennoch den Eindruck einer rundherum glücklichen Frau machen?«

Bin ich glücklich? Ein glücklicher Mensch schreibt keine Zeile, habe ich einmal gelesen. Ich schreibe gerade mein siebtes Buch.
Das letzte Wochenende. Die Kirchenglocken läuten, sonntäglich gekleidete Familien sind unterwegs zum Gottesdienst. Später sitzen sie gemütlich beim Schweinsbraten, es folgt die Kaffeefahrt zu Vater, Mutter, Onkel, Tante, den Enkelkindern. Wie oft habe ich sie beneidet! Ich, deren Traum es war, ein Leben lang neben dem EINEN, EINZIGEN aufzuwachen! Für eine Schar Kinder und später Enkelkinder zu sorgen! Philemon-Baucisartig händchenhaltend mit dem EINEN und EINZIGEN ein geruhsames Alter zu verbringen, bis daß der Tod uns scheidet, und wenn sie nicht gestorben sind, dann leben sie noch heute…
Ich sehe mich letztes Wochenende, der Misthaufen so hoch, daß ich mir beim Stallausmisten die Schulter verrenke. Während die Kirchenglocken läuten, schlage ich auf dem Glatteis hin. Bleibe sitzen und weine. Alle vier Hunde und die beiden Katzen eilen herbei, mich zu trösten. Dackelin Lemmi leckt mir die Tränen aus den Augen.

Bin ich eine glückliche Frau?
Alles, was ich mir gewünscht habe, habe ich nicht bekommen, nicht das kleine Glück mit dem einen EINZIGEN, nicht die flötenspielenden Kinder. Nie wird sie enden, die Sehnsucht nach der heilen Welt meiner Kindheit.
Dafür habe ich vieles bekommen, wovon ich nicht einmal geträumt hätte: Gleich zwei Karrieren, eine als Schauspielerin, eine als Buchautorin. Ich bin eine sogenannte »Promi«, was bei einer Demonstration zum Beispiel bewirken kann, daß ein Polizist mal ein Auge zudrückt, wir näher an das Tierversuchslabor und unsere Botschaft sogar über das Megaphon verkünden dürfen. Ich besitze ein Haus in einer wunderschönen Gegend. Aber ich bin allein.
Bin ich glücklich?
»Doch, Sie sehen glücklich aus«, bekräftigt der Reporter noch einmal. »Ich möchte zu gern wissen, aus welcher Quelle Sie schöpfen. Wo ist die Triebfeder?«
»Liebe? Oder vielleicht richtiger Mitgefühl. Und am Wochenende wird ordentlich geweint!«

Und die Männer?

Es ließ sich nicht umgehen, einige der Männer zu erwähnen, die mein Leben stark geprägt haben. Andere, ebenfalls wichtige, mögen mir verzeihen, wenn ich sie sozusagen en bloc abhake, in der Hoffnung, daß wir einander nicht zu sehr gequält haben.
Wie gesagt: Zu absurd das ewige In-Liebe-und-wieder-aus-der-Liebe-Fallen, ermüdend die ewige Wiederholung alter Verhaltensmuster. Claire Goll hat ihr Buch betitelt »Ich verzeihe keinem«. Ich versuche, allen zu verzeihen – auch mir.

»In den Liebesbeziehungen habe ich mich nie völlig gehen lassen. Sie machten mir Spaß, aber ich vergaß mich dabei nicht. Das bißchen Verstand und Urteilsvermögen, das mir von der Natur mitgegeben wurde, wußte ich zum Vorteil der Frauen und zu meinem eigenen voll und ganz zu bewahren: etwas Erregung, ja – aber bitte keine Raserei! Und:

die Liebe ist eine fröhliche und springlebendige Gefühlsregung; sie hat mich nie in Verwirrung oder tiefes Leid gestürzt, sondern immer nur erhitzt und durstig gemacht – und genau da muß man einhalten« (Michel de Montaigne, 1533–1592).
Statt »fröhlicher und springlebendiger Gefühlsregungen« begleiteten Eifersucht und Dramen meine Liebesbeziehungen. Immer schnell und rasend verliebt, war ich ebenso schnell und rasend entliebt, extrem eifersüchtig, selbst aber nicht treu – eine unpraktische Kombination besonders für eine dauerhafte Beziehung.
Mit wem warum und wenn nicht, warum nicht – das wollte ich hier eigentlich ausklammern. Dann faszinierte mich die Frage, warum ich, eine immerhin ziemlich erfolgreiche und angeblich selbstbewußte Frau, wie so viele meiner Geschlechtsgenossinnen immer wieder in die gleiche Falle tappe, in die Beziehungs-Sucht-Falle.
Kopfschüttelnd blättere ich in meinen Tagebüchern: Verliebt in X, Y, Z – und frage mich, ob SchauspielerInnen überhaupt lieben können, oder ob die Auswahl dieses Berufes an sich bereits Zeichen eines Liebesdefizits ist, ob da ein Liebesfähigkeits-Gen fehlt. Mir scheint, SchauspielerInnen lieben nicht und werden nicht geliebt. Geliebt wird immer die Rolle.
Über einen Drehtag zum Film »Das zweite Leben«, eine französisch-deutsche Co-Produktion, habe ich notiert:

»Michel Auclair spielt einen französischen Soldaten, der als Folge einer Kopfverletzung das Gedächtnis verloren hat, ich eine deutsche ihn betreuende Lazarettschwester.
Szene: Es ist Krieg, der gedächtnislose Michel Auclair hat das Lazarett verlassen und ist auf ein Minenfeld geraten. Ich als seine Pflegerin erkenne in diesem Moment furchtbarer Gefahr, daß ich diesen Mann liebe. Rase zu dem Minenfeld hin, schreie ihm zu, stehenzubleiben, sich nicht von der Stelle zu rühren, er versteht offenbar, bleibt unbeweglich stehen. Ich gehe zu ihm, um ihn zurückzuholen, durch das Minenfeld, langsam, Schritt vor Schritt, die Augen abwechselnd auf den Mann und den verminten Boden gerichtet, jeden Augenblick kann einer von uns, können wir beide in die Luft fliegen, jeder Schritt kann den Tod bedeuten. Als ich endlich bei ihm angelangt bin, Schnitt, Kamera aus.

Nicht im Drehbuch stand, daß wir uns dann in die Arme fielen und ich laut schluchzte, stundenlang nicht aufhören konnte.
Es war inzwischen sieben Uhr abends, die Szene im Kasten, Feierabend, Drehschluß, die Beleuchter tranken ihr Bier, räumten Schienen und Kabel weg. Die Umarmung in Nahaufnahme wird morgen früh um neun gedreht – meinen tränenreichen Zusammenbruch hatte die Kamera nicht mitbekommen, sie war zu weit weg, hatte nur meinen Gang verfolgen wollen, den Gang hin zu dem Mann, über das Minenfeld.
Ich heulte den ganzen Abend durch, wie verhext, von Sehnsucht verzehrt – Sehnsucht wonach? Sehnsucht der Schauspielerin nach dem Schauspieler? Der Lazarettschwester nach ihrem Patienten mit der Kopfverletzung oder Barbaras Sehnsucht nach Michel?
Den Menschen Michel kenne ich ja kaum, wir haben bisher nur wenige Worte gewechselt. Also Sehnsucht wonach?
Er trinkt wie die Beleuchter sein Bier, ihn hat die Szene auf dem Minenfeld nicht berührt. Er ist eben ein Schau-Spieler. Ich spiele meine Rollen nicht, ich lebe sie, das merke ich immer wieder. Mir fehlt der nötige Abstand zu den Personen, die ich verkörpere, ich identifiziere mich mit ihnen. Ich muß diesen Beruf aufgeben, sonst gehe ich kaputt.
Sein Zimmer liegt genau ein Stockwerk über meinem, ich höre, wie er zu Bett geht, kann natürlich nicht schlafen, verzehrt von Sehnsucht.
Am nächsten Morgen begrüßt er mich mit seiner üblichen Verschlossenheit: Bonjour, Barbara, comment ça va?«

Ich lese weiter: Verliebt in X. Warum? Weil wir gemeinsam Vivaldi hörten? Verliebt in Y – weil wir zusammen Gedichte lasen? In Z, weil er das »R« so entzückend rollt? Bei unserer ersten Begegnung sagte er: Für eine Schauspielerin sind Sie bemerkenswert intelligent! Ich habe nicht gedacht, daß eine Schauspielerin im Regen spazierengehen würde!
Dieser Satz genügte – ich war verknallt!
»Wir standen im Regen an der in Nebelschwaden gehüllten Alster, starrten in die Wellen und aßen Äpfel. Ich kannte ihn drei Stunden. In dieser Zeit hatte sich sein Gesicht unglaublich verändert. Anfangs sehr gequält, breit, fast brutal, Mund verkniffen, tiefe Falten von der Nasenwurzel zu den Mundwinkeln herab, war es nun gelöst, schmal gewor-

den, durchgeistigt. Dieser Wandel war berückend. Ich sehnte mich nach seiner Hand auf meiner Schulter, sehnte mich so sehr nach dieser Berührung, daß es weh tat. Er sah mich an, mit kühlen Augen, prüfend – diese kühlen Augen! Er fragte: Liebst du mich? Ein bißchen, sagte ich. Er fragte das später noch sehr oft – um zu hören, wie ich sage: ein bißchen. Ich konnte es nie sagen, ohne daß mich eine Welle von Zärtlichkeit überspülte, und das war es, was er sehen wollte in meinen Augen.«

Oje! Courths-Mahler läßt grüßen.

1953 drehten wir im damaligen Jugoslawien den Film »Die letzte Brücke«. Maria Schell spielte eine deutsche Ärztin, von mir, der Partisanin Miliza gekidnappt, damit sie die jugoslawischen Verwundeten wieder zusammenflickt und so wieder kriegstauglich macht, der schwermütige Bernhard Wicki einen Partisanen, in den ich mich – wie kann es anders sein – verliebte. In wen: Den Menschen Wicki, den Schauspieler – oder den Partisanen?

Tagebuchnotiz:

»Aus Anlaß der 500. Klappe gab es eine deutsch-jugoslawische Feier im Dorfkrug Buna. Wir feierten, wie wir waren, in unseren nach einem anstrengenden Drehtag in glühender Hitze verschwitzten Partisanenuniformen mit Käse und Knoblauch und viel Sliwowitz.

Es ging bald so hoch her, daß mit den Tellern Ball gespielt wurde und schließlich die Hälfte des Geschirrs in das an der Schenke vorbeifließende Flüßchen geflogen war. Nie in meinem bisherigen Leben habe ich derartige Ovationen bekommen wie an diesem Abend von den Jugoslawen: Miliza Miliza urra für die große Kamerad Miliza …

Es war schon dunkel, als wir aufbrachen. Ich wollte in das für die Schauspieler bereitstehende Auto steigen, da tobte der Jubel erst recht los. Auf einem offenen Lastwagen das jugoslawische Team und die Statisten. Alle schrien aus vollem Hals: Urra – urra – urra – za Barbaru – ich rannte mit ausgestreckten Armen auf den Lastwagen zu, wurde hinaufgezogen, und dann ratterten wir durch die Nacht und durch den Staub und die Haare flogen und Sliwowitz wurde aus der Flasche getrunken, die reihum ging, immer wieder hurra Barbaru – ein gurgelndes urra urra urra, wir sangen und tranken, und als wir vor dem Hotel ankamen, noch einmal: drei hurra für die große Kamerad Barbaru – ich wurde vom Auto gehoben, erschöpft und glücklich, und hatte einen Kopf wie ein Ballon, vom Sliwowitz, vom Singen, vom Wind und vor Glück. Selten in meinem Leben war ich so glücklich wie in diesen verrückten Minuten auf dem Lastwagen.«

Die gleiche Frau schreibt Jahre später in New York – diesmal geht es um die »große Liebe« Denis, wieder ein Schwermütiger – in ihr Tagebuch:
»Du hast keinen Stolz!« wirfst du mir vor. Nein, mein Liebling, ich habe keinen Stolz mehr. Der ist mir abhanden gekommen, während ich dich liebte, flötengegangen. Du verachtest mich, weil ich keinen Stolz mehr habe. Wie ein Hund warte ich, bis du nach Hause kommst, schnuppere vorsichtig, ob du nach Liebe riechst, nach einem fremden Parfum. Bloß keinen Vorwurf machen, nicht den Anflug eines Vorwurfs, er ist ja gekommen! Und wenn du eingeschlafen bist, schmuggle ich mich dicht an dich heran, bis mich dein Atem trifft, du atmest aus, ich atme dich ein, ertrunken bin ich und kann nur durch deinen Atem wiederbelebt werden.
Ich tue nichts mehr, ich treffe keinen Menschen, ich lese kein Buch mehr, ich warte auf dich. Ich bin zum hörigen Weibchen regrediert. Während unserer Fahrt durch Texas läßt du mich im Auto warten, in der glühenden Sonne, ohne Kommentar, während du bei einer Freundin bist. Ich warte. Eine Stunde, zwei Stunden. *Did you have a nice rest?* Hast du es dir gemütlich gemacht? Dankbar fühle ich, wie du mir die Schulter klopfst. Wau! Wauwauwau! Hätte ich einen Schwanz, würde ich wedeln.
»Unsinn«, sagte der chinesische Arzt im Bethesda-Hospital in New York, »Sie können nicht ohne den Mann leben? Unsinn. Das gibt es nicht.«
Seine Augen waren aus Eis. Obwohl braun.
Ich habe mir die Pulsadern aufgeschnitten, weil ich wieder einmal auf dich wartete, weil du wieder einmal bei einer anderen Frau geblieben warst.
»Sind Sie Zen-Buddhist?« fragte ich lallend den Arzt, noch im Djum von den Schlaftabletten.
»Nein. Ich bin Katholik.«

Seine zarten Finger stickten meine Handgelenke, mit Kreuzstichen, wie in der Handarbeitsstunde, 16 Kreuzstiche rechts, 16 links. Mit schwarzem Garn. Eine Nonne kam vorbei, blickte kühl auf meine klaffenden Wunden, mein blutverkrustetes Nachthemd. Die Näherei ging in aller Öffentlichkeit vor sich. Die ganze Zeit stand ein Polizist in Schwarz mit seinem Knüppel daneben. Das machen sie so, bei Selbstmördern.
»Warum hat es aufgehört zu bluten?« fragte ich den Eischinesen.
Keine Antwort. Er stickt. Mit schwarzem Garn, 16 Stiche rechts, 16 Stiche links. Note eins für diese ordentliche Handarbeit.
»Wo hätte ich denn schneiden müssen? Sie können es mir ruhig sagen, ich mache es bestimmt nicht wieder. Es tut zu weh.«
Er antwortet nicht. Er stickt. Eingehüllt in seinen Glauben. Ich habe ein schlechtes Gewissen, weil ich mit meinen Kinkerlitzchen seine kostbare Zeit in Anspruch nehme. Neue Eingänge sind da, wichtigere, Verkehrsunfälle. Ich entschuldige mich für die Mühe, die ich ihm bereite. Seine zen-katholischen Augen lassen vermuten, daß er mich verachtet.
»Brauchen Sie so nötig einen Mann?« fragt er schneidend.
Nicht einen *Mann* brauche ich, *einen* Mann brauche ich. Nämlich dich. Denis.

Tja. So ist das, wenn man hörig geworden ist. Schwer, sich daraus zu befreien. In Gesprächen mit anderen Frauen stelle ich immer wieder fest, wie vielen es ähnlich geht, wie viele an Beziehungssucht leiden, unabhängig von sozialem oder gesellschaftlichem Status, von Erfolg und Karriere.

Zur Beziehungssucht gesellt sich bei mir das Helfersyndrom. Macht soll geil machen? Mich nicht. Im Gegenteil. Das helfersyndromgebeutelte Waltrautchen findet unter hundert Erfolgreichen blind den traurigen, selbstmordgefährdeten, zu Recht oder Unrecht verkannten Dichter heraus und startet, in Liebe gefallen, die Aktion zu seiner Rettung. Das sieht so aus: Ihm die Minderwertigkeitskomplexe nehmen, ihn aufbauen, ihn groß und sich selbst immer kleiner machen, nach altbekanntem Muster. Ergebnis: Verachtung des »Geretteten« für seine »Retterin«. Ende der Beziehung. Bis zum Beginn der nächsten – nach dem gleichen Muster.

Ich rette – also bin ich?

In den sechziger Jahren tourte der russische Dichter Jewtuschenko – berühmt vor allem durch das Gedicht »Babi Jar« – durch Deutschland, ließ sich feiern und verdrehte Kritikern wie Frauen die Köpfe, auch mir. Unser Kuß beim Münchner Filmball wurde zum Gesprächsthema Nummer eins. Wir blieben einfach auf der geleerten Tanzfläche stehen, in diesen Kuß versunken, minutenlang. Dabei blieb es aber. Ich kaufte mir zwar sofort Kassetten, um Russisch zu lernen – man wollte sich zu Silvester in Moskau treffen – statt dessen spielte ich am Düsseldorfer Schauspielhaus die Marie im »Wozzeck« und verliebte mich in den Regisseur.

Auch der Versuch, aus dem üblichen Karussell von Treuebrüchen, Verschweigen, Lügen, Eifersucht und Verlassensängsten auszubrechen, war nicht von Erfolg gekrönt. Was anfangs aufregend Erfolg versprach, nämlich eine Dreierbeziehung, die sich sogar zu einer Viererbeziehung entwickelte, endete ebenso im Chaos.
Daß derart unkonventionelle Lebensformen aber tatsächlich funktionieren können, und wie das geht – das wird sowohl im immer wieder angegriffenen ZEGG (Zentrum für experimentelle Gesellschaftsgestaltung) und im als Sekte verunglimpften Heilungsbiotop Tamera auf Portugal eindrucksvoll demonstriert.

In meinen Bücherregalen stapeln sich die Partnerschaftsratgeber: Die Zweierbeziehung, Wenn Frauen zu sehr lieben, Männer lassen lieben, Frauen sind anders, Männer auch – alles hat nichts genützt. Auch nicht der Workshop »Wer bin ich?«. Drei Tage lang fragt jeder TeilnehmerIn sich selbst ununterbrochen »Wer bin ich?«.
Wer ich bin? Keine Ahnung.
Auch O.K.
Genützt haben alle diese Anstrengungen doch etwas. So wie dem Bettnässer die psychoanalytische Behandlung: Er macht zwar weiter ins Bett – aber er kränkt sich nicht mehr.
Fritz Kortner hat mir während der Dreharbeiten zu »Lysistrata« erzählt, daß seine panische Angst vor einem Blackout auf der Bühne

ihn verleitet hat, irgendwelche Glückspillen zu schlucken. Gefragt, ob sie geholfen hätten, antwortete er: Steckengeblieben bin ich trotzdem – aber man schweigt glücklich!

Der »Traummann« erschien bis heute nicht. Eine Astrologin prophezeite ihn mir für das Jahr 2012, da werde ich 85. In einer Fernsehtalkshow meinte ich, daß der Typ doch schon irgendwo sein müsse, und erhielt daraufhin einen Stoß Briefe mit Fotos: Hier bin ich doch, rufen Sie an!

Alter schützt vor Torheit nicht. Mit 75 Jahren hat es mich doch tatsächlich noch einmal voll erwischt. Diesmal war es sein wiegender Gang … Er war zwanzig Jahre jünger als ich, aber uralt, wie er selbst bemerkte. Beim Spaziergang im Wald mit den Hunden sprach er mich an. Als Neurologen interessiere ihn, ob die von mir im Fernsehen vorgestellte Lachtherapie tatsächlich das Gehirn zur Ausschüttung von Glückshormonen anrege.

Zwei Neurotiker hatten sich getroffen. Wir waren sofort in ein Gespräch über Kierkegaard und Krishnamurti und Osho vertieft – er kannte Osho! Ich war selig. Mein Traummann! Der »Gleichgesinnte«, auf den ich immer gewartet habe! Suizidgefährdet und deprimiert über den Zustand der Welt war er auch, ich wußte sofort: DER ist es!

Doch ich hatte unser beider hysterische Anteile unterschätzt. Diese vereitelten sogar die harmlose Idee, gemeinsam einen Kaffee zu trinken – entweder bekam er Durchfall oder ich einen Anfall nervöser Angina pectoris, so groß war unsere Angst vor Nähe.

Zum Glück für beide beendeten wir die Beziehung, bevor sie beginnen konnte.

Und die Moral von der Geschicht?

Zen-geübt zuschauen und alles an sich vorüberziehen lassen wie einen Fluß, im Bewußtsein, daß wir die wahren Ursachen der Zufriedenheit und der Erfüllung in uns selbst suchen müssen.

Sagt der XIV. Dalai Lama. Der muß es doch wissen.

P.S. Kleiner Nachschlag: Unter www.new-scientist.com lese ich: »Glaubt man den Hirnforschern, so ist der Zustand des Verliebtseins weder romantisch noch tiefgreifend bedeutsam. Nach ihnen ist Herzflattern nichts weiter als eine Mischung aus Hunger- und Zwangssymptomen. Insgesamt siebzehn bis über beide Ohren verliebte Männer und Frauen ließen sich von den Forschern per Brainscan ins Gehirn schauen. Wurde ihnen ein Bild ihrer Flamme gezeigt, so feuerten die Hirnbereiche, die für Motivation und Belohnung stehen, wild los, und der Neurotransmitter Dopamin strömte aus. In den für tief gefühlte Emotionen zuständigen Bereichen blieb es dagegen mucksmäuschenstill. Diese werden erst in reiferen Phasen einer Beziehung aktiv. Die Gehirne der Versuchspersonen waren dagegen sehr stark auf Bedürfnis und Befriedigung fixiert. Dieselben Hirnteile wie z. B. beim Essen von Schokolade waren aktiv. Die Hirnaktivitäten sind dabei denen von obsessiv-kompulsiven Patienten sehr ähnlich.«

Ich hab's doch geahnt!

1988: Weihnachten in Mount Abu, Radjastan

Während ich dies zu Papier bringe, hocke ich dick vermummt im Bett; habe alles angezogen, übergestülpt, umgehängt, was an Wärmendem aufzutreiben war, dicke Wollsocken an den Füßen.
Ein kalter staubiger Wind vom Himalaja schüttelt die Affen und Pfaue in den Eukalyptusbäumen. Der Mount Abu im wilden Radjastan, nahe der pakistanischen Grenze, liegt 1200 Meter über dem Meeresspiegel. An diesem seit altersher als Wallfahrtsziel spiritueller Pilger bekannten Ort wurde im Jahre 1950 die »Brahma Kumaris World Spiritual University« gegründet – die spirituelle Universität der Söhne und Töchter Brahmas, von Anfang an und noch heute unter weiblicher Leitung, besonders im damaligen Indien etwas Außergewöhnliches.
Es geht klösterlich zu in der spirituellen Universität. Viele der weißgekleideten *brothers and sisters* leben wie Mönche und Nonnen. Die drei Säulen ihres Lebensstiles heißen vegetarische Ernährung, Zölibat und regelmäßige Meditation. Auch wir Normalbürger verhüllen unsere farbigen europäischen Gewänder mit den weißen Wollschals, die eine der »Dadis«, der Mütter, einem jeden von uns zum Schutz gegen die Kälte verehrt hat.

Menschen, die um meine Bemühungen in Friedensbewegung, Tierschutz und Ernährung wußten, hatten mich zu einer internationalen Friedenskonferenz auf den Mount Abu, in das Dörfchen Madhuban – wörtlich übersetzt Honigwald – eingeladen, um »mein« Öko-Dorf-Projekt in Österreich vorzustellen.

Es hört sich nicht schlecht an: Die Initiative »Global Co-Operation for a Better World« steht unter der Schirmherrschaft der Frau des UNO-Generalsekretärs Perez de Cuellar; weitere Schirmherren sind immerhin der Expräsident der USA, Jimmy Carter, und Yehudi Menuhin. Die Brahma Kumaris hatten vor Jahren die weltweite Aktion »Million minutes for peace« initiiert, vor einem Jahr folgte dann das auf zwei Jahre angesetzte Projekt »Global Co-Operation for a Better World«. Ziel dieser bereits die ganze Welt umspannenden Aktion ist eine Vernetzung aller Friedensbemühungen zwischen Menschen, Städten, Nationen, Kontinenten. Weltweit tragen Kinder und Hausfrauen, Wissenschafter und Laien ihre Ideen und Pläne, ihre Visionen für eine bessere Welt zusammen, die in einer Ideenbank gespeichert werden.

Das Projekt, auch als »peace-messenger-initiative« bezeichnet, ist den Vereinten Nationen gewidmet. Erfreulicherweise sind Mitglieder der UNO genauso vertreten wie die Vizepräsidentin der Friedenskomitees Polens und der Sowjetunion – insgesamt bemühten sich 14 Tage lang 70 Vertreter aus 35 Ländern der ganzen Welt, aller Altersstufen, Rassen, Hautfarben, Religionen und politischen Parteien, die im vergangenen Jahr gesammelten und gespeicherten Visionen vorzustellen, zu diskutieren und zu koordinieren.

Die Strapaze ist enorm, zumal in unseren Workshops alle Sprachen durcheinandersprudeln. Alle sind sich einig, daß diese schöne Welt kurz vor dem Zugrundegehen ist und gerettet werden muß – anfangs denke ich: Worüber reden diese Leute eigentlich, die haben Visionen über Dinge, die wir in Österreich oder der Bundesrepublik ja längst in die Realität umzusetzen versuchen oder sogar bereits umgesetzt haben.

All diese kleinen Dinge: Wir haben so lange die Joghurt- und Rahmbehälter an den Milchhof zurückgeschickt, bis wir unseren Joghurt und Rahm in Glasflaschen geliefert bekamen; unsere Schulkinder sammeln längst Alufolie, legen Wege an, um die Frösche während der Paa-

rungszeit vor dem Überfahrenwerden zu retten; wir trennen längst den Müll von den Glasflaschen, sammeln Altpapier, protestieren gegen unnütze Straßen und für biologischen Land- und Wohnungsbau; arbeiten in amnesty international und bei Greenpeace, in Friedens- und in Anti-Atomgruppen, bemühen uns, sparsam mit Elektrizität und Wasser umzugehen, weniger Fleisch zu essen, nur Eier von frei laufenden Hühnern, keine Schildkrötensuppen und keine Froschschenkel, auf das Tragen von Pelzmänteln zu verzichten.
Viele der Delegierten sind erstaunt, daß es in der Bundesrepublik sogar Anti-Fast-Food-Initiativen gibt, in Österreich ein Gesetz verabschiedet wurde, demzufolge das Tier juristisch nicht länger als Sache, sondern als Lebewesen gilt; daß ein ganzer Zug von Salzburg zum Demonstrieren nach Wackersdorf fuhr, mitsamt dem Bürgermeister.
Zwischendurch taucht immer wieder die Frage auf, ob es sich bei den Brahma Kumaris nicht etwa doch um eine Religion oder gar um eine Sekte handeln könnte. Nein, versichern unabhängig voneinander sowohl die Dadis wie auch der englische Lord, der nicht nur Öko-Bauer ist, sondern auch praktizierender Katholik; nein, sagt auch der Abgeordnete des Ministeriums für Jugend, Sport, Kultur und Kunst aus Trinidad – ebenfalls strenggläubiger Katholik; schließlich sei eine Abordnung der Brahma Kumaris vom Papst empfangen worden; nein, argumentiert schließlich auch der schwarze Priester aus dem Gefolge Martin Luther Kings.
Und wie ist es mit dem Zölibat? wollen einige Ängstliche wissen, sollen etwa alle Menschen wie Mönche und Nonnen leben? Gelächter bei den Dadis, den Müttern: wer will, ja – wer nicht will, selbstverständlich nicht! Und die eine der verlangten Tugenden, nämlich *purity*, Reinheit, bedeute nicht Abstinenz, sondern Abwesenheit negativer Gedanken und Handlungen.
An den Wänden viele Sprüche, die dem entsprechen, was wir im Westen positives Denken nennen: »Be good – do good. Make peace, not pieces. A new clean age – not nuclear age.« Allgemein wird hier an den Beginn eines neuen, und zwar des Goldenen Zeitalters geglaubt – und daß wir Menschen mit unseren guten oder schlechten Taten daran beteiligt sind. Ob es zu der von vielen Propheten geweissagten Apokalypse nun tatsächlich kommen muß oder ob diese zu verhindern ist,

darüber entbrennen immer wieder lebhafte Diskussionen im Speiseraum, im Hof oder im Garten.

Meine Nächte verlaufen recht schlaflos, und die Morgenmeditation um vier Uhr – um diese Zeit soll die Seele am aufnahmefähigsten sein für göttliche Schwingungen, am wenigsten vom Kopf gesteuert – will auch nicht so recht klappen, erschwert noch dazu durch die erbarmungslose Kälte in den zugigen Steinhäusern.

Wie unterschiedlich neben dem globalen Bedürfnis nach Frieden, Verständigung, Rettung der Natur, Beendigung von rassischer, religiöser oder politischer Diskriminierung die Probleme auf der lokalen Ebene doch sind, wird mir unter anderem klar, als mir einfällt, womit ich gerade beschäftigt war, als ich von Salzburg abfuhr, nämlich der Frage, welche Matratze die beste, weil »biologischste« sei. In Indien verfügen viele Menschen nicht einmal über einen Raum, in dem sie schlafen können, geschweige denn über ein Bett oder gar eine Matratze.

Kunterbunt die Schar derer, die in den Workshops arbeiten, aus denen schließlich die Mount-Abu-Declaration geboren wird. Gleich zwei englische Lords reden da mit Ärzten und Biologen, Richtern, Geschäftsleuten und Theologen; Journalisten, Dirigenten und Dichtern, Sängern, Zukunftsforschern, Schauspielern und Lehrern; die First Lady von Bahia ist darunter und der Direktor des chinesischen Behindertenwerks, der Botschafter von Ghana und der junge Oberst der Armee von Mauritius, dessen Stolz es ist, daß seine Armee weniger zum Kämpfen als zum Helfen ausgebildet wird. Er säubert mit seinen Soldaten die Strände und geht alten Menschen in Altersheimen zur Hand. Ein »Witz« am Rande: der indische Medienminister erschien zu seinem Beitrag über die mögliche Mithilfe der Medien zur Realisierung einer besseren Welt von schwerbewaffneten Polizisten eskortiert.

Befremden löst immer wieder, vor allem bei den europäischen Delegierten, der Anblick der Swastika aus. Unser uraltes Symbol für den Wandel allen Lebens, das Rad der Selbstfindung, der Vergänglichkeit – was können wir dafür, wenn Hitler es als Hakenkreuz für seine Gewaltherrschaft mißbraucht hat? fragen die Inder zurück.

Was hat die Konferenz gebracht, was kann »Global Co-Operation for a Better World« überhaupt bringen? Mir scheint, die wichtigste Aufga-

be ist es, die Inhalte, die bisher eher den Protestbewegungen vorbehalten waren, in die Mittelklasse hineinzutragen.
Mein Projekt eines »Öko-Dorfes«, in dem Menschen unterschiedlichen Alters im Einklang mit der Natur miteinander leben und alt werden können, mit ihren Tieren, findet großen Anklang, zumal meine »Vision« davon ja bereits fast ein Jahrzehnt zurückliegt und die tatsächliche Realisierung in Aussicht steht. Von dem 3-Stufen-Plan wurde die erste Stufe bereits in die Tat umgesetzt – nämlich das Seminarzentrum, in dem alle Themen dieser holistischen, dieser ganzheitlichen Lebensweise, von der hier immer die Rede ist, zur Sprache kommen und bereits gelebt werden. Was sich als Kernpunkt der Mount-Abu-Deklaration herauskristallisiert: Die Welt kann sich nur dann verändern, wenn ich mich verändere, heute, hier und jetzt.
Ein Hoffnungsschimmer das Gastgeschenk des Vizepräsidenten des Friedenskomitees der Sowjetunion, ein Stück der ersten abgerüsteten Cruise missile.

Frühling 1989
Besuch im Altenheim

Morgen
werde ich endlich mal wieder gebadet
sagt seine Mutter
das erfrischt immer so
nach drei Monaten endlich mal wieder
weil
übermorgen bekomm ich Besuch
da hab ich Geburtstag
und da wollen sie, daß ich nicht
stinke
an meinem zweiundneunzigsten Geburtstag
sagt seine Mutter und versucht zu lachen
lacht.

Jahrzehnte her, mein Besuch bei dieser alten Frau im Altenheim. Der Schock sitzt noch heute tief.
Es darf nicht sein, daß ein Mensch auf so unwürdige Art alt werden muß! Die Vision einer Öko-Siedlung entstand: Alte nicht ins Altenheim, elternlose Kinder nicht ins Kinderheim, herrenlose Tiere nicht ins Tierheim – alle helfen sich gegenseitig, um das Leben ein bißchen glücklicher zu machen. Auch ich möchte einmal mit meiner letzten Katze im Arm, dem letzten Hund zu meinen Füßen im Kreise lieber Menschen gemütlich sterben können. Ein Gutshof in Doppendorf schien der ideale Ort, das Ziel zu verwirklichen.

Hätte mir nicht irgend jemand eines Tages einen Bericht über diese Lehrerin geschickt, die Tausende von Hunden vor dem Labor gerettet hat und in ihrem Haus im Fränkischen etwa fünfzig davon ständig beherbergt …
Hätte ich diese Frau daraufhin nicht sofort angerufen und gefragt, ob ich ihr irgendwie helfen könne …

Hätte ich mich dann nicht mit ihr in einem kleinen Ort irgendwo in Italien getroffen …
Wäre ich nicht zu ihr in das klapprige Tierrettungsauto gestiegen, um wiederum eine andere Tierschützerin zu besuchen, nämlich die gelähmte, über achtzigjährige Gräfin, die in Assisi mit nahezu hundert Hunden in einem zerfallenen Bauernhaus vegetierte …
Wäre ich statt dessen, wie eigentlich geplant, mit meinem damaligen Lebensgefährten nach Verona gefahren, um die Festspiele zu besuchen, schick essen zu gehen und mir hübsche Klamotten zu kaufen …
… hätte das Projekt Doppendorf nie stattgefunden.

Sicher, ich träumte schon seit etwa einem Jahrzehnt, seit dem Besuch in diesem Altenheim, davon, daß eines Tages diese Ghettos geöffnet würden, die Ghettos der Kinderheime und Waisenheime, die Ghettos der Altersheime und Tierheime.
Aber erst als ich Johanna traf, dieses weibliche Gegenstück zum heiligen Franziskus, erst da kam der Impuls, diesen Traum auch Wirklichkeit werden zu lassen. Wir beide werden eine Gemeinschaft schaffen, beschlossen Johanna und ich, in der Mensch und Tier, jung und alt zusammenleben, im Einklang mit der Natur liebevoll und harmonisch miteinander alt werden.
Wir brauchten Verbündete. Und diese fanden sich schnell.
Gern hätte ich die Siedlung auf meinem eigenen Grund und Boden gebaut. Aber auf diesem Gelände darf das Grünland nicht in Bauland umgewidmet werden, vom umweltschützerischen Gesichtspunkt aus richtig.
Die Suche nach einem ähnlichen Projekt bedeutete Fahrten mit einem Immobilienmakler, monatelang, Rennereien zu Politikern, zwei ganze Sommer lang, etwa 20 Objekte angeschaut. Das nächste, das in Frage kam, ein altes leerstehendes Bauernhaus, im Besitz der Salzburger Landesregierung. Wieder Besuche bei sämtlichen zuständigen Politikern, meine Idee vorgestellt – nein, man sei nicht abgeneigt, Haus und umliegendes Land dem Verein zur Verfügung zu stellen –, aber zu entscheiden habe letztendlich die Gemeinde, in deren Bereich das Anwesen liegt.
Also bei der Gemeinde antichambriert. »Wenn die Frau Rütting so

etwas in Salzburg machen würde – ich würde sie auf Händen tragen!« hatte ein Salzburger Landesrat angeblich geäußert. Darauf raunzte der damalige Bürgermeister in meinem Beisein: »Von mir aus kann er die Frau Rütting hintragen, wo der Pfeffer wächst – hierher kommt das Projekt nicht! «

Man beabsichtigte, dort einen Truppenübungsplatz für die Bundeswehr zu errichten. Das Haus steht heute noch leer und zerfällt.

November 1987 – Mein sechzigster Geburtstag nahte, und ich wollte das Projekt wegen allzu großer Widerstände am liebsten aufgeben. Frag doch eine Astrologin, meinte da eine Bekannte, ich kenne eine gute ... Das tat ich. Und die meinte nun, ich müsse das Projekt durchziehen, es wäre eine Katastrophe für meine spirituelle Entwicklung, wenn ich es nicht täte, mit einem starken Jupiter sei das gar kein Problem; zwar mache Saturn Schwierigkeiten, und meine Gesundheit laufe Gefahr, auf der Strecke zu bleiben – aber insgesamt, wenn ich endlich genug gebrannt wäre, wie gute Keramik, und wirklich selbstlos hinter dem Ganzen stünde, dann, ja dann würde ich es schaffen, die richtigen Helfer würden sich einstellen, auch Finanziers und staatliche Stellen.

Im Grunde meines Herzens hatte ich gehofft, die Astrologin würde mir raten, nun treten Sie mal etwas kürzer, wie sich das für die zweite Lebenshälfte gehört, machen Sie Urlaub, reisen Sie, lassen Sie sich liften, oder legen Sie sich einfach in die Sonne, und genießen Sie endlich Ihr Leben, statt sich weiterhin so abzuschuften – aber nein: Sie sagt, ich muß das machen.

Daß ich dieses Muß annahm, lag in der Luft. Überall in der Welt begann es zu gären, schmeckte es nach Auf- und Umbruch, schien plötzlich das Unmögliche möglich. Die große weltpolitische Wende bahnte sich an.

Und da kam Margarete Mackwitz, Eigentümerin eines Gutshofes in meiner näheren Nachbarschaft, und sprach: »Warum machst du das denn nicht bei mir? Hier ist doch alles vorhanden, was du brauchst!«

Das stimmte insofern, als sie ihr Gut seit über einem Jahrzehnt biologisch-dynamisch bewirtschaftet; daß riesige, nicht genutzte Gebäude auf ihre eigentliche Bestimmung zu warten schienen; daß Bauland zur Verfügung stand wie auch ein großes Gewerbegebiet, auf dem man alle möglichen handwerklichen Betriebe errichten könnte – und am Rande des Waldes vielleicht die so dringend benötigte Tierherberge. Und überdies für mich zum Greifen nahe, nur zehn Autominuten von meinem Sommerholz entfernt, den Berg hinunter und eine kurze Schleife am stillen See entlang.

Was dagegen sprach: Ich wußte, daß Margarete Mackwitz, selbst Anthroposophin, sich eigentlich ein anthroposophisches Zentrum wünschte. Außerdem wurde auf diesem Hof geschlachtet und Fleisch gegessen, während ich mir eine vegetarisch lebende Gemeinschaft vorstellte im Sinn von Pythagoras und Tolstoi; und, last but not least, war das einzige einigermaßen bewohnbare Haus für das geplante Seminarzentrum total ungeeignet, verfügte nur über wenige primitive Zimmer, eine vorsintflutliche Ofenheizung, völlig unzureichende sanitäre Einrichtungen etc. Kurz und gut: Das Haus war in einem Zustand, der schon andere Bewerber davon abgebracht hatte, es zu kaufen.

Da fiel der schicksalsträchtige Satz, an den sich Margarete Mackwitz später nicht mehr erinnern kann: »Und wenn ich euch das Haus schenke?«

Ich weiß noch genau, wie ich den Kassierer des Vereins anrief: »Stell dir vor, die Margarete Mackwitz will dem Verein das Haus schenken!«

»Ja, wenn das so ist – dann können wir es wohl wagen ...« Aber nur in Kombination mit dem Kauf des Baulandes; denn das Hauptziel des Vereins ist ja nicht ein Seminarhaus, mit dem man praktischerweise aber beginnen könnte, sondern eine Lebensgemeinschaft von gleichgesinnten Menschen; und die brauchen Häuser.

Vom Schenken des Hauses ist zwar bald nicht mehr die Rede; aber inzwischen haben alle Feuer gefangen, mit einer niedrigen Miete geht es zunächst auch; vielleicht ist die Eigentümerin später so begeistert, daß sie von sich aus ... und Doppendorf ist der richtige Ort für das Projekt, darüber sind sich inzwischen alle einig. Zwischen der Gutsbesitzerin und dem Verein wird ein Mietvertrag für das Haus bis Ende 1993 abgeschlossen, und der Verein erhält ein Angebot über das Bauland.

Hundertwasser muß die Häuser bauen!

Alles ist begeistert.

Ich fahre nach Wien, werde von Meister Friedensreich empfangen, schaffe es, ihn mit seinem Architektenteam nach Doppendorf zu holen. Ihm gefällt meine Idee; er sieht sofort eine begrünte Wohnlandschaft, die sich harmonisch in das Ortsbild einfügen wird.

Hundertwassers Architekt arbeitet einen Plan aus; erscheint zur nächsten Gemeinderatssitzung bereits mit einem Modell. Ich hatte erwartet, alle Gemeinderatsmitglieder würden beim Anblick dieses Modells in Entzückensschreie ausbrechen: Die Häuser nach Norden hin in den wärmenden Schutz der Erde geschmiegt, nach Süden, Westen und Osten der Sonne geöffnet. Genial. Jede Familie hätte statt einer Häusermauer einen begrünten Hügel vor sich, vielleicht mit ein paar Schafen drauf.

Der Gemeinderat aber beschließt: Das sind menschenunwürdige Erdhöhlen.

»Für den Krieg mag's ja angeh'n«, meint einer in der unbeschreiblich blamablen Sitzung, in der, laut Gesetz, wir Außenstehenden keinen Mucks von uns geben dürfen, »für den Krieg mag's ja praktisch sein, diese Erdhöhlen, da sieht der Feind von oben aus der Luft keine Häuser – aber sonst? Na, na, nix da, abgelehnt!«

Ich tröste mich damit, daß eine Hundertwasser-Siedlung vielleicht tatsächlich zu viele Touristen angezogen hätte, wie einige Skeptiker meinten. Und es stellt sich auch gleich eine Öko-Architektin ein, die, vorerst unentgeltlich, Häusertypen entwerfen will, die den Gemeindevätern Mitte Juni vorgelegt werden und ihnen hoffentlich besser zusagen werden.

Und dann kommt es knüppeldick. Meine Zeit als »Kanalarbeiterin«.

Der Verein verfügt zwar auf dem Papier über einen Vorstand – ist aber praktisch, bis auf den Kassierer, nicht vorhanden. Letztendlich bin ich mit der ganzen Arbeit, vor allem mit den täglichen Entscheidungen, allein. Ab und zu kreuzt einer auf, um Besorgnis über das ganze Unternehmen anzumelden.

Im Januar wird mit der Gutseigentümerin der Mietvertrag für das Seminarhaus bis zum Jahr 2025 verlängert. Sie beklagt, durch die Verzögerung der Verhandlungen um den Kauf des Baulandes erhebliche Nachteile erlitten zu haben, geleisteter Zeitaufwand, Zinsverlust. Aber schließlich hat nicht der Verein die Hundertwasser-Siedlung vereitelt, sondern die Gemeinde! Der Bürgermeister verlangt plötzlich, daß statt der bisher benutzten Sickergrube ein Kanalanschluß gebaut wird. Also her mit einem Bagger, der tagelang Gräben zieht und Löcher buddelt; dann werden lose Rohre verlegt; irgendwo staut sich aber der ganze Matsch, wieder muß der Bagger her, wieder wird die Erde aufgerissen. Herren- und Damentoiletten müssen gebaut werden, damit wir überhaupt Seminare abhalten oder ein Restaurant führen können. Wo man den Hammer ansetzt oder nur einen Nagel einschlägt, fällt der Putz herunter, bröckelt es; wo gerade mit viel Mühe geweißelt wurde, kommen tags drauf wieder feuchte Flecken zum Vorschein.

Abends halte ich Vorträge in der Umgebung, um Interesse für das Projekt zu wecken. Vor zwei Uhr nachts bin ich nicht im Bett, dennoch jeden Morgen um sieben Uhr auf der Baustelle, hole Nägel und Zement für den Fortgang der Arbeiten, Jause und Bier für die Arbeiter, heize den Kachelofen, richte das Büro ein, bediene das inzwischen installierte Telefon, schreibe Seminare aus, kaufe ein, mache Verträge mit den Referenten – und nebenbei habe ich schließlich noch ein Zuhause zu betreuen: das kleine Bauernhaus mitten im Wald mit drei Pferden, fünf Hunden, zwei Katzen und fünf Zwerghühnern, für das ich, Gott sei Dank, eine Hilfe habe, die Bauerntochter Frida, die morgens um sieben Uhr kommt, aber leider abends um fünf Uhr das Haus verläßt.

Fast ein Jahr lang muß ich mit drei bis vier Stunden Schlaf nächtens auskommen; gestärkt nur durch die Aussage der Astrologin, die ich mir ins Gedächtnis rufe, wenn ich denke, *rien ne va plus*: Das sind alles Hürden, die ich nehmen, Prüfungen, die ich bewältigen muß; die Helfer werden kommen, eines Tages, die richtigen Menschen werden sich einfinden, die Gelder werden nur so fließen, alles wird mir nur so zufallen. Eines Tages ...

Und dann naht der Eröffnungstag.

Womit, außer mir, niemand gerechnet hat: Das Haus ist vorzeigbar, sogar die Toiletten funktionieren.

Meiner Einladung über Presse und Postwurfsendungen folgen ungefähr tausend Menschen. Das übertrifft jede, auch die kühnste Erwartung.

Bin ich dankbar! Über tausend Besucher, ist das nicht der beste Beweis

dafür, wie gut und richtig die Idee ist, wie groß die Sehnsucht der Menschen nach Gesundheit und Glück?
»Wenn einer träumt, bleibt es ein Traum –
wenn viele träumen, beginnt der Traum, Wirklichkeit zu werden.«
Der Satz des Bischofs Camara, Motto unseres Vereins. Das Traumprojekt Doppendorf nimmt seinen Lauf.

LIEBE DOPPENDORFER
UND DOPPENDORFERINNEN!

Wir eröffnen unseren Seminarbetrieb
und laden Sie ein zum

Tag der offenen Tür

am Sonntag, dem 9. April 1989.

Ab 10.00 Uhr erwarten wir Sie zum Schlemmen!
Auf dem Dorfplatz backen wir Brot, Semmeln, Kuchen und knusprige Waffeln aus Vollkorn.
Wir bieten eine Jause mit kernigem Vollkornbrot, Butter, deftigem Käse, frischer Milch oder frisch gepreßten Säften, Kräutertee, heimischem Most und anderen Spezialitäten.
Die Altenauer kochen altrömische Dinkelsuppe.
Wir zeigen Ihnen das Pressen von Kern- und Sonnenblumenöl.
Für die Kleinen gibt es köstliches, gesundes Eis.
Wir wünschen einen schönen Festtag und heißen alle herzlich willkommen!

Ihre Barbara Rütting
Gemeinnütziger Verein
zur Förderung ganzheitlicher Lebensweise

9. April 1989

»Das ist der glücklichste Tag meines Lebens!« konnte ich dem ORF-Fernsehreporter versichern.
Wes das Herz voll ist, des läuft der Mund über ... In meiner großen Freude über den wunderbaren Tag habe ich sogar den darob total verdatterten Bürgermeister auf offener Straße abgebusselt.
Alle sind unserer Einladung gefolgt, um der Eröffnung des Seminarzentrums beizuwohnen: der Bürgermeister und die Gemeinderäte und der junge Pfarrer, mit dem sich eine fruchtbare Zusammenarbeit ergeben könnte, denn er ist sehr aufgeschlossen, zum Beispiel auch für Dritte-Welt-Probleme; und – allergrößte Freude – viele Einheimische. Das reinste »Kaiserwetter«: der Himmel vom blausten Blau, die Sonne kraftvoll, so daß Körper und Seele gewärmt werden wie an einem goldenen Sommertag – und das am 9. April! Wenn das kein gutes Omen ist!

15. April 1989

Gemeinsam mit dem Fremdenverkehrsverband eine Aktion »Das gesunde Dorf« gestartet. Etwa alle vier Wochen werden sich Vertreter dreier Nachbargemeinden treffen, um ein Programm für die Gesundung ihrer Dörfer zu erarbeiten.
In allen Dörfern soll schwerpunktmäßig unterschiedlich gearbeitet werden, aber alle sollen wetteifern in dem Bemühen, ihrem Dorf zu größtmöglicher Gesundheit zu verhelfen. Der vielfach preisgekrönte Ort Altenau bietet ein »Frühstück ohne Müll« an, was bedeutet, daß die in Hotels übliche Portionsverpackung von Butter, Marmelade, Honig etc. wegfällt und nur frische Produkte auf den Tisch kommen, wie unpasteurisierte Bauernbutter, selbstgemachter Käse und die wiederentdeckte altrömische Dinkelsuppe; ferner ein Bio-Wanderweg mit genau erläuterten Stationen (Schmetterlingsstrauch, Trinkwasserquelle etc.) und, als besondere Attraktion, ein Schwimmbecken ohne Chlor, in dem drei Sorten von Fischen namens Tosterlup, Weißer

Amour und die Forelle die Reinigung besorgen – sie putzen gemeinsam das Schwimmbecken; der Weiße Amour frißt vorwiegend die Algen und Gräser, während der Tosterlup das Wasser filtert und die Forellen dafür sorgen, daß der Badespaß nicht durch Frösche oder anderes Kleingetier getrübt wird.

16. April 1989

Im Erdgeschoß sieht alles schon wirklich tiptop aus: die Toiletten picobello, weiß gefliest, die Küche geweißelt – Margaretes Mann meinte bei einem Rundgang: »Und warum hast du das nicht gemacht?«
Eine hingeraunte Bemerkung, deren Worte, jedes einzelne, mich wie ein Peitschenhieb treffen, obwohl ja gar nicht ich gemeint bin, sondern Grete, die nicht antwortet, sondern schweigt.
Ich kann nicht erklären, warum mich dieser Vorfall so traurig macht. Ein Vorfall, der eigentlich gar kein Vorfall ist – oder doch?

20. April 1989

Die örtliche Tageszeitung bringt heute unter der Rubrik »Fall der Woche« das Konterfei des Doppendorfer Bürgermeisters (Unterschrift: »Nur ein gequältes Lächeln war dem Bürgermeister von Doppendorf im Zusammenhang mit möglichen Erdwohnungen im Hundertwasser-Stil in seiner Gemeinde abzugewinnen. Mittlerweile hat sich einiges geändert: Das Dorfprojekt bleibt, der Hundertwasser-Stil nicht.«).
Fettgedruckt dann die Überschrift des Artikels:
»Gemeinde lehnt Erdwohnungen ab – herkömmlicher Stil für das Bio-Dorf«
Dazu der Kommentar »Schlaglichter – Schlaglöcher«:
Angst vor Hundertwasser!

4. Mai 1989

Spaziergänger brachten mir einen kleinen Hund. Sie haben ihn, völlig verstört, im Wald gefunden. Vermutlich ausgesetzt, aus dem Auto geworfen. Ich kann unmöglich in meiner jetzigen Situation, total überlastet, noch einen Hund zu Hause aufnehmen. So habe ich den kleinen Kerl, eine entzückende, schwarzgelockte Promenadenmischung – im Gesicht ein bißchen Spitz, sonst undefinierbar, feurig, mit Glutaugen und einem Schwanz wie eine Federboa –, zuerst einmal mit nach Doppendorf genommen. Er wird, wenn ich abends nach Hause fahre, bei den beiden Köchen bleiben, bis sich hoffentlich bald eine der Seminarteilnehmerinnen in ihn verlieben und ihm eine gute Heimat geben wird.
Wir haben ihn Mephisto getauft, weil er ein richtiges kleines schwarzes Teufelchen ist.

15. Juni 1989

Habe alle Doppendorferinnen zu einem Info-Abend eingeladen, auch um Wünsche und Anregungen gebeten.
Bürgermeister und Pfarrer gaben uns die Ehre, Bauern mit ihren Frauen – letztere interessierte allerdings überwiegend, mit welchen Einnahmen durch Zimmervermietung an unsere Seminargäste sie wohl rechnen könnten.
Leider hat die mit soviel Verve an- und aufgetretene »Öko-Architektin« nicht, wie versprochen, Anfang Juni ihre Pläne für die von der Gemeinde im »herkömmlichen« Stil gewünschten Wohnhäuser vorgelegt, sie ist nicht einmal aufzufinden – »vielleicht in Sri Lanka«, bescheidet mich ihre Sekretärin, »bei ihr weiß man das nie so genau.«
Das ist die Kehrseite der Medaille bei vielen »Ökos«, die Unzuverlässigkeit. Wenn sie keinen Bock drauf haben, folgen sie diesem Impuls und – tun nichts. Von dieser Einstellung wünsche ich mir die Wurzel aus einem Prozent!
Allerdings melden sich mehr als genügend Architekten; Baufirmen en

masse, Installations- und Möbeleinrichtungsfirmen preisen ihre Dienste an.
Die Ziele des Vereins sind denen natürlich völlig wurscht, wuascht, wie man hier sagt, die wollen nur Geld verdienen. Ich muß sehr aufpassen, daß die – glücklicherweise in der Satzung festgelegten – sozialen und ethischen Aspekte des Vereinsziels nicht verwässert werden.

10. Juli 1989

Glücksfälle gibt es auch. Ein solcher heißt Ottilie. Sie kam das erste Mal als Seminarteilnehmerin, das zweite Mal, um zu helfen, das dritte Mal, um zu bleiben. Als Innenarchitektin kann sie einfach alles: tischlern, tapezieren, malen, Fliesen legen, Gardinen nähen und hervorragend kochen.
Sie wird in Zukunft für die Seminarteilnehmer das Essen zubereiten.

15. Juli 1989

Eine winzige Ankündigung in den »Salzburger Nachrichten«: »Vortrag über transzendentale Meditation.«
Vor Jahren hat mich der Rummel um Maharishi im Zusammenhang mit den Beatles abgeschreckt, mich auf die TM einzulassen, weil ich aber nach wie vor »auf der Suche« bin, ging ich hin – erhielt mein Mantra und meditiere morgens und abends 20 Minuten auf das Mantra.

19. Juli 1989

Die Farbe Rosa zieht sich jetzt durchs ganze Haus, rosa Tischdecken in der Gaststube, die Gardinen – auch in den Zimmerchen –, die Sitzpolster der Stühle. Entzückend sieht das aus, frisch, zart und feminin, warm und gemütlich.
Das ehemals so düstere Haus ist nicht wiederzuerkennen. Alle, die zum Schnuppern eintreten, fühlen sich von den guten Schwingungen ange-

zogen – außer dem Alkoholkranken – aber der im Grunde ja auch. Er wehrt sich nur noch – gegen die Zärtlichkeit, die ihm von uns entgegengebracht wird.
Was kreuzen hier aber für Typen auf! Die Therapeutin mit ihrem Patienten, dem Alkoholiker, der inzwischen ihr Geliebter ist. Finster steht er bei schönstem Sommerwetter vor der Haustür und schreit plötzlich los: »Ihr seid alle so lieb, das ist ja zum Kotzen!«
Eine graumäusige vergrämte Frau sitzt auf der Bank und brummt: »Ist ja alles schön und gut, Ihre Pläne, aber wird es denn so friedlich bleiben?«
Darauf ich, zu ihrer Verblüffung: »Das hängt von Ihnen ab!« Und immer wieder Astrologen, Astrologen, die hier Kundschaft wittern, die ziehen wir an wie das Licht die Motten. Einmal sind gleich zwei da, die sich prompt in die Haare kriegen wegen unterschiedlicher Prognosen. Einer betrinkt sich in der Bibliothek an mitgebrachtem Wein und qualmt unaufhörlich, obwohl Ottilie ihn gebeten hat, in unserem Haus nicht zu rauchen. Auch er kriegt plötzlich einen Wutausbruch: »Ist ja gräßlich, dieser Hühnerhof – lauter Hennen, ist ja gräßlich! Hier gehört ein anständiger Hahn her!«
Schallendes Gelächter von uns Frauen: »Ja, du, was? Kikeri-kiiiiiii.«

20. Juli 1989

Wiederholt haben die Medien berichtet, daß in den Oststaaten Menschen hungern müssen, sogar verhungern, weil sie nicht genügend Fleisch, Wurst und Zucker kaufen können.
Diese Tatsache – Menschen hungern, weil sie etwas nicht haben, was ich gar nicht brauche – veranlaßte mich, über eine andere Art der Hungerhilfe nachzudenken und einen Brief an einen befreundeten bulgarischen Arzt zu schreiben, der in mehreren Zeitungen abgedruckt wurde und gerade in Bulgarien ziemliches Aufsehen erregte:

Lieber Freund!
Viele Menschen wissen es immer noch nicht – oder wollen es nicht wahrhaben –, daß Fleisch durchaus kein Stück Lebenskraft ist; daß

7 Kilo pflanzliches Eiweiß durchschnittlich benötigt werden, damit 1 Kilo tierisches Eiweiß überhaupt entstehen kann, der Umweg über das Tier also eine ungeheure Verschwendung bedeutet, vor allem angesichts des Hungers in der sogenannten dritten Welt; daß tatsächlich, wie der Slogan sagt, das Vieh der Reichen das Brot der Armen frißt, daß sogar aus der Sahelzone, in der vormals die Menschen von Hirse und Bohnen leben konnten, Futter für das Vieh der Industrieländer exportiert wird, während die Einheimischen verhungern; daß die übermäßige Fleischproduktion schuld ist an der Massentierhaltung, an der Zerstörung der Umwelt, der Regenwälder, weil für die Erhaltung des Sauerstoffs dringend notwendige Wälder abgeholzt werden, damit noch mehr Weiden entstehen für noch mehr Rinder, die noch mehr Steaks liefern sollen für unsere Wohlstandsgesellschaft, die bereits dahinsiecht aufgrund ihres Überkonsums an tierischem Eiweiß und die an der Gülle der zu Tode gemästeten Tiere zu ersticken droht.
Auch bei uns verschließen viele vor diesen Problemen die Augen und Ohren. Diese Augen und Ohren gilt es zu öffnen. Wir können nicht länger so verantwortungslos in den Tag hineinleben, wie wir es bisher getan haben, sonst gehen wir alle zugrunde. Wir alle müssen anders leben, damit andere leben können …
Die Zeit ist reif auch für eine Revolution in der Eßkultur, für eine sanfte Revolution.
Es werden nicht alle Menschen über Nacht zu Vegetariern werden. Wenn aber jeder weniger Fleisch und insgesamt weniger tierisches Eiweiß verzehren würde, wäre bereits viel gewonnen.
Daß Essen Spaß machen, schmecken, gut aussehen und dennoch gesund sein muß, ist selbstverständlich. Niemand braucht bei der Umstellung auf eine vitalstoffreiche Vollwerternährung auf kulinarische Köstlichkeiten zu verzichten, ganz im Gegenteil.
In Kanada wurde bereits vor Jahrzehnten an einem Plan gearbeitet, die »Hungerländer« mit Auskeimkost zu versorgen, sprich mit gekeimtem Getreide und gekeimten Hülsenfrüchten. Leider blieb diese revolutionäre Idee wie viele andere auf der Strecke; man versorgte statt dessen die unterentwickelten Länder mit unserer krank machenden Zivilisationskost.
Ungemahlenes Getreide und Hülsenfrüchte in diese Länder zu

schicken hätte folgende Vorteile: einfacher Transport – lange Aufbewahrungszeit (wenn trocken gelagert) – es ist kein Brennmaterial für die Zubereitung nötig – und die Versorgung mit nativem, das heißt mit nicht denaturiertem Eiweiß ist optimal, der Gehalt an Vitamin B1, A und C nach dem Keimvorgang sogar höher als vorher. Viele Menschen können durch Auskeimkost vor dem Verhungern gerettet werden (Dr. Ralph Bircher).

In meinen Koch- und Backkursen bemerke ich immer wieder das Erstaunen der Menschen darüber, wie wenig man zum Leben braucht, wie einfach diese Dinge zu beschaffen sind und wie wohlschmeckend sie zubereitet werden können. Was brauchen wir? Getreide, Kartoffeln, Hülsenfrüchte, einheimisches Gemüse und Obst der Jahreszeit. Wer es nicht versucht hat, macht sich keine Vorstellung davon, wie wunderbar es sich mit roten Rüben, Möhren, Sellerie, Kraut und Hülsenfrüchten wie Linsen und Bohnen, ergänzt durch Getreide, über den Winter kommen läßt.

Kennst Du die Geschichte vom hundertsten Affen? Forscher studierten das Verhalten von Affen auf einer Insel. Die Affen liebten Süßkartoffeln, mochten aber nicht den daran haftenden Sand. Ein Affenmädchen kam auf die Idee, die Kartoffeln am nahen Fluß zu waschen. Nach einer gewissen Zeit wuschen auch die anderen Affen auf der Insel ihre Kartoffeln. Und dann passierte es: Als der hundertste Affe seine Kartoffeln gewaschen hatte, sprang der Funke dieser Idee über auf sämtliche umliegenden Inseln – fortan wuschen alle Affen aller Inseln vor dem Verzehr ihre Kartoffeln!

Ich vertraue auf einen ähnlichen »*Quantensprung*« auch in anderen Bereichen, auch im Hinblick auf die vegetarische Lebensweise. Und komme zurück zum Anfang meines Briefes, zu unserem, zu eurem Problem. Jede Hilfe muß Hilfe zur Selbsthilfe sein, sonst kuriert sie nur an Symptomen herum, statt die Ursachen auszumerzen. Nehmt in diesem Sinne unsere Hilfe in Anspruch!

Ich habe diesen Brief an Dich geschrieben, weil Du ein sehr guter, ganzheitlich denkender Arzt bist. Ich könnte mir vorstellen, daß Du der Richtige bist, eine solche alternative Hilfsaktion zu starten, die dann in anderen Ländern nachvollzogen werden kann. Es werden sich HelferInnen überall finden, in kirchlichen, spirituellen und tierschützeri-

schen Gruppen, die gerade in den Ostländern zur Zeit förmlich aus dem Boden schießen.
Ich vertraue darauf, daß wir alle gemeinsam imstande sind, unsere Erde wieder zu heilen – und daß eine solche Aktion einer der vielen kleinen Schritte dazu sein kann.

Deine Barbara Rütting

24. Juli 1989

Mephisto ist – läufig!
Mephisto ist ein Mädchen. Das hat mir gerade noch gefehlt, ein läufiges Hündchen, mitten in einem Seminar.
Ich kann mich vom Seminarzentrum nicht wegrühren, alle Hände voll zu tun – rufe in Salzburger Zoogeschäften an, schließlich erklärt sich eines bereit, mir – Freitag abend, kurz vor Ladenschluß – ein für solche Zwecke konstruiertes Höschen zu schicken, nachdem ich die ungefähre Größe angegeben habe.
Samstag morgen trifft dann ein Päckchen ein, per Eilpost, ein französisches Modell gar. Diese »Culotte«, in Schwarz, passend zum Fellchen, trägt Fräulein Mephisto, wie es scheint, mit großem Stolz.
Der Versuch, sie Mephista zu nennen, oder Mephistoline, schlug fehl, klingt irgendwie nicht. Ich probierte daraufhin »Lilly« aus, mit Erfolg, sie reagiert auf diesen Namen. Lulu hätte vielleicht noch besser zu ihr gepaßt, sie hat so etwas von den Frauen des Toulouse-Lautrec – aber Lilly ruft sich besser. Alle lieben dieses intelligente spritzige Kerlchen, ich auch. Und wie!
Aber es hat sich niemand gefunden, Mephisto-Lilly zu adoptieren. So habe ich sie heute doch mit zu mir nach Sommerholz genommen.
Die vorsintflutliche Heizung – ein riesiger, mit meterlangen Holzscheiten zu heizender Ofen im Flur des Erdgeschosses – reicht an kalten Tagen schon jetzt nicht aus, um die Küche mit heißem Wasser und die Bewohner mit Duschwasser zu versorgen.
Der Vorstand hat meinem Vorschlag zugestimmt, daß eine Zentralheizung eingebaut wird, vor allem angesichts der Tatsache, daß unser

Mietvertrag – immer vorausgesetzt, die Siedlung wird gebaut – ja bis zum Jahr 2025 (du meine Güte!) verlängert wurde.
Ich war von Anfang an bereit, 700 000 Schilling oder 100 000 DM zu riskieren, die ich mir natürlich auch nicht gerade aus dem Ärmel schüttle, sondern die ich schon »opfere«; aber ich nehme doch an, daß ich das Geld im Laufe der Jahrzehnte zurückerhalte.
Für etwa 140 000 Schilling wird also die BP eine Gasheizung, ausreichend für das ganze Haus, den Dachboden – die künftige Meditations- und Konzerthalle – mit eingeschlossen, einbauen.
Ottilie und Veronika wohnen bereits im Haus, und meine beiden lieben Mädchen sollen im Winter nicht frieren müssen!

28. August 1989

Ottilie, Veronika und ich sitzen zu einer kurzen Verschnaufpause im Garten, als ein silbergrauer Rolls Royce vorfährt. Alle drei schnellen wir hoch wie von der berühmten Tarantel gestochen: vielleicht DER Mäzen! Kuchen wird aufgefahren, der köstlichste Tee serviert, endlose Zeit verplaudert, bis der piekfeine, nach der neuesten Mode durchgestylte Besucher endlich mit seinem Anliegen herausrückt.
Er möchte mit seinem kostbaren Vehikel unsere Seminarteilnehmer vom Bahnhof abholen – gegen ein entsprechendes Entgelt!

2. September 1989

Ottilies Allround-Fähigkeiten sind Gold wert. Nicht nur ist sie ausgebildete Innenarchitektin, nein, sie war auch Leiterin aller möglichen Studios und Galerien, Designerin, Fotografin, sie hat die Heilpraktikerausbildung absolviert, in Westafrika ein Restaurant geführt – sie kocht köstlich, ist noch dazu meditationserfahren, nicht aus der Ruhe zu bringen, immer gutgelaunt, die braunen Augen im graugelockten Katzengesicht immer vergnügt.
»Der Beginn einer Schnupperwoche ist wie eine Vernissage«, konstatiert die ehemalige Galeristin Ottilie, »im Hinterzimmer stehst du

noch farbverschmiert in der Latzhose auf der Leiter und streichst irgend etwas, und im Entree stoßen die Gäste, cocktailgedreßt, schon mit Sekt an!«
Hoffentlich kann der Seminarbetrieb ihren ungeheuren Appetit auf Veränderungen auf die Dauer stillen …

11. September 1989

Und der Bagger baggert mal wieder. Diesmal, um ein riesiges Loch für den Gastank auszuheben. Ein höllischer Lärm!
Der Mann, der die neu eingebaute Geschirrspülmaschine kontrolliert, teilt mir mit, daß aus der hauseigenen Quelle Sand in die Maschine gespült wird und wir für 30 000 Schilling eine Druckpumpe installieren müssen.
Und im Garten wartet ein Fernsehteam, um mit mir ein Interview über mein grandioses Projekt zu machen.
Tief durchatmen …

25.–28. September 1989 (Hannover)

Zu einer Demo gegen Tierversuche.
Es ist ein Skandal: Die medizinische Hochschule in Hannover verleiht anläßlich des 25jährigen Bestehens der »Gesellschaft für Versuchstierkunde« den Preis für Versuchstierforschung, 10 000 Mark, gestiftet von der Firma »altromin« (die zu den größten Futterherstellern für Versuchstiere gehört, Käfige und Bändigungsapparate für Versuchstiere vertreibt und mehrfach mit der Justiz und den Kontrollbehörden in Konflikt geriet wegen Verstoßes gegen das Betäubungsmittelgesetz, wegen fehlerhafter Futterdiäten, falscher Versicherungen an Eides Statt usw.).
Noch skandalöser: Verliehen wird dieser Preis durch den Rektor der tierärztlichen Hochschule, der – man höre und staune – ebenso wie deren Tierschutzbeauftragter Kuratoriumsmitglied ebendieser Firma »altromin« ist.
Der »Bundesverband der Tierversuchsgegner« und »Menschen für

Tierrechte« haben das Ministerium für Wissenschaft und Kunst, das für diese Belange zuständig ist, aufgefordert, Rektor und Tierschutzbeauftragten zu veranlassen, entweder die Mitgliedschaft im Kuratorium der »altromin-Stiftung« oder ihre Hochschulämter aufzugeben. Etwa hundertfünfzig Vivisektoren mögen zu diesem Kongreß angereist sein. Auf der anderen Seite: Tierschützer aus ganz Deutschland. Obwohl einigermaßen überanstrengt, brachte ich es nicht fertig, nein zu sagen, als ich gebeten wurde, eine Protestrede zu halten. Wie üblich, sind die Teilnehmer auf unserer Seite diejenigen, die »eh alles wissen«, wir kennen einander von Demos in Straßburg, in Berlin, in Luxemburg und und und.
Bei der Pressekonferenz meine ich feststellen zu können, daß wir die Journalisten diesmal mehr denn je auf unserer Seite haben. Die Verfilzung von Wissenschaft und Wirtschaft ist gar zu offensichtlich.

Wir verleihen auch einen Preis, und zwar einen symbolischen Alternativpreis an den Studenten Sven Miske, der sich seit Jahren weigert, die angeforderten Tierversuche durchzuführen und dafür sogar sein Medizinstudium aufs Spiel setzt.
Ich bin bei einem rührenden jungen Paar der Gruppe »Humanimals« einquartiert, was soviel heißt wie »Menschentier«. Die beiden wohnen sehr beengt in einer klitzekleinen Wohnung, in der sie auch noch eine bettlägerige alte Großmutter pflegen. Für mich haben sie eine Couch in die Küche gestellt.
Wieder einmal ein Beweis, daß die Tierschützer sich nicht, wie uns das ja oft vorgeworfen wird, nur »um die Viecher« kümmern, sondern daß ihnen der Schutz der Menschen einfach eine Selbstverständlichkeit ist.
Schönster Erfolg der Aktion: Der Rektor der tierärztlichen Hochschule hat seinen Posten im Kuratorium der Firma »altromin« in der Folge unserer Protestdemo zurückgegeben.

17. Oktober 1989

Die Referentin, die sich um die Leitung der Heilfastenwoche im Frühling beworben hatte, erteilt mir eine Absage, mit der Begründung, sie

versuche zwischen Schulmedizin und alternativer Medizin zu vermitteln, was ihr auch schon ganz gut gelänge, aber – große, große Pause am Telefon – da könne sie nicht in einem Zentrum unter der Patronanz einer Barbara Rütting arbeiten, die verkünde, daß Rheuma durch Umstellung der Ernährung heilbar sei!
Nun habe ich aber mein eigenes Rheuma durch Umstellung der Ernährung, nämlich durch Weglassen von tierischem Eiweiß, stoppen können; dasselbe sagt eine Frau, die sich gerade in der Farbenberatungsgruppe befindet. Und schließlich vertreten auch fortschrittliche Schulmediziner diese Ansicht.
Der nächste Schock: Eine Reporterin vom ORF berichtet, sie habe noch nie so viele und so viele negative Briefe eine (nämlich meine) Person betreffend erhalten wie nach der Rundfunksendung, die sie mit mir gemacht hat.
Tenor: Die österreichische Bevölkerung wisse selbst ganz gut, wie sie zu leben und sich zu ernähren habe, dazu brauche sie nicht die Ratschläge einer hergelaufenen »Piefke«. Und der Sekretär der Doppendorfer Gemeinde habe, als sie ihn um die Telefonnummer des Seminarzentrums bat, geantwortet: »Das können Sie vergessen, das ist eh nix G'scheites.«
Aber zu mir sind sie alle sooooooo freundlich!
Schlimm, diese Verlogenheit.
Bin deprimiert. Warum tue ich das alles? Die Antwort kommt prompt: weil es getan werden muß! Aber es tut schon weh, immer diese Hiebe einstecken zu müssen.
Seltsam, zu meinen Vorträgen in Deutschland finden sich jedesmal Hunderte von begeisterten Zuhörern ein; hier in Österreich, wo ich seit fast einem Vierteljahrhundert lebe, muß ich um fünf oder sechs Teilnehmer betteln. Und werde obendrein noch verhöhnt oder zumindest belächelt.

23. Oktober 1989

Ein Journalist (fast möchte ich sagen: natürlich ein Österreicher!) interviewt mich: »Wie hält man das eigentlich aus, wenn man doch, wie Sie, überwiegend belächelt wird?«

Wie relativ Sorgen sind! Gelesen: »Ich weinte, weil ich keine Schuhe hatte. Bis ich einen traf, der weinte, weil er keine Beine hatte.«

18. Oktober 1989

Koch- und Backkurs mit fünf SOS-Kinderdorfmüttern. Immerhin! Wir backen und kochen Brote und Kleingebäck, Hauptgericht ein Kartoffel-Lauch-Auflauf – Nachtisch eine Biskuitroulade. Die Frauen können gar nicht fassen, wie gut alles schmeckt, sogar die mit Himbeerschlagsahne gefüllte Biskuitroulade aus Vollkornmehl!
Wunderbare Stimmung. Alle Frauen wollen in Zukunft für ihre Kinder vollwertig kochen, sogar zu einem Fortsetzungskurs kommen. Ich habe so kalkuliert, daß wir kurz vor zwölf Uhr fertig sind. Sie packen ihre Kochgeschirre und Kuchenbleche ins Auto und fahren zufrieden ins SOS-Kinderdorf zu ihren insgesamt 35 Kindern, für die pünktlich um zwölf Uhr ein Vollwertessen auf dem Tisch steht.

3. November 1989 (Göppingen)

Ich »reise« wieder einmal, wie das im Verlagsjargon heißt: Stelle meine Bücher in Buchhandlungen vor und halte parallel dazu Vorträge in Volkshochschulen zum Thema »Gesund und bewußt leben mit Vollwertkost«. Über 250 Anfragen liegen beim Verlag vor; ich könnte ein ganzes Jahr damit zubringen, ich, die ich nie Vorträge halten wollte! Gesund und bewußt leben heißt für mich natürlich, daß es nicht nur um meinen eigenen Bauch gehen kann und darf, sondern immer auch die Sorge um andere Lebewesen – Pflanzen, Tiere und Menschen – mit einbezogen sein muß.
»Barbaras Rundumschlag« nennen Freunde diese Abende. Tatsächlich kann ich auf diese Weise ganz unaufdringlich, in homöopathischen Dosen sozusagen, unter dem »Mäntelchen Vollwertkost« auch die anderen Themen an den Mann bzw. an die Frau bringen, die mir am Herzen liegen: Massentierhaltung, Tierversuche, Hunger in der dritten Welt. Alles hängt zusammen, alles ist vernetzt. Viele begreifen die

Zusammenhänge am Beispiel DDT: Bei uns verboten, wird es in die Länder der dritten Welt exportiert, kommt über die Kakaobohnenplantagen in die Schokolade und findet sich in der Milch unserer stillenden Mütter wieder. Jede schlechte Tat kommt auf den Verursacher zurück, genauso wie jede gute.
So eine Bücherreise ähnelt einer Theatertournee: Tübingen, Reutlingen, Aalen, Bad Waldsee, Balingen, Göppingen, Schwäbisch Gmünd, Lahr, Freiburg, Nagold.
Auto, Hotel, Vortragssaal; Auto, Hotel, Vortragssaal.
Ich genieße die deutschen Laute: Da ist ein A noch ein A, ein O noch ein O. Ich genieße die komfortablen Hotels, die Blumensträuße. Ich genieße es, anerkannt, ja sogar gefeiert zu werden. Und bin überglücklich, wenn mir wieder einmal bestätigt wird, daß manchmal ganze Familien dank meiner Bücher gesund und von allen möglichen Krankheiten geheilt worden sind.
In Deutschland wird mein Einsatz geschätzt und gewürdigt.
Wie anders in Österreich! Warum nur bin ich in diesem Land gelandet? Warum in Doppendorf?
Nun, es wird seinen wenn mir bisher auch noch verborgenen Sinn haben ...

9. November 1989 (Hotel Hilton, München)

Nachts um ein Uhr nach einem Super-Abend in einer kleinen exquisiten Buchhandlung ins Hotel gekommen. Will noch kurz die Nachrichten anschauen, dann ins Bett – und höre: Die Mauer ist gefallen!
Wahn-sinn!
Dieses Wort, das immer wieder von tränenüberströmten Menschen in Ostberlin gestammelt wird, drückt am besten aus, was wohl alle empfinden. Wahn-sinn, was im Augenblick in der Welt vor sich geht. Ebenfalls tränenüberströmt bis zum Morgengrauen vor dem Fernsehapparat gesessen.
Ich habe zwei Brüder und eine Schwester mit Familien in der DDR.

12. November 1989 (Freiburg)

Viele Interviews unterwegs, im lokalen Fernsehen, Radiosendern, Zeitungen. Einmal sage ich, auf das Problem des Altwerdens angesprochen: »Ich freue mich aufs Sterben!«
Die Reporterin ist verstört.
Natürlich freue ich mich nicht auf die Leiden, die dem Sterben höchstwahrscheinlich vorausgehen, aber ich vermute, daß ein starkes Glücksgefühl eintritt, sobald die Seele den geplagten Körper verlassen darf.
Die Leute denken immer, jemand, der sich mit Gesundheit beschäftigt, müsse ein robuster, gesunder Mensch sein. Mir scheint eher das Gegenteil der Fall. Genau wie alle Psychiater spinnen – wohl spinnen müssen, weil sie andernfalls sich kaum in ihre Patienten hineinfühlen könnten –, genauso sind alle Gesundheitsexperten gesundheitlich gefährdet. Ich jedenfalls kann mich an kaum einen Tag erinnern, an dem mir nicht irgend etwas weh tat, körperlich oder seelisch, Vollwertkost hin oder her.

14. November 1989

Aufgrund der großen Nachfrage werden wir einen Vollkorn-Backtag für Kinder durchführen.
Rosy hat ein lustiges Plakat gemalt mit nudelholzschwingenden, kochmützengeschmückten Kindern.

15. November 1989

Wieder zu Hause in Sommerholz. Das Wiedersehen mit meinen Tieren – ein Glück, das nur verstehen kann, wer selbst mit diesen Wunderwesen lebt oder gelebt hat.
Diese wilde Freude, diese warmfellige Sanftheit dann, wenn alle zufrieden und ruhig daliegen.
Ob ich traurig bin oder Falten bekomme oder altere – sie lieben mich.

Sie verlassen mich nur, wenn sie sterben müssen. Sie lieben mich – bis in den Tod.

21. November 1989

Angeblich bin ich heute 62 Jahre alt geworden.
Als ich um acht Uhr ins Büro komme, haben Ottilie und Rosy auf meinem Schreibtisch Kerzen angezündet und einen Skorpion-Blumenstrauß aufgebaut. Ein findiger Geschäftsmann stellt neuerdings Sträuße nach den Sternzeichen zusammen. Ein darangehängtes Kärtchen gibt Auskunft über das Geburtstagskind. »Der Skorpion ist ein Wasserzeichen«, lese ich. »Wer sich mit einem Skorpion-Geborenen einläßt, muß also auf Höhenflüge gefaßt sein! Zum einflußreichen Skorpion passen Blumenkombinationen in ausdrucksstarken Farben: Blau, Rot, Rotviolett, immer mit etwas Stachligem.«
Die Farben der Blumen entsprechen genau den Farben, die ich auch in meiner Kleidung bevorzuge. Nun weiß ich endlich, wie sie sind, die Skorpione!

22. November 1989

Das Salzburger Land plant für das Jahr 1992 in Michaelbeuren eine Ausstellung: »Lebensraum: Irrwege – Auswege«. Ich bin eine der »fünfzig Persönlichkeiten verschiedenster Fachgebiete«, die zur Mitarbeit eingeladen wurden.
Freue mich riesig darüber! Nach all den Demütigungen in Doppendorf ein solcher Auftrag. Das erste zweitägige Symposion wird am 30. November in Michaelbeuren stattfinden.
Und das Abendessen für die sechzig Gäste wird vegetarisch sein – geliefert vom Seminarzentrum!
Irrsinnig glücklich.

25. November 1989

Die Schweizer haben über die Abschaffung der Armee abgestimmt – 35,6 Prozent waren dafür, daß es keine Armee mehr gibt! Unglaublich! In der Schweiz – wo jeder Bürger sein Gewehr im Schrank hat!

26. November 1989

Eine unglaubliche Woche. Eine Wahnsinns-woche! Gorbatschow trifft sich mit dem Papst, verspricht Religionsfreiheit in der Sowjetunion!
Der Drahtverhau zwischen der ČSSR und Österreich wird weggerissen. Bricht jetzt der globale Frieden aus? Wahnsinn, dieses an sich schreckliche, Mode gewordene Wort drückt tatsächlich am besten aus, was in der Welt vor sich geht, im Negativen wie im Positiven.
Tengelmann hat aus 3500 Läden die PVC-Flaschen entfernt.

Wenn das alles der große Zertrümmerer Pluto bewirkt, von dem die Astrologen immer reden, Pluto, der alles Alte und Verkrustete zerstört – dann nur weiter so!
In der DDR, in der ČSSR, in Bulgarien – überall ertrotzt sich das Volk durch die »Abstimmung mit den Füßen« immer mehr Rechte, immer mehr Freiheit.
Ich glaube, mein Traumprojekt paßt haargenau in diese neue Zeit.

27. November 1989

Die Öffnung der DDR-Grenze hat zur Folge, daß einer meiner Brüder, den ich seit 1945 nur einmal gesehen habe, nämlich zum Begräbnis meiner Mutter im Jahr 1972, mich zu Weihnachten mit Frau und Kindern besuchen will.
Ich hatte mir mein Weihnachten still und meditativ vorgestellt, sogar mit einer Woche in einem Ashram in Indien geliebäugelt. Wir werden

das Seminarhaus über Weihnachten geschlossen halten, weil wir alle von dem sehr intensiven Betrieb der letzten Monate erschöpft sind. Den Weihnachtsrummel kann ich eh nicht ausstehen. Ich sehne mich nach Ruhe, nach Schweigen. Nach einer schlaflosen Nacht beschließe ich, Indien zu »opfern«.

30. November 1989

Gorbatschow, der große Veränderer, soll transzendentale Meditation praktizieren, mit einem Lehrer aus Regensburg, wird erzählt.
Wundern würde es mich nicht.

1. Dezember 1989

Honecker ist aus der Partei ausgeschlossen worden. Der Stacheldraht zwischen der ČSSR und Österreich wird abgebaut. In Prag Sprechchöre: Das Volk hat gesiegt, das Volk hat gesiegt …
Die Skandalmeldung des Tages: In einem Radio-Gespräch über Diabetes behauptet ein Arzt – ein Arzt! –, der Diabetiker könne ruhig Zucker essen – und zwar 30 Gramm pro Tag –, wenn er Insulin spritzt!

2. Dezember 1989

Morgen ist die Versammlung all derer, die sich bis jetzt für das geplante Öko-Dorf interessieren. Ich werde mitteilen müssen, daß Meister Friedensreich Hundertwasser mit seinem Architekten persönlich in Doppendorf war und unser Dorf gern gebaut hätte – daß aber leider die Gemeindevertretung seine begrünten Häuser ablehnte mit der ungeheuerlichen Begründung, diese »menschenunwürdigen Erdhöhlen« seien niemandem zumutbar.
Wir werden dann gemeinsam versuchen müssen, eine Alternative zu finden. Der Seminarbetrieb hat nur einen Sinn, wenn diese Dorfgemeinschaft entsteht, kann sich ohne diese auch nie rentieren. Semi-

narbetriebe gibt es wie Sand am Meer, täglich stellen sich mehr Referenten vor, als sich Teilnehmer melden.
Nein, worauf es mir ankommt, ist die Lebensgemeinschaft von gleichgesinnten Menschen, wobei das Wort »gleichgesinnt« auch einer gründlicheren Hinterfragung bedarf, denn was sich unter diesem Begriff hier alles einstellt, ist schon mehr als seltsam: Da sind die Tierfreunde, denen es nur um ihren Fifi geht und um sonst nichts; die Körndl-Freaks, denen nur das Wohl ihres Bauches am Herzen liegt und sonst nichts; die Esoteriker, denen sowohl Ernährung wie auch Tier- und Umweltschutz schnurz ist, weil sie meinen, das sei alles unwichtig, wenn man/frau »richtig« denke. Vielleicht sollten wir ein Seminar veranstalten, um den Begriff »gleichgesinnt« zu definieren.

3. Dezember 1989

Etwa drei Dutzend Leute sind gekommen: Kinder, Hunde, junge Ehepaare, alte Menschen – so ist es gut, so ist es richtig, wie ein Bilderbuchquerschnitt der künftigen Dorfgemeinschaft!
Zuerst, wie erwartet, große Betrübnis über die Ablehnung von Hundertwassers grandiosem Plan der begrünten Häuser. Viele hatten sich inzwischen mit Hundertwasser-Gemälden und -Häusern beschäftigt und sich darauf gefreut, in so einem bunten freundlichen Haus selbst einmal wohnen zu können. Was nun? Da vor allem die älteren Interessenten eigentlich lieber eine Wohnung hätten als ein Haus, kommt unserem Vorstandsmitglied Steuerberater *die* Idee: Warum kaufen wir statt des bisher in Erwägung gezogenen Grundstücks nicht die Scheune, die sowieso abgerissen werden muß, und bauen diese zu Wohnungen aus? Wenn der die Scheune umgebende Streifen Grünland zu Bauland umgewidmet werden würde, könnten dort sogar noch einzelne kleine Häuser zusätzlich entstehen!
Alle sind begeistert. Eine Liste geht herum, jede/r trägt ein, wieviel sie/er für die zukünftige Wohnung geben will und kann. Es kommen – zumindest auf dem Papier – über fünf Millionen Schilling zusammen! Fünfzehn neue Mitglieder gewonnen.

4. Dezember 1989

Tag der heiligen Barbara. Barbara, Schutzheilige der Artillerie, der Bergleute. Barbara bedeutet auch die Barbarin, die Fremde. Ich bin nicht katholisch und habe daher nicht die gleiche Beziehung zu Namenstagen wie eine Nachbarin, die mir frisch gepflückte Kirschen- und Forsythienzweige bringt. Heute am Barbaratag in die Vase gesteckt, werden sie zu Weihnachten blühen.
»Ich bin entschlossen, die kommenden Jahre zu den schönsten meines Lebens zu machen« – als ich meinen 60. Geburtstag unter diesem Motto gefeiert habe, hatte ich selbst kaum zu hoffen gewagt, daß dieser Satz so schnell Wirklichkeit werden würde.

10. Dezember 1989

Die tschechische Regierung ist zurückgetreten. In der neuen Regierung mehr Oppositionelle als KP-Mitglieder. Vačlav Havel wird als zukünftiger Ministerpräsident diskutiert.
Hunderttausende Tschechen und Österreicher feiern an den Grenzen, die noch vor kurzem der Eiserne Vorhang versperrte. Waaahnsinn!

13. Dezember 1989

Zwei tolle Tage: Gestern Vollkorn-Backtag mit 45 Frauen, von morgens neun Uhr bis abends. Man stelle sich vor: 45 lustige (weil überwiegend mollige?) Frauen mit Nudelhölzern! Heute backen wir Weihnachtsplätzchen mit zwölf Kindern zwischen vier und elf Jahren und ihren jungen, entzückenden Müttern. Welche Hoffnung, diese Generation!
Zwischendurch springe ich mit ihnen Trampolin, und wir spielen Eisenbahn. Alle fassen sich an, und ich rase mit den jubelnden Kleinen im Gänsemarsch durch das ganze Haus. Wir singen und bimmeln mit der großen Glocke und tuten und pfeifen, daß es nur so eine Wonne ist.
Da habe ich mit dem Schicksal gehadert wegen meiner Kinderlosigkeit. Und nun habe ich all die Kinder, die ich mir so sehr wünschte.

15. Dezember 1989

Das Seminarhaus wird zusehends schöner, heller, wärmer, stimmiger, aber mein Leben zu Hause in Sommerholz leidet. Frida hat ihren Weihnachtsurlaub. Ich habe neben dem Seminarbetrieb mein Haus, drei Pferde, fünf Hunde und zwei Katzen zu versorgen. Mehr als drei Stunden Schlaf pro Nacht schaffe ich immer noch nicht. Um zwei Uhr falle ich todmüde ins Bett, um fünf Uhr muß ich aufstehen, um alles nur einigermaßen hinzukriegen. Um acht Uhr bin ich im Büro, glücklicherweise benötige ich nur zehn Minuten mit dem Auto, und wenn die anderen ihre Mittagspause genießen, rase ich nach Hause, um dort alles mehr schlecht als recht zu versorgen.
Irgend etwas läuft falsch. Wenn ich so weitermache, ereilt mich über kurz oder lang ein Herzinfarkt. Und das alles im Namen der Gesundheit!
Vielleicht sollte man überhaupt nicht unentgeltlich arbeiten. Witzigerweise glaubt das sowieso niemand, offenbar ist das zu verrückt. Wahrscheinlich denken die Leute sogar noch, daß ich an dem ganzen Unternehmen verdiene!
Unsere Seminare finden hauptsächlich am Wochenende statt. Die ganze Woche der Streß im Büro, die Rennereien zu irgendwelchen Bürokraten, die vielen Menschen, die sich an mir aufladen wollen und an mir saugen wie die Blutegel, nie ein freier Samstag oder Sonntag, stets zuwenig Schlaf – wenn das nicht bald anders wird, gehe ich drauf.
Ich nehme die Bachblüte »Olive« gegen Erschöpfungszustände. Natürlich ist das nur eine Symptombehandlung, die Ursache müßte ausgeschaltet werden!

Heute nachmittag bin ich nicht ins Büro gegangen, sondern habe zu Hause eine Putzmeditation gemacht: die vertrockneten Blumen auf den Misthaufen verfrachtet, im ganzen Haus Staub gesaugt, die Böden gewischt – alles in größtmöglicher Ruhe und mit äußerster Achtsamkeit, ohne zu hetzen. Wie zur Krönung meines Ungemachs hatte mir mein behinderter Assisi-Hund Francescolina auch noch einen gewaltigen Haufen in die Diele gesetzt!
Alle Hunde sorgfältig gebürstet, was sie unwahrscheinlich genießen,

die Pferde mit Möhren gefüttert. Da sie zu wenig Bewegung haben, muß ich weniger Heu geben, den Hafer total streichen, was sie nachts mit gewaltigen Protesttritten gegen die Stallwände quittieren. Ich werde versuchen, wenigstens zwei Pferde täglich zu longieren. Aber wann?

16. Dezember 1989

Es ist nicht zu fassen: Die Gemeinde Doppendorf ist doch tatsächlich zu geizig, die lächerlichen paar Schilling für die Werbung zu zahlen, und tritt aus der Gemeinschaft »Das gesunde Dorf« aus!
In was für ein Kaff bin ich bloß geraten!
All die entzückenden Truthähne, an denen ich täglich auf dem Weg ins Seminarzentrum vorüberfuhr – einen Sommer lang, einen Herbst lang-, sind aus den Bauerngärten verschwunden: geschlachtet für das Weihnachtsfest, für den Weihnachtsbraten; in der Bratpfanne gelandet die Gefährten so vieler schöner Tage.
Ach ja, Weihnachten steht vor der Tür …

17. Dezember 1989

Große Erschöpfung nach den Anstrengungen der letzten Monate, Ernüchterung nach der Euphorie.
Schiere Hoffnungslosigkeit überkommt mich nach einem Telefongespräch mit Johanna, der Hunderetterin. Ein Leben, dem Tierschutz verschrieben.
Nun erzählt sie mir am Telefon, wie abgemagert sie ist, daß ihr die Haare büschelweise ausgehen; daß ein Tierfreund in Malaga, wie üblich, in die dortige Gaskammer gegangen ist, in die streunende Hunde und Katzen eingeliefert werden, um, wie üblich, wenigstens einige von ihnen zu retten – daß aber eine die beabsichtigte Tötungsaktion begleitende Ärztin nicht zu bewegen war, auch nur einen Hund herauszugeben, es sei zu spät, nicht rechtzeitig darum angesucht worden, lauter fadenscheinige Ausreden. So mußte er hilflos mit ansehen, wie Hunde und Katzen in ein großes Loch geworfen wurden, in das Gas strömte.

25 Minuten lang hörte er sie im Todeskampf schreien. Diejenigen, die dann immer noch lebten, wurden mit Knüppeln zu Tode geprügelt.
Freu-e dich, freue-e dich, o Christen-heit!
Manchmal, sagt Johanna, manchmal bete ich: Lieber Gott, mach, daß ich nicht mehr aufwache. Am schlimmsten sind die Morgen, das Gefühl, diesen Tag schaffe ich einfach nicht mehr, das ist einfach zuviel.
Irgend etwas stimmt nicht, wenn wir bei unserer Sorge für andere Lebewesen selbst draufgehen. Es ist mit zu viel Anstrengung verbunden, was leicht und mühelos gehen sollte (das behaupten jedenfalls die Geisteswissenschaftler).
Traurigkeit, Ohnmacht, Verzweiflung.
Heute hilft mir auch kein positives Denken, das mir übrigens zunehmend fragwürdiger erscheint.
Leiden wir am Helfersyndrom? Wenn ja, warum?

18. Dezember 1989

Treffen mit Steuerberater, Rechtsanwalt und Gutseigentümerin Mackwitz zur ersten Besprechung der neuen Situation.
Wenn alle bei der Versammlung anwesenden Interessenten bei ihren schriftlich gemachten Zusagen bleiben, haben wir 5,1 Millionen Schilling beisammen; damit könnten wir die Scheune samt umliegendem Land kaufen.
Wenn alles klappt, wird der Vertrag über den Kauf der Scheune noch in diesem Monat unterschrieben!
Österreich ist von Tausenden von Tschechen überschwemmt.
In Deutschland flackert zaghaft Abneigung gegen Ausländer auf.
In Rumänien furchtbare Niederknüppelung von Demonstranten, angeblich 2000 Tote.
Wie wird das Jahr ausgehen?
Offensichtlich ist alles möglich. Schewardnadse hat der NATO einen Besuch abgestattet und gewitzelt: »Wir sehen uns das mal an, vielleicht treten wir bei!«

21. Dezember 1989

Heute kam nun mein Bruder Volkmar aus der ehemaligen DDR mit seiner Frau und seinen drei Töchtern zu Besuch.
Merkwürdige Gefühlsmischung: Ärger, daß ich meine Indienreise »opfern« mußte, auf die ich mich das ganze Jahr über gefreut hatte – Angst vor weihnachtlicher Gefühlsduselei – die Sorge, es ihnen nicht schön genug machen zu können – Freude, ihnen Freude machen zu können ...

22. Dezember 1989

Es geht besser als erwartet. Die drei Mädchen sind sehr hübsch, die Kleinste gerade fünf Jahre alt, schwarzgelocktes Köpfchen, Augen wie Schattenmorellen. Der Kontakt ist schnell da, nur zu viele Fragen: Warum machst du keine Filme mehr? Kein Theater? Warum soll man keine Milch trinken? Warum opferst du dich für fremde Menschen auf? Bist du sicher, daß es richtig ist, wie du lebst? Und so weiter, und so fort.
Ein Hauptproblem ist für die ehemaligen DDRler der Umgang mit der neugewonnenen Freiheit. Das Einkaufen meiner Weihnachtsgeschenke für die Familie gerät zur Qual. Welchen Overall soll die Mutter wählen? Das reitende Mädchen steht ratlos vor den vielfarbigen Reithosen. Die Auswahl ist zu groß! höre ich immer wieder. Es dürfte nur drei Gerichte geben! ruft mein Bruder in einem Anfall komischer Verzweiflung angesichts der mehrseitigen Speisenkarte – bei der Vielfalt weiß ich überhaupt nicht mehr, was ich essen soll!
So ist dann auch die schließlich bestellte Forelle geschmacklos und das Gulasch zäh. Eigentlich hätte man gleich zu Hause bleiben können, noch dazu bei den Preisen ... Sätze, die mich an meine von Tante Frida geprägte Kindheit erinnern.
Nachmittags ruft ein Bauer an. Im Ort wird für die Rumänienhilfe gesammelt. Mein Bruder und ich fahren zur Schule, um Spenden abzuliefern. Ich schäme mich meiner Vorurteile, meiner ewigen Bewertung

auch dieser »groben« Bauern, die zu Weihnachten mit Decken, Kleidung und Geld für den Nachbarn in Not anrücken.
70 000 Schilling hat die Gemeinde in ein paar Stunden gesammelt. Heute nacht werden die Lastwagen losfahren ... Das Bild der Ceaucescus läßt mich nicht los, das Bild dieser störrischen, wie durchsichtig wirkenden Gesichter, die behaupten, alles sei nicht wahr, kein Hunger in Rumänien, keine Folterungen, keine Toten ...
Im Palast von Ceaucescu wurden unter anderem sechs Nerzmäntel gefunden.
Abends mit der ganzen Familie ins Salzburger Landestheater: Der Räuber Hotzenplotz. Goldig, wie die Kleine mitgeht, sich aufregt, dazwischenruft.

25. Dezember 1989

Ausflug auf die Postalm. So komme ich doch endlich einmal, nachdem ich mir das zwanzig Jahre lang gewünscht habe, auf die Postalm!
Strahlende Sonne und Pulverschnee – nur haben alle die falschen Schuhe an und im Nu nasse Füße.
Gerade will Verzagtheit in mir hochkriechen, da meint Ute: »Lieber nasse Füße in Österreich als nasse Füße in der DDR!«
Wie stark allen ehemaligen DDRlern nach wie vor die Angst vor den Staatsdienern in den Knochen steckt, beweist der Vorfall, der sich bei der Herfahrt an der Grenze ereignete zwischen Ost- und West-Berlin. Der Grenzpolizist stellte eine Reihe umständlicher Fragen, da rief die Kleine: »Wir wollen zu Tante Bärbel, du Quatschkopp!« Die ganze Familie zuckte zusammen. Noch vor ein paar Monaten hätte man wegen dieses Ausspruchs womöglich alle eingelocht.

26. Dezember 1989

Die Familie ist glücklich abgefahren. Und ich bin auch glücklich. Vielleicht bin ich doch nicht eine so schlechte, ungeduldige Schwester, wie ich schon befürchtet habe.

Im Fernsehen: Ceaucescu gestürzt und hingerichtet. Die Bilder von seiner und seiner Frau Erschießung verfolgen mich in den Schlaf. 60 000 Tote in Rumänien. Millionen Dollar hatte Ceaucescu in die Schweiz gebracht – und sein Volk hungerte.
Ich muß an die Kommunistin Rosa Luxemburg denken, an ihre Briefe aus dem Gefängnis, ihren Brief »Ich sah den Ochsen weinen«. Welche Sensibilität, welche tiefe Liebe zum Mitgeschöpf bei dieser Frau.
Warum pervertieren alle guten Ideen? Das Christentum, der Kommunismus?
Der Bruder von Ceaucescu hat sich aufgehängt. In den Nachrichten heißt es, Rumänien bekäme jetzt endlich wieder mehr zu essen, es gebe Orangen, Zucker und Fleisch!
Alles Dinge, die ich das ganze Jahr über nicht brauche und die auch wieder nur wenigen in Rumänien zugute kommen.
Es ist in allen sogenannten Hungerländern dasselbe: Überflüssiges wird importiert – die Grundnahrungsmittel dagegen, wie etwa Getreide, Bohnen, Hülsenfrüchte, Kohl, fehlen in der ehemaligen DDR genauso wie in der UdSSR, wie in Polen, Bulgarien, Rumänien. Von diesen Lebensmitteln könnte die gesamte Bevölkerung ausreichend ernährt werden. Aber was wollen sie statt dessen? Fleisch und Zucker!
Alexander von Humboldt hat es schon vor mehr als 150 Jahren gewußt: »Wo ein Jäger leben kann, können zehn Hirten leben, hundert Ackerbauern oder tausend Gärtner!« Warum kapieren die Leute das nicht endlich? An mangelnder Information liegt es sicher nicht.
Es ist zum Verzweifeln. Alles wirkt so sinnlos, auch meine ganzen Anstrengungen.
Ist es der Plan der Schöpfung, daß diese Erde zugrunde geht? Auch andere Systeme haben sich schließlich überlebt.
Ich trinke zuviel Bier. Habe mir das angewöhnt, abends zum Einschlafen. Der Hopfen beruhigt, legt sich wie Balsam über das strapazierte Gehirn. Sicher immer noch besser als Tabletten. Die Meditation klappt im Moment überhaupt nicht mehr. Gerade jetzt, wo ich sie so nötig bräuchte.
Verhext alles.

28. Dezember 1989

Panik.
Habe das Bedürfnis zu schlafen, nächtelang, tagelang. Die Decke über den Kopf zu ziehen, wie das die Kinder tun, um sich unsichtbar zu machen ...
Abends in die Sauna, die versteckt am Waldrand liegt. Ein sternenübersäter, gnadenloser Himmel. Beim kalten Guß unter diesem sternenübersäten, gnadenlosen Himmel setzt mein Herz plötzlich so komisch aus. Wenn ich jetzt, splitterfasernackt unter diesem sternenübersäten, gnadenlosen Himmel einen Herzinfarkt bekomme, erfriere ich. Denn niemand würde es merken, einen Hilfeschrei würde niemand hören.
Vermaledeit.
Warum bin ich so einsam?
Damit ich genügend leide, um anderen zu helfen?
Es ist verrückt. Ich habe Freunde in der ganzen Welt, Menschen, die mich lieben, Menschen, die ich liebe. Aber – sie sind eben über die ganze Welt verstreut. Und hier sitze ich mutterseelenallein in der Diaspora.

30. Dezember 1989

Dialog zwischen einer niesenden, von Pickeln übersäten Bankangestellten und mir.
Sie: Sie wissen doch soviel über Gesundheit, schauen Sie mich bloß an, das ganze Jahr über bin ich erkältet, und die Pickel werd ich auch nicht los! Wissen Sie einen Rat?
Ich: Essen Sie viel Schweinefleisch?
Sie (während ein rosiger Schimmer der Freude ihr Gesicht überzieht): O ja!
Ich: Das ist vermutlich der Grund für Ihre Erkältung, der Grund für die Pickel! Lassen Sie mal das Schweinefleisch weg!
Sie: O nein! Ohne Schweinefleisch kann ich nicht leben!

Ich (mit ganz ungewohnter fröhlicher Grausamkeit): Tja, dann müssen Sie eben Ihre Erkältung und Ihre Pickel behalten!

Im Radio erläutert eine euphorische Frauenstimme die Zubereitung eines Salzburger Schmankerls: gefüllter Schweinskopf.
Man soll dem Schweinskopf über Feuer die Borsten absengen, ihn waschen, Essig und Salz in die Schnauze tun, ihn dann in einem Sud aus Wacholderbeeren, Lorbeerblättern etc. drei Stunden garen, bis sich das Fleisch von den Knochen löst. Dazu paßt ein Schnaps und ein kaltes Bier.

1. Januar 1990

Was für ein Jahresanfang! Alles ging gut bis zum Abend. Dann, aus heiterem Himmel, eine fürchterliche Beißerei zwischen meinen beiden kleinen Hündinnen. Ich versuche, sie zu trennen, und bekomme einen Biß voll ab. Kann sie nur auseinanderbringen, indem ich, mit meiner verletzten Hand, einen Eimer Wasser über sie gieße.
Enorme Schmerzen. Rufe in meiner Ratlosigkeit »Hunde-Johanna« an. Sie erzählt mir, daß einer unserer aufopferndsten Tierschützerinnen gestern von ihren eigenen Hunden ein Finger abgebissen wurde, und rät mir, unbedingt ins Unfallkrankenhaus zu gehen. Ich fahre also nachts um zehn Uhr im dichten Nebel nach Salzburg ins Unfallkrankenhaus, die wüst blutende, glücklicherweise linke Hand notdürftig mit einem Verband umwickelt.
Es stellt sich heraus, daß ein Stück Fleisch herausgebissen und ein Nerv durchtrennt ist und daß genäht werden muß.
»Haben Sie niemanden, der Sie fahren kann?« Der Arzt sieht mich fragend an.
Nein, ich habe niemanden, der mich fahren kann.
Um 12 Uhr 30 nachts, immer noch dichter Nebel, bin ich endlich wieder zu Hause.
Mirto, der weiße Abruzzenhund, ist verschwunden!
Fernes Gebell aus dem Wald – mit der Taschenlampe suche ich den Zaun ab, finde das Loch, durch das er entkommen ist, und entdecke schließlich, auf allen vieren beziehungsweise dreien durch das Unter-

holz kriechend, den Hund im Dickicht einer kleinen Fichtenschonung, wo er, von oben bis unten voller Fichtennadeln, den Mond oder sonst etwas anbellt.
Selbstmitleid übermannt (oder überfraut) mich. Kein Mensch, der mich ins Unfallkrankenhaus fahren konnte, keiner, der mich tröstet. Durchlöcherte Stiefel, weil ich keine Zeit habe, mir neue zu kaufen, Wäsche zerschlissen, Fingernägel in desolatem Zustand, die Hände abgearbeitet. Ich habe mich vor dem die Wunde nähenden Arzt geschämt. Ich nehme mir vor, im kommenden Jahr endlich mehr für mich zu tun …

17. Januar 1990

In Linz haben Chefin und Belegschaft einer Firma 60 000 Schilling für das in Assisi geplante Tierheim gesammelt.
Ich war auserkoren, den Scheck in Empfang zu nehmen, um ihn dann an die Organisation in Assisi weiterzuleiten.
Fotograf und Reporter warteten, die Firmenchefin hatte Sekt kalt gestellt. Ich kam eine Stunde zu spät, weil ich die verflixte Straße nicht fand. Konnte nur schwer meine Gereiztheit und Nervosität verbergen. Wut: Warum immer ich? Ich muß lernen, *nein* zu sagen.
Wieder Herzstiche. Nehme Weißdorn und Magnesium, doch nichts kann wirklich helfen, solange ich die Ursache nicht abstelle: konstante Überanstrengung.
Da ich mir gestern einen Zahn ziehen lassen mußte – den Eckzahn oben –, trug ich ein viel zu helles Provisorium, und mein Grinsen für den Fotografen fiel noch gequälter aus als üblich.
Das Fotografiertwerden habe ich immer gehaßt. Wie konnte ich den Beruf der Schauspielerin nur so lange ertragen, über 30 Jahre!

18. Januar 1990

Honecker wegen Hochverrats angeklagt – Demonstration gegen Gorbatschow, sie vergleichen ihn mit Stalin – Demonstranten stürmen die

Zentrale der »Stasi« in Ost-Berlin – Bürgerkrieg in Aserbeidschan – überall in Deutschland zunehmende Ausländerfeindlichkeit – all diese Meldungen rauben mir auch noch die paar Stunden Schlaf, die mir der Seminarbetrieb übrigläßt.
Starke Herzbeschwerden. Zweimal ohnmächtig geworden. Total ausgelaugt. Und das Jahr beginnt doch erst!
Hilfe! Hilfeeeeee ...

20. Januar 1990

Treffen mit Rechtsanwalt und Steuerberater vom Verein und der Gutsbesitzerin.
Wie zu erwarten, ist sie mit dem von unserer Seite vorgelegten Vertrag nicht einverstanden. Sie will fünf Millionen Schilling für die Scheune, der Verein bietet drei Millionen.
Eine Woche Bedenkzeit für alle. Ich hoffe, wir treffen uns bei vier Millionen, obwohl dieser Preis sicher zu hoch ist. Aber es darf nicht an einer Million scheitern.

21. Januar 1990

Bhagwan ist tot. An Herzversagen gestorben. Das Leben in seinem physischen Körper sei die Hölle gewesen, soll er gesagt haben. Er, der so viele Menschen gelehrt hat, Spaß und Freude an ihren Körpern zu empfinden!
Einige Stunden nach seinem Tod wurde er bereits verbrannt, höre ich, in schwarzem Mantel, in diamantenbesetzter Kappe. Ich muß viel an ihn denken. Er hat meinem Leben wichtige Impulse gegeben.

30. Januar 1990

Habe endlich den schönen Hundertwasser-Kalender des vorletzten Jahres mitsamt meiner zunichte gemachten Hoffnung auf ein von

Hundertwasser gebautes Öko-Dorf dem Kaminfeuer übergeben. Und Hundertwasser einen Brief geschrieben:

Lieber Meister Friedensreich Hundertwasser!
Mit Betrübnis habe ich eben noch einmal Ihren schönen Kalender mit der Widmung für mich in die Hand genommen. Betrübnis darüber, daß Ihre wunderbare Idee der begrünten Häuser von unseren Gemeindevertretern nicht verstanden und abgelehnt worden ist.
Traurig, traurig, traurig.
Ihre begrünten Häuser werden nun nicht in Doppendorf entstehen, aber sicher einmal irgendwo anders, an einem Ort, der sie – und Sie! – verdient.

Viel Glück uns allen.
Ihre Barbara Rütting

3. Februar 1990

Der Vertragsabschluß zieht und zieht sich. Es ist zum Verrücktwerden. Sie feilschen wie die Viehhändler. Da will ich etwas auf die Beine stellen für Menschen, die miteinander und füreinander dasein und leben wollen, und es schleichen sich schon jetzt die gleichen Verhaltensweisen ein, die wir ja gerade auflösen wollen. Jeder wittert, daß er übers Ohr gehauen werden könnte, versucht, irgendeinen Paragraphen hineinzubringen, über den er einen Vorteil ergattern könnte.
Wenn ich daran denke, daß ich das Ganze nicht angefangen hätte, wenn Margarete Mackwitz nicht wiederholt geäußert hätte: »Warum suchst du denn ein Objekt woanders, hier ist doch alles, was du brauchst, vorhanden« – und dann irgendwann der schwerwiegende Satz fiel: »Und wenn ich es (das Haus) euch schenke?«

10. Februar 1990

Die Wiedervereinigung noch in diesem Jahr in Aussicht – Berlin wieder Hauptstadt – man glaubt zu träumen, wenn man die Nachrichten hört! Im Fernsehen diskutierten zwei Ärztinnen, eine Internistin und eine Psychosomatikerin. Beide kamen zu dem Ergebnis, daß es nicht eine einzige Krankheit gibt, die nicht seelisch bedingt ist. Die Psychosomatikerin: Die Frauen werden krank – die Männer sterben!

14. Februar 1990

Werde ich dieses Leben tatsächlich noch zwanzig Jahre aushalten müssen? Ich stelle mir mein Sterbelager vor und werde plötzlich von enormer Heiterkeit überwältigt. Anna und ihre nun ja nicht mehr vierjährige Tochter Maya sitzen an meinem Bett, drumherum tummeln sich andere Kinder, Hunde, Katzen. Musik wird gespielt. Alle sind fröhlich. Den für mich bereitgestellten weißen Sarg bemalen die Kinder ganz bunt. Ich schaue ihnen vergnügt dabei zu. Sie sind farbenprächtig angezogen und freuen sich, daß mir ihre Malerei – sie bevorzugen meine geliebten Rottöne – gefällt. Gespielt wird Deuters Musik mit dem Vogelgezwitscher. Auf den Sarg haben die Kinder gemalt: »Hurra, sie hat es geschafft!«

Sollte man sich lieber verbrennen lassen? Was aber, wenn die Seele angesengt wird? Was ist vom ökologischen Standpunkt aus besser? Der Körper nährt den Wurm und bestenfalls vielleicht einen schönen Birnbaum wie den beim von Ribbeck auf Ribbeck im Havelland.

Asche wiederum kann man in den Garten streuen oder bei Glatteis auf die Straße.

Wahrscheinlich gehupft wie gesprungen.

16. – 18. Februar 1990

Ein Wochenende für die Schönheit.

Diese Seminare machen am meisten Freude: gut aufgelegte, meistens hübsche Frauen, die sich etwas Gutes tun wollen.

An diesem Wochenende wird die Zubereitung von Frischkosmetik und das Schminken mit Naturprodukten gelehrt.

Heitere, gelöste Stimmung.

Vielleicht sollte einfach jede/r mehr für sich selbst tun und weniger für andere …

19. Februar 1990

Gustav aus dem Rheinland ruft an, teilt mit, daß er sein Haus verkauft hat und im April mit Sack und Pack, Hund und Katzen zu uns ins Seminarzentrum ziehen will.

24. Februar 1990

Beim Kaufmann kann man jetzt Care-Pakete für Rumänien packen lassen. Der Inhalt ist vorgegeben: Dosenfleisch, Zucker, Grieß, Trockenmilch etc. Lauter Unfug, Dinge, die ich das ganze Jahr über nicht anrühre.
Gerade in Rumänien, einem klassischen Agrarland, brauchte niemand zu hungern, wenn die Menschen das essen – und schätzen – würden, was bei ihnen wächst.
Immer wieder zeigt es sich, die Vollwertküche ist das einzig Richtige.
Wir müßten eine alternative Hungerhilfe ins Leben rufen.
Wir müßten – aber wer ist eigentlich »wir«? Wir, das bin immer wieder ich. Kaum einer will wirklich arbeiten. Die Leute kommen, um sich an mir aufzutanken – und wenn es ans Arbeiten geht, sind sie verschwunden.
Von mir wird alles erwartet. Ich soll Tier- und Altenpflegerin sein, Bürofrau und Kinderbetreuerin, Köchin und Medizinmann bzw. -frau; die krebskranken Patientinnen gesund machen, Vorträge halten, die zerrütteten Ehen der TeilnehmerInnen kitten und nebenbei auch noch das ganze Dorf aufbauen.
Ein Vereinsmitglied hatte doch tatsächlich die Stirn, zu mir zu sagen: Um die Buchhaltung kümmerst du dich nicht? Die macht dir keinen Spaß, gib es zu!
Eine Frechheit.
Ich glaube, es ist ein Fehler, daß ich alles umsonst tue. Erstens glaubt es sowieso niemand, zweitens schätzt es niemand. Was nichts kostet, ist nichts wert.

27. Februar 1990

Veronika und ich hörten uns einen Vortrag an »Sind unsere Seen noch zu retten?«.
Ergebnis niederschmetternd. Die Seen rundum sind Kloaken. Ein überfüllter Saal, Zigarettendunst. Die »Alternativen« qualmen wie verrückt. Veronika muß sich ein Taschentuch vor den Mund halten, um den Mief zu ertragen.
Die Leute kapieren *null*!

28. Februar 1990

Wie goldrichtig meine Idee ist, daß in unserer zukünftigen Lebensgemeinschaft alte Menschen mit ihren Tieren bis zum Lebensende beisammenbleiben können, zeigt wieder einmal ein Artikel im »Salzburger Fenster«: »Menschliche Tragödien wegen Tier-Verbots in Altersheimen – alte Menschen verlieren ihren letzten treuen Gefährten«.
Nicht nur im Tierheim Salzburg spielen sich erschütternde Szenen ab, wenn Menschen ins Altersheim müssen und ihre vierbeinigen Lieblinge dorthin nicht mitbringen dürfen.
So fährt eine 75jährige Frau täglich bei Wind und Wetter vom Altersheim ins Tierheim, um ihre dort untergebrachten Hunde Uschi und Bärli zu besuchen.
Eines Tages lehnte die alte Frau zusammengesunken am Gittertor des Tierheims und hörte nicht mehr auf zu weinen. Auf die Frage, ob etwas passiert sei, kam die Antwort: »Nein, aber wenn ich komme und ihr habt meine Hunde weggegeben, sterbe ich.«
Zu Weihnachten nahm sie ihre beiden Hunde heimlich mit ins Wohnheim. Die Sozialhelferin brachte sie zurück ins Tierheim.
Eine 87jährige Frau kam ins Krankenhaus, ihr zwölfjähriger Kater Muscha ins Tierheim. Die Frau läßt den Kater, der inzwischen vor Kummer ebenfalls krank geworden ist, in immer anderen Positionen fotografieren, um wenigstens ein Bild von ihm zu haben. Im Kranken-

bett liegend, küßt sie die Fotos. Zwölf Jahre, das entspricht wohl in etwa 84 Menschenjahren, hat der Kater mit seinem Frauchen gelebt. Jetzt liegt er teilnahmslos in seinem Körbchen, Kopf und Augen gesenkt.
Tragödien über Tragödien. Veraltete Heimordnungen oder Tierfeindlichkeit sind die Gründe, warum die alten Menschen in den Heimen keine Tiere halten dürfen.
Andere Länder, wie etwa die USA, beweisen, daß Tiere die Seele gerade auch älterer Menschen positiv beeinflussen. Tiere wirken wie Therapeuten. Sie können heilen und lindern – vor allem die Einsamkeit, die Depressionen alter Menschen.
Daß alle diese Ghettos, die Kinder-, Alters- und Tierheime, überflüssig werden, das ist ja mein großer Traum.
Wenn überall ähnliche Modelle entstehen würden wie unser geplantes Projekt, kann dieser Traum Wirklichkeit werden. Die Broschüre »Kirche, Tier, Natur« mit Beiträgen des Protestanten Günter Altner, des Katholiken Eugen Drewermann und u. a. Luise Rinser schließt mit folgenden Worten:
Frevel am Tier, an der Natur,
an der Umwelt – sind das nicht die eigentlichen Todsünden?

15. März 1990

Anna ruft an. Sie hat geträumt, ich wäre gestorben.
»Du warst ganz kalt«, sagt sie, »wir haben dann deine Hände geknetet, Maya und ich, sie wurden noch ein bißchen warm, dann war es vorbei. Sie ist an Überanstrengung gestorben, habe ich den Leuten gesagt«, sagt Anna.

23. März 1990

Die Montagsdemonstrationen in Leipzig, wie sind sie verkommen! Grölende Menschenmassen toben durch die Straßen; ein Wunder, daß sie nicht brüllen: »Ein Volk, ein Reich, ein Führer«. Als ein Sprecher der

Grünen erwähnt, daß Deutschland den Krieg begonnen hat, tönt es im Sprechchor: »Lüge, Lüge, Lüge!«
Der Rechtsruck in Deutschland ist gewaltig. Am 18. März haben vor allem die rechten Parteien gewonnen. Da kann einem bange werden vor der Wiedervereinigung. Bednarz zitiert in der Sendung »*Monitor*« den Satz aus Dantons Tod: »Marat, was ist aus unserer Revolution geworden!«

26. März 1990

Die Talkshow am kommenden Wochenende in Berlin liegt mir seit Tagen im Magen: »Fluch oder Segen der Tierversuche«.
Um mich auf die Sendung vorzubereiten, muß ich mich wieder in die entsetzliche Thematik der Tier-(und Menschen-!)versuche einarbeiten und merke prompt, wie sich mein Gemüt verdüstert; erkenne daran besonders deutlich, wie richtig es war, daß ich eines Tages meinem Leben eine andere Richtung gegeben habe. Ich wäre draufgegangen, wenn ich weiterhin als Protestlerin gegen Mißstände gelebt hätte, gegen Tierversuche, gegen die Pershings, gegen Wackersdorf, immer gegen etwas. Ich wäre draufgegangen, hätte ich nicht ganz bewußt begonnen, meine Kräfte zu dritteln, nur noch ein Drittel gegen, aber zwei Drittel für etwas einzusetzen. Man beseitigt das Böse nicht, indem man es bekämpft, sondern indem man das Gute fördert – obwohl auch diese Phase des Kämpfens gegen das Böse für mich not-wendig war.
Nur: Man stärkt, was man bekämpft, man stärkt, was man denkt, im Negativen wie im Positiven. Ein freudiger Gedanke gibt Kraft, ein trauriger Gedanke schwächt. Theoretisch hätte ich also mein Leben über mein Denken selbst in der Hand.
Ich müßte zu derartigen Veranstaltungen grundsätzlich nein sagen. Glücklicherweise sprechen sich inzwischen immer mehr Wissenschaftler gegen Tierversuche aus. Ihnen glaubt die Bevölkerung natürlich eher als uns Laien, denen gern Gefühlsduselei und mangelnde Sachkenntnis vorgeworfen wird.
Die Stellungnahmen dieser Ärzte sind in dem Buch »Tausend Ärzte gegen Tierversuche« zusammengetragen. Ein Saulus, der zum Paulus

wurde, ist Professor Pietro Croce, Chefarzt und Pathologe. Jahrelanger Verfechter von Tierversuchen, heute strikter Gegner, antwortet er auf die Frage: Kann man auf Tierversuche verzichten, ohne den medizinischen Fortschritt aufzuhalten? »Meine Antwort ist nicht, man kann, sondern man muß auf Tierversuche verzichten, um den medizinischen Fortschritt nicht aufzuhalten.«

30. März 1990

Eine gräßliche Nacht gehabt. Nach zwei Stunden peinigenden Schlafes, in denen ich alle den Tieren angetanen Greuel selbst erlebe, wache ich um zwei Uhr nachts auf und muß mich übergeben bis zum Morgen. Es hat mir regelrecht den Magen umgedreht.
Bin nur kurz ins Büro gegangen und dann mit dem Auto nach München gefahren, in einem Zustand, als sei ich ausgeblutet. Wir fliegen über den Wolken, dort, wo die Freiheit wohl grenzenlos ist ... Vor Jahren soll ein Mann aus dem Fenster eines Flugzeuges gesaugt worden sein. Wenn mir das jetzt passieren würde, ich hätte nichts dagegen. Was man wohl spürt? Vielleicht glaubt man zu träumen. Der Traum ein Leben, das Leben ein Traum. Oft ein Alptraum.

31. März 1990

Im Flugzeug Berlin–München.
Die Talkshow begann um 22 Uhr abends. Ich meine, die Tierversuchsgegner haben auf der ganzen Linie gesiegt. Den Befürwortern gehen die Argumente aus, unsere sind besser. Es wird für die Sender zusehends schwerer, überhaupt noch Vivisezierer vor die Kamera zu bekommen, zumal unsere Seite nun auch zunehmend über kompetente Wissenschaftler verfügt, Chirurgen, Epilepsieforscher, Ganzheitsmediziner. Es wird immer deutlicher, wie sehr die Medizin von einer Human- zu einer bloßen TÜV-Medizin verkommen ist. Von Kongressen wird lauthals berichtet, wieviel Transplantationen wieder einmal vorgenommen wurden – selten erfährt man, wie viele Men-

schen eigentlich gesund geworden sind. Im Gegenteil, die Krankheiten, auch und gerade bei den Kindern, nehmen zu.
Ich muß mir Vorwürfe anhören, ich setzte mich zu stark für Gesundheit und Ernährung ein und nicht mehr genügend für die Tiere.

1. April 1990

In der Zeitung eine Meldung, daß der Umsatz der Pelzindustrie drastisch zurückgeht. Auch ein Erfolg der Tierschutzarbeit. Endlich zeigen sich die Auswirkungen unserer vielen Demonstrationen.
»Harrods wird zur pelzfreien Zone – das Londoner Nobel-Kaufhaus schließt seine Rauchwarenabteilung«. Überschrift in der Berliner TAZ. In der Bundesrepublik ging der Pelzverkauf um 18 Prozent zurück. Die Berichte über immer mehr vom Aussterben bedrohte Tierarten, auch die Fernsehberichte über die qualvolle Haltung der Nerze und Füchse, haben dazu geführt, daß immer mehr Frauen keine Lust mehr verspüren, sich mit einem Pelzmantel auf die Straße zu wagen.
Sieben von zehn Britinnen lehnen Pelze inzwischen ab, Fotomodelle weigern sich, bei Modeschauen Pelze vorzuführen.
Mich sprach, schon vor einigen Jahren, in einem Hotel ein Pelzhändler an. Wir Tierschützer hätten mit unseren Kampagnen erreicht, daß er auf einer ganzen Ladung Seehundfellen sitzengeblieben sei. Zuerst habe er eine Wut gehabt – sich dann aber auf die Herstellung von Webpelzen umgestellt, und jetzt gehe das Geschäft bombig. Na also! Eartha Kitt sang einst: Männer kommen und gehen – aber ein Pelz ist immer da, wenn du ihn brauchst …
Ein Webpelz auch!

2. April 1990

Ich bin zu den »Fichtelgebirgsgesprächen« eingeladen von einem »meiner« Bäcker.
Fast nicht zu glauben: Noch immer backen Bäcker in Deutschland und

Österreich das von mir vor etwa zwanzig Jahren kreierte »Barbara-Rütting-Brot«.
Das Thema: Der vernachlässigte Markt – die reichsten Senioren aller Zeiten. Professoren von Universitäten sind eingeladen, Markt- und MeinungsforscherInnen, Psychologen und Kommunikationsberate-rInnen.
Der Anteil der alten Menschen nimmt in der ganzen Welt zu.
Auf alle Fälle wird die Zunahme alter Menschen Probleme im Gesundheitswesen mit sich bringen wie auch im Pflege- und Hilfsdienst im privaten Bereich, ebenso in der sozialen Kranken- und Pensionsversicherung. Wir bräuchten dringend eine Gesundheits- statt einer Krankenkasse, Gesundheitshäuser, in denen die Leute gesund werden, statt Krankenhäusern, in denen sie noch kränker werden als zuvor. Wir bräuchten mehr Aufklärung über wirkliche vorbeugende Gesundheitspflege – wobei wir wieder einmal beim Thema wären, nämlich bei der richtigen Ernährung, und das wäre, von Professor Kollath so wunderbar einfach formuliert: Laßt unsere Nahrung so natürlich wie möglich.
Nun, in Doppendorf wird das Modell einer Lebensgemeinschaft, die all diesen Kriterien entspricht, Wirklichkeit werden …
Von diesem Symposion halte ich folgendes für erinnerungswert: Nur vier Prozent der Alten leben zur Zeit in Altersheimen, laut einer Statistik von 1987.
Insgesamt sind die Alten aktiver geworden, die »Grauen Panther« mit ihrem Sich-nicht-unterkriegen-Lassen setzen sich immer mehr durch.
Alte Leute trinken mehr Mineralwasser, mehr magenfreundlichen (?) Kaffee, verzehren weniger Fast-Food als die Jungen. Senioren geben insgesamt mehr Geld für gesunde Produkte aus.
Diese Situation kann sich aber ändern, ist nicht nur alters-, sondern auch generationsspezifisch.
Im Jahr 2020 werden mehr als 70 Prozent der Bundesrepublik-Einwohner älter sein als 40 Jahre.

7. April 1990

Neuerdings werden Tierschützer als Antisemiten angegriffen, wenn sie sich gegen das Schächten aussprechen. Es kursiert sogar ein Pamphlet, das Tierschützer mit Nazis gleichsetzt, vor allem wenn sie außerdem noch Vegetarier sind.
In einer Glosse »Hunde, wollt ihr ewig leben – 100 Zeilen Haß« behauptet der Autor, Tierschutz sei faschistoid, die Rebellion des kleinen Mannes – »denn natürlich kriecht all dieser Hausmeisterfanatismus und Schauspielerinnen-Elan(!) aus demselben Schoß einer widersinnig dumpfen, kleinbürgerlich-selbstsüchtigen Querulantenfeigheit, die sich immer dann Luft macht, wenn der Aufstand gänzlich risikolos ist.«
Der Autor fragt weiter, warum »die Galionsfiguren und Rädelsführer (des Tierschutzes) immer nur solche Rotarmisten des Geistes wie Barbara Rütting, Günter Strack oder Gert Haucke sind«.
Aha, ein faschistoider Rotarmist bin ich also.

Es ist schon kurios, das Schubladendenken. Trete ich für eine gesunde Ernährung und die damit verbundene Übernahme von Verantwortung für die eigene Gesundheit ein, bin ich darüber hinaus noch der Ansicht, daß bei einer Abtreibung etwas anderes abgetrieben wird als ein bloßer Zellklumpen, nämlich ein bis in alle Einzelheiten festgelegter Mensch – dann bin ich rechtsradikal. Protestiere ich in Mutlangen gegen die Massenvernichtungsmittel Pershing oder in Wackersdorf gegen die Wiederaufbereitungsanlage von Atommüll, marschiere ich beim Ostermarsch mit gegen den Atomtod – bin ich linksradikal. Spreche ich mich gegen das Schächten aus, bin ich Antisemit. Wage ich es, im Tierschutz aktiv zu sein, wird mir geistiges Rotarmistentum bescheinigt.

Auf der Straße fand ich ein Info-Blatt. Jemand lädt zu einem Vortrag ein, Thema: »Hege der Ameise«.
In den Wäldern errichtet man neuerdings Ameisenhaufen. Sie sollen die Fichtenblattwespe, oder wie das Tier heißt, vernichten. Vielleicht

ist das die Lösung der Weltprobleme, die Hege der Ameise. »Il faut cultiver le jardin«, Schlußwort von Voltaires Candide.
Also hegen wir die Ameise.

Ach ja, in der (ehemaligen) DDR ist die Regierung gebildet worden. Es ist unfaßbar: Pastor Rainer Eppelmann, der Pazifist, ist Verteidigungsminister geworden!
Wahnsinn!

Der Sitz des KGB soll zu einer Gedenkstätte für die Opfer des Stalinismus umfunktioniert werden.

25. April 1990

Auf Oskar Lafontaine ist ein Attentat verübt worden. Eine Frau im weißen Kleid mit einem Madonnengesicht lauscht während einer Wahlveranstaltung aufmerksam dem Redner – geht dann ruhig mit einem Blumenstrauß zur Tribüne, um sich ein Autogramm geben zu lassen, zieht ein Messer aus dem Blumenstrauß und sticht auf Oskar Lafontaine ein.

Ich habe die ganze Nacht für ihn gebetet.

28. April 1990

Zwei Dutzend Zimmervermieterinnen aus der ferneren Umgebung kamen zum Frühstück, ließen sich über den Wert des Frischkornbreis aufklären, verspeisten interessiert die frisch gebackenen Dinkelsemmeln und staunten, wie der Rosmarintee den Kreislauf anregen kann. Das Vollwert-Virus beginnt also zu grassieren, selbst bei Gastgebern, die nicht vom Seminarzentrum profitieren.
Allzuoft ist der Begriff »gesundes Essen« mit der Assoziation »Schonkost« verbunden. Was für ein Frevel, wenn Gesundes fad schmeckt!
Ich staune immer wieder über die Phantasielosigkeit der meisten Menschen (nicht nur in der Küche). »Was, Sie essen kein Fleisch? Ja, was

kochen Sie denn dann um Himmels willen?« ist ein ständig ausgestoßener Schrei des Entsetzens. Phantasielosigkeit – Bequemlichkeit, die beiden Hauptbremsen bei jeder Veränderung zum Guten.

1. Mai 1990

Ich wage nun wirklich den »Wahn-sinn« – starte den Ausbau meiner Garage zu Hause in Sommerholz zu einer Wohnung. Als ob ich nicht schon in Doppendorf mehr als genügend Bauerei am Hals hätte! Aber ich tue es in der Hoffnung, daß der nette meditationserfahrene Mensch kommen wird, der mir in meinem Privatbereich ein wenig zur Hand geht.
Kurzentschlossen habe ich im »Gesundheitsberater« folgende Annonce aufgegeben:

»HEFTIG GESUCHT! Umsteigerin, unabhängig, tierlieb, gute Reiterin, möglichst Wassermann-Frau, begreift auch Schneeschaufeln, Stallausmisten und Hausarbeit als Meditation – für einen ländlichen Haushalt (3 Pferde, 5 Hunde, 2 Katzen, 5 Hühner, 1 berufstätige Frau), Nähe Salzburg.«

16. Mai 1990

Unfaßbar, was Arbeiter essen. Meine beiden Garagenhaus-Bauer – wir haben angefangen! – verdrücken pro Tag zur Jause ein Kilo Wurstaufschnitt, daneben noch eine halbe Schlackwurst und ein riesiges Stück Käse. Dann gehen sie aber auch noch um zwölf Uhr nach Hause zum Mittagessen – wo es wieder Schnitzel gibt oder Leberkäs oder Gulasch oder Schweinebraten. Von den Kosten für die Jause zweimal täglich für die zwei lebe ich einen ganzen Monat! Beide sind unmäßig dick, hochrot im Gesicht, haben Probleme mit den Bandscheiben. Der Sohn, der ab und zu mithilft, weiß bereits, daß zuviel Fleisch ungesund ist. Nach dem Buch von Prof. Wendt »Die Eiweißspeicherkrankheiten« beruht ein großer Teil aller Krankheiten wie Gicht, Rheuma, die sogenannten

Erkältungskrankheiten und so fort auf dem Verzehr von zuviel tierischem Eiweiß und könnte durch eine Herabsetzung der Eiweißmenge zumindest gelindert, wenn nicht sogar behoben werden.
Genau diese Erfahrung mache ich bei meinen Vorträgen und Kochkursen. Wenn die Mütter sich entschließen, die Menge an tierischem Eiweiß auf dem Speiseplan drastisch zu reduzieren – und dazu gehören auch die Milchprodukte –, sind ihre Kinder fast über Nacht von hartnäckigen Erkältungen, Mandel- und Lymphschwellungen befreit. Ich erhalte Dutzende von Briefen überglücklicher Mütter, die dies bestätigen. Ein wundervolles Feedback.
Meine große Hoffnung sind immer wieder die jungen Menschen. Die junge Generation sieht sogar hier auf dem Land schon anders aus als die Eltern, schlanker, durchsichtiger, weniger grob. Aber die Alten ...
Beim Einkaufen geriet ich vor einigen Tagen in einen Beerdigungszug. Noch nie habe ich so viele armselige Menschen auf einem Haufen gesehen: dick, krummbeinig, spitznasig und schmallippig, ein gespenstischer Zug wie von Hieronymus Bosch zusammengestellt: zum Erbarmen.
Tja, der Garagenbau hat begonnen. Zur Zeit sieht es im Garten aus wie nach einem Bombenangriff. Überall Gräben, Löcher wie Erdkrater, Kräne und Zementmaschinen stehen herum, als entstünde hier das Interconti von Sommerholz.
Ich hatte nicht bedacht, daß so viele Leitungen gelegt werden müssen: elektrische Leitungen, die Wasserleitung, ein Kabel für das Telefon, eines für das Fernsehen – soviel Aufwand wie für einen Neubau. Auch die Klärgruben müssen neu gebaut werden, denn die alte Jauchegrube ist nach neuen ökologischen Richtlinien längst überholt; es muß ein Dreikammersystem her, und dafür werden mannshohe Betonringe abgeladen und in die Erdkrater eingelassen.
»Früher hätte ein halbes Dutzend Handwerker mit einer kleinen Maschine die Arbeit bewältigt – heute teilen sich zwei Leute die Arbeit mit sechs Maschinen«, meint einer der Arbeiter.

13. Juni 1990

Im Fernsehen eine Talkshow, in der ein jüdischer Schriftsteller alles unternahm, um den Antisemitismus zu schüren. Es macht ihm, wie er sagt, ein diabolisches Vergnügen, alle Leute niederzumachen. Kann man sich vorstellen, daß ein Autor eine regelmäßige Kolumne schreibt mit dem Titel »Hundert Zeilen Haß«? Derselbe Titel übrigens, unter dem der Tierfeind seine Schmährede auf die Tierschützer und auf mich speziell als »geistigen Rotarmisten« veröffentlichte.
Neulich antwortete mir Rut Jungk, Frau von Robert und seit Jahren mit mir befreundet, auf die Frage, ob die Freundin ihres Sohnes auch Jüdin sei, entrüstet: »Ja, selbstverständlich! Glaubst du denn, er geht mit einer Schickse?«

17. Juni 1990

Durch die offenen Fenster dringt der betäubende Duft von Holunder und Heckenrosen. Ich lausche dem Abendkonzert der Vögel. Eine einzige Drossel – meine Drossel – singt, nachdem den anderen schon die Schnäbel zugefallen sind, eine halbe Stunde lang ganz allein, jeden Abend, immer auf der höchsten Spitze der höchsten Fichte.
Vor 37 Jahren fand in Ost-Berlin der Aufstand statt. Gestern im Fernsehen wurde der Abriß von 47 Kilometer Mauer angekündigt.

4. Juli 1990

Bush und Gorbatschow haben sich getroffen.
Zum erstenmal war mit de Maizière ein DDR-Ministerpräsident im Weißen Haus. Honecker steht unter Mordanklage wegen seiner Schießbefehle an der Mauer. Im Iran 150 000 Tote bei Erdbeben – in einem Dorf überlebten nur eine alte Frau und ein kleiner Junge.
Was für eine Welt!
Ein begeisterter Surfer erzählt mir einmal, es mache ihm Spaß, die Aus-

sprüche der Surfen-Lernenden und Dabei-immer-wieder-ins-Wasser-Fallenden zu sammeln.
Bei den Amerikanern hört man »fuck, shit«, bei den Deutschen »Scheiße, Mist verfluchter«. Und die Franzosen? Was geben die von sich? Einer, den es immer wieder vom Brett herunter ins Wasser katapultierte und der dennoch nicht aufgab, äußerte – die Augen verdrehend, aber sanft – aus den Strudeln auftauchend: »Quel métier!«

10. Juli 1990

Wiederholt wurde von den Kochkurs-Teilnehmerinnen wie auch von Leserinnen meiner Kochbücher der Wunsch laut, ich solle doch ein Menübuch schreiben.
Mache ich doch ein Buch, habe ich mir gedacht, in dem ich die schönsten vegetarischen Menüs all meiner kochenden Freunde und befreundeten Köche sammle, nach Jahreszeiten geordnet. Der Vorschlag fand Resonanz beim Verlag, der Vertrag ist perfekt. Das Buch soll im Herbst 1991 erscheinen. Die Fotos müssen bis Mitte Mai, das Manuskript bis Mitte Februar 1991 vorliegen.

17. August 1990

In den »Salzburger Nachrichten« ein Bericht über die Wirkung der Hippotherapie auf behinderte Kinder. Besonders wohltuend wirkt auf die Kinder allein die Atmosphäre. Es riecht im Stall nicht nach Krankenhaus, sondern nach Pferd …
Einer der Therapeuten: »Ein Kind, das beispielsweise aus dem Rollstuhl auf den warmen Rücken eines Pferdes gehoben wird, kann erstmals auf jemanden herunterschauen, erfährt, daß ihm das Pferd gehorcht, erlebt eine neue Mobilität und daß es etwas ohne Mutti schafft.«
Die Therapieeinheit für ein Kind dauert etwa 20 Minuten. Eine besonders geschulte Reitlehrerin führt das Pferd dabei an der Longe, eine

Physiotherapeutin geht neben dem Pferd her und steht dem kleinen Reiter oder der kleinen Reiterin bei.
Meine Pferde sind ganz sicher für eine Ausbildung geeignet. Sie mögen Kinder, sie könnten in Doppendorf im Stall stehen; auf dem Mackwitzschen Gewerbegebiet, das zur Zeit so gut wie ungenutzt ist, könnte ein Reitstall errichtet werden, ohne den man in unserem Klima ganz sicher nicht auskommt.
Meine Pferdekutsche und den Pferdeschlitten habe ich bereits nach Doppendorf transportieren lassen und in der Scheune untergestellt. Ich stelle mir vor, wie die Kinder, aber auch die alten Menschen, im Winter die Schlittenfahrten mit Glockengebimmel im verschneiten Wald genießen.
Eine unbekannte Frau sendet mir einen Artikel aus »Psychologie heute«: »Einsame Frau mit Hund – weniger Tabletten«: Witwen, die einen Hund besitzen, nehmen sehr viel weniger Medikamente ein als verwitwete Frauen ohne Haustiere. Das ergab eine Untersuchung der amerikanischen Universität von Colorado. Denn Tiere als Hausgenossen helfen sehr oft, Trauer und seelische Verstimmungen besser zu überwinden, so daß der Griff zur Tablette als »Seelen-Tröster« unterbleibt, berichtet das Fachblatt »Therapie der Gegenwart« in seiner jüngsten Ausgabe.

»BILD am Sonntag« bringt einen großen Artikel »Tiere als Medizin – Terry wacht im Krankenhaus – in England erlaubt, bald auch bei uns?«
Wenn mein Modell Schule macht, wird die Trennung Kinderheim/Altenheim/Tierheim wegfallen; werden Junge mit Alten, mit Tieren, werden Nichtbehinderte mit Behinderten leben; wird niemand mehr abgeschoben werden, wenn er alt wird, kein Mensch, kein Tier; alle werden aufgefangen in einer liebevollen Gemeinschaft, auf die sie sich verlassen können, in der einer für den anderen da ist.
Das muß doch realisierbar sein!
Den Stock für das Alter schnitzt man sich in der Jugend, sagt ein chinesisches Sprichwort.

25. September 1990

Im ORF-Studio in Salzburg eine Diskussion zum Thema »Gentechnologie – Fluch oder Segen?«.
Die Befürworter der Gentechnologie, darunter der Vertreter des Chemiekonzerns Immuno in Wien, uns hinlänglich auch als Befürworter von Tierversuchen bekannt, wurde im Laufe des Abends total unglaubhaft.
Die Verlogenheit war nicht zu ertragen, so daß ich mich, als besagter Immuno-Vertreter die Ethik der Wissenschaftler beschwor, zu einem Zwischenruf hinreißen ließ: »Wir haben kein Vertrauen in die Wissenschaftler mehr, wenn nachgewiesenermaßen 60 Prozent von ihnen an der Zerstörung der Menschheit arbeiten!« Herr Dr. E. schlug mit der Faust auf den Tisch und schrie: »Dann müssen Sie es eben lernen!«
Die Wissenschaftler bringen Gene von Fröschen und Mäusen in die Gene von Fischen, damit diese resistenter gegen Umweltgifte werden. Zuerst wird der Fisch resistent gemacht, dann der Mensch, damit die Konzerne ihre Giftmengen erhöhen können.
Geschäftemacherei, genau wie in den Tierversuchslabors, deklariert als »zum Wohle des Menschen«.

26. September 1990

Saddam Hussein droht, die ausländischen Diplomaten aufzuhängen. Präsident Bush hat inzwischen 150 000 amerikanische Soldaten in das Krisengebiet am Golf geschickt.
An einer Wand in Heidelberg las ich ein Graffito: »Das ist Krieg: Menschen, die einander nicht kennen, töten einander – auf Befehl von Menschen, die einander kennen, aber nicht töten.«
Hier in Österreich geht es dauernd um einen Waffenskandal, wer hat oder hat nicht gewußt, daß Österreich Waffen an den Irak lieferte? Man darf keine Waffen an ein kriegführendes Land liefern. Ja warum denn nicht, und wohin denn sonst? Sind Waffen nicht zum Töten da?
Verdammte Heuchelei.

27. September 1990

Das Bundesministerium für Umwelt, Jugend und Familie hat mich als Referentin zu einem Symposion eingeladen.
Titel: »Gesünder leben – ethische, ökologische und gesundheitliche Aspekte des Fleischkonsums«.
Die Ministerin Marielis Flemming, große Hoffnung der Tierschützer, stellte mich mit den Worten vor: »Unsere verehrte und geliebte Barbara Rütting ...«
Österreichs Umweltministerin verehrt mich, Doppendorfs Bürgermeister verachtet mich. Solange es nicht umgekehrt ist ...

28. September 1990

Mit meinem Wiener Vortrag »Wir müssen anders leben, damit andere leben können« konnte ich einen kleinen Triumph erringen. Eine Zuhörerin nachher: »Ich habe zum ersten Mal die Zusammenhänge verstanden, daß ich mich nicht nur selbst krank esse mit dem ewigen Fleisch, sondern daß ich dadurch auch zur Massentierhaltung beitrage und letzten Endes mitschuldig werde am Elend der dritten Welt – daß wirklich das Vieh der Reichen das Brot der Armen frißt ...«
Bei der Rückfahrt ging mir das Benzin aus. Mit dem letzten Tropfen konnte ich gerade noch bis vor das Seminarhaus rollen und im Lichtkegel der Laterne Benzin aus meinem Reservekanister nachfüllen.
Das dunkle Haus sah so friedlich aus, um halb zwei Uhr nachts. Ich wurde ergriffen von einem Strom gewaltiger Liebe zu allen meinen schlafenden »Kindern«.

29. September 1990

Meine immer häufiger werdenden Anfälle nervöser Angina pectoris haben mich nun doch zum Arzt gezwungen. Er diagnostiziert Überanstrengung.

Wo bleiben sie denn, die von der Astrologin prophezeiten Kräfte, zu einer unerschöpflichen Quelle würde ich werden, die um so mehr Wasser gibt, je mehr sie angezapft wird ... Bin wieder vollkommen schief, meine alte Beckenblockade, herrührend von Stürzen vom Pferd und Unfällen auf der Bühne, bräuchte regelmäßige liebevolle Zuwendung in Form von Massagen. Aber woher die Zeit nehmen?
Mein Leben ist mit zuviel Kampf verbunden. Ich sehe und höre die Signale. Vor allem morgens kann ich mit dem rechten Fuß nicht auftreten, sind die Muskeln des gesamten Körpers steif und verspannt – und das bei mir, die ich im November ein Seminar zu leiten habe: »Gesund und schön von innen und außen«!
Ich leg mich einfach ins Bett. Ich kann nicht auftreten (hübscher Doppelsinn in diesem Wort!), ziehe die Decke über den Kopf, mach mich unsichtbar, wie früher als Kind. An die Seminartür hefte ich ein Schild: Bin weder gesund noch schön – mußt anderswo seminaren gehn!

30. September 1990

In Deutschland haben sich die SPD Westdeutschlands und die der ehemaligen DDR vereint, nach 44 Jahren der Trennung. Im Bundestag brach Rührung aus. Sie sangen: »Wir wollen sein ein einig Volk von Brüdern ...«
An dem Tag, als die Pershing sanktioniert wurde – für uns ein Trauertag –, haben sie ebenfalls gesungen: »So ein Tag, so wunderschön wie heute ...«

Beim Oktoberfest sind über zwei Millionen Maß Bier getrunken worden. Im Jahr 2000 werden weltweit zehn Millionen Kinder an Aids erkrankt sein.

3. Oktober 1990

Nun ist sie da, die Wiedervereinigung.
Obwohl ich einigermaßen früh ins Bett wollte, verfolgte ich das Spek-

takel dann doch am Fernsehschirm; die Menschenmassen in Berlin am Brandenburger Tor, am Reichstagsgebäude – in diesem Gebäude, damals zerstört, habe ich 1952 meinen zweiten Film gedreht, »Die Spur führt nach Berlin«.

Die für mich immer erschreckenden Menschenmassen, das Gebrüll, ein schönes Feuerwerk; 1945 sah es ähnlich aus, bloß damals verbargen sich Bomben in dem Feuerwerk, fielen sie vom Himmel wie strahlende Weihnachtsbäume; eine gespenstische Ähnlichkeit.

Glocken, die Wachablösung – immer wieder lächerlich der Paradeschritt. Ist der jemals abzuschaffen? Die einen kommen, die anderen gehen – da tritt eine Staatsmacht einfach ab, ohne Kampf, das ist schon toll. Was mag Honecker heute denken?

Kohl, Genscher, der kleine de Maizière – ich empfinde ein schwesterliches Mitgefühl –, sie blicken hinter der Absperrung wie besorgte Väter in die Menge. Der kleine de Maiziere mit seinem S-Fehler, heute wegen der Aufregung besonders hörbar, ist sicher ein integrer Mann, jedenfalls wirkt er so. Eppelmann wird mit der Stasi in Verbindung gebracht – ich halte es für vollkommen ausgeschlossen, daß er für die Stasi gearbeitet hat, *unser* Widerstands-Eppelmann – ausgeschlossen!

Die Stimmung insgesamt ist, auch am Bildschirm deutlich erkennbar, nüchterner als im November vor einem Jahr, als – »Wahnsinn!« – plötzlich die Grenze offen war und man einfach »nach drüben« konnte, ein Bier trinken.

11. Oktober 1990

Im Radio preist ein Beppi Soundso die Freuden der Jagd an, begleitet von den Jodlern anderer Beppis und Seppis, die von der Pirsch auf den Gamsbock schwärmen.

Höhepunkt der ekstatische Bericht des Beppi über den Abschuß eines brünftigen Hirsches.

Wenn er den schreien hört, läuft es dem Beppi kalt über den Rücken, der Brunftschrei des Hirsches. Der Beppi: »Ja, da kann man nur noch abdrücken, und wenn der Rivale dann zusammenbricht, etwas Schöneres gibt es nicht ...«

Wenn der Rivale dann zusammenbricht!
Ich habe den Eindruck, bei den Jägern kommt das Schießen – Gewehr gleich Phallus, was herausspritzt, entspricht der Ejakulation – einem Orgasmus gleich. Und dann wühlen sie noch in dem warmen Blut, weiden das Opfer, weiden »den Rivalen« aus.
Alles über den Jäger hat einmal Bernhard Wicki gesagt, selbst Jäger, damals schon unförmig schwer, außer Atem schaffte er kaum ein paar Treppenstufen. Über den Grund für seine Jagdleidenschaft befragt, antwortet er mir: »Ich sehe den Hirsch – der ist stark, der ist jung – der muß weg!«

13. Oktober 1990

Deprimierend, mit was für Kleinkram ich mich im Seminarzentrum auseinandersetzen muß. Wie im Großen, so im Kleinen, beziehungsweise umgekehrt – wie oben, so unten, wie innen, so außen. Da geht es um zuviel und zu teuer gekauftes Obst, um einen für Gäste gebackenen Kuchen, da wird die Butter im Kühlschrank auseinanderdividiert. »Das war aber meine Butter, das da ist deine ...«

14. Oktober 1990

Sonntag. Ein freier Tag in Sommerholz.
Geschlafen bis acht Uhr. Sogar die Pferde, die unter demselben Dach stehen, haben Verständnis und verhalten sich ruhig.
Rot geht die Sonne auf. Ich füttere die Pferde, bringe sie auf die Weide. Das Herbstlaub schimmert in allen Rot-Gelb-Braun-Tönen, klarer blauer Himmel.
Zurück ins Bett, Frühstück bei Kerzen und Meditationsmusik: frisch gequetschte Haferflocken, dazu eben vom Baum geschüttelte honigsüße Zwetschgen, vom Spalier gepflückte goldgelbe Birnen, unpasteurisierte Sahne – aus dem Glas! – und Mangoblütentee. Die Hunde von schier unglaublicher Friedfertigkeit. Sie lieben die meditative Musik. Nach dem Frühstück dösen wir im kuscheligen Schafwollbett, rechts

im Arm der Kater, in der Kniekehle Lilly und Dackelin Lemmi, ab und zu wedelt Airdale-Terrier Calderon mir sanft mit dem Schwanz übers Gesicht. Am Fußende ein großer weißer Fellhaufen – der »pastore maremmano abruzzese« Mirto, auf Sardinien vor dem Tod gerettet. Unhygienisch? Egal.
Plötzlich scheint die Sonne genau auf mein Kopfkissen, vergoldet die Schnurrhaare des Katers, verwandelt seine Öhrchen in schimmernde Rosenblätter.
Ich vermag es nun, Wonne aus jeder Winzigkeit zu saugen, dem Anblick der Rohrkolben im Teich, der vorübersurrenden schillernden Libelle, der im fahlen Mondlicht ums Haus huschenden Fledermaus, den – für kurze Zeit in die Freiheit entlassenen – Kühen des Nachbarn, wie sie gelassen im Morgennebel grasen; dem schweren Duft der Petunien, die bald – es ist Mitte Oktober – sterben müssen, denn der Oktobervollmond bringt sie um, jedes Jahr; aus der mir dargebotenen Pfote eines meiner Hunde, dem fröhlichen Begrüßungsgewieher der Pferde, wenn ich nach Hause komme.

2. November 1990

McDonald's wird in Zukunft seine Bouletten nicht mehr in Plastik, sondern in umweltfreundlichem Papier liefern, in Amerika wenigstens. Dort vertilgen täglich 22 Millionen Konsumenten diese gräßlichen Fleischklopse. Genauso viele getötete Tiere wie bisher, genausoviel zugunsten von Viehweiden abgeholzter Regenwald wie bisher – aber immerhin 22 Millionen Stück Plastikverpackungsmüll täglich weniger.

20. November 1990

Als »Geste des guten Willens und konstruktive Maßnahme im Dienst des Friedens« läßt der irakische Präsident Saddam Hussein zwischen Weihnachten und dem 25. März seine ausländischen Gäste »heimreisen«, allerdings nur, »solange nichts geschieht, was die Atmosphäre des

Friedens stört«. Die Zahl der irakischen Soldaten in Kuwait wird, wie der Irak bekanntgab, von 250 000 auf 500 000 erhöht.
Beim KSZE-Gipfel in Paris gibt man sich euphorisch: Ost und West seien nicht länger Gegner; in Europa beginne ein neues Zeitalter.
Na, da bin ich aber gespannt!

2. Dezember 1990

Menschen, die in zwei Welten zu Hause sind, sind nie ganz glücklich, schreibt Marcel Reich-Ranicki zum Tode Hilde Spiels.

15. Dezember 1990

Heute eröffnet mir der halbe Vorstand, daß er seine Ämter zurückgeben müßte, da erst nach der Vorstandssitzung am 21. November klargeworden sei, welche Verantwortung die Vorstandsmitglieder nicht nur in bezug auf das Projekt Scheune, sondern auch in bezug auf das Seminarzentrum tragen und daß sie – nach Rücksprache mit Partner, Anwälten etc. – weder die Verantwortung für das eine noch für das andere weiterhin übernehmen könnten.
Habe die größte Lust, alles hinzuschmeißen.

19. Dezember 1990

Der Garagenausbau wird so teuer wie ein Neubau, ich will den Kredit so schnell wie möglich abbezahlen. So lebe ich extrem billig überwiegend von Kohl, Sauerkraut, Kartoffeln und Getreide. Den Leserinnen meiner doch recht kulinarischen Kochbücher würden die Haare zu Berge stehen. Da raffiniert gewürzt, schmeckt aber auch die russische Kohlsuppe Schtschi delikat. Wenn das nur alle wüßten!
Ich genieße diese Sparflammenlebensweise auf materieller Basis sogar.

20. Dezember 1990

Schewardnadse zurückgetreten.
Grauenvolle Berichte aus dem Krankenhaus in Temeshvar. Aus den Kliniken in der Nähe Tschernobyls Filme, die strahlenverseuchte Kinder zeigen. Auf der Titelseite der »Salzburger Nachrichten« die Überschrift: »Risiko von Unglück mit Atomwaffen ist größer als gedacht«.
Die merken auch alles.
Weiter unten steht: »Jedes dritte Kind der Welt ist unterernährt.«
Wissen wir auch längst.

Ein aus der amerikanischen Armee wegen homosexueller Liebe ausgestoßener amerikanischer Offizier:
Ich habe zwei Menschen getötet und wurde dekoriert.
Ich habe einen Menschen geliebt und wurde degradiert.

21. Dezember 1990

Lech Walesa wurde polnischer Staatspräsident.
Zuerst Vačlav Havel, nun Walesa. Unfaßbar!
Die Kriegsgefahr im Irak gilt als unvermeidbar, heißt es allgemein.
Ich will und kann es nicht glauben. Soviel Wahnsinn darf einfach nicht sein.

24. Dezember 1990

20 Uhr abends.
Milliarden Christen verschlingen gerade Milliarden hingemetzelter Tiere, um die Geburt des Erlösers zu feiern. Das größte Schlachtfest des Jahres findet seinen Abschluß. Jedes Jahr die gleiche Farce. Die einen fressen sich voll, die anderen verhungern.

29. Dezember 1990

Die Amerikaner schicken weitere 2000 Panzer und 16 000 Soldaten in den Irak. Damit werden dort 400 000 US-Soldaten stationiert sein.
Die Briten verteilen an ihre Leute Gasmasken und lassen sie impfen – gegen biologische Waffen, die angeblich in einer Fabrik nahe Bagdad hergestellt werden.
Israelis haben im Gaza-Streifen Palästinenser erschossen, Palästinenser wiederum haben Israelis angegriffen.
Es wird im allgemeinen mit Krieg gerechnet. Ich glaube es nicht. Will es nicht glauben.
Am 31. findet wieder die weltweite Meditation zur Heilung der Erde statt.

Ein unglaublicher Sonnenuntergang, das blaueste Blau, das goldenste Gold, das orangeste Orange – Minuten später vorbei, als wäre alles geträumt.

30. Dezember 1990

38 Milliarden Dollar sollen die Kriegsvorbereitungen bisher gekostet haben. Die Rüstungsindustrie kann sich ins Fäustchen lachen.
Saddam Hussein droht, daß im Falle eines Krieges auf dem ganzen Globus irakische Terrorkommandos Attentate ausführen würden.
In Israel wird mit Gasmasken trainiert; man bereitet sich auf einen Angriff der Iraker mit biologischen Waffen vor.
Bericht über den Hunger in Angola: verhungerte Kinder; Menschen, mit Schwären übersät; Krankenhäuser, in denen alles fehlt – der Weltspiegel brachte als Kontrast zu all dem Elend einen Bericht von den Pariser »Hallen«, in denen Unmengen an Hummer und anderem Meeresgetier zu Weihnachten und Silvester verschlungen werden.
Und ich sollte eigentlich an meinem Menübuch arbeiten!
Ich zwinge mich, ein paar Rezepte zu schreiben, Rezepte von der »Traumschiff«-Kreuzfahrt …
Ein kleines Grüppchen internationaler Menschen, meist Frauen, ist in

Bagdad eingetroffen und hat ein Friedenscamp errichtet. Sie wollen dort für den Frieden beten.

31. Dezember 1990

Eigentlich müßten wir alle, alle, alles stehen- und liegenlassen, nach Bagdad und weiter in die Wüste, in das Friedenscamp fahren. Wenn Millionen sich dort hinsetzen würden, der Krieg wäre vereitelt.
Ich versuche, Licht in das Camp zu senden, zu den Frauen und Männern, die dort für den Frieden beten.

6. Januar 1991

Vorstandssitzung. Frau Mackwitz läßt durch ihren Rechtsanwalt – ihren Rechtsanwalt! – übermitteln, daß neu verhandelt werden muß, da die vom Verein im Vertrag ausbedungene Umwidmung eines Stückes Grünland in Bauland von der Gemeinde abgelehnt wurde.

15. Januar 1991

Morgen früh um sechs Uhr ist die »deadline«, das Ultimatum für Saddam Hussein läuft ab; Deadline, ein makabres Wort für ein makabres Ereignis: Todeslinie.
Ein Wahnsinn, was sich da zusammenballt. Die Kamera zeigt einen GI in der Wüste. Es begann plötzlich zu regnen, ein regelrechter Wolkenbruch; er schien das gleiche zu denken wie ich: Ist das Allah, der den Arabern zu Hilfe kommt? Er murmelte nur fassungslos: »Crazy!«
Ein Wunder, daß wir nicht alle den Verstand verlieren. Jaja, ich weiß, der Weise beobachtet nur und nimmt nicht teil am Geschehen. Wie aber soll man hier nicht teilnehmen?
Bis ein Uhr nachts Fernsehnachrichten geschaut.
Danach bis zwei Uhr gebetet. Wecker auf fünf Uhr gestellt, wieder eine Stunde gebetet. Um sechs Uhr die ersten Nachrichten im Fernsehen.

Noch ist Ruhe ... obwohl das Ultimatum abgelaufen und Hussein nicht abgezogen ist ...
Bilder von Betenden, die in allen Ländern der Welt die Nacht über ausgeharrt haben, Transparente: No blood for oil.
Arafats engster Vertrauter und noch ein paar PLO-Leute sind ermordet worden – vom Leibwächter. Wer steckt dahinter? Die Israelis? Diese Männergesellschaft versteht nur Drohungen und Gewalt.
Morgens um sechs Uhr wird ein Journalist von der ZEIT zum Geschehen interviewt. Die Moderatorin stellt ihn als Mitarbeiter der ZEIT vor, darauf verbessert er: Redakteur!
In dieser Situation! So lächerlich kann sich wohl nur ein Mann verhalten. Was ist los mit diesem Geschlecht? Warum hat es solche Ängste, warum derartige Minderwertigkeitskomplexe, warum solche Aggressionen? Immer noch die alte Platzhirschmentalität.

18. Januar 1991

Gerade in dem Moment gestern nacht, als ich beruhigt ins Bett ging um 0 Uhr 30, begann die »Aktion Wüstensturm«, der Angriff auf den Irak.
In zwei Tagen, so wird berichtet, seien zwanzigmal so viele Sprengkörper abgeworfen worden wie damals in Dresden.
Alles Beten, alle Tränen haben nichts genützt. Krieg, obwohl eine ökologische Katastrophe vorausgesagt ist, wenn, wie zu erwarten, Saddam Hussein die Ölfelder in Kuwait in Brand setzen wird und die US-Soldaten in ihren Anzügen nicht einmal gegen Giftgas geschützt sind, wie gestern mitgeteilt wurde.
Das Vokabular der Berichterstatter ist teilweise grauenhaft. Von Menschen, die zu Schaden kommen oder getötet werden, ist grundsätzlich nicht die Rede. Man hat »nur ein Flugzeug verloren«, und Bagdad sei »erleuchtet gewesen wie ein Weihnachtsbaum«, erklärt einer der Bomberpiloten nach dem Angriff.
»Die Mutter der Schlachten« habe begonnen, äußert Saddam Hussein; »*America, the finest country of the world*«, so Präsident Bush; ein Militär, geradezu berauscht nach den ersten Luftangriffen, spricht be-

geistert von einer »neuen Ära im Luftkampf«. Weiter vernimmt man, daß die Guys einfach nicht länger hätten warten können. Versteht sich, die drehen durch, nächtelang auf Abruf in den Maschinen sitzen, da muß man irgendwann los und Bomben werfen. Da muß ein Adrenalinstoß her. Endlich ist wieder mal was los; man muß nicht länger ins Kino, um sich am »Weißen Hai« sein Abenteuer zu holen; jetzt gibt es wieder Wildwest pur.
Die Stimmen mancher Berichterstatter beben geradezu vor mühsam unterdrückter Kriegsgeilheit. Und wieder erhärtet sich der Verdacht, daß die ganze Kriegsführerei, so vornehm »Waffengang« tituliert, mit der männlichen Sexualität zu tun hat.

2. Februar 1991

14 Tage Golfkrieg. Wie angeblich die meisten Kriege, begann auch dieser bei Neumond. Niemand weiß, wie viele Tote es bisher gab. Im Fernsehen ist nur ein Computer-Krieg zu bewundern, sauber, schnell, lautlos. Aber die Ölpest hat bereits katastrophale Ausmaße erreicht, wie die vielen ölverschmutzten sterbenden Wasservögel zeigen. Präsident Bush bezeichnet den Golfkrieg als Chance für eine neue Weltordnung. Sind denn nur Verrückte an der Macht? Wie kann eine neue Weltordnung über ein derartiges Gemetzel entstehen?
Das Kinderhilfswerk UNICEF spricht bereits von einer verlorenen Generation in Nahost. Dieser Krieg stürzt eine Million Kinder ins Elend. General Schwarzkopf, gefeierter Held der »Operation Wüstensturm«, auf die Frage, wie viele Tote es auf der irakischen Seite gegeben habe: »Mein Job ist es nicht, Leichen zu zählen.«

13. Februar 1991

Sprachlos. Sprachlos vor Entsetzen.
Vier Wochen Golfkrieg. Über 50 000 (fünfzigtausend) Einsätze sind geflogen worden.
Ich habe aufgehört, um Frieden zu beten. Offensichtlich gehört diese

Menschheit ausgerottet. Es scheint zunehmend sinnloser, das berühmte Apfelbäumchen zu pflanzen, wenn die sogenannten Großen dieser Welt nichts anderes zu tun haben, als alles zu zerstören.
Saddam Hussein ließ immer wieder Scud-Raketen nach Israel abschießen. Es gab dort Alarm während eines Konzerts von Isaak Stern. Unvergeßliche Szene, die das Fernsehen zeigt: Das Orchester verläßt fluchtartig das Podium, auch ein Teil der Zuschauer stürzt aus dem Konzertsaal, andere setzen sich Gasmasken auf, bleiben sitzen, die Gasmasken auf dem Kopf. Auf der Bühne spielt inzwischen der kleine Isaak Stern ganz allein weiter, ohne Gasmaske spielt er Bach, seelenruhig.

24. Februar 1991

Ist es gleich Wahnsinn, hat es doch Methode – Hamlet.
Die Alliierten haben mit der Bodenoffensive begonnen.
Saddam Hussein hat das Ultimatum der UNO nicht angenommen. Es hat keinen Sinn mehr, um Frieden zu beten. Anscheinend hat die kosmische Intelligenz etwas anderes vor, vielleicht tatsächlich das Ende der Menschheit auf dieser Erde.
Auch gut.

16. März 1991

So unwahrscheinlich es klingt, ich habe tatsächlich das Manuskript für mein Menübuch beim Verlag abgeliefert – und bin wieder einmal auf Buchsignier- und Vortragstournee.
Jeden Abend erlebe ich begeisterte Menschen, die über Erfolge nach der Umstellung ihrer Ernährung berichten; Lobeshymnen in den Zeitungen.

Vorwort für »Lieblingsmenüs aus meiner Vollwertküche«

Ah, dieser Kuchen ist köstlich!
Darf ein Kochbuch mit sogenannten »letzten Worten« beginnen?
Ich wage es.
Ein Mann hat streng nach den Vorschriften des gerade modernen Ernährungspapstes gelebt. Mit allen Zeichen einer Unterernährung wird er ins Spital eingeliefert. Seine letzten Worte: aber keine Antibiotika, bitte!
Auch der erleuchtete Meister schickt sich an, seinen Körper zu verlassen. Alle Jünger sitzen um sein Bett, gespannt darauf, welche weisen Worte der Verehrte am Ende seines Lebens wohl von sich geben wird. Nur einer der Jünger ist in die ferne Stadt gerannt, um einen bestimmten Kuchen zu kaufen, des Meisters Lieblingskuchen. In der Stunde des Todes an einen Kuchen zu denken! Alle schütteln die Köpfe.
Die Zeit vergeht. Die Jünger warten. Der sterbende Meister schweigt. Auch er scheint zu warten. Immer wieder schaut er zur Tür – durch die schließlich der Bursche stürmt – mit dem Kuchen!
Der Meister lächelt. »Da bist du ja«, sagt er; ißt mit letzter Kraft den Kuchen, lächelt wieder, meint: »Ah, dieser Kuchen ist köstlich!« und scheidet dahin.
Zwei Menschen – zwei Arten zu sterben, aber vor allem zwei Arten zu leben! Der eine verweigert noch am Schluß – der andere genießt bis zum letzten Augenblick. Natürlich gefällt mir der Meister besser. Aber der andere tut mir leid. Was für ein trauriger Abgang! »Aber keine Antibiotika, bitte ...«

28. März 1991

Es wird zusehends grotesker:
Bürgermeister und Gemeinde hatten die Hundertwasser-Siedlung als zu progressiv abgelehnt. Nun liefert unser Architekt einen Plan, wonach die Scheune zwar wegen baufälliger Substanz nicht erhalten, aber, haargenau wieder so aufgebaut, zur Schönheit des Ortskerns

ungemein beitragen und dem dörflichen Charakter entsprechen würde – was übrigens alle, inklusive Bürgermeister, Postbotin, Bankangestellte und sonstige Normalbürger befinden.
Wir haben den Anspruch erfüllt, nämlich einem »architektonisch wertvollen Ensemble sein Erscheinungsbild bei gleichzeitiger Revitalisierung zu bewahren«, die Pläne entsprechen den Ansprüchen der Bauordnung – und trotzdem Ablehnung!

30. März 1991

Der Golfkrieg ist beendet. Für Amerika ist Saddam Hussein der Alleinschuldige.
In seiner Siegesrede vor dem Kongreß fand Präsident Bush einen einzigen Satz für die gegnerischen Opfer, die Zehntausende toten Soldaten und die, laut UNO-Bericht, fast apokalyptischen Auswirkungen der Bomben auf die irakischen Städte: »Ja, wir trauern für das irakische Volk.«
Nach dem UNO-Bericht sei der Irak »in ein vorindustrielles Zeitalter zurückbombardiert worden«.
Wie viele im Land- und Luftkrieg umkamen, will man gar nicht wissen. »Diese Zahl interessiert mich wirklich nicht sehr«, meint Generalstabschef Powell. Seine Voraussage, die irakische Armee werde »abgeschnitten und getötet«, hat sich wörtlich erfüllt. Bis zu 100 000 Mann starben laut Auskunft alliierter Offiziere, die Allianz zählt samt Unfallopfern 400 Tote.
»100 000 Menschen zu töten«, schreibt ein Kolumnist im Nachrichtenmagazin »Time«, »und darüber keinen Schmerz zu empfinden, gefährdet jene, die das Töten besorgen – ihre Menschlichkeit nimmt Schaden.«
Truppen, die aus Kuwait abzuziehen versuchten, wurden aus dem Flugzeug heraus regelrecht abgeknallt. Einer der Bomberpiloten verglich das Gemetzel bezeichnenderweise mit einer Truthahnjagd.
Es heißt, daß die Amerikaner für das Verschrotten ihrer alten Waffen mehr Geld hätten ausgeben müssen, als sie dieser Krieg kostete; also

ein im wahrsten Sinne des Wortes Bomben-Geschäft. Und die Rüstungsindustrie kann neue Waffen bauen.
42 Milliarden Dollar hat der Golfkrieg insgesamt verschlungen, wird mitgeteilt; und daß Saddam Hussein eineinhalb Milliarden Dollar für sich in Sicherheit brachte, die er seinem Volk abgeknöpft hat.
Die über 500 brennenden Ölquellen in Kuwait werden Umweltschäden verursachen, die nur mit den Folgen der Reaktorkatastrophe von Tschernobyl zu vergleichen sind.

31. März 1991

Nach 46 Jahren kommunistischer Herrschaft finden heute im letzten noch kommunistisch regierten Land in Europa, in Albanien, freie Wahlen statt.
50 000 Menschen waren zu einer Demonstration in Tirana auf der Straße!

Ein Grazer Jäger wurde wegen Tierquälerei verurteilt.
Er hatte Hunde erschossen und Katzen »gestreckt«, so heißt das in der Jägersprache, wenn eine Katze in der Mitte auseinandergerissen wird.

Das für die Ostertage verabredete Gespräch mit Frau Mackwitz fand nicht statt. Sie ist wieder abgefahren, ohne sich zu melden. Warum in aller Welt wollte sie unbedingt, daß ich dieses Projekt auf ihrem Gutshof beginne? Warum ist sie unfähig, unsere, meine Erfolge zu sehen und zu ertragen?

8. April 1991

Für ungefähr 800 000 hungernde und frierende Kurden, die vor den irakischen Truppen in die Türkei und in den Iran fliehen, laufen jetzt internationale Hilfsaktionen an. 1500 Menschen sollen bereits an Entkräftung, Kälte und Durchfallerkrankungen gestorben sein. US-Transportflugzeuge werfen Hilfsgüter ab.
Die Bilder brennen sich in die Seele ein. Weinende, im Schnee barfuß

laufende Kinder, eine Großmutter mit versteinertem Gesicht hält ihr totes Enkelkind auf dem Schoß …

10. April 1991

Zusätzlich zu den bereits ausgesiedelten 116 000 Menschen sollen bis 1991 weitere 219 000 das Katastrophengebiet von Tschernobyl verlassen.
Aber die Atom-Mafia macht weiter.
Die Prawda meldet, daß in der UdSSR die Brotversorgung zusammengebrochen sei.
Albanische Flüchtlinge in Italien – Österreichs Grenzen von Soldaten abgesperrt gegen Flüchtlinge aus Ungarn – polnische Flüchtlinge, Flüchtlinge aus Afrika, aus dem Irak – Flüchtlinge überall, jeder scheint vor jedem zu flüchten. Zu wem?
Gorbatschow ist mit seiner Perestroika gescheitert, berichten die Gazetten. Gescheitert nur in den Augen derer, die nicht wissen, wie lange ein Samenkorn zum Aufgehen braucht.
Max Frisch ist gestorben. Fast 80 Jahre alt. Lebte sehr zurückgezogen. Ingeborg Bachmann ist schon lange tot, in ihrem Bett verbrannt. Eines Abends, in Berlin, sagte sie zu mir, als mein Freund mich von der Party abholte: »Ich habe nie jemanden, der mich abholt …«
Unvergeßlicher Satz. Eine so große Dichterin, und hatte nie jemanden, der sie abholte …

14. April 1991

Wahrscheinlich bin ich unerträglich für meine Mitmenschen. Eine stetige Mahnung, eine stetige Schuldgefühlzuweisung, ein stetiges Ärgernis. Wenn sie wissen, ich arbeite, während sie sonntags schwimmen gehen oder skifahren, haben sie ein schlechtes Gewissen – und das erzeugt Haß.
Über Petra Kelly sagte der Moderator in einer Fernsehsendung einmal, sie verschleiße ihre Mitarbeiter. Dasselbe sagt man auch von mir. Wir

haben beide einen dampftopfartigen Überdruck in unserer Arbeitsweise, die angst macht und als unmenschlich empfunden wird, obwohl für uns beide gilt, daß wir von den anderen nur einen Bruchteil von dem erwarten, was wir uns selbst abverlangen.
Vielleicht sterben wir bald, Petra und ich, und sind deshalb so arbeitswütig.

15. April 1991

Ein dpa-Foto zeigt im Hintergrund die Rauchwolken der brennenden Ölquellen Kuwaits, im Vordergrund apathische Kinder, die nach Wasser suchen.
Die Einwohner der Stadt Ahmadi berichten, daß der Rauch in Form eines dichten schwarzen Nebels neben ihren Häusern niedergegangen sei. Eine Ärztin teilte mit, daß die Menschen an Atembeschwerden leiden, bei Kindern die Ekzeme zunehmen und den Frauen das Haar ausfällt.

19. April 1991

Mit Datum 17. April trifft ein Brief von Frau Mackwitz' Rechtsanwalt ein, des Inhalts, daß seine Mandantin zum jetzigen Zeitpunkt innerlich (innerlich unterstrichen) zu neuen Verhandlungen nicht bereit sei.

13. Mai 1991

Eine wunderbare Zen-Geschichte fällt mir ein: Einem frommen Einsiedler wird eines Tages ein kleines Kind vor die Tür gelegt. »Du bist der Vater!« behauptet eine junge Frau und ist verschwunden.
»So?« antwortet der Einsiedler, zieht das Mädchen auf, ohne sich um Spott und Hohn der Menschen zu kümmern. Das Mädchen ist erwachsen, da naht die reuige Mutter: »Verzeih, ich habe gelogen, es ist nicht dein Kind!« und verschwindet wieder, diesmal mit ihrer Tochter.

»So?« antwortet der Einsiedler.
Das muß ich schaffen, so gleichmütig und weise zu werden wie dieser Mann.
Und so muß ich auch den Brief einer Frau Ellen H. ertragen: »Sehr geehrte Frau Rütting! Bis heute war ich nicht imstande, meine tiefe Enttäuschung über die Art und Weise, wie Sie Ihr Projekt ›Senioren mit ihren Tieren‹ beiseite geschoben haben, zum Ausdruck zu bringen. Wissen Sie eigentlich, was Sie da bei einigen älteren Menschen angerichtet haben? Dazu die große Enttäuschung junger Menschen, die sich mit mir freuten, begeisterten, auch mithelfen wollten! Mit so etwas experimentiert man doch nicht! So schnell aufzugeben! Interessiert Sie das Thema ›Alte Menschen und ihre Haustiere‹ überhaupt noch? Sie haben sie ja eigentlich verraten! Wieder einmal hat man die Alten mit ihren Tieren allein gelassen … es wäre ein Beispiel gewesen, geworden, Ansporn, Ähnliches ›flächendeckend‹ zu machen, dazu Entlastung üblicher Altersheime …« Weder diese Frau noch die angeblich so begeisterten jungen Menschen haben auch nur einen Finger gerührt, um bei diesem Projekt mitzuhelfen, haben sich nicht einmal sehen lassen.
Ich versuche, mit einer Meditation meines Kummers Herr zu werden.
»So?«

15. Mai 1991

Unsere letzte Bitte an Margarete Mackwitz um Stellungnahme bis 15. Mai blieb bis heute unbeantwortet.
Ein Schildbürgerstreich, das Ganze.
Meinen in der Mackwitzschen Scheune bereits untergestellten Pferdeschlitten und die Kutsche habe ich wieder abholen und zu einem Bauern bringen lassen. Ein trauriges Bild, wie der Traktor mit dem angehängten Kipper, darauf die leere Kutsche und der leere Pferdeschlitten, durch die verregnete Mailandschaft zuckelte.
Ich muß das Projekt aufgeben.
»Zwei Tragödien gibt es im Leben: Die eine, nicht zu bekommen, was das Herz sich wünscht, die andere, es zu bekommen« (G. B. Shaw).
Gerade jetzt muß mir dieser Spruch in die Hände fallen!

8. Juni 1991

An einer Wegkreuzung muß ich die Parade etwa zwei Dutzend am Straßenrand pinkelnder Soldaten abnehmen, die auch noch grinsen, als ich vorbeifahre.
Hundert Meter weiter gäbe es ein nettes, schutzbietendes Wäldchen – aber nein, sie müssen sich für alle sichtbar aufpflanzen, Hand am Lieblingsorgan.
Was für ein Schwachsinn von Freud, den Frauen Penisneid anzudichten! Ich kenne keine, die sich so ein Ding wünscht.
Eigentlich hätte ich anhalten, Hosen runterziehen und mich danebenhocken müssen, fällt mir nachher ein. Eine Frau soll das mal gemacht haben und wäre fast gesteinigt worden, weniger von den Männern, als von den vorbeikommenden Geschlechtsgenossinnen.
Man stelle sich ein Dutzend am Straßenrand urinierender Frauen vor! Was spielt sich bloß in Männerköpfen ab?
Bert Brecht dürfte einer Erklärung männlicher Pinkelwonnen am nächsten kommen. Er läßt seinen Herrn Puntila zum Knecht Matti (beide lassen ihr Wasser) sagen:
»Ich könnt nicht in der Stadt leben. Warum, ich will zu ebener Erd herausgehn und mein Wasser im Freien lassen, unterm Sternenhimmel, was hab ich sonst davon? Ich hör, auf'm Land ist's primitiv, aber ich nenn's primitiv in ein Porzellan hinein.«
Matti antwortet: »Ich versteh, Sie wollen's als einen Sport.«
Gespenstisch, daß der Mann zum Pinkeln wie für den Liebesakt sich ein und desselben Instruments bedienen muß.
Vor mir soll sich über dieses Phänomen unter anderem auch schon – Hegel gewundert haben.

10. Juni 1991

Ein älterer Unternehmer, der aus dem Nichts anfing, über seinen Weg zum Erfolg:
»Ich habe nie gesagt, das sind die Pferde meines Herrn oder das sind

unsere Pferde – sondern ich habe immer gesagt, das sind meine Pferde!«
Aus solchem Holz muß man wohl geschnitzt sein.
Wie zum Trost, daß ich aus solchem Holz nun aber auch gar nicht geschnitzt bin – ich betone immer »wir«, selten »ich« –, schreibt mir eine Frau: »Ein chinesisches Sprichwort sagt: ›Wenn ich einen grünen Zweig im Herzen trage, wird sich ein Singvogel darauf niederlassen.‹ In Ihrem Herzen, liebe Frau Barbara, singt er bestimmt!«

13. Juni 1991

Das war nun das Gespräch, in das ich so große Hoffnungen gesetzt, um das Grete selbst über eine gemeinsame Freundin gebeten hatte.
Nach drei Stunden Gerede kein endgültiges Nein von ihr, kein endgültiges Ja.

Sonntag, 16. Juni 1991

Francescolina ist von den Pferden erschlagen worden. Gestern abend. Die ersten Stunden wie gelähmt, konnte nicht mal weinen.
Für Francescolina war der Tod sicher eine Erlösung, ihre verkrüppelten Beine, ihr kaputter Rücken haben ihr Schmerzen bereitet; ich hatte den Eindruck, daß sie auch nicht mehr richtig sehen konnte, vor kurzem fiel sie in den Teich, als sie sich auf dem Badesteg umdrehen wollte. Nur – ich hätte ihr ein anderes Ende gewünscht …
Ich weiß nicht, wie ich dieses Dasein noch zwanzig Jahre aushalten soll, nach Auskunft der Astrologin werde ich mindestens 80. Aber diese Vorhersage stimmt vermutlich ebensowenig wie alle anderen.

17. Juni 1991

Kleinere Tierkadaver werden von der Tierverwertungsstelle nicht abgeholt, erfahre ich bei der zugehörigen Stelle, diese müßten beim

Fleischhauer abgeliefert werden, dort stünden im Hinterhof zu diesem Zweck Container.
Beim Fleischer, ausgerechnet.
Frida ist fabelhaft. Sie hat zwei Plastiksäcke besorgt, in die wir Francescolina einwickeln. Schnur drum, wie ein Paket.
Beim Fleischer gibt man mir den Schlüssel zum Kühlraum. Darin mehrere Container. Frida meint, mit dem Kopf nach unten hineinstecken, falls der steife Körper nicht ganz hineingeht, könnten die Beine herausragen; aber so kopfüber in die Tonne – es ist zu furchtbar. Wir schaffen es, sie mit den Beinen zuerst hineinzubringen, Kopf oben.
Ich muß an Becketts »Endspiel« denken, an die beiden Alten, die, jeder in einer Mülltonne steckend, über das Leben und über den Tod sinnieren. Das Stück war damals eine Sensation, hat auch auf mich einen unauslöschlichen Eindruck gemacht.
Irgendwann stecken wir alle in der Mülltonne. Wenn wir Glück haben, mit dem Kopf nach oben …

18. Juni 1991

Wie sehr ich Francescolina vermisse.
Ich soll lernen loszulassen. Aber ich habe doch schon so vieles losgelassen! Ich habe den Wunsch loslassen müssen, eine eigene Familie zu haben; ich lasse auch meinen Traum von einer Öko-Siedlung los, wenn es sein muß – aber darf ich nicht einmal mehr meine Tiere lieben?
Wie kann ich leidenschaftsloser Betrachter bleiben, wenn mir ein geliebtes Wesen durch den Tod, und noch dazu auf so eine furchtbare Art, entrissen wird?

21. Juni 1991

Eine dpa-Meldung »Lebensbeichte und Abstieg«: Der Berliner Schauspieler und Entertainer Harald Juhnke äußerte sich wenige Tage bevor er jetzt wegen seines Alkoholkonsums ins Krankenhaus kam in einem Fernsehinterview über sich selbst. Auf die Frage, ob er glücklich sei,

sagte der 62jährige: »Nein, ich bin überhaupt nicht glücklich. Ich hab mich noch nie in meinem Leben wohl gefühlt.« Er sei ununterbrochen mit »irgendwelchen Dingen konfrontiert«.
Himmel, klingt das vertraut!

22. August 1991

Wir haben ein Seminar ausgeschrieben »Kochend meditieren – meditierend kochen«.
Die Prospekte lagen im Massageinstitut aus.
Während ich massiert wurde, hörte ich, wie ein Mann in der Nebenkabine den Prospekt studierte:
»Ja mei, wos is'n dös für a Schmarrn! Kochend meditieren, meditierend kochen – da verwechsl i jo Zucker und Salz!«

26. September 1991

Das habe ich nun von meiner Gutmütigkeit. Lasse ein wildfremdes Ehepaar in meine Garagenwohnung einziehen – vorübergehend selbstredend, bis die Wohnungen in Doppendorf fertig gewesen wären; lasse mich dann auch noch von den beiden überreden, eine Vereinbarung zu unterschreiben, in der steht »auf unbestimmte Zeit« – und erfahre nun zu meinem Schrecken von einer Jurastudentin, daß diese Floskel soviel bedeutet wie »lebenslänglich«.
Da baue ich eine Wohnung, um Menschen zu finden, die mir bei der Betreuung meiner Hunde und Pferde helfen, brauche also eigentlich jemanden, der reiten oder zumindest mit Pferden umgehen kann oder an Hunde gewöhnt ist – und habe nun Leute in der Wohnung, auf die gar nichts davon zutrifft. Dora und Heinz lieben zwar Tiere, scheinen aber überwiegend mit der Zubereitung ihrer Rohkost beschäftigt, eben richtige Rentner, obwohl nicht viel älter als ich, Dora sogar zehn Jahre jünger, aber offenbar beide schon so schusselig, daß sie am ersten Tag gleich das Gartentor offenließen und alle Hunde am Waldrand standen, als ich nachts um elf Uhr aus dem Seminarzentrum nach Hause kam;

und das ausgerechnet an einem Sonnabend, an dem alle Jäger unterwegs sind.

Im Autoradio den Choral eines Vorfahren von Johann Sebastian Bach gehört: »Ach, ach, ach, daß ich Wassers genug hätt und meine Augen Tränen, zu beweinen Tag und Nacht meine Sünden.«
Bach erhielt als Organist 700 Taler und meinte dazu:
»Bei mehr Sterbefällen wird es mehr, bei gutem Wetter und besserer Gesundheit der Bevölkerung ist es schlechter.«
Die Gemeinde beschwerte sich, daß der Herr Bach so viele fremde Töne in die Musik einbringt, und ließ verlauten: »Wenn der Herr Bach weiter so die Orgel spielt, ist die Orgel in zwei Jahren kaputt und die Gemeinde taub.«

29. September 1991

Mein offener Brief an meinen bulgarischen Freund Dr. Iliev hat in Bulgarien ziemliches Aufsehen erregt und dazu geführt, daß ich gebeten wurde, nach Sofia zu kommen und die Vollwertkost in der Praxis vorzustellen, möglichst noch in diesem Herbst und solange der Markt Gemüse in Hülle und Fülle bietet.
Ich werde also vom 4. bis 18. Oktober nach Sofia fahren und dann anschließend vom 28. Oktober bis 9. November eine Signier-Tournee absolvieren, um mein neues Menübuch vorzustellen, das sehr schön geworden ist.

15. Oktober 1991

Fast zwei Wochen bin ich nun in Sofia und habe in dieser Zeit Bulgarien und seine Menschen etwas kennenlernen können, aber auch einen Einblick in die Schwierigkeiten bekommen, die wir – immerhin schon einige Zeit an demokratische Zustände Gewöhnten – uns gar nicht vorstellen können.
Worauf ich gar nicht gefaßt war: Vielen Menschen geht es nach der

Befreiung vom Kommunismus schlechter als vorher. Für viele Belange hat bisher der Staat Sorge getragen. Kindergarten, Schule, ärztliche und zahnärztliche Behandlungen waren kostenlos, bzw. man bezahlte symbolisch dafür. Jeder, der es nötig hatte, erhielt umsonst eine Kur verordnet. Jetzt müssen viele dieser Leistungen von jedem einzelnen selbst bezahlt werden. Krankenkassen westlichen Zuschnitts gibt es (noch) nicht. Dazu kommt, daß die Währung, der Lew, fast täglich an Wert verliert. Zehn Lewa entsprechen zur Zeit etwa einer Mark oder sieben Schilling.

Bulgarien ist ein ehemals reiches Agrarland. Es will mir nicht in den Kopf, daß die Grundnahrungsmittel nicht ausreichend vorhanden sein sollen. So interessiert mich vor allem der Gemüsemarkt. Die Verkaufsstände quellen über, Berge roter Paprikaschoten, Kohl in Hülle und Fülle, Kartoffeln, Champignons, Spinat und Melonen, Melonen – die bei guter Lagerung übrigens bis Ende November haltbar sind. Es gibt Mandeln, frische Hasel- und Walnüsse, Erdnüsse, Sonnenblumen- und Kürbiskerne, Sesamsamen. Ich könnte mich jetzt genauso wie zu Hause für den Winter eindecken: Sauerkraut und milchsaures Gemüse einlegen, Kartoffeln, Sellerie, Lauch, Möhren und rote Rüben einkellern. Der Preis für Speiseöl, vornehmlich Sonnenblumenöl, liegt zwischen 11 und 22 Lewa der Liter. Meine Frage, ob dieses Öl industriell hergestellt wird oder kaltgepreßt sei, stößt auf Verständnislosigkeit. Man kennt den Unterschied nicht.

Vollkornbrot ist unbekannt, das käufliche Brot (das Kilo für 3,80 bis 4 Lewa) »schön« weiß. Nach Getreide müssen wir auf dem Markt lange suchen, entdecken schließlich kleine Mengen Weizen und Hafer. Davon gäbe es genug, meint der junge Bauer, der die Körner zum Verkauf anbietet, aber die Leute kämen nicht auf die Idee, daß sie daraus Brot backen, geschweige denn Speisen daraus zubereiten könnten. Wie ist es mit Hirse, Buchweizen? Achselzucken.

Wir rechnen die Preise durch und kommen zu dem Ergebnis, daß selbst ein Sozialhilfeempfänger – jedem hilfsbedürftigen Bürger steht eine Mindestsumme von 400 bis 500 Lewa zu – sich schmackhaft und gesund vegetarisch vollwertig ernähren könnte. Denn was teuer ist, sind die tierischen Produkte. Fleisch kostet das Kilo zwischen 20 und 40 Lewa, Fisch 30, Käse 26, Butter 32 Lewa.

An einem Stand werden gekochte Maiskolben verkauft. Ein Mann bietet getrocknete Kräuter und Tees an, auch Aprikosenkerne, die wegen ihres hohen Kaliumgehalts einen hohen gesundheitlichen Wert besitzen. Köstlich der Honig, 44 Lewa das Kilo, der besonders begehrte aus den Bergen ist allerdings doppelt so teuer.

Eine alte Frau bietet auf der Straße Flaschen mit einer milchigen Flüssigkeit an. Ich probiere Bosa, ein stärkendes Getränk aus vergorenem Hafer, vergorener Hirse, Wasser und Zucker, das für und gegen alles gut sein soll, gegen Verstopfung, zur Anregung der Milchbildung bei schwangeren Frauen. Zaghaft macht sich die freie Marktwirtschaft bemerkbar. Wer irgend etwas verkaufen will, Gemüse oder Nüsse oder Schnaps oder Zigaretten, breitet die Dinge auf einem Tischchen am Straßenrand aus und setzt oder stellt sich daneben. Eine Frau verkauft Kartoffeln, die sie einfach auf die Haube ihres Autos getürmt hat. Delikat die in Sesam gewälzten Weizenringe und der im Ofen gebackene Kürbis.

Dr. Iliev hat ein Fernsehinterview für mich organisiert. Der Interviewer und ich überlegen, wie man Bulgarien helfen könnte, und sind uns einig, daß Hilfe immer nur Hilfe zur Selbsthilfe heißen kann.

Meine Kochbücher haben bei der Köchin Stevka großes Interesse geweckt, auch die mitgebrachte Flockenquetsche wurde sofort in Betrieb genommen. Vielleicht ließe sich in Bulgarien eine Getreidemühlenproduktion in Gang bringen. Wenn ich wieder zu Hause bin, werde ich gleich einige größere Mühlen hinschicken.

15. November 1991

Dreizehnter nicht eingehaltener Waffenstillstand zwischen Serben und Kroaten.

Weinende Menschen werden aus Dubrovnik evakuiert, in Lastwagen, wie im Weltkrieg, Frauen, die letzte Rose aus dem Garten in der Hand. In Dubrovnik ist kein Haus mehr unversehrt; andere Städte seit Monaten eingeschlossen, ohne Wasser, ohne Strom.

In Irland haben wieder Katholiken und Protestanten einander umgebracht, teilweise sogar irrtümlich, weil sie sich gegenseitig für das Gegenteil hielten.

Enttäuschung und Resignation in der ČSFR. Am 17. November 1989 demonstrierten Hunderttausend auf dem Wenzelplatz gegen das Kommunistische System. Nun zeigt sich, daß sich kaum etwas geändert hat. Die »alten Strukturen« säßen nach wie vor in wichtigen Positionen – früher waren sie Funktionäre, heute sind sie erfolgreiche Unternehmer und Musterdemokraten. »Den schlimmsten Schuften von damals geht es jetzt am besten …«
Nach Umfragen wünscht sich jeder fünfte Deutsche die Mauer zurück. Manche sagen sogar: Und die möglichst doppelt so hoch wie ehedem und doppelt so breit!
Neo-Nazihorden toben vor allem in der ehemaligen DDR, jüdische Gräber werden geschändet, die Gebeine der Toten auf dem Friedhof – Fried-hof! – verstreut.
Das Ozonloch wird größer und größer. Wissenschaftler erklären, es sei sogar schlimmer als bisher angenommen, für den Abbau des Ozons werden FCKW verantwortlich gemacht, die unter anderem als Kühl- und Treibmittel benutzt werden. Dringender Handlungsbedarf …
Der Meeresspiegel wird 17 bis 26 Zentimeter steigen … vier Inseln bereits evakuiert … Pflanzen als Energiequelle statt Kohle und Öl wären ein Beitrag zur Lösung des Klimaproblems …
Trotzdem werden die FCKW nicht vor 1996 verboten!
Ein gespenstisches Foto in der Zeitung: Die oberen zwei Drittel des Bildes sind mit riesigen schwarzen Rauchwolken ausgefüllt, auf dem unteren Drittel verbrannte Erde und vor der gleißenden Helligkeit der brennenden Ölfelder die Umrisse von Kamelen, die nach Wasser suchen.
Ein Foto, das von einer internationalen Kinder-Jury zum besten Pressefoto der Welt gewählt wurde.

1. Dezember 1991

Alles Weiterkämpfen ist sinnlos.
Der Widerstände sind zu viele. Ich muß es endlich akzeptieren – das »Aus« für das Projekt Doppendorf.

7. Dezember 1991

Margarete Mackwitz und ich haben den Mietvertrag für das Seminarhaus und damit auch dessen Verlängerung bis zum Jahr 2025 in beiderseitigem Einverständnis per 29. Februar 1992 aufgehoben.
Seltsamerweise nahm ich sie dennoch am Schluß in den Arm. Es war eine Umarmung in Trauer, in Trauer über unser gemeinsames Versagen. Ihr Kommentar: »Was, das bringst du noch fertig? Du hast wirklich ein großes Herz!«

8. Dezember 1991

Der junge Bankangestellte, der unser Projekt von Anfang an wohlwollend begleitet hat, wollte über den »Skandal«, wie es zum Scheitern kam, im Ortsblättchen einen geharnischten Bericht bringen. Es wurde ihm vom Gemeinderat untersagt. Margarete Mackwitz gehört halb Doppendorf. Und die Gemeinde will ein Stück Land von ihr für die Vergrößerung des Friedhofs.
Ein Bekannter rief mich an und teilte mit, meine große Zeit komme erst, Doppendorf sei als Aufgabe viel zu klein für mich; außerdem würde ich eines Tages mit braunen Augen aufwachen.
Okay, von mir aus auch noch braune Augen. Braune Augen sollen weniger lichtempfindlich sein, werd' ich vielleicht nicht ganz so schnell blind vom Ozonloch. Spiel mit mir Blindekuh!
Greenpeace-Anzeige in den »Salzburger Nachrichten«:

Das Horoskop zum Tag.
In Ihrem Leben wird die Sonne scheinen.
Ein dominanter Krebs wird in Ihr Leben treten.
Könnte stimmen.
Ihr Ozonloch.

19. Dezember 1991

Die mit soviel Aufwand und Brimborium angekündigte Landesausstellung »Irrwege – Umwege – Auswege« ist gescheitert, sang- und klanglos. Wir »50 Fachleute aus Österreich, Deutschland und der Schweiz« sind nicht einmal informiert worden, daß, warum und weshalb.
Und den jungen Pfarrer hat die Doppendorfer Gemeinde verjagt. Er war, etwas verdichtet ausgedrückt, nicht bereit, seine Freundin als seine Köchin auszugeben, wie das ja üblich ist und auch abgesegnet wird. Angeblich ist er von seinem Priesteramt zurückgetreten.
Recht hat er.

31. Dezember 1991

Das alte Jahr hockt mir bedrohlicher als irgendein Jahr zuvor in den Knochen. Schwere Herzrhythmusstörungen. Mein Herz stolpert dermaßen, daß ich zum ersten Mal den Ausdruck nachempfinden kann, jemandem rutscht das Herz in die Hose. Es ist, als mache es einen Satz und stürze nach unten in den Bauchraum ab. Ich mußte mehrmals eine kleine Spraydose in Anspruch nehmen, die ich »für alle Fälle« in der Handtasche habe, irgendein Nitroglyzerinzeug, das die Verkrampfung der Herzkranzgefäße löst. Mein Hausarzt gibt mir stärkende Spritzen und verordnet mir eine Kur.
Fühle mich wie ausgeblutet. So ist wohl einem Schaf beim Schächten zumute, kurz bevor das Leben erlischt.
Il faut cultiver le jardin, läßt Voltaire seinen Candide sagen.
Weiß ich seit vierzig Jahren, versuche ich ja auch.

Eben fuhr ich am ehemaligen Seminarzentrum vorüber. Alles ist verwaist, das Vollwertrestaurant geschlossen.
Warum nur, warum nur durfte diese wunderbare Idee nicht Wirklichkeit werden?
Ich stelle mir die erleuchteten warmen Wohnungen vor, jetzt um die

Weihnachtszeit, Kinder toben durch das Haus, dazwischen tollen Hunde, die alten Menschen haben gütige Gesichter – aus der Bäckerei duftet es nach frischem Honigbackwerk und feinen aromatischen Tees – warum nur, warum?

Der schwerste Schicksalsschlag meines bisherigen Lebens, dieses Scheitern.

Die Scheune, die wir umbauen wollten, hat ihren eigenen Schlußakkord unter die ganze Tragikomödie gesetzt: Ihr Dach ist eingestürzt.

Loslassen!

15. Mai 1992

Eine Bäuerin sprach mich heute voller Mitgefühl auf das Scheitern des Öko-Projekts an und meinte: »Da bewahrheitet sich wieder einmal der alte Spruch: ›Tu niemand nix Gutes, dann erntest du nix Schlechtes.‹«
Nachtrag, tröstlicher: Der Dank holt dich nie ein, er schleicht dir hinterher.

5. März 1992: Warum ich Robert Jungk wählen werde

Am 26. April wird Österreichs neuer Bundespräsident gewählt. Robert Jungk kandidiert.

Meine Presseerklärung
»Menschenbeben« nennt Robert Jungk in seinem gleichnamigen Buch den weltweiten Aufstand gegen Krieg, Unmenschlichkeit und Gewalt. Dieses Menschenbeben hat einen Gesinnungswandel in Gang gesetzt, der uns noch retten könnte.
»Wer den Frieden will, muß den Krieg vorbereiten.«
Dieser alte Slogan hat sich als falsch erwiesen.
Wer den Frieden will, muß den Frieden vorbereiten!
Anstelle von Angst, Mißtrauen und Haß müssen Vertrauen, Freundlichkeit und Güte treten. So wünsche ich mir auch keinen Wahl»kampf«, sondern ein Miteinander *für* eine bessere Welt.
Und diese Welt ändert sich nur, wenn ich mich ändere, heute, hier und jetzt.
Robert Jungk, der Weltbürger, der in seiner Begeisterungsfähigkeit nie nachlassende unbeirrbare Mahner für eine lebenswertere Zukunft – in vielen Demonstrationen für den Frieden durfte ich an seiner Seite sein

und weiß, daß er auch *lebt*, was er fordert. Ich wähle Robert Jungk zum Bundespräsidenten.

20. März 1992

Einer meiner Brüder schickt mir Berichte über die 1990 in der ehemaligen sowjetischen Besatzungszone entdeckten stalinistischen Hungerlager.

1990 haben Soldaten der nationalen Volksarmee bei Fünfeichen, Sachsenhausen und anderen Orten des deutschen »Archipel Gulag« die sterblichen Überreste von Tausenden Opfern aus Massengräbern ausgegraben. Vom sowjetischen Geheimdienst NKWD wurden unmittelbar nach Kriegsende bis zum März 1950 insgesamt rund 180 000 Häftlinge gefangengehalten. Schätzungsweise 65 000 der ohne Haftbefehl einsitzenden Häftlinge starben bis dahin an Hunger, Kälte und Krankheit.

Darunter auch unser Vater, der Mitte Mai abgeholt wurde und nie wiederkam.

Die wenigen, die überlebten, erzählten damals nichts. Es wurde nur gemunkelt, er wäre an Ruhr gestorben oder er wäre totgetreten worden. Mein geliebter Vater, ein kleiner Nazi – nie habe ich dieses Trauma mit ihm aufarbeiten können. Mein Bruder schickt noch eine handgeschriebene Postkarte unseres Vaters mit, vermutlich eines seiner letzten Schriftstücke überhaupt, vom 6. März 1945 adressiert an Herrn Studienrat Dr. Lehmann:

Sehr geehrter Herr Doktor,
bitte, entschuldigen Sie Hartmuts gestriges Fernbleiben vom Unterricht.
Wir sind zur Zeit ohne Wecker und haben die Zeit verschlafen. Heil Hitler!
Richard Goltz

Ich erinnere mich an ein anderes Entschuldigungsschreiben. Es betraf meinen Bruder Reinhard und lautete:

Entschuldigen Sie Reinhards Fernbleiben vom Unterricht. Er hat keine Schuhe. Heil Hitler! Richard Goltz

25. März bis 11. April 1992: Gesundheitskreuzfahrt auf der MS Berlin – dem Fernseh-Traumschiff

Schon auf dem Münchner Flughafen wundere ich mich, so viele meiner ehemaligen Schauspielerkollegen zu treffen. Des Rätsels Lösung – alle sind auf dem Weg zum gleichen Ziel wie unser Gesundheitsteam, nämlich Bridgetown auf der Insel Barbados, um auf dem Traumschiff MS Berlin weitere Folgen der Serie zu drehen.

Als wir dann in Bridgetown an Bord gehen, wie immer von der Mannschaft mit einem Glas Sekt begrüßt, staunen sowohl der Produzent der Serie wie auch der Regisseur: nanu, was machst du denn hier, für welche Rolle haben wir dich denn engagiert?

Ich genieße es, nicht als Schauspielerin, sondern als Gesundheitsberaterin diese herrliche Reise machen zu können. Kneipp-Güsse pur: mit der Traumschiffmelodie beim Auslaufen des Schiffes scheinen alle Probleme des Alltags hinweggefegt. Die tropische Wärme, das türkisblaue Meer, das luxuriöse Schiff, gut aufgelegte erwartungsvolle Menschen, bereit, aus diesen 14 Tagen alles, was nur möglich ist, an Glück herauszupressen.

Bei unserem ersten Ausflug mit Schnellbooten müssen wir ins Wasser springen und an Land schwimmen, was zu ergötzlichen Episoden und zu den ersten Meckereien führt. »Da habe ich eine Luxusreise gebucht – und muß an Land schwimmen! Ja wo san mer denn?« Mitten unterm Schwimmen und prustend vor Lachen kommt mir die Idee, eine »alternative« Traumschiffolge zu schreiben. In der müßte Doris Dörrie Regie führen …

In Funchal auf Madeira sausen wir mit Korbschlitten zu Tal; in Tanger/Marokko trödeln wir durch Bazare, und in Genua müssen wir unser Traumschiff wieder verlassen – ein letztes Mal James Lasts geliebte Schnulze in den Ohren …

Was fehlt: daß dieses Traumschiff und natürlich alle anderen Schiffe auch eines Tages mit Wind-, Wasser- und Sonnenenergie angetrieben wird.

Vierzig Jahre eine »Person des öffentlichen Lebens« – da bekommt man Übung darin, in den Gesichtern zu lesen, ja sogar an den Lippen abzulesen, was die Leute reden, bei meinem Namen mit den vielen Vokalen ein leichtes.
Ich habe hier nur einiges von dem aufgeschrieben, was während der Kreuzfahrt »getalkt« wurde.

Dicke Frau: Ist das nicht die Barbara Rütting da drüben?
Dicker Mann: Wer? Wo?
Dicke Frau: Die Schauspielerin!
Dicker Mann: Kenn ich nich.
Dicke Frau (stößt dicken Mann an): Na klar kennste die! Die die Geierwally gespielt hat, und diese Wallacekrimis!
Dicker Mann: Die lebt noch? Ich dachte, die ist längst tot.
Vollwertköstler: Ich kenne sie nur als Kochbuch-Autorin. Hier an Bord ist sie als Gesundheitsberaterin. Deswegen machen wir überhaupt die Reise, weil wir unterwegs anständige Vollwertkost wollen!
Dicker Mann: Wat is dat denn?
Vollwertköstler: Die Nahrung sollte so natürlich wie möglich sein, vollwertig eben. Dann bleibt man gesund, wenn man sich so ernährt. Hier sehen Sie ein echtes Vollwert-Kind, nie krank! (zeigt seine kleine Tochter vor). Was sagst du immer, wenn dir jemand einen Bonbon geben will?
Die Kleine (lispelt): Zucker macht zahnlos!
Alle lachen.
Vollwertköstler-Frau: Und dann lehnt sie den Bonbon ab! Die Leute sind dann immer ganz sprachlos!
Dicke Frau: Und dann bettelt sie wahrscheinlich um Süßigkeiten bei der Nachbarin, das kennt man doch!
Nun meldet sich ein *Rohköstler* zu Wort: Der Begriff Vollwertkost wird völlig falsch verwendet. Vollwertig ist nur die Muttermilch – und die Rohkost. Kennen Sie das Buch: »Willst du gesund sein, vergiß den Kochtopf!« nicht? Das müssen Sie lesen! Das hat uns die Augen geöffnet!
Rohköstler-Frau: Seither essen wir nichs Gekochtes mehr, nur Rohkost!
Dicke Frau: Was, nur Rohkost? Ja, wovon leben Sie denn dann, um Himmels willen, wie decken Sie denn Ihren Eiweißbedarf?

Rohköstler-Mann: Wir essen ja sowieso alle viel zuviel tierisches Eiweiß. Und dann noch zu Tode gekocht! Lauter Leichen! Deshalb ist die Menschheit ja so krank! Die Rütting hat auch zu viele Eier in ihren Rezepten. Außerdem trinkt sie Wein.
Rohköstler-Frau: Das lehnen wir ab!
Dicke Frau: Die muß doch schon ziemlich alt sein, die Rütting! Bestimmt über 60! Na ja, bestimmt geliftet! Das sind die doch alle!
Dicker Mann: Nun mußten wir schon unterschreiben, daß wir nichts gegen die Dreharbeiten von diesen Filmfritzen haben für diese Traumschiff-Serie – nun auch noch die Körndlfresser dazu, na danke! ich lasse mir meinen Schweinebraten jedenfalls nicht miesmachen.
Dicke Frau: Und als Statisten lassen wir uns auch nicht benutzen! (Später sind die beiden die ersten, die sich darum reißen, Statisterie zu machen, und immer wieder als »Ankommende in Reisekleidung die Gangway rauf- und runterzutippeln.) Also ich höre mir diesen Gesundheitsschmarrn bestimmt nicht an! Jeden Tag liest man von einer anderen Wunder-Diät. Was ich schon alles ausprobiert habe! Einen Haufen Geld zum Fenster rausgeschmissen, und hinterher war der ganze Speck wieder drauf! Alles Humbug!
Vollwertköstler-Frau: Das kann Ihnen bei der Vollwertkost eben nicht passieren! Da halten Sie Ihr Gewicht konstant, ohne zu hungern, ohne Kalorienzählen. Da kommt eine Art Eßbremse zur Wirkung!
Dicke Frau: Bei mir garantiert nicht. Bei mir versagt jede Bremse.
Rohköstler-Mann: Ich sage doch, der Begriff ist schon falsch! Vollwertig ist nur die Muttermilch! Und die Rohkost!

Von allen Tischen durcheinander Satzfetzen: Glauben Sie mir, ohne isometrische Übungen ... nein nein, die Fünf Tibeter haben mich durchaus nicht um 25 Jahre verjüngt, aber ich mache sie auch noch nicht lange ... wenn Uranus im fünften Haus steht und Wassermann im MC, dann ist äußerste Vorsicht geboten ... hoffentlich gibt es auch mal Hummer und Kaviar ... bin gespannt auf die Band ... mal sehen, ob ich den Sport mitmache, ein paar Kilo könnten schon runter ... glauben Sie mir, nur die rechtsdrehende Milchsäure kann vom Körper verwertet werden, die linksdrehende können Sie vergessen ... – haben Sie schon mal von Kombucha gehört? Das ist ein Pilz, den man in Tee ansetzt, und dann … hoffentlich werd ich nicht seekrank, ich bin so sensibel … ich habs an der Galle, ich muß aufpassen … ich hab mir die Gallenblase rausnehmen lassen …

Das Frühstücksbüfett ist für mich eine ziemliche Tortur, weil mir alle zuschauen – entweder auf die Finger, um sich auf den Teller zu tun, was ich mir auf den Teller tue, oder ins Gesicht, um meine Falten zu zählen.

Und da geht es dann weiter:
– Was ist das denn, Hafer? Was, Dinkel? Nie gehört, was is denn Dinkel?
– Darf ich Joghurt zum Frischkornbrei nehmen, oder ist Milch besser?
– Sahne? Aber Sahne macht doch dick! Ich habe einen zu hohen Cholesterinspiegel …
– Ich habe zu niedrigen Blutdruck, deshalb hat mir der Arzt Kaffee verordnet! Was, der ist auch ungesund?
– Ich esse nie Butter, nur Margarine …
– Die ist doch noch schlechter …
– Ich nehme immer Süßstoff in den Kaffee, nie Zucker …
– Sie sollten überhaupt keinen Kaffee trinken, Kaffee ist Nervengift …
– Na, dann bleibt ja überhaupt nichts mehr übrig an Genüssen, da kann ich ja gleich über Bord springen …
– Sie glauben nicht, wie sich Ihre Geschmacksnerven wieder schärfen, wenn Sie erst …
– Also, ich habe gehört, Getreide und gekochtes Obst zusammen, das bläht …
– Nein, das verwechseln Sie, Knoblauch und Zwiebeln zusammen gegessen, das bläht!
– Haben Sie schon von der heiligen Hildegard gehört? Die hat den Lauch verboten, und die Zwetschgen!
– Ach, die Äbtissin? Die war ja auch selber magenkrank … ich halte mehr von Bachblüten …
– Was sind denn das für Blüten, wachsen die am Bach?
– Nein, ihr Erfinder hieß Bach, Dr. Bach!
– Im Ayurveda wird überhaupt kein Knoblauch verwendet …

– Was ist denn das nun wieder? Nie gehört! Aju – was?
– Ich bin ganz süchtig nach Knoblauch, wir essen ihn knollenweise, ich würze alles mit Knoblauch, nur keinen Pudding, haha!
– Aha, Sie sind wohl Pudding-Vegetarierin?
– Was ist denn das für eine Richtung, essen die nur Pudding? Das kann doch nicht gesund sein …
– Die beste Ernährung hilft nichts, wenn Sie falsch denken … ich meditiere …
– Ach, meinen Sie Yoga? Ohne Yoga wär ich schon tot …
– Aber Yoga gehört doch in den Osten, wir leben im Westen! …
– Wir sollten überhaupt nur essen, was hier bei uns zur Jahreszeit wächst!
– Da bleiben Ihnen als Rohköstler im Winter nur ein paar verschrumpelte Äpfel, hahaha!
– Aber es gibt doch das herrlichste Obst das ganze Jahr über, dank der Technik!
– Da betreiben Sie ja wieder Umweltverschmutzung, wenn Sie Obst einfliegen lassen!
– Und mit diesem Luxuskahn hier, betreiben wir da keine Umweltverschmutzung?
– Die MS-Berlin hat die tollsten Entsorgungssysteme!
– Ganz wichtig ist es, beim Essen nicht zu reden …
– So 'n Blödsinn! Schon Goethe führte Tischgespräche!
– Der hatte ja auch was zu sagen!
– Sesam soll besonders viel Calcium enthalten, 100mal soviel wie Kuhmilch!
– Das ist interessant, ich hab nämlich Osteoporose!
– Wenn Sie nicht genügend Vitamin D zu sich nehmen, hilft das ganze Calcium nichts!
– Was halten Sie vom Liften?
– Also ich hab mir das Fett vom Bauch absaugen lassen und das Doppelkinn wegoperieren …
– Igittigitt, tut das nicht weh?
– Haben Sie die Augen machen lassen?
– Wieso, sieht man das?
– Ich hab mir die Gallenblase rausnehmen lassen, seitdem ist Ruhe.

Mein Arzt sagt, die braucht man heute nicht mehr, die Gallenblase, die war für die Zeiten vorgesehen, als es nicht soviel zu essen gab, als man sich einen Vorrat anfuttern mußte, heute braucht man das ja nicht mehr …

– Das scheint sich hier an Bord aber noch nicht rumgesprochen zu haben!

Eine Frau stellt sich dicht hinter mich, schaut, ob ich geliftet bin. Immer wieder erstaunt es mich baß, wie hemmungslos die Leute ihre Kommentare abgeben. Tuschelei mit der Freundin, »keine Narbe hinter dem Ohr, und die Gelifteten kriegen doch immer son Froschmaul!« (sie zieht mit den Händen die Haut an den Augen und die Mundwinkel zur Seite, um den Effekt zu demonstrieren).

Nun bin ich dran; stelle meinen Teller weg, fabriziere die gleiche Grimasse, schräge Augen und Froschmaul, und grinse die beiden, die nun total entgeistert sind, vergnügt an. Nee, nix geliftet!

Jetzt naht der grantelnde Wiener: »Die Leute streuen sich ja kiloweis Zimt aufs Müsli, haben Sie dös angeordnet? Und stimmt es, daß die Kaffeesahne sauer sein muß? Die Stewards behaupten, das gehört sich so, das ist vollwertig!«

»Die Lehmanns stellen sich jede Nacht den Wecker, um das Mitternachtsbüfett nicht zu verpassen!« teilt der Rohköstler-Mann einer Nachbarin mit.

Nachbarin: Woher wissen SIE denn das?

Rohköstler: Ich hab sie gesehen!

Nachbarin: Was? Beim Mitternachtsbüfett?

Rohköstler (ertappt): Ich bin an Deck spazierengegangen, weil ich nicht schlafen konnte!

Nachbarin: Da haben wir's! Weil Sie nur rohe Körner essen, können Sie nicht schlafen! Wer nach 14 Uhr noch Rohkost ißt, bekommt eine Schnapsnase! Nachts arbeitet der Darm nämlich nicht, also bleibt das ganze Grünzeug liegen, gärt vor sich hin und wird zu Fusel, wußten Sie das nicht?

Rohköstler: Also, ich finde, die Rötung meiner Nase entspricht durchaus der mitteleuropäischen Norm!

Nachbarin: Also, geben Sie schon zu, Sie waren auch am Mitternachtsbüfett, stimmts? Und was haben Sie gegessen, wenn ich fragen darf? Wie ich gehört habe, gab's Prager Schinken in Brotteig! Haben Sie den gegessen oder nicht?

Rohköstler (stotternd): Nicht den Schinken ... aber ... ein bißchen vom Brotteig ...

Nachbarin: Aber da ist ja der Saft von dem Schinken drin, in dem Brotteig! So eine Heuchelei!

Je länger die Reise dauert, desto mehr essen die Leute! seufzt der Bordsteward.

Einmal höre ich ihn ins Bordtelefon zur Küche rufen: »Bringt bloß mehr Kuchen, sonst werd ich gelyncht!«

»Gestern abend hat der Steward Kaviar und Schampus über das A-Deck getragen!«, berichtet aufgeregt die dicke Frau.

»Bestimmt zu dem alten Wiener und seiner jungen Geliebten! Kein Wunder, daß die dauernd verstopft ist, die liegt doch nur herum!«

Jemand fragt: »Stopft denn Kaviar? Ich hab noch nie welchen gegessen, nur falschen. Von was für einem Fisch ist der eigentlich?«

Dicke Frau (mit dem Unterton »wir können uns das leisten«): Wir lieben Kaviar: Ein Kaviar-Frühstück mit Schampus, das ist schon was Leckeres!

Schüchterner Mann: Der Kaviar, das sind die Eier vom Stör!

Rohköstler: Der ist heutzutage aber auch schon verseucht. Ich sage Ihnen, das einzig Wahre ist die Rohkost!

Dicker Mann: Jaja, ick weeß, schmeiß die Bratpfanne in die Ecke, und du wirst hundert!

Jaja, eine Seefahrt, die ist lustig eine Seefahrt die ist schön, ja da kann man was erleben, ja da kann man auch was sehn ...

Vor einigen Jahren, fällt mir ein, sprach mich während einer Kreuzfahrt eine Frau an, die in der anthroposophischen Bank eine wohl nicht unwichtige Rolle spielt.

»Mit Margarete Mackwitz wollen Sie dieses Projekt durchführen?« fragte sie. »Um Himmels willen, lassen Sie die Finger von dieser Frau, mit der kann man nicht zusammenarbeiten!«

Ich hätte wohl eher auf sie hören sollen als auf die Astrologin ...

25. Juni 1992: Vegetarier-Kongreß in Leipzig

Vor hundert Jahren wurde in Leipzig der Vegetarier-Verein gegründet. Aus diesem Anlaß hatte der Vegetarierbund zu einem Kongreß eingeladen, der sehr regen Zuspruch fand. Mein Vortragsthema wieder einmal »Wir müssen anders leben, damit andere leben können«.
Hier begannen die Montagsdemonstrationen – wieviel Hoffnungen haben wir an das Ende der Mauer geknüpft! Und wiewenig ist, gerade »drüben«, von diesen Hoffnungen geblieben ...
Anschließend ein Wochenende bei meinen Geschwistern in Ludwigsfelde bei Berlin. Das alte vertraute Haus meiner Kindheit; wir radeln zum Rötepfuhl«, unserem Lieblingsspielplatz vor mehr als 50 Jahren, nahezu unverändert – unverändert auch die alte Kastanienallee. Vorwürfe meiner jüngsten Schwester, daß ich »so lange nicht zu Hause war«.
Wir besuchen die Schule, in der mein Vater Lehrer war, in der nun einer meiner Brüder Sport unterrichtet.
Was für gerade, aufrechte Menschen, meine Geschwister, ihre Kinder, ihre Freunde. Eine andere Welt.

Juni 1992: Kongreß für Landwirtschaft und Ernährung

Diesen Kongreß hat das Bildungswerk des »Bund Naturschutz in Bayern« in Weimar veranstaltet und mich zu einem Vortrag eingeladen.
Es sollte ein Forum über gesundes Essen, ökologischen Landbau und Landschaftspflege für Verbraucher und Landwirte sein – aber die Beteiligung der Bevölkerung gleich null. Gerade 60 Anwesende – und das waren noch dazu diejenigen, »die eh alles wissen«, selbst ökologischen Anbau betreiben, in Naturkostläden arbeiten etc.
Die Vorbereitung war mehr als mangelhaft, der Vortragssaal ungemütlich. Der Veranstalter vom Bund Naturschutz schrieb mir anschließend, er habe in seiner 20jährigen Tätigkeit noch nie so deprimieren-

de Erfahrungen gemacht, auch ein so mageres Ergebnis in den Medien noch nie erlebt.
Mir warf ein Rezensent vor, ich hätte »ein Horrorgemälde von der Massentierhaltung gezeichnet« und die Geschmacklosigkeit begangen, von »Hühner-KZs« zu sprechen. Es ist nun sicher schon ein Jahrzehnt her, daß in den westlichen Bundesländern ein Richterspruch entschied, daß der Ausdruck »Hühner-KZ« gerechtfertigt ist.
Mir scheint, sie sind in den neuen Bundesländern in vieler Beziehung 20 Jahre zurück, in allem, was Ernährung, Umwelt- und Tierschutz betrifft. Zehn Stunden Bahnfahrt hin, zehn Stunden Bahnfahrt zurück, ein Aufwand, der in gar keinem Verhältnis zum Ergebnis steht. Ich muß endlich lernen, NEIN zu sagen.
Besuch in den Häusern Goethes und Schillers. Schiller war mir lieber als Goethe. Zwei seiner leidenschaftlichen Frauengestalten habe ich gespielt, die Maria Stuart und die Eboli, keine der Goetheschen Frauen.
In den Glasvitrinen die Puppen mit den historischen Kostümen – lebensecht. Gleich wird Franz Moor den Mund öffnen und die bekannten Sätze sprechen. Schillers Autopsie – so gut wie alle Organe in Auflösung, heute würde man wohl die Diagnose Krebs stellen.
Der Lehnstuhl, in dem Goethe gestorben ist. Waren seine letzten Worte nun: »Mehr Licht!« – oder hat er dieses strahlende Licht gemeint, das uns am Ende des langen dunklen Tunnels beim Hinübergehen angeblich empfängt?
Ein junges Mädchen zeigt mir den Ginkgobaum, den Goethe gepflanzt hat und der angeblich tausend Jahre alt wird. Sie läuft mir nach, um mir ein vertrocknetes Blatt dieses Baumes zu schenken, das sie auf der Erde fand.
Ein Spaziergang durch den alten Park mit den riesigen Bäumen. Ich meine, die Schwingungen derMenschen zu spüren, die hier gewandelt sind.
Nichts geht verloren. Im morphogenetischen Feld ist alles gespeichert, was je gedacht, gefühlt, getan wurde. Wir müssen nur sehen und hören lernen.
Auf dem Rückweg ein Abstecher zu Johannas Tierherberge im Schwarzwald, Fernsehaufnahmen, in der ich ihre Tiere vorstelle, damit

sich gute Herrchen und Frauchen für sie finden. Auch ein kleiner weißer blinder Kater ist darunter.
Diese Tierherberge ist wirklich optimal geworden. Hier laufen die Hunde in Rudeln den ganzen Tag frei in großen Arealen.

26. Juni 1992: Calderon ist tot

Als ich gegen elf Uhr nachts nach Hause komme, ist das Garagenhaus hell beleuchtet; vor der Tür stehen Dora und Heinz. Dora sagt: Calderon ist heute friedlich eingeschlafen.
Heinz ging mit ihm spazieren, dann bellte Calderon plötzlich, fiel auf die Seite und starb. Heinz hat ihm die Hand auf den Kopf gelegt, bis es vorbei war, ging dann nach Hause, hat Calderon mit dem Auto abgeholt und gemeinsam mit Frida in die Tonne für Kleintierkadaver gebracht.
In die Tonne für Kleintierkadaver. Ich hatte mir nach Francescolinas Tod geschworen, daß nie wieder ein Tier in dieser Tonne enden würde, und mir die Adresse eines Krematoriums für Kleintiere besorgt, es aber nicht für möglich gehalten, daß der Notfall so schnell eintreten würde – heute morgen, als ich anrief, hatte sich Calderon noch, vergnügt und scheinbar gesund, sein Stöckchen in der Schnauze, auf den geliebten Spaziergang gefreut …
Ich habe die ganze Nacht mit mir gekämpft, ob ich am nächsten Morgen hinfahren und ihn aus der Tonne holen sollte; aber vielleicht sollte mir sein Sterben und sein Totsein erspart werden. Bei der Gluthitze des vergangenen Tages wird sein Körper bereits stark verwest sein.
Diese Hülle hat nicht mehr viel mit dem zu tun, was ich geliebt habe.
Er hat einen schönen Tod gehabt, sagt Heinz, so möchte ich auch einmal sterben dürfen.

28. Juni 1992

Jajaja, er hat einen schönen Tod gehabt – aber ich hatte ihn so lieb. Er fehlt mir so sehr …

12. August 1992

Schlagzeile in der BILD auf der ersten Seite:
»*Barbara Rütting total verarmt* – 150 000 Mark Schulden – war's der Bio-Wahn?«
Daneben, ebenfalls an äußerst prominenter Stelle, ein uraltes Foto, auf dem ich während einer Tierschutz-Debatte ziemlich verbittert dreinschaue.
Weiter geht's im Text: »Sie war der erste Film- und Fernseh-Star, der sich in Deutschland der grünen Ökobewegung anschloß. Und sie ist die erste, die daran pleite ging … ›Ich kann nicht mehr, die Kraft ist raus …‹ Barbara Rütting ist heute 64, total verarmt, total einsam. Lebensgefährte L. H. (49) verließ sie nach 20 Jahren für eine Jüngere. *Ein Star, einst begehrt, dann voller grüner Ideale, heute arm an Leib und Seele.*«

Ich weiß nicht, soll ich lachen – oder mich ärgern, entschließe mich für lachen. Das Spießrutenlaufen beim Einkaufen ertrage ich mit Gelassenheit.
Mein langjähriger Freund Jochen, früher Chefredakteur des »ZEIT-Magazins«, rät mir dennoch zu klagen. Telefonate mit einem guten Anwalt in Hamburg – die Klage geht raus.
Mehr als 10 000 Mark Schmerzensgeld kriegen wir nie, meint der Anwalt, das ist die absolut höchste Summe, mehr gab es auch nicht bei Verleumdungen, daß ein Musikstar Minderjährige verführt oder eine bekannte Schauspielerin sich mit Aids infiziert habe, erfahre ich.
Der Anwalt kämpft um einen Gegenbericht, und der wird schließlich auch zugesagt, ich darf ihn sogar selbst berichtigen, und wir setzen durch, daß die Zeitung schreiben muß: »… wie BILD irrtümlich berichtete …«
Ich kann es gar nicht fassen, wie viele Menschen dieser BILD-Zeitung glauben!
Den ganzen Tag klingelt das Telefon, fragen nahe Freunde, entfernte Bekannte und sogar wildfremde Menschen, ob sie mir helfen können. Die Auflage meiner Bücher hat die Million überschritten, und meine

LeserInnen dürften kaum zu den BILD-Zeitungs-Konsumenten zählen – aber *alle* haben diesmal das Blatt gekauft. »Ich habe eine Vollbremsung mit dem Fahrrad gemacht, als ich die Überschrift und dein Foto sah – die Zeitung war noch dazu so raffiniert gefaltet, daß ich las: *Barbara Rütting tot* – hab ich doch tatsächlich dieses Schmierblatt gekauft!« berichtet mir ein Vereinsmitglied.
Die macht einen schönen Reibach, die BILD-Zeitung.
Am nächsten Tag hat ein Klatschspaltenjournalist namens »Adabei« in dem österreichischen Blättchen »Die Krone« nicht nur den ganzen Quatsch abgeschrieben, sondern noch eins draufgesetzt.
So beginnt er seine Glosse: »Das trockene Brot, das ihren Namen trägt, kann sich jetzt Barbara Rütting, Ex-Filmstar auf dem Öko-Trip, nicht mehr leisten. Barbara, heute 64, ist mit ihren Plänen, ein Öko-Dorf für alte Menschen und Tiere zu bauen, gescheitert. Nicht nur das – total abgebrannt.«
Ein Wiener Anwalt übernimmt die Klage gegen die »Krone«.

13.–18. September 1992: World Uranium Hearing in Salzburg

Spätestens seit Tschernobyl wissen es alle, oder müßten es alle wissen, daß es keine »friedliche« Nutzung der Kernenergie gibt. Vor allem die kleinen Völker der Welt sind Opfer der Atomkrafterzeuger: über 70 Prozent der Uranvorräte liegen in den Gebieten eingeborener Völkerstämme; vor allem ihr Land wird für Atomwaffentests und als Lager für nuklearen Müll mißbraucht.
Zum »World Uranium Hearing«, übersetzt in etwa: Anhörung der weltweiten Uran-Opfer, waren Betroffene, Micronesier, Polen, Tibeter, Russen und Indianer, Betroffene aus 27 Ländern aller Erdteile nach Salzburg eingeladen, um vor einem »Board of listeners« Zeugnis abzugeben von der Zerstörung ihrer Kultur, ihres Lebens und ihres Landes. Ich war eine der geladenen Hörer. Wir hatten eine ganze Woche lang nur zuzuhören – zuzuhören, was Menschen aus allen Teilen der Welt über die verheerenden Wirkungen des Uranabbaus zugunsten der Atomwirtschaft auf Pflanze, Tier und Mensch zu sagen haben.

Kanada, der größte Uranexporteur der westlichen Welt, baut Uran ab in Gebieten, in denen verschiedene Indianerstämme sowie Meti leben. Zurück bleiben Halden und Schlammabsatzbecken, die die nächsten 100 000 (hunderttausend!) Jahre radioaktiv strahlen werden. Eine Cree-Indianerin berichtet über den Uranabbau in ihrer Heimat. Sie hat Wasser aus dem Fluß getrunken, verstrahltes Wasser, sie kommt auf die Bühne, gestützt von einer Freundin – »ich dürfte eigentlich schon gar nicht mehr leben« –, und singt einen Protestsong.
Ein tibetischer Delegierter schildert, daß vor 1960 in seiner Heimat die Ernten reich waren und die Tiere gesund. »Jetzt sterben in zunehmendem Maße Menschen und Tiere unter geheimnisvollen Umständen. Seit 1987 stieg die Zahl der verendeten Haustiere, Fische sind so gut wie ausgestorben. In nur zwei Jahren starben 50 Menschen aus ungeklärter Ursache. Im Sommer 1990 entbanden zwölf Frauen, und alle Babys wurden tot geboren oder starben bei der Geburt.«
Eine Mitbegründerin der Stiftung »Den Kindern von Tschernobyl« sprach über die bisher immer heruntergespielten Langzeitfolgen der Katastrophe. Ein ebenfalls unter den Folgen des Unfalls leidender Wissenschaftler aus der GUS rief zum Kampf gegen die »Atom-Mafia« auf, die mit verfälschten Angaben über das Unfallausmaß bewußt die Welt belügt.
Die Plätze, an denen Uran vorkommt, wurden seit altersher als heilige Plätze verehrt, die man nicht anrühren darf, ohne Schaden zu erleiden, weil dort die heilige Schlange wohnt, die nicht gestört werden darf, die das »tödliche Salz«, wie die Inkas das Uran nannten, bewacht.
Allein das Fördern des Urans, allein das Freiwerden des Uranstaubs beim Uranabbau führt dazu, daß die Natur rundherum vergiftet wird und daß Boden, Luft und Flüsse, daß Pflanzen, Tiere und Menschen krank werden und sterben. Wir kennen es alle, das indianische Sprichwort: »Was immer den Tieren geschieht, geschieht bald auch den Menschen.«
Auf erschreckende Weise wird es auch in diesem Fall wahr.
Der Stamm der Hopi hat die Weißen als Retter begrüßt, denn es gibt den alten Glauben, daß ein Weißer die geistige Kraft der Hopi aufnehmen und verbreiten wird. Aber der Weiße hat nur Zerstörung gebracht.

Was sind wir Weißen doch für entsetzliche Barbaren. Aber vielleicht beginnen wir endlich, uns dessen bewußt zu werden.
Die ganze Woche über brannte ein Friedensfeuer, Tag und Nacht von Freiwilligen bewacht. Zum Abschluß des Hearings pflanzten ein Indianer und ein Tibeter ein Friedensbäumchen.
Beim Mittagessen kam ich ins Gespräch mit einer Engländerin, die lange in Greenham Common im Friedenscamp gelebt hatte. »Weißt du nicht jemanden, bei dem ich mit neun Frauen und drei Lastwagen übernachten könnte?« fragte sie mich. »Wir wollen Kleidung und Medikamente für die Frauen nach Jugoslawien bringen!«
Doch, weiß ich, konnte ich antworten, nämlich bei mir!
So kommen sie dann, die neun Frauen, drei davon schon Großmutter, mit ihren Lastwagen auf der Fahrt von England nach Jugoslawien über Sommerholz.

1. Oktober 1992: das zehnmillionste Barbara-Rütting-Brot

Am 1. Oktober rollte bei PEMA, Vollkornspezialist im Fichtelgebirge und Vertragspartner für die Herstellung des von mir kreierten Brotes, das zehnmillionste Barbara-Rütting-Brot über das Band.
Ein ehemaliger Landwirtschaftsminister war zu diesem denkwürdigen Anlaß erschienen, ein Landrat, ein Bundestagsabgeordneter, der Bürgermeister sowie Presse und Rundfunk.
Um 12 Uhr 15 war es dann soweit, die zehnmillionste Packung erreichte das Förderband, das daraufhin gestoppt wurde, damit die gesamte Belegschaft mit Sekt anstoßen konnte.
Es fiel mir schwer, die Fassung zu bewahren angesichts so vieler strahlender Gesichter, erst recht, als ein Vertreter der Belegschaft mir einen Blumenstrauß überreichte und sich bedankte, daß ich mit meinem Brot achteinhalb Arbeitsplätze geschaffen hätte.
Die Familie Leupoldt hat dieses großartige Werk nach dem Krieg aus dem Nichts aufgebaut. Und was ich mir schon so lange wünsche, rückt immer mehr in den Bereich der Realität, daß nämlich gesunde Getreideprodukte endlich für jedermann und jedefrau erhältlich sind.
Seit Mai 1992 verbäckt PEMA nur noch Weizen aus anerkannt biolo-

gischem Landbau – ab Januar 1993 mit zunehmendem Mengenanteil ebensolchen Roggen.

2. Oktober 1992

Als quasi Bestseller-Autorin des Bertelsmann-Verlages war ich, wie jedes Jahr, zur Frankfurter Buchmesse und zum anschließenden Empfang eingeladen; sonst ein vergnüglicher Anlaß, diesmal ein regelrechter Horror-Trip. Entweder wurde ich mitleidig angeschaut und die Leute wagten nicht zu fragen, wie es mir geht, oder sie erkundigten sich mitfühlend, wie man mir denn bloß wieder auf die Beine helfen könne.

9. Oktober

Der Goldmann-Verlag will mein Tagebuch über das Projekt Doppendorf drucken.
Ablieferungstermin der 1. März 1993.
Wenn ich die Welt nicht gestalte, zerfällt sie mir in Stücke …
aber die ganzen Qualen noch einmal erleben, denn das muß ich ja, beim Redigieren und Straffen des Materials …
Wie kann man bloß derartige Meldungen mit Gleichmut ertragen:
»Täglich tausend Hungertote in dem von einem Bürgerkrieg zerrissenen Somalia«
»Reger Organhandel in der ehemaligen DDR« – die Sendung Report berichtete, daß über 30 000 Hypophysen toter Bürger ohne Wissen der Angehörigen ins Ausland verkauft worden seien – »im brasilianischen Sao Paulo sind in den vergangenen zwei Jahren rund tausend auf der Straße lebende Kinder und Jugendliche von Polizisten und Todesschwadronen ermordet worden«, diese Hinrichtungskommandos würden von Geschäftsleuten in Vororten der Stadt gedungen als »Garanten für die Sicherheit der Bevölkerung« …

11. Oktober

Der Oktober-Vollmond bringt die Blumen um, sage ich zu Dora, die Petunien in den Kästen halten ihn nicht aus, sie erfrieren unter diesem Oktobermond, jeden Herbst.
Nun hat der Oktober-Vollmond unseren Heinz umgebracht.
Am Freitag, 9. Oktober, fuhr er nach Weinheim in der Nähe Frankfurts, um im ehemaligen Garten Weintrauben zu ernten. Am Samstag morgen ruft uns die Polizei an. Heinz wurde am Ausgang eines Parks tot neben seinem Auto gefunden. Nach dem Anruf der Polizei saßen Dora und ich im ersten Schock stumm auf der Küchenbank. Da ist Mirto gekommen, hat sie angeblickt und ihr seinen Kopf auf die Knie gelegt.
Er hatte den Tod, den er sich gewünscht hat.
Lieber, lieber Heinz, aber wir waren nicht da, um dir die Hand auf die Stirn zu legen.

12. Oktober

Ein seltsames Wochenende
Eine befreundete Ärztin, die mit 41 Jahren ihr erstes Kind bekam, hatte sich gewünscht, daß die kleine Lisa-Maria mit dem Wasser meiner Quelle getauft werden sollte. Und dafür war dieses Wochenende vorgesehen.
Ich hatte am Freitag mächtig eingekauft, um am Samstag vormittag ein Festmenü vorzubereiten. Nachmittags wollte Marlis mit der Kleinen und weiteren drei Freundinnen eintreffen. Nun rief ich an, um das Ganze abzusagen. Wir möchten die Taufe auch unter diesen Umständen feiern, meinte Marlis jedoch, wir möchten kommen und dir und Dora beistehen. Sie kamen. Es wurde ein außergewöhnliches Wochenende. Niemand bemühte sich zu trauern, auch Dora nicht, niemand bemühte sich, Trauer zu verdrängen. Wir sprachen von Heinz, wir weinten und nahmen uns gegenseitig in die Arme, es scheute sich aber auch niemand, zu lachen, fröhlich zu sein, sich an der Kleinen zu freuen, Lust aufs Essen zu verspüren und dieser Lust auch nachzugeben.

Wie würde Heinz am liebsten bestattet sein? Merkwürdigerweise war darüber nie gesprochen worden. Der Schweigsame hatte auch kein Testament hinterlassen. Ich möchte verbrannt und in alle Winde verstreut werden, bemerkte ich, darauf Dora: »Ja, das ist es, ja, das würde er auch wollen!«

Heinz hatte eine sehr entspannte Beziehung zum Tod, sah dieses Leben nur als einen vorübergehenden Aufenthalt zur Entwicklung der Seele. Schon vor über einem Jahr hatte er geäußert, daß es für ihn in diesem Leben keine neuen Erkenntnisse zu gewinnen gäbe. Er hatte die Gleich-gültigkeit erreicht, die Haltung, wonach allem die gleiche Gültigkeit zukommt.

Ich kann mir das so schwer vorstellen, ein Leben ohne große Freuden, ohne große Schmerzen, ohne jede Erwartungshaltung – ist so ein Leben noch lebenswert?

Doch auch er konnte noch Freude empfinden, sagt nun Dora, wenn er mit den Hunden spazierenging, glitt manchmal ein Lächeln über sein Gesicht. Immerhin.

Mich hat er nie angelächelt, sagt Dora. Und er hat mich nie bei meinem Namen genannt. Nie.

Es kommt mir vor, als habe Heinz Dora bei mir abgeliefert, um ihr einen schönen Lebensabend zu bereiten – und als er diesen gewährleistet sah, beschloß seine Seele, den Lebensfaden abzuschneiden. Wir konnten über alles sprechen, auch darüber, daß der Tod immer, wenn man das Wesen noch so geliebt hat, auch eine Erlösung bedeutet, eine (Er-)Lösung aus Bindungen, aus Banden.

Wir konnten über die Formalitäten sprechen, Freunde von Heinz und Dora anrufen, das Bestattungsinstitut. Dora wird Anfang der Woche mit der Bahn nach Weinheim fahren, dort von ihren Freunden abgeholt und Beistand bei allem haben, was zu erledigen ist.

Dann wird sie zurückkommen, zu mir nach Hause.

Am Sonntag morgen wurde die Kleine getauft, mit dem frischen klaren Quellwasser, bei strahlendem Sonnenschein. Sie quietschte vor Vergnügen.

14. Oktober

Schon seit Jahren hatte ich mir vorgenommen, einen Erste-Hilfe-Kursus zu besuchen und Dora, Frida und mich sofort angemeldet. Der erste Abend fand vor drei Wochen statt.
Ich hätte nie für möglich gehalten, daß bei einem so ernsten Thema soviel gelacht werden könnte, vielleicht geschieht das unbewußt, um sich dem Unfaßbaren, das der Tod bedeutet, zu entziehen. Sogar die Wiederbelebungsversuche an der auf dem Boden liegenden Puppe waren jeweils von Lachsalven von uns allen begleitet. Es war verrückt, wir lachten Tränen.
Einige Tage später war Heinz gestorben. Weil sie seine Verbrennung vorzubereiten hatte, versäumte Dora den zweiten Kursabend, am dritten jedoch nahm sie wieder teil. Ich hatte Angst davor, alle hatten wir Angst, die am Boden liegende Puppe, die Wiederbelebungsversuche – jeder dachte unwillkürlich an Doras Mann.
Sie hatte diesen Kurs auch deshalb machen wollen, um ihm im Notfall beistehen zu können.

18. Oktober

Herbsttagung bei Dr. Bruker in Lahnstein. Wie immer eine geballte Ladung Energie.
Während ich in Lahnstein bin, machen die neun Engländerinnen mit ihren drei Lastwagen voller Hilfsgüter für Jugoslawien bei mir Station. Es sind genügend Betten vorbeitetet, ich habe vor meiner Abreise noch einen riesigen Topf Borschtsch gekocht, den Kühlschrank mit Brot, Butter und Käse gefüllt. Es wird alles funktionieren.

19. Oktober 1992

Die Fernsehmoderatorin anläßlich des Defilees der geladenen Gäste beim Besuch der Queen in Bonn: Frau Soundso trägt dasselbe Kleid, das sie schon beim Besuch des Papstes getragen hat. Frauofrau!

23. Oktober 1992

In einem Nachruf auf den am 11. September plötzlich verstorbenen Univ. Prof. Dr. Gerhard Raberger (Herzinfarkt beim Fitneß-Training, heißt es) verweisen die Mitglieder der Medizinischen Fakultät der Universität Wien darauf, daß der Verstorbene »in letzter Zeit einem enormen Druck seitens fanatischer Tierversuchsgegner ausgesetzt war«.
Der Wiener Tierschutzverein, unter dessen Vereinszielen auch die »Abschaffung von Tierversuchen und deren Ersatz durch Alternativmethoden« enthalten ist, weist dieses Pauschalurteil mit allem Nachdruck zurück. Die Gespräche mit Professor Raberger wurden wohl von gegensätzlichen Standpunkten getragen, seien jedoch in einem jederzeit vertretbaren Gesprächsklima verlaufen.
Die skandalöse Versuchshundezucht in den Kellern des Instituts bewegte nicht nur die Tierversuchsgegner, sondern hielt die gesamte Öffentlichkeit in Atem.
Am 11. September stirbt der verantwortliche Versuchsleiter, am 16. September erklärt der Dekan Kraupp in einem Fernsehinterview die Einstellung der Versuche und die Herausgabe der Tiere. Diese Hunde sind frei. Wie viele Tiere aber werden weitergequält, im Namen der Wissenschaft, zum angeblichen Wohl des Menschen? Vor mir liegt das Foto eines jungen Äffchens, dem »Wissenschaftler« die Augen zugenäht haben. Ein Jahr später wird man die Nähte entfernen, um zu sehen, wie sich das Sehverhalten des Äffchens verändert hat. Eine feine Doktorarbeit.
An dieser Studie, berichtet »U.S. News & World Report« (am 25. Februar 1991) zeigten sich die Kinderärzte interessiert!
Eine andere »Studie«: Wenn man Affenmüttern ihre Kinder weg-

nimmt und die Kleinen sozusagen im Kindergarten aufwachsen läßt, werden diese schlechte Eltern. Diese sogenannten mutterlosen Affen wiesen später als Mütter die Annäherungen ihrer Jungen zurück, schlugen sie sogar und brachten ihnen schwere Verletzungen bei.
Der Forscher, der z. B. ein Affenkind isolierte und ihm statt der warmen, liebenden Mutter eine mit Nägeln gespickte Ersatzmutter in den Käfig legte, an der das Junge sich so lange verletzte, bis es in Depressionen verfiel, wird für seine »Studie« sicher einmal zur Rechenschaft gezogen werden.

21. Oktober 1992

Petra und Gert sind in ihrem Bonner Haus tot aufgefunden worden. Die Leichen bereits bis zur Unkenntlichkeit verwest. Offenbar Selbstmord.
Mit beiden war ich lange Jahre befreundet. Immer wieder kamen wir zusammen in Mutlangen, in Wackersdorf, ich habe Petra bei ihren Wahlreisen unterstützt, das letzte Mal in Kempten.
Als die Grünen in den Bundestag einzogen, war ich auch dabei – dieses überschäumende Glücksgefühl, diese Hoffnungen für die Zukunft!
Ein Jahr später kam ich wieder nach Bonn, inzwischen Mitglied der Grünen, und fand das Leuchten in den Augen nicht wieder. Welche *déformation professionelle*, nach nur einem Jahr politischer Arbeit! Man schlug mir vor, für die Grünen in Bayern zu kandidieren.
Ich wäre draufgegangen in diesem zutiefst lieblosen Verein. Die lächerliche Angst der Durchschnittstypen vor Menschen mit Charisma, hier feierte sie Triumphe. Alle guten Leute wurden weggeekelt sprich wegrotiert.
Petra und Gert, beide habe ich noch vor knapp vier Wochen beim World Uranium Hearing getroffen. Ich habe sie nicht als so isoliert empfunden, wie sie offensichtlich waren. Nicht einmal ein noch so guter Partner schützt vor Verzweiflung, wenn das Leben seinen Sinn verliert.
Vermutlich haben sie ihren Freitod direkt nach dem Salzburger Kongreß gewählt.

Mit Amery war und bin ich nach wie vor der Überzeugung, daß der Mensch das Recht haben muß, sein Ende selbst zu bestimmen. Vielleicht die einzige Freiheit, die wir haben.
Liebe Petra, lieber Gert, ihr habt nicht umsonst gelebt. Aber nicht immer wächst, wo Gefahr ist, das Rettende auch.

29. Oktober 1992

Stern-Titel: ein Farbfoto von Petra, eine rote Blume in der Hand – im Hintergrund wie ein drohender Schatten das Gesicht von Gert. Ein langer Bericht mit Untertiteln wie: »Liebe, Angst und Tod« – »Umklammert in Leben und Tod, Schicksale berühmter symbiotischer Paare« – »Die außergewöhnliche Beziehung von Petra Kelly und Gert Bastian« – »Zu groß für ein Leben«.
Es wird gerätselt, ob Petra überhaupt sterben wollte, ob Gert sie vielleicht aus Eifersucht (auf einen tibetischen Freund) erschossen hat. Das halte ich für ausgeschlossen. Die beiden haben immer alle Probleme durchgesprochen, durchgearbeitet. Ich glaube, daß sie enttäuscht und ausgebrannt waren. Bei unserem letzten Beisammensein während des World Uranium Hearing haben wir uns gegenseitig unsere Hoffnungslosigkeit angesichts der Weltlage eingestanden. Nur nach außen hin tut jeder so, als gäbe es noch Rettung. Eigentlich sind alle Blütenträume dahin. Bei mir endeten sie mit dem Golfkrieg.
In den Nachrichten Spekulationen, sind die Grünen schuld am Tod der beiden, sind die Politiker generell schuld.
Ich wollte eigentlich zu der Gedenkfeier am 3. November nach Bonn fahren, hatte bereits den Flug gebucht – aber als ich mir dann vorstellte, wie da gesalbadert wird von gerade denjenigen, die Petra und Gert das Leben schwer gemacht haben, dachte ich, nein, das will ich mir nicht anhören, und damit helfe ich den beiden auch nicht mehr.
Ich will sie so in Erinnerung behalten, wie ich sie erlebt habe: Petra, den blumengeschmückten Soldatenstahlhelm auf dem eigensinnigen zarten Köpfchen.

3. November 1992

Zwei Pressekonferenzen in Bonn. Die eine zum Thema Tierschutz, die andere aus Anlaß der Gründung einer neuen Partei.
Zu der ersten hatten »Der deutsche Tierschutzbund« und »Menschen für Tierrechte« geladen, zur zweiten hat Maharishi aufgerufen.
Thema der ersten Pressekonferenz: Verankerung des Tierschutzes als Staatsziel im Grundgesetz.
Als Politiker nahmen die jeweiligen Vertreter der Arbeitsgruppen in der Verfassungskommission teil, auf unserer Seite ein Verfassungsrechtler, ein Theologe und Biologe, die beiden Vertreter vom deutschen Tierschutzbund und Menschen für Tierrechte, ferner Rudolf Bahro und ich.
Unsere Forderung: »Der gesetzliche Status des Tieres als Mitgeschöpf soll im Grundgesetz anerkannt und dadurch für alle staatliche Gewalt zum verpflichtenden Maßstab werden.«
Die Abgeordneten des Deutschen Bundestages haben in den letzten Wochen Tausende Briefe von Tierschützern erhalten, die diese Verankerung des Tierschutzes im Grundgesetz fordern. Diese gewaltige Briefaktion hat ihre Wirkung nicht verfehlt, es macht sich im Umdenken in allen Parteien bemerkbar. Grüne und SPD befürworten das Ziel – die Politiker mit dem C im Namen der Partei, was ja eigentlich für »christlich« steht, reagieren wie üblich, wenn es um lebenschützende Maßnahmen geht, ablehnend bis wischiwaschi. Dabei sollte man meinen, Konservativsein bedeute das Sicheinsetzen für die Bewahrung der Schöpfung. Sollte man meinen. Albert Schweitzer hat den Wert einer Gesellschaft daran gemessen, wie sie mit den Schwachen umgeht.

Günter Verheugen von der SPD lud uns anschließend zum Mittagessen (alle aßen vegetarisch!) in die Kantine im »Langen Eugen« ein. Es war schon witzig, sie da alle herumspazieren zu sehen, Theo Waigel, Engholm, die Grünen ...
Dann die Pressekonferenz zur Gründung der Naturgesetz-Partei. In dieser Partei finde ich die Spiritualität, die ich überall sonst vermißt

habe, das Programm praktisch durchführbar. Dann die Nachricht, ich könnte noch am gleichen Tag Maharishi in Holland besuchen. Wir hatten ein wunderbares Gespräch. Was für ein Mensch!

5. November 1992

Die dpa bringt doch tatsächlich eine Falschmeldung: »Barbara Rütting gründet Naturgesetz-Partei!« Prompt ruft RTL an: »Frau Rütting, Sie haben eine Karriere als Schauspielerin gemacht, eine zweite als Schriftstellerin, planen Sie nun eine dritte als Politikerin?«
Nein, nein, nein, um Himmels willen, keine Karriere als Politikerin. Es geht mir nur darum, eine, wie ich glaube, gute Sache zu vertreten. Und der diene ich ganz sicher am besten als »parteilose Kanalarbeiterin«.

6. November 1992

Bill Clinton wird neuer Präsident der Vereinigten Staaten. Bill Clinton mit seiner wohl fabelhaften Frau Hillary. Endlich werden die Frauen eine größere Rolle in der Politik spielen. Gleich zwei Frauen eroberten Senatsposten, die Zahl der weiblichen Abgeordneten im Repräsentantenhaus dürfte von bisher 28 auf etwa 50 steigen. In Georgia und North Carolina wurden erstmals schwarze Frauen gewählt, in New York zog eine Puertoricanerin ins Repräsentantenhaus ein, ein Indianer in den Senat in Washington. Machtwechsel – Generationswechsel – Epochenwechsel?
Doch wieder ein Hoffnungsschimmer für die Welt …
John Hagelin, der Vorsitzende der amerikanischen Naturgesetz-Partei, kandidierte in 28 Staaten und wurde von 7876 Bürgern gewählt.
Eine populäre Partei wird die Naturgesetz-Partei wohl nie werden können, dafür stellt sie zu hohe Anforderungen an Disziplin und Ethik der Menschen.
Aber das ist auch gar nicht unbedingt nötig. In jedem Land eine Gruppe von einem Prozent der Bevölkerung, die TM praktiziert (sind es

fortgeschrittene Meditierende, genügt sogar die Wurzel aus einem Prozent) – und die Schwingungen werden weltweit so angehoben, daß die Gefahr besteht, der Weltfrieden bricht aus.
Das Gros der Menschheit ist zu faul. In Australien beschwerten sich die Zuschauer, daß die Wahlsendung langweilig sei. Das Fernsehen mußte umdisponieren und brachte statt dessen – das Krümelmonster in der Sesamstraße!

17. November 1992

In Sofia, um in einem Rehabilitationszentrum die vegetarische Vollwertkost vorzustellen.
Diesmal eine große elektrische Getreidemühle im Gepäck. Die Patienten, darunter besonders die Diabetiker, deren Frühstück zur Zeit (noch) aus Weißmehlnudeln mit Zucker und Weißbrot besteht, sind hellauf begeistert von den mitgebrachten Vollkornbroten, für deren Herstellung sich bereits ein bulgarischer Bäcker interessiert. Das Fernsehen begleitet zwei Tage lang die Aktionen, und bis Weihnachten wird eine Broschüre in bulgarischer Sprache mit meinen Rezepten auf den Markt kommen.
Zwei Dolmetscher helfen, die Sprachbarrieren zu überwinden.
Die anfängliche Nervosität in der fremden Küche – ein Meßgerät ist nicht vorhanden, und so fielen die Weizenlaibchen ein wenig zu fest aus – war schnell überwunden dank der guten Laune und des Feuereifers der Küchenfrauen. Die Vollkornsemmeln gerieten vorzüglich, ebenso die Kürbiscremesuppe und die Weizenpfanne mit Paprikatomatengemüse. Unser Apfelkuchen wurde gar als der beste gerühmt, den man je genossen hatte.
Das Gala-Diner, gesponsert von einer Bank und organisiert von meinem alten Freund Dr. Emil Iliev, zu dem trotz reichlichen Schneefalls und nachfolgender Straßenglätte Ärzte und Köche aus ganz Bulgarien angereist waren, brachte uns die Einladung, ein ähnliches Seminar in anderen bulgarischen Orten zu wiederholen.
Wir hatten eingekauft, was Bulgarien jetzt, Ende November, zu bieten hat: rote Rüben und Sellerie, Äpfel und Zwiebeln, Tomaten, Paprika,

Kürbis, Blumenkohl, Lauch, Weißkraut – Linsen, Hirse, Roggen, Weizen, Nüsse, Rosinen, Sesam, Sonnenblumenkerne, heimische Gewürze und Kräuter.
Unser Hauptanliegen ist es zu zeigen, was alles aus frisch gemahlenem Weizen mit seinen gesund erhaltenden Vitalstoffen zu zaubern ist: Brote und Semmeln, Nudeln und Palatschinken, die herrlichsten Kuchen und Desserts.
Auch bei den Küchenfrauen finden die Rezepte Anklang, sie backen und kochen sie nach – mit Vergnügen vernehme ich beim Frühstück, wie unsere Getreidemühle, absoluter Star des Körndl-Happenings, ununterbrochen auf vollen Touren läuft.
Mein Resumee nach einer ereignisreichen Woche in Bulgarien: die allgemeine Situation hat sich seit dem letzten Jahr noch verschlechtert. In vielen Gesichtern zeichnet sich Hoffnungslosigkeit ab. Von den 8 $^1/_2$ Millionen Einwohnern sind zur Zeit 2,5 Millionen Rentner, 600 000 Menschen arbeitslos.
Die Rente von Dr. Ilievs Mutter beträgt nach fast 50jähriger Dienstzeit als Ärztin und Wissenschaftlerin an der Universität knappe 900 Lewa. Aber auf den Straßen sieht man Mercedes-Wagen zum Kaufpreis von DM 200 000, BMWs zum Kaufpreis von DM 500 000. Der verbitterte Bürger fragt sich, wer diese Luxuslimousinen wohl fährt, und gibt sich gleich selbst die Antwort: Seit ihrem Antritt vor einem Jahr hat die sogenannte demokratische Regierung 60 Millionen Dollar für Dienstfahrzeuge ihrer Mitglieder ausgegeben. Die gleichen Wendehälse sitzen heute wieder in der Regierung, die früher in der kommunistischen Ära das Sagen hatten, meint der Kellner und bedauert, daß er sie gewählt hat. Heute wäre er für eine Monarchie – und zeigt auf ein Kalenderblatt an der Wand des Restaurants mit dem Konterfei des bulgarischen Thronfolgers und seiner spanischen Frau, beide im spanischen Exil.
Wir Glücklichen, die wir durch ein Leben in Freiheit verwöhnt sind, könnten dem bulgarischen Volk helfen, dieses Land besuchen, dort Urlaub machen – im Sommer Wandern, im Winter Skifahren – die Bäder nutzen, Heilquellen, die bei jeder Art Stoffwechselbeschwerden, speziell Herzkrankheiten, Genesung bringen.
Für den Mai 1993 ist die erste Reise für Interessierte geplant. Wenn alles

klappt wie erwartet, werden dann bereits die ersten Getreidemühlen direkt in Bulgarien produziert.
Zunächst habe ich zwölf Handgetreidemühlen als Weihnachtsgeschenk für bulgarische Kindergärten und die entsprechende Menge Weizen spendiert. Der ist natürlich noch nicht aus biologischem Anbau. Eins nach dem anderen. Die Politik der kleinen Schritte hat sich gerade bei der Umstellung auf eine gesündere Ernährungsweise bestens bewährt.
Ähnliche Modelle können in den anderen östlichen Ländern entstehen. Die Probleme ähneln sich. So hat sich eine Gruppe an mich gewandt, die in den GUS-Staaten ökologisch und spirituell unternehmungslustige Menschen miteinander »vernetzen« will.

21. November 1992

Ich war immer stolz darauf, daß ich mich nie, wie viele Schauspielerinnen, jünger gemacht, sondern im Gegenteil mein Alter und meinen Geburtstag, nämlich den 21. November 1927, nicht verheimlicht habe. Ich bin also heute 65 Jahre alt geworden.
Und da schreibt mir doch eine Frau Maria Reckel auf einer Postkarte, z. Zt. Bad Wörishofen (offenbar zur Kur):
»Hallo Barbara Rütting! Lustig, Sie werden immer (jahrgangsmäßig) jünger! Sie sind mein Jahrgang (1921!) und damit nicht 65, sondern 71! (unterstrichen), und Ihrem verfaltigten Gesicht nach bereits noch älter! Ihre Lebensweise wirkt nicht äußerlich (tiefe Runzeln). Bleiben Sie doch so alt, wie Sie sind!«
Dieser Maria Reckel konnte ich nun leider nicht antworten, da sie keine Adresse angegeben hat. Schade, ich hätte sie sonst zu meinem heutigen FÜNF-UND-SECH-ZIG-STEN Geburtstag eingeladen!
War das ein Fest! 40 Menschen feierten beim Schloßwirt, Menschen, die mich in der ersten Lebenshälfte begleitet haben und mir hoffentlich auch in der zweiten die Treue halten werden, eine witzige Mischung vom Anwalt bis zur Schneiderin; ein Hufschmied, eine Reittherapeutin, gleich drei Ärztinnen; Geschäftsleute, ein Steuerberater, ein Fräulein von der Telefonauskunft; ein Astrologe, ein paar Lebens-

berater und Meditationslehrer; ein Restaurator, eine alte Gräfin, ein Psychologe und seine Frau, eine Malerin; mein Küchenmeister Eugen mit seiner Frau, einer Lehrerin, und ein Physiker; und schließlich mein alter Freund Jochen Steinmayr, der lange das »ZEIT-Magazin« leitete und noch ein paar Journalisten-Freunde/innen und eine Heilerin. Daneben – natürlich – die Überlebenden der geplanten Ökosiedlung. Eine wunderbar bunte Gesellschaft, turbulente Gespräche bei superbem Menü.
Außer einem Kaminkehrer sind eigentlich alle Berufe vetreten! bemerke ich. Darauf der Zuruf: Ein Metzger fehlt!

23. November 1992

»Meine« beiden Verlage gaben mir ein exquisites Geburtstagsessen bei einem Top-Italiener in München.
Zusammen hatten sie eine ganzseitige Anzeige im Börsenblatt geschaltet mit riesigem Foto »Wir gratulieren unserer Autorin Barbara Rütting zum Geburtstag am 21. November«.
Wunderbar einquartiert im Hotel Vier Jahreszeiten, was ich mit allen Sinnen genoß.
Einer der zu dem Geburtstagsdinner geladenen Journalisten erklärte, er sei stolz darauf, immer noch Atheist zu sein. Von allen Anwesenden sah er als einziger unglücklich aus.

27. November

Ein Rundbrief von Bärbel Bohley. Sie fordert eine Untersuchung, ob Petra und Gert ermordet worden sind.
Wer sollte sie warum ermordet haben? Hatten die beiden denn noch politisches Gewicht?
Ein gemeinsamer Freund schickt mir die Trauerrede von Pastor Jörg Zink an Petras Grab. Auch er hat unter den Streitereien der Grünen gelitten, auch er hat sich zurückgezogen. Ein guter Gedanke zum Thema Feindbilder: »Wer andere Menschen frei machen will von ihren

Feindbildern, gerät in einen psychischen Mechanismus, den er nur erleiden kann. Es scheint ein Gesetz zu sein, daß die Menschen ohne Feindbilder schwer leben können und daß also, wer Feindbilder abbaut, selbst zum Feind wird, gegen den die Angst und Ratlosigkeit der Menschen sich wendet. Er entzieht ihnen gleichsam ihre Orientierung in einer schwarzweißen Welt. Wer zur Gewaltlosigkeit aufruft, nimmt den Menschen die Sicherheit, die auf Gewalt beruht. Wer zur Aussöhnung mit Feinden aufruft, gilt danach selbst als Feind.«

1. Dezember 1992

Das Schmerzensgeld von der BILD-Zeitung ist gekommen. 10 000 DM! Schmerzensgeld ist sogar steuerfrei!
Wie immer gegen das Jahresende geradezu verzehrende Sehnsucht nach mehr Ordnung in meinem Leben. Alle alten, teilweise jahrealten Bücher mit Telefonnummern durchgeforstet und die noch aktuellen Nummern säuberlich mit Schreibmaschine in das neue Zeitplan-Buch eingetragen, von dem ich mir mehr Übersicht und Ordnung für die nächsten Jahre erhoffe.
Acht Adressen mußte ich streichen, darunter August Haußleitner, Mitbegründer der Grünen, ein sehr lieber, humaner Mensch, Petra und Gert und dann gleich drei junge Frauen: Heidi Brühl, Marisa Mell und Karin Brandauer, alle drei an Krebs gestorben. Alle hatten mit Film zu tun.

8. Dezember 1992

Die Salzburger Paracelsus-Buchhandlung hat im »Haus der Jugend« eine Bilderbuchausstellung eingerichtet »Das Land der Kinder mit der Seele suchen« – auch diejenigen dazu eingeladen, die selbst noch ein wenig Kind geblieben sind.
Schwerpunkt: Integration von Behinderten. So liest ein behinderter Autor aus seinem Buch »Meine Füße sind der Rollstuhl«, es gibt eine Märchenstunde, Kasperltheater und schließlich einen Bilderbuch-Backtag mit mir.

Mit Kindern umgehen, das kann ich wirklich. Schließlich war ich mit fünfzehn Jahren eine perfekte Kindergärtnerin und Haushälterin, als Mutter mitten im Krieg noch Zwillinge bekam.
Die Kleinen, manche davon knapp vierjährig, waren mit Schürze und Nudelholz angerückt. Immer wieder entzückend, wie bei diesem Bilderbuchbacken die anfangs Schüchternen sogar nach einer Weile ganz aus dem Häuschen sind und um die Gestaltung des schönsten Bildes wetteifern.
Während die Bilder im Ofen buken, haben wir gemeinsam gesungen, und dann wurden die Kunstwerke gleich an Ort und Stelle verspeist.
1990, als Gorbatschow den Begriff der Perestroika schuf, prägte er auch den Satz »Die Angst muß von der Erde verschwinden«. Die Angst, das Grundübel, das Haß, Krieg, Ausbeutung, Unterdrückung erzeugt.
Wenn es uns gelingt, den Kindern die Angst zu nehmen …
In Indien meditieren zur Zeit 7000 Kinder und Jugendliche für den Frieden! Kinder, die Maharishi von den Straßen geholt hat aus Elend und Armut. 7000 Meditierende in jedem Land – und wir hätten vielleicht wirklich einen weltweiten Frieden. Ich will den Glauben, daß Frieden möglich ist, nicht aufgeben.
»Vollkommene Gesundheit wird denen gehören, die sich um den Weltfrieden kümmern« (Maharishi).

10. Dezember 1992

In ihrem Buch »Der Maharishi-Effekt« beschreiben die beiden Wissenschaftler Elaine und Arthur Aron ein erstaunliches Phänomen, das seither als »Maharishi-Effekt« bekannt geworden ist. Untersuchungen haben ergeben, daß negative Strömungen wie Kriminalität und Gewalt in der Nähe einer bestimmten Zahl Meditierender abnehmen. Verhaltensänderungen in Städten und großen Gebieten lassen sich statistisch belegen. Gruppenmeditation könnte der Schlüssel zu einem neuen friedlichen Zusammenleben der Weltgemeinschaft werden.
Die Qualität einer Gruppe von Menschen ist unterschiedlich, je nachdem, ob sich die Mitglieder in einem gespannten, gestreßten,

inkohärenten Zustand befinden oder ob sie *harmonisch,* ausgeglichen und kohärent sind. Die Summe der Qualitäten des einzelnen bestimmt die Qualität der Gesellschaft.
Man kann die Qualität der Gesellschaft direkt ändern, indem man die Qualität des einzelnen ändert. Wenn man in der Lage ist, dem Menschen ein praktisches Mittel an die Hand zu geben, wie er Streß und Verspannung abbauen kann, so wird dadurch ganz automatisch das Streß- und Aggressionsniveau in der Gesellschaft reduziert.

»Kriege«, so die Präambel der UNESCO-Charta, »entstehen im Geist des Menschen. Da Kriege und Konflikte im Bewußtsein der Menschen entstehen, können sie nur dort gelöst werden.«

16. Dezember 1993

An die Redaktion von INLANDSREPORT
z.Hd. Herrn Brandstätter

Liebe Redaktion, lieber Herr Brandstätter,

Ich habe zwar keine Briefbombe erhalten, sondern nur eine Postkarte, die aber auch zum Thema der Sendung heute abend paßt.
Absender: *Aktion Österreich für uns Österreicher, wir Österreicher für unser Österreich.* (Anonym, gestempelt in Wien)
Der Text:
Wir Altösterreicher hassen euch Deutsche mehr wie die Pest. Ihr Deutsche habt uns Österreichern immer nur geschadet. Ihr Deutsche seid schuld am 1. Weltkrieg, am 2. Weltkrieg und am kommenden 3. Weltkrieg. Wir Altösterreicher sind für euch Deutsche noch immer die dämlichen Ostmärker, die in die Luft geschissenen Fragezeichen. Österreich ist für uns Österreicher und nicht für euch Ausländer, wir Österreicher brauchen euch Deutsche in keiner Hinsicht. Verschwindet schleunigst aus Österreich.

Mich wundern diese Äußerungen allerdings kaum, da in den Tageszeitungen ständig fremdenfeindliche Äußerungen zu lesen sind (auch

in den sogenannten liberalen!) wie: Österreich den Österreichern, stoppt den Ausverkauf unserer Heimat etc.
Ich habe in mehreren europäischen Ländern gelebt und nirgends so starke Aggressionen gegen Ausländer erlebt wie in Österreich. Geflügeltes Wort z. B. gegenüber den devisenbringenden Touristen: am besten sie liefern einen Scheck ab – und dann schleich di. Selbstredend nicht direkt ins Gesicht – sondern hintenherum, möglichst anonym.

Herzliche Grüße
Ihre Barbara Rütting

P.S. Vielleicht wäre es für die Wiener Polizei interessant, diese Gruppe »Aktion Österreich für uns Österreicher« einmal zu untersuchen?

18. Juni 1994

Einen interessanten Gedanken finde ich bei Dr. Dieter Duhm (68er und Autor des Buches »Angst im Kapitalismus«): »Wenn wir Fische mit einem Köder an einen Angelhaken locken, dann begehen wir einen Betrug, durch den die Information des Mißtrauens ins Leben gerufen wird. Die Falschmeldung, die wir in die Biosphäre hineingeben, erzeugt Verwirrung und Unsicherheit in allen Wesen. Die Gewalt, die wir anderen Wesen antun, fällt als Angst auf uns zurück ... Wir Menschen sind wie die Frösche und die Haie und die Gräser und die Bäume Organe eines einzigen Organismus ... was wir unseren Mitgeschöpfen zufügen, das fügen wir uns selbst zu.«

1994: Besuch in Moskau bei Michail Gorbatschow

Die Bulgaren hungern, die Polen, die Russen, die Rumänen hungern – kein Fleisch, keine Wurst, kein Zucker in den Geschäften – solche und ähnliche Zeitungsmeldungen veranlassten mich 1989 zu meinem offenen Brief an Dr. Iliev. Es folgten meine Besuche in Sofia, Bansko und am Schwarzen Meer mit Vollwert-Kochkursen für Köche und Ärzte. Dr. Iliev ließ 15 000 Broschüren über die wichtigsten Details der Vollwertküche drucken und gratis an Haushalte verteilen. Nach seiner Wiedereröffnung wird das Restaurant des Schriftstellerverbandes Vollwertgerichte auf der Karte haben. Geplant ist ferner ein kleiner Laden, in dem alles rund ums Korn erstanden werden kann, von der Haushaltsgetreidemühle über das Getreide bis zur Literatur zum Thema. Eines meiner Hauptanliegen ist bisher leider noch nicht verwirklicht worden, der Plan nämlich, daß Getreidemühlen direkt in Bulgarien hergestellt werden, damit Arbeitsplätze geschaffen werden und jede Familie möglichst über eine eigene Mühle verfügt. Sämtliche Versuche schlugen fehl. Es mangelt an Genauigkeit bei der Produktion, aber auch an Flexibilität, an Initiative. Jahrzehntelange Unterdrückung jeder Spontaneität und Kreativität haben den größten Teil der Menschen abgestumpft. Es braucht Zeit, um wieder Lust am schöpferischen Tun, am Risiko zu entwickeln.

Die Krönung ein Empfang bei Michail Gorbatschow in der Gorbatschow-Stiftung in Moskau.

Die Stiftung befaßt sich mit der Rettung vom Verfall bedrohter russischer Kulturgüter und betreut u. a. in Moskau in drei Spezialkliniken 160 strahlengeschädigte und leukämiekranke Kinder. 1991 hat Raissa Gorbatschowa das Forschungsinstitut für Blutkrankheiten im Kindesalter gegründet. Zu dieser Zeit konnten in Rußland nur 10 Prozent der erkrankten Kinder überleben – in Europa waren es vergleichsweise 70 Prozent. Inzwischen entspricht die Erfolgsquote dem europäischen Standard, wozu sicher beigetragen hat, daß die Ärzte zur Ausbildung nach Deutschland, Österreich, Kanada und in die USA geschickt werden.

1993 stellte Michail Gorbatschow darüber hinaus eine Million Dollar für Knochenmarktransplantationen, die es in Rußland bis dahin gar nicht gab, zur Verfügung. Die Regierung steuerte noch einmal eine Million bei. Seitdem sind vier Operationen vorgenommen worden, von denen drei erfolgreich verliefen. Ein Kind starb.

In der Station ist Platz für zwölf Kinder. Gorbatschow will weitere zwölf Abteilungen in ganz Rußland errichten, auch für Kinder aus den anderen Gebieten der ehemaligen Sowjetunion.

Über die Zusammenhänge zwischen Ernährung, Gesundheit, Krankheit sei sehr wenig bekannt. Er werde sich mit mir nicht über Ernährung

unterhalten, davon verstünde er nichts, er nehme acht Stücke Zucker in seinen Kaffee, teilte mir Gorbatschow durch den Übersetzer mit. Aber die Professoren seines Krankenhauses seien interessiert. Diese nun zeigten sich äußerst aufgeschlossen, zumal zwei deutsche Ayurveda-Ärzte mit von der Partie waren, die außer herkömmlichen Medikamenten auch ayurvedische Pflanzenpräparate überbrachten. Diese in Indien ausschließlich auf Kräuterbasis hergestellten Präparate lindern die Nebenwirkungen der bei leukämiekranken Kindern notwendigen Chemotherapie und führen zu einer besseren Heilquote.
Meine mitgebrachten Getreidemühlen kommen in der Klinik leider noch nicht zum Einsatz, es gibt zu viele bürokratische Hindernisse. Der Forschungsleiter des Instituts, der gleichzeitig Initiator der russischen Fernsehsendung »Mensch hilft sich selbst« ist, schlug vor, daß eines meiner Kochbücher ins Russische übersetzt wird und ich dann in der von ihm geleiteten Sendung Getreidemühlen samt Vollwertkost vorstelle. Die Referentin der Gorbatschow-Stiftung für humanitäre Angelegenheiten, die sehr gut Deutsch spricht, hat bereits mit der Übersetzung begonnen.

September 1994: Tierschutz-Pilgerfahrt durch österreichische Klöster Ein Leserbrief

Der Rezensent der »Salzburger Nachrichten« versucht, diese Pilgerfahrt lächerlich zu machen. Er irrt: Nur dank der Tatsache, daß immer wieder Menschen- und Tierfreunde – in diesem Fall sogar etwa 60 – Nerven, Zeit und Geld opfern, um auf die grauenhaften Zustände in den Tierfabriken aufmerksam zu machen, dafür auch immer wieder Hohn und Spott von seiten der ewig Rückschrittlichen auf sich nehmen, hat sich nämlich schon vieles gebessert.
Der Fürst von Liechtenstein (Vermögen angeblich 14 Milliarden D-Mark) darf zwar (noch) in Österreich ein Schweine-KZ führen, das in Liechtenstein verboten wäre (10 000 Schweine vegetieren unter unbeschreiblichen Bedingungen so gut wie bewegungsunfähig dahin) – im Stift Schlierbach hingegen können die Kühe sommers wie winters ins

Freie, schlafen auf warmen Strohlagern, tummeln sich 1100 Hühner frei auf grünen Wiesen.
Es geht also auch anders! Genau das sollte diese Pilgerfahrt zeigen. Und gerade höre ich, daß eine große österreichische Handelskette dringend Erzeuger von Freilandeiern sucht. Die Verbraucherinnen wachen auf, wozu sicher die Fleischskandale beitragen. Ganz besonders die Jugend lebt bewußter und weiß, daß eine Einschränkung des Fleischkonsums nicht nur bessere Gesundheit bedeutet, sondern auch weniger Abholzung der Regenwälder, weniger Hunger in der dritten Welt.
Auf die angekündigte spirituelle Betreuung durch Bruder Steindl-Rast mußten wir Pilger und Pilgerinnen leider verzichten. Der Benediktinermönch hätte auch vor die Tore der Tierfabrik eines Benediktinerklosters pilgern müssen. So erschien er erst wieder zur Abschlußveranstaltung, um einen netten Tierschutzvortrag zu halten.
Es gibt sie aber, die mutigen Gottesmänner – einen Eugen Drewermann, den amerikanischen Bischof Hunthausen – er zertrümmerte Raketen und ging dafür ins Gefängnis, nach dem Motto: Wo Unrecht Recht ist, wird Widerstand zur Pflicht.

Barbara Rütting
Eine, die von Anfang bis Ende der Pilgerfahrt dabei war.

30. November 1994: Leserbrief an die »Salzburger Nachrichten«

Betr. Den Artikel zum Thema Aidsforschung:

Fällt es denn niemandem auf? Da haben die Forscher jahrelang Schimpansen mit Aids infiziert, aber – ich zitiere die SN – »sie wurden durch die HIV-Infektionen nicht krank«. Natürlich wurden die Schimpansen nicht krank! Wieder ein großartiger Beweis dafür, daß die auf Tierversuchen basierende Forschung in die Sackgasse führt und weiterhin führen wird. Sie haben die Menschheit weder von Krebs noch von Aids befreit, sie nicht gesünder, sondern immer kränker gemacht.
»Sowohl für die Impfstoff- als auch für die Arzneimittelentwicklung benötigt man aber aussagekräftige Tierversuche«, heißt es in dem Arti-

kel, »und daß es mit Pavianen möglicherweise in Zukunft ein echtes Tiermodell für Aids geben wird.«
Was ist denn das für eine Wissenschaft, die sich ständig auf Mutmaßungen stützt!

3. Dezember 1994: Ernüchterung und Distanzierung von TM und der Naturgesetz-Partei

Ein befreundeter Ayurveda-Arzt fragt, ob ich an einem gemeinsamen Kochbuch mitarbeiten möchte.
Seit 1989 praktiziere ich nun die Transzendentale Meditation nach Maharishi mit außerordentlichem Erfolg, kann besser schlafen, das Leben insgesamt gelassener nehmen. Auch die Ayurveda-Anwendungen tun mir sehr gut. Dennoch macht sich nach der anfänglichen Euphorie jetzt zunehmend Ernüchterung bemerkbar.
In diesem Sommer habe ich den Fortsetzungskurs der TM gemacht, den Sidhi-Kurs, auch als Yogisches Fliegen bekannt. Eine enorme Enttäuschung. Vielleicht waren die Versprechungen, was dieser Kurs alles bewirken würde, und damit die Erwartungen zu hoch. Von uns 150 Teilenehmern blieb etwa die Hälfte »sitzen« – ohne den Yogischen Höhenflug.
Überdies wirft das Finanzgebahren von sowohl TM-Bewegung wie Naturgesetz-Partei Fragen auf, wie der Obolus für die Einführung. Ich bin nicht der Meinung, spirituelle Unterweisungen müßten grundsätzlich gratis sein. Bisher jedoch schon verheerend hoch, soll die Initiation nun aber DM 1500 kosten! Alle diejenigen bekommen Wasser auf ihre Mühlen, die der TM-Bewegung Geldabschneiderei vorwerfen. Wofür wird all das Geld verwendet? Ich denke, daß diejenigen, die sich wie ich in der Öffentlichkeit für TM und auch für die Naturgesetz-Partei exponieren, davon Kenntnis erhalten müßten, nicht nur vage Berichte, was damit irgendwo im Ausland geschieht.
Und warum ist der ehemals so hofierte Arzt und Ernährungswissenschaftler Dr. Depaak Chopra plötzlich in Ungnade gefallen? Ich erhalte keine Antworten.
Die in den Ayurveda-Gesundheitshäusern praktizierte Ernährung hat

wohl mit dem ursprünglichen Ayurveda kaum noch zu tun – Gemüse bis zur Unkenntlichkeit zerkocht, kaum Frischkost, denaturiertes Getreide, zuckerstarrende Kuchen und Süßigkeiten etc. Ich kann und will keine Ernährungsweise unterstützen, die sämtlichen Erkenntnissen der modernen Ernährungswissenschaften widerspricht.
Ich sehe mich unter diesen Umständen nicht in der Lage, an einem Ayurveda-Kochbuch mitzuarbeiten oder die Naturgesetz-Partei weiterzuempfehlen.
Gibt es denn wirklich keinen schönen Apfel ohne Wurm?

Oktober 1995: Die Öko-Dörfer-Woche in der Findhorn-Foundation

Mein alter Traum, in einer internationalen Gemeinschaft von Menschen zu leben, die liebevoll miteinander und mit der Natur umgehen, hier fand diese Sehnsucht neue Nahrung. Ich bin gestärkt zurückgekommen, ich habe gesehen: Es geht!
»*The healing of the earth and the healing of the human spirit has become one and the same thing.*« Dieser Satz von Jonathan Porritt von »Save the Earth« in England stand als Leitmotiv über der Woche, in der Modelle für das (Über-)Leben im 21. Jahrhundert vorgestellt und geprobt wurden.
Inzwischen ist es ja allgemein bekannt: Die Gesellschaft verändert sich nur, wenn ich mich verändere. Habe ich das einmal begriffen, erkenne ich meine enorme Verantwortung. Eine Lösung der Umweltkrise ist nur möglich bei gleichzeitiger Lösung der sozialen und kulturellen Krise. Wir müssen uns um *sustainable* Ökonomie ebenso kümmern wie um ökologische Technologien. Dieser Gedanke zog sich wie ein roter Faden durch sämtliche Referate.
Helena Norberg-Hodge, Trägerin des alternativen Nobelpreises, berichtete über ihr Projekt »Learning from Ladakh«, Margrit Kennedy über den »Lebensgarten Steyerberg« und ihr Lieblingsthema, die Zinswirtschaft. Ihren Vortrag – beendet mit einem Zitat von Margaret Mead: »*We can do it. We will do it*« – ergänzte eine Zuhörerin mit den Worten: *And we are doing it.*

Dieses »*we can do it – we will do it – we are doing it*« zog sich wie ein Running-gag durch die ganze Konferenz.
Nicht nur ich habe manchmal einen Workshop sausen lassen und einen Spaziergang am nahen Strand unternommen. Das vegetarische Essen ist phantastisch; mittags für über tausend Menschen im Zelt serviert, das manchmal unter dem Sturm davonzufliegen drohte, für die Veganer sogar ohne tierisches Eiweiß, für die Zuckergegner ohne Zucker – fröhliche entspannte Gesichter auch bei denen, die die enormen Geschirrberge abwuschen.
Meditation hat tatsächlich nur einen Sinn, wenn sie den Alltag beseelt. Sonst nützt alles Auf-dem-Kissen-Sitzen nichts.
Die Findhorn Community hat seit ihrer Gründung 1962 sowohl spirituelle, wie auch finanzielle und Führungskrisen durchgemacht und überstanden. Neben dem Wohnwagen-Park gehören einige florierende Geschäfte dazu, die aber in eigener Regie geführt werden, wie der Phoenix-Laden, in dem Edelsteine, Kerzen, Bücher, Kassetten etc. verkauft werden, die Weberei, die Töpferei, das Therapiezentrum.
Eine langjährige Kennerin der Findhorn Community erklärt deren heute eher noch wachsende Kraft und Stärke mit dem Raum, den die Community für Unterschiede läßt: »Am besten funktioniert die Community als ein vitaler, dynamischer, synergetischer Körper, der sowohl die Einheit wie die Unterschiedlichkeit des *spirit* (wohl am ehesten zu übersetzen mit ›Geist‹) reflektiert; ihre Mitglieder, Individuen wie Gruppen, reflektieren eher Einmaligkeit als Uniformiertheit. Die Unterschiede tragen eher zum Ganzen bei, als daß sie ihm schaden. So ist einer der wichtigsten Lernprozesse, die Unterschiede zwischen den Menschen nicht zu unterdrücken, sondern sich mit ihnen auf eine Weise auseinanderzusetzen, die sowohl dem Individuum wie dem Ganzen nützt.«
Die Findhorn Community hat ganz sicher dazu beigetragen, daß immer mehr Einzelmenschen wie Gruppen ein verantwortungsbewußteres Leben anstreben und auch praktizieren.
Daß Mensch trotz aller Spiritualität nicht abhebt, sondern immer schön auf dem Boden der Tatsachen bleibt, dafür sorgen in Findhorn schon die ständig die Ruhe störenden, über das Camp hinwegdonnernden Maschinen des nahen Flugzeugstützpunktes.

November 1996: Kongreß »Visionen menschlicher Zukunft« in Bremen

Ich wollte meinen Vortrag ursprünglich nennen »Wir müssen anders leben, damit andere leben können«. Die Erfahrung zeigt jedoch, daß nur wenige Menschen bereit sind, sich für die Lebensqualität anderer einzusetzen, es geht vornehmlich um die Sicherung der eigenen. Ein Tierexperimentator hat einmal gesagt, der Mensch würde Tausende von Affenleben opfern, wenn man ihm in Aussicht stellt, daß er dadurch sein eigenes um nur wenige Tage verlängern könnte. Ich habe meinen Vortrag nun genannt »Wir müssen anders leben, damit wir leben können«, überleben nämlich.

Die Publizistin Jutta Ditfurth versuchte, mit in ganz Bremen verteilten Pamphleten den Kongreß zu sprengen. Sie lehnte es auch ab, für die Zeitschrift FORUM ein Interview zu geben, mit der Begründung, sie wolle – ich zitiere: »... mit dieser esoterischen Bande nichts zu tun haben«.

Ich hatte die Ehre, unter dieser esoterischen Bande namentlich genannt zu werden, neben Fritjof Capra und – dem Dalai Lama. Ist doch nicht übel?

Wenn dieser Kongreß hier einen Sinn haben soll, dann doch wohl auch den, daß wir mit alten Vorurteilen aufräumen, sie zumindest in Frage stellen. Damit ist natürlich nicht gemeint, daß wir alles Neue ohne Beurteilung übernehmen sollen, im Gegenteil, kritisches Hinterfragen ist durchaus angesagt.

Mit beinahe 70 Jahren Mitglied einer esoterischen Bande, ist doch toll! Das soll mir mal eine nachmachen! Ich übe die Transzendentale Meditation aus, bin vor zwei Jahren Sannyasin geworden aus Dankbarkeit für die enorme therapeutische Arbeit von Bhagwan/Osho, ich besuche Gruppen wie das ZEGG sowie das Heilungsbiotop in Portugal, weil mich neue Lebensmodelle interessieren. Bin überdies mit Menschen befreundet, die Mormonen sind und Hare-Krishna-Anhänger, Hindus und Jainas und Bahais. Und ich möchte das auch sein dürfen, ohne einen Vermerk in meinen Personalakten zu erhalten, liebe Jutta Ditfurth!

Der vor Jahrzehnten berühmte deutsche Kabarettist Werner Finck hat einmal gesagt – entweder noch während der Nazizeit oder kurz danach: »Ich stehe hinter jeder Regierung, bei der ich nicht sitzen muß, wenn ich nicht hinter ihr stehe.«

Alles esoterische Verblödung – oder was?

Gedankensplitter zum vierten Kongreß »Visionen menschlicher Zukunft« in Bremen – und nicht nur zu diesem:
»Der Kongreß ist nicht faschistoid«, wies Rudolf Hickel, Professor für politische Ökonomie an der Uni Bremen Jutta Ditfurths Kritik zurück. Er vermute, daß Jutta Ditfurth »die esoterische Richtung, die ihr, aber auch mir nicht paßt, mit schwerwiegenden Diffamierungen zu ersticken versucht«.
Hickel sagte zwar seine Teilnahme ab, verteidigte jedoch seine Kollegin Professor Annelie Keil, die den Kongreß berät. Sie verdiene Anerkennung für ihren Mut, »Grenzüberschreitungen des schulmedizinischen Umgangs mit Gesundheit/Krankheit zu wagen«.
Weitere Absagen aufgrund von Jutta Ditfurths Diffamierungskampagne unter anderen:
RTL-Moderatorin Birgit Schrowange – sie sollte die Öko-Modenschau auf der parallel laufenden Messe »Natürlich leben« moderieren – Begründung der Absage: eine Angina.
Absage: ZDF-Chefredakteur Klaus Bresser – er sollte den Eröffnungsvortrag zum Thema »Die ökologische Herausforderung« halten – Begründung der Absage: »Sowohl der Kongreß wie die Messe böten Ideen und Produkte an, mit denen sich Bresser als Journalist nicht identifizieren will.«
Absage: In letzter Minute Roger Willemsen – er sollte eine Talkshow moderieren mit der Schimpansenforscherin Jane Goodall, dem Menschenrechtsaktivisten Rüdiger Nehberg und mir.
Der »Weser-Kurier« hatte berichtet: »Die Ex-Schauspielerin und Kochbuchautorin Barbara Rütting soll, laut Ditfurth, rechtsextreme Esoterik und autoritäre Sexsekten unterstützen.«
Als ich mit Robert Jungk in Mutlangen und Wackersdorf gegen Mas-

senvernichtungswaffen und Wiederaufbereitungsanlagen demonstriert habe, mußte ich mir anhören: Du Kommunistensau, hau doch ab nach Moskau … Annelie Keil, Professorin für Gesundheitswissenschaft an der Uni Bremen, die sich selbst »als Sozialistin begreift«, bezeichnet dann auch gegenüber der »taz« die von Jutta Ditfurth geäußerten Vorwürfe als »infame Verleumdung«, zeigte sich betroffen von Ditfurths Unterstellung, esoterische Lehren hätten eine natürliche Nähe zu faschistischem Gedankengut: »Das ist auch eine Form des Rassismus.« Annelie Keil in einem »taz«-Interview: »Solange transparent ist, woher die Leute ihre Inspirationen beziehen, müssen sie nicht, nur weil sie keine linken Argumentationserwartungen bedienen, faschistoid sein.«

Jutta Ditfurth hatte doch tatsächlich eine Woche vor Beginn des Kongresses in Flugblättern und örtlichen Gazetten die erstaunten Bremer BürgerInnen zu einer Gegenveranstaltung aufgerufen, um »diese Massenversammlung von Esoterikern, Irrationalen, Guru-Führern, Antihumanisten, Antisemiten, Therapie-Junkies« zu verhindern: »Wer läßt sich esoterisch verblöden?«

Die vielen aus aller Welt angereisten hochkarätigen Referenten – alle gekommen, um »faschistoide, irrationale und menschenverachtende Tendenzen« zu verbreiten, wie es an anderer Stelle hieß?

Anfangs zeigte die Kampagne Wirkung. Dann aber platzte die ganze groß angekündigte Gegenveranstaltung der »ökologischen Linken« wie eine Seifenblase. Die BürgerInnen erwiesen sich als mündig, sie machten sich selbst ein Bild. Auch die beiden Bürgermeister Bremens, Dr. Henning Scherf und Hartmut Perschau stellten sich hinter den Kongreß und lobten in ihren Reden die Vielfalt der auf Kongreß und Messe vorgetragenen Meinungen und ausgestellten Angebote.

15000 Menschen besuchten die Messe, 2500 den Kongreß. Bei dem, was die 200 Aussteller auf der Gesundheitsmesse zeigten, konnte ich beim besten Willen nichts Menschenverachtendes entdecken, ging es doch hauptsächlich um Gesundes in Haus und Küche. Und wenn ein Aussteller nun wirklich ein Gerät vorführt, in dem irgend jemand Engelsstimmen gehört haben will – du meine Güte, erstens muß ich das Ding ja nicht kaufen, zweitens könnte es ja sein, daß der Engelsstimmenhörer vielleicht über eine feinere Wahrnehmung verfügt als

ich, die ich (leider noch) keine Engelsstimmen höre und vermutlich in diesem Leben auch nicht hören werde.
Am Beginn des Kongresses fragte mich ein Radio-Journalist: Frau Rütting, sind Sie eine Esoterikerin? Ich fragte zurück: Wenn Sie mir sagen, was eine Esoterikerin ist, sage ich Ihnen, ob ich eine bin.

1996: Fax an die Naturgesetz-Partei Berlin

»Wo Unrecht Recht ist, wird Widerstand zur Pflicht« (der amerikanische Bischof Hunthausen, der wegen seines Widerstandes gegen Massenvernichtungsmittel ins Gefängnis gesperrt wurde).
Leider ist wieder einmal Widerstand angesagt, diesmal gegen genmanipulierte Produkte. Diesen Angriff auf unser Leben dürfen wir uns nicht gefallen lassen! Ich will
– keine matschfeste Tomate, keine Milch von Turbokühen, keine Teigwaren, Käse, Sojabohnen etc. mit genmanipulierten Inhaltsstoffen,
– ich fordere das Verbot von patentierten Pflanzen und Tieren,
– ich verlange darüber hinaus eine strenge Kennzeichnungspflicht aller genmanipulierten Produkte, damit ich als mündige Verbraucherin in der Lage bin, diese Un-Lebensmittel zu boykottieren.

Ich begrüße und unterstütze die Initiative der Naturgesetz-Partei gegen Gentechnologie.

Barbara Rütting

Herbst 1996: The empty chair

Am 21. Januar 1990 schrieb ich in mein Tagebuch:
»Bhagwan ist tot. An Herzversagen gestorben. Das Leben in seinem physischen Körper sei die Hölle gewesen, soll er gesagt haben. Er, der so viele Menschen gelehrt hat, Spaß und Freude an ihren Körpern zu empfinden!
Einige Stunden nach seinem Tod wurde er bereits verbrannt, höre ich,

in schwarzem Mantel, in diamantenbesetzter Kappe. Ich muß viel an ihn denken. Er hat meinem Leben wichtige Impulse gegeben, obwohl ich es nie geschafft habe, nach Poona zu fahren.
Vor Jahren hatte ich bereits alle meine Kleider rot eingefärbt und wollte nach Poona – da ging er nach Oregon. Und was sich dort tat, gefiel mir überhaupt nicht, die Geschichte mit den Dutzenden Rolls Royce, die Entwicklung zum Polizeistaat, der Skandal mit Sheila und und und.
Ich empfinde eine tiefe merkwürdige Trauer um ihn.«
Mein Schmerz wurde nicht geringer, sondern wuchs täglich.
Als hätte ich das Liebste verloren. Nie habe ich Dinge bereut, die ich getan habe, nur solche, die ich nicht getan habe. Warum bin ich damals nicht nach Poona gefahren, obwohl ich ihm doch schon so nahe war? Reue, Trauer.
Ich krame seine Bücher wieder hervor, höre Deuters Musik. Ich bin damals nicht nach Poona gefahren, um die Beziehung zu meinem Freund nicht aufs Spiel zu setzen, der Hauptgrund aber war: Ich gehörte zu denen, die ununterbrochen versuchten, die Gesellschaft zu verändern. Unermüdlich war ich am Demonstrieren: Gegen die Aufrüstung, gegen Atomkraft, gegen die Pershings, gegen Tierversuche, gegen Wackersdorf. Und da kommt einer und behauptet, das sei alles Unfug, das ganze Demonstrieren; meditieren solle man und sich selbst verändern, dann verändere sich auch die Gesellschaft.
Das war mir alles zu unpolitisch. Ich war doch ein politischer Mensch, radikale Feministin zudem.
Aber immer wieder begegnete ich Sannyasins, die seine Vision von Wahrheit und Liebe nicht nur verbalisierten, sondern auch lebten, liebevolle, humorvolle und schöne Menschen, mit denen ich mich wohl fühlte.
Inzwischen hatte ich die Transzendentale Meditation erlernt, und mein TM-Lehrer, gleichzeitig Musikpädagoge, hatte vor, einen Workshop mit Joachim Ernst Berendt auf La Gomera zu besuchen. Ich beschloß mitzufahren. Mein Lehrer sagte ab, ich aber fuhr – und war so ungeheuer glücklich in der Sannyasin-Gemeinschaft. Zurück in Österreich, schrieb ich sofort nach Poona. Ein paar Wochen später traf der Brief ein: Oben links im Blau die fliegende Gans, unten rechts mein neuer

Name: Ma Anand Taruna. Anand = bliss = Glückseligkeit, Taruna = ever young. Mein neuer Geburtstag der 8. Juli. Im Januar der erste Besuch in Poona, heute Pune.
Zuerst die fast unerträgliche Trauer. Oshos Sessel wird abends zur »White Robe Brotherhood« in die Buddhahalle getragen, von fast 10 000 weißgekleideten Menschen begrüßt – aber Osho wird nie mehr darin Platz nehmen.
Nie mehr. Ströme von Tränen jeden Abend.
Dann eines Abends die Erkenntnis und die Erleichterung, daß alles gut so ist, wie es ist. Alles ist richtig. Vielleicht wäre ich vor 20 Jahren Hals über Kopf wieder abgefahren, wäre ich z. B. in ein *encounter* geraten, vielleicht hätte ich mir so den Zugang zu ihm und seinen Lehren für immer versperrt.
Paradoxerweise scheinen diese transparenter, seit Osho nicht mehr physisch anwesend ist, was er übrigens vorausgesagt hat. Als habe er sich ständig selbst zwischen sich und seine Lehre gestellt, durch seine widersprüchlichen Aussagen, seine Lust am Provozieren, seine juwelenstrotzenden Armbanduhren, die Rolls-Royce-Flotte, seine Kostümierung – denn das war er sicher auch, ein Narr im Shakespeareschen Sinn, wie Rüdiger Dahlke es ausdrückt, ein Narr, der der Gesellschaft den Spiegel vorhält und ihre häßliche Fratze entlarvt.
Auf die Frage, warum er so viele wichtige Funktionen Frauen anvertraue, hat Osho geantwortet: Ich liebe Frauen! Und weiter sinngemäß: Es ist eine kleine Wiedergutmachung für alles, was ihnen jahrhundertelang angetan wurde.
Über Pune hat Osho gesagt: »Unsere Kommune ist keine Religion. Unsere Kommune ist eine sehr flüssige Religiosität, sie ist keine Organisation. Sie ist nur ein Treffpunkt für Menschen, die all ihre Konditionierungen, alle Religionen, alle Ideologien aufgegeben haben und die bereit sind, selbst Suchende zu werden.«
Genau das beudeutet Sannyasin-Sein für mich. Größtmögliche Befreiung – bei gleichzeitig äußerster Verantwortung mir selbst und allem Lebendigen gegenüber, weil ich weiß, das Universum und ich sind eins.
Daß Oshos Vision des neuen Menschen Wirklichkeit wird, daran möchte ich mitarbeiten. Er HAT die Welt verändert, und zwar ein-

schneidend, auch wenn diese Welt das heute noch nicht wahrhaben will.
Am 19. Januar werde ich wieder in Pune sein, zur »Mystic Rose«. Sein Stuhl wird hereingetragen werden, und ich werde sicher weinen, aber ich werde auch lachen und genießen.
»In dieser Welt sein, aber nicht von dieser Welt – und dann gehen, ohne sich noch einmal umzusehen. ...«

Februar 1996: Offener Brief an Jutta Ditfurth (gekürzt)

Liebe Jutta,
Das letzte Mal trafen wir einander bei der Anti-Wackersdorf-Kundgebung in Salzburg.
Ich habe Dich immer bewundert, wegen Deiner Unerschrockenheit, Deiner Radikalität – ich erinnere mich zum Beispiel an die »Elefantenrunde«, in der Du mit Franz Josef Strauß diskutiert hast.
Ich konnte dabeisein, als die Grünen in den Bundestag einzogen. Welch ein Tag! Wir rollten die gewaltige Erdkugel durch Bonn, strahlende Gesichter, Blumen – die Welt würde ab jetzt eine andere sein.
Ein Jahr später – ich war inzwischen Parteimitglied – besuchte ich Euch während einer Sitzung. Ihr wart kaum wiederzuerkennen: Die gleiche Verbissenheit, die gleichen Machtkämpfe wie bei den etablierten Parteien. Es scheint zu stimmen – die Revolution frißt ihre Kinder.
Ich bin aus der Partei der Grünen ausgetreten, weil sie mir nicht radikal genug war, und erinnere mich, daß Deine Motivation zu dem gleichen Schritt ähnlich lautete. Damit will ich gar nicht in Abrede stellen, daß die Grünen Großartiges geleistet und die Welt tatsächlich verändert haben.
Nun wurde ich in einer Talk-Show auf Dein Buch »Feuer in die Herzen« angesprochen und gefragt, wie ich, als bekannt politischer Mensch, mit dem von Dir der Zusammenarbeit mit rechtsextremen Organisationen beschuldigten Arzt und Ernährungswissenschaftler Dr. Max Otto Bruker zu tun haben könnte.
Ich bin aus allen Wolken gefallen. Ich habe bei Dr. Bruker die Ausbildung zur Gesundheitsberaterin gemacht, weil ich seine Arbeit sehr

schätze. Neben Robert Jungk wurde er für mich eine der wichtigsten Leitfiguren, als eine der unbestechlichsten, nur im Dienste der Menschheit stehenden Persönlichkeiten, denen ich begegnet bin: einer, der nicht nur ganz früh gegen die atomare Bedrohung demonstrierte, sondern sich sein Leben lang um der Wahrheit willen immer wieder Angriffen besonders von seiten der sogenannten »Mächtigen« aussetzt. Zu meiner Verblüffung finde ich in Deinem Buch noch eine ganze Reihe anderer Namen, von Dir ebenfalls als »Öko-Faschisten« gebrandmarkt, wie Franz Alt, Hubert Weinzierl, seit Jahrzehnten Leiter des Bundes Naturschutz in Deutschland, Fritjof Capra, Peter Caddy, Jakob von Uexküll, Stifter des alternativen Friedensnobelpreises, Margrit Kennedy, bekannte Öko-Architektin, Dozentin an der Universität Hannover, und und und – alles Menschen, die ich verehre, von denen ich meine, daß sie verantwortungsbewußt auf eine bessere Welt hinarbeiten. Und die sollen alle Öko-Faschisten sein?
Bin ich gar ebenfalls eine Öko-Faschistin? Ich habe nämlich gerade an einem Seminar teilgenommen, in dem die bekanntesten Architekten der Welt über die Gründung von Öko-Dörfern und -Städten referierten, und dieses Seminar fand in Findhorn statt, dem von Peter Caddy gegründeten Findhorn. (Findhorn wird auch der Ausländerfeindlichkeit verdächtigt. Wirklich ein Witz! In Findhorn gibt es fast nur Ausländer!) Dort war unter den Rednern auch Robert Muller, in Deinem Buch als Vizesekretär der UNO und ihr New-Age-Philosoph ebenfalls unter die Öko-Faschisten eingereiht.
Üblicherweise werde ich als Feministin und ziemlich radikale Einzelkämpferin eher den Linken zugeordnet.
Nun kann es natürlich passieren, daß man/frau, ohne es zu ahnen, in der falschen Gruppe mitmarschiert. So fand ich mich 1968 beim Ostermarsch gegen die Wiederaufrüstung Deutschlands plötzlich inmitten einer Menge, die schrie: Hängt Johnson auf, hängt Johnson auf. Pazifistin, die ich nach wie vor bin, wollte ich natürlich überhaupt nicht, daß der damalige Präsident Johnson aufgehängt würde, sondern mein Anliegen war es, die Wiederbewaffnung Deutschlands zu verhindern. (Daß man auch gegen Beifall von der falschen Seite nicht gefeit ist, diese Erfahrung hast Du ja auch gemacht.)
Ich bin selbstverständlich Deiner Behauptung, Dr. Bruker arbeite mit

rechtsextremen Gruppen zusammen, sofort nachgegangen und muß Dir den Vorwurf machen, daß Du fahrlässig recherchiert hast. Das Landgericht Frankfurt a. M. hat Dir deshalb bereits 1993 untersagt, zu behaupten, Dr. Bruker arbeite »eng mit der NPD und den Jungen Nationaldemokraten sowie mit dem Kampfbund Deutscher Soldaten zusammen«.

Wie ich höre, hast Du einen Teil Deiner Aussagen streichen bzw. schwärzen müssen, wie ich weiter höre, hat sich der Verlag inzwischen sogar ganz von Deinem Buch distanziert und es makulieren lassen, es ist jedenfalls nicht mehr im Handel. Unglücklicherweise werden die Unterstellungen aber inzwischen, ohne daß sie hinterfragt werden, nachgebetet und publiziert, wobei die Äußerungen zunehmend bizarrere Formen annehmen, so daß ich mich genötigt fühle, hier Stellung zu nehmen.

Ich will und kann nicht zulassen, daß ein völlig verzerrtes Bild dieses großartigen Arztes und Menschenfreundes in der Öffentlichkeit verbreitet und sein Lebenswerk ruiniert wird. Herr Dr. Bruker erklärt, und ich habe keinen Grund, an der Wahrheit seiner Aussagen zu zweifeln, u. a. daß er nicht Mitglied der SA war.

Liebe Jutta, wenn ich mir Deine Opfer in dem Buch »Feuer in die Herzen« ansehe, erschreckt mich das leider sehr verbreitete Schubladendenken, das mich aber gerade bei Dir enttäuscht.

Mit diesem Schubladendenken bin ich nämlich auch ständig konfrontiert: Wer gegen das Schächten von Tieren ist, gilt als Antisemit oder als Feind der Muslime; Tierschützer wurden eine Zeitlang allein deswegen als rechtsradikal verschrien, weil Göring offensichtlich einmal ein gutes Tierschutzgesetz plante; die Vegetarier deswegen verunglimpft, weil Hitler Vegetarier gewesen und seinen Schäferhund geliebt haben soll. Auch wer sich gegen die Abtreibung äußert, ist deswegen noch lange kein Nazi. Selbstverständlich bin ich persönlich der Meinung, daß jede Frau das Recht hat zu entscheiden, ob sie ein Kind will oder nicht, und auch das Recht hat abzutreiben, teile aber dennoch nicht die Meinung jenes Richters, der aus gegebenem Anlaß äußerte, das, was da abgetrieben würde, sei nicht mehr als ein himbeergroßer Zellklumpen.

Wie Du siehst, und wie Du mich auch kennst, bin ich in gar keiner Gruppe einzuordnen. Als in der Nazizeit aufgewachsenes Kind ist mir jede blinde Gefolgschaft ein Greuel. Ich lasse mich auch nie vor einen Karren spannen, spanne mich wohl aber selbst davor, wenn ich es für richtig halte.

Obwohl von der Richtigkeit der Vollwerternährung überzeugt, bin ich keine blinde Mitläuferin, sondern ständig offen für neue oder andere Ideen, nehme auch für mich das Recht in Anspruch, Meditationen auszuüben, wie etwa die Transzendentale Meditation oder verschiedene Praktiken von Bhagwan/Osho, oder bei einem Peace-run von Sri Chinmoy mitzulaufen oder das Zegg mit seiner Idee der freien Liebe zu unterstützen, würde mich aber energisch dagegen verwahren, nun wiederum aufgrund dessen als Sektenanhängerin oder -mitglied gehandelt zu werden.

Es ist in letzter Zeit oft darüber geschrieben und geredet worden, daß der Mensch offenbar nicht glücklich ist, wenn er keine Feindbilder hat. Mich erschreckt in deinem Buch die Verbissenheit und Wut, mit der Du Deine Gegner fertigmachst. Kann es sein, daß Du Dir da Deine Feindbilder aufgebaut hast, aus welchem Grund auch immer?

Liebe Jutta, ich würde mich so sehr freuen, wenn wir einen runden Tisch mit den von Dir als Öko-Faschisten Angegriffenen zustande brächten. Bitte, teile mir doch mit, ob Du dazu bereit bist.

Laß uns an dem arbeiten, was uns verbindet, nicht auf dem herumhacken, was uns trennt. Und was uns schließlich doch verbindet, ist doch wohl die ungeheure Sorge, diese Welt doch noch zu retten. Feuer in die Herzen, ja – aber ein Feuer, das nicht versengt und zerstört, sondern ein Feuer, das die Herzen wärmt und nährt.

Deine Barbara Rütting

Oktober 1996: Ein Tierheim für Assisi – endlich!

In Assisi entsteht endlich das längst fällige Tierheim. Nach all den jahrelangen fruchtlosen Bemühungen und Rückschlägen hat Johanna es geschafft, ohne Hilfe irgendwelcher Politiker, die immer wieder ihre Versprechen gebrochen haben – sie hat es geschafft, allein durch die Spenden der Vereinsmitglieder! Getreu dem Motto von »Pro animale«: Steter Tropfen höhlt den Stein!

Diese Frau hat in den letzten Jahren schier Unglaubliches geleistet: Über 3000 Hunde vor dem Ende als Versuchstier im Labor gerettet, sie aufgenommen und ihnen ein neues Zuhause vermittelt – sie beherbergt in ihrem eigenen Haus ständig ca. 50 herrenlose oder freigekaufte Hunde –, hat ihren Beruf als Lehrerin aufgegeben, um sich ganz dem Tierschutz zu widmen, dem aktiven Tierschutz. Mit Hilfe ihrer Mitglieder hat Johanna Wothkes »Pro animale« in Polen zum Schlachten bestimmten Pferden ein Zuhause geschaffen, im Schwarzwald ein Tierheim, in dem die Hunde in Rudeln leben können; »Pro animale« kümmert sich in der Türkei um den Bären Pascha, hat dort eine Tierstation eröffnet ebenso wie in Moskau, baut in Irland ein Heim für die »Verlierer«, die Greyhounds, die, wenn sie bei Wetten verloren haben, von ihren Besitzern bestialisch ermordet werden, holt in Spanien für den Tod bestimmte Tiere aus den Gaskammern und und und – und nun Assisi! Ich denke: Das hat Francesco bewirkt – daß »Pro animale« dieses wunderschöne Tal direkt unterhalb von Assisi erwerben konnte! Hier könnte er selbst gewandert sein, sogar die alte Mühle könnte er besucht haben. Die *Molino* soll als Treffpunkt dienen für Menschen aus der ganzen Welt, die es gut mit Tieren meinen, die die Würde des Tieres achten.

Im »Paradiso di San Francesco« – so heißt die neue Tierherberge: »Das Paradies des heiligen Franziskus« – weiden zwischen den Olivenbäumen bereits drei Pferde, zwei braune und ein Schimmelchen, tummeln sich Dutzende von Schafen und Ziegen – alle vom Tod durch Schlachten freigekauft, von Timo, einem Albaner, liebevoll betreut. Auch einige Kätzchen streunen herum, auf dem Dach gurren Tauben – so groß ist das Tal, daß man eine ganze Stunde hindurchwandern kann, am Flüßchen vorbei, an Eichen, Ahorn und wilden Kirschbäumen. Am anderen Ende des Tals steht ein altes renovierungsbedürftiges Bauernhaus, das einmal das Katzenhaus werden soll.

Der erste Schritt ist getan, Tal und Mühle gekauft. Aber die *Molino* muß ein neues Dach bekommen, wind- und wasserfest verputzt werden, für die Pferde muß ein Stall, für die zukünftigen Hundeschützlinge ganz neue Unterkünfte gebaut werden, das Katzenhaus hergerichtet. Aber der Anfang ist gemacht.

Wir haben gefeiert!

1996: Sei – erkenne dich selbst – halte Maß
Erfahrungen bei der Mystic Rose Meditation in Pune

Mein *mind* zerrt an mir, wie der angebliche Teufel an der Seele, die ihm zu entwischen droht. Nach Pune in die Osho Commune? Zur Mystic Rose Meditation? Hast du doch letztes Jahr gemacht! Was, jetzt auch noch die Ausbildung, damit du selbst Meditationen leiten kannst? Für das Geld kannst du eine Kreuzfahrt machen oder dich liften lassen, vielleicht nicht alle Falten, aber zumindest ein paar! Und dann das ganze Theater um diesen Osho! Du bist doch sonst so allergisch gegen jede Art von Gefolgschaft! Denk doch an dein Image! Ich sehe schon die Schlagzeilen: Mit siebzig in Sexkommune gelandet und und und bla bla bla.«

Aber ich habe bereits vor Monaten den Flug gebucht, das Hotelzimmer angezahlt, und außerdem habe ich einfach Sehnsucht nach diesem unglaublichen Buddhafeld!

Und schon bin ich angekommen, habe meinen Aidstest in der Tasche, die Wasserflasche umgehängt und schlendere, noch Jet-lag-benommen, durch das Menschengewühl. Es ist der 19. Januar, der Tag, an dem Osho seinen Körper verließ, und der wird gefeiert. Überall Lärm. Clowns mit roten Nasen bieten irgend etwas zum Verkauf an – alles ist mir zu laut, überhaupt nicht meditativ, letztes Jahr war alles viiiel schöner!

Ohne weiter zu überlegen, buche ich die Gruppe und auch das Training zur Meditationsleiterin.

Am 21. Januar morgens um neun Uhr: Treffen vor dem Lao Tzu Haus. Das übliche, mehr oder weniger vorsichtige Sich-gegenseitig-Beäugen. Viele vertraute Gesichter, dankbar spüre ich ein warmes Gefühl von Zuhausesein.

Zuerst die praktischen Hinweise: Wir sollen viel Wasser trinken, alle möglichen Gifte werden sich während des Prozesses lösen und müssen weggespült werden. Jeder erhält eine Matte und ein Kopfkissen, und schon geht die Lacherei los, ganz von selbst, unterstützt von Leela, Samvado und Varidhi, den drei Meditationsleitern und fröhlicher Musik.

Bei meiner ersten Mystic Rose konnte ich anfangs überhaupt nicht lachen, war am zweiten Tag sogar so wütend, daß ich fast aufgegeben hätte. Jetzt kann ich einfach da weitermachen, wo ich damals aufhörte – mein Lachen kommt aus den Tiefen meines Bauches. Macht das einen Spaß! Zwischendurch Wasser trinken, aufs Klo, einen Blick in Oshos Garten werfen – da unten sitzen sie im Sonnenschein, Männlein wie Weiblein in bodenlange rote Roben gekleidet, lesend, schauend, meditierend, Tee trinkend ... zurück auf meine Matte. »Ya-hoo« – der Sufischrei hilft, ein Lach-Tief zu überwinden.

Ratschläge von Osho für die Lachphase vom Audio-Tape: »Sei verrückt, so verrückt wie möglich! Lache ohne Grund, experimentiere mit dem Lachen, brabbele wirres Zeug, finde dein inneres Kind, kreiere Lachenergie! Gehe tiefer und tiefer! Lache über das Absurde! Vergleiche dich nicht mit anderen, jeder ist einzig, so ist auch jede Art von Gelächter einzigartig und okay. Schließe dich einer Gruppe mit hoher Energie an! Sei aber sensibel und respektvoll anderen gegenüber. Manche wollen lieber allein lachen, andere lieber in der Gruppe. Welche Emotionen auch immer hochkommen, transformiere sie in Lachen! Und habe Geduld mit dir selbst. Versuche es – aber erzwinge das Lachen nicht.«

Am dritten Tag komme ich bis in die tiefste Tiefe meines Lachens. Das hätte ich nicht für möglich gehalten: Ich sitze auf meiner Matte, johle, kreische, wie ich als Kind nie gekreischt habe – ich war immer ein artiges, vorbildliches Kind –, brülle vor Lachen, muß nach Luft schnappen, die Tränen laufen mir übers Gesicht, ich muß mir auf die Schenkel schlagen vor Lachen, den Bauch halten, mindestens zehn Minuten geht das so, immer neue Wellen von geradezu irrsinnigem (normalerweise würde man sagen: hysterischem) Gelächter schwappen über mich hinweg. Ich bin nur noch Lachen.

Als ich wieder zu mir komme, hat sich eine ganze Gruppe um mich herum versammelt, die mitlacht.

Am nächsten Tag fühle ich mich leergelacht, *rien ne va plus*. Ich mache es mir im Schneidersitz gemütlich, das Gelächter ringsum summt in den Ohren, als sei es ganz weit weg. Plötzlich sehe ich mich aus der Vogelperspektive: Auf meiner Matte, losgelöst vom Körper – der ist nur noch ein Skelett, mit einem schönen blanken Schädel, kein Fleisch dran, nichts Vergängliches mehr, wunderschön blank, rein, edel.

Große Sehnsucht, den Körper zu verlassen: »Oh schmölze doch dies allzu feste Fleisch« …
Leider stupst mich just in diesem Moment Samvado mit der Behauptung an, ich hätte geschlafen – so meine vermutlich kurz bevorstehende Erleuchtung verhindernd.
Jetzt will ich nur noch weinen. Aber: »*No crying* in dieser Woche«, sagt Leela unerbittlich, »spart die Tränen auf, spart sie auf für morgen …«

Die Woche der Tränen. Beim Eintritt in unseren bereits vertrauten Raum sieht sich jeder mit einem Spiegel konfrontiert, der schwarz wirkt, weil er die schwarze Wand reflektiert. Die Fenster sind dunkel verhängt. Trauermusik. Das Adagio von Albinoni, das Ave Maria von Bach – kaum sitze ich auf meiner Matte, stürzen mir schon die Tränen aus den Augen, sind um mich herum die ersten Schluchzer zu hören. Neben jeder Matte eine Schachtel mit Kleenex zum Tränentrocknen und eine Plastiktüte, um die naßgeweinten Taschentücher hineinzustopfen. Mit der Musik schwillt unser Geheul zum infernalischen Crescendo an – im Fegefeuer kann es kaum wüster zugehen. Besonders eine süße, engelhafte Frauenstimme scheint die Verzweiflung anzustacheln, Situationen heraufbeschwörend, in denen man sich geliebt und verstanden fühlte.
Einmal wöchentlich Arbeitsmeditation statt des nachmittäglichen Trainings. Wir putzen die riesigen Gemüseberge, bügeln Wäsche, sitzen am Computer, reinigen die Toiletten, arbeiten im Garten. Denn auch das ist Bestandteil von Oshos Vision: Innerlich zur Ruhe kommen und schweigen lernen – aber dann zurück auf den Marktplatz, hinein in die Welt. Den Buddha leben – aber auch den Zorbă.
Manchmal liegen wir nur noch da wie Kinder, die sich in den Schlaf geweint haben – 49 Menschlein aus 19 Nationen, Russen, Koreaner, Japaner, Chinesen, Europäer, eine Wahnsinnsmischung.
Einmal sagt Leela in eine solche Pause hinein: »Laßt uns einen Versuch machen. Ihr steht auf, schließt die Augen und stellt euch vor, ihr seid ganz klein – ihr streckt die Arme aus, nach jemandem, der euch lieb hat – aber niemand ist da, ihr seid allein« … und schon brandet er wieder auf, dieser irrsinnige Schmerz, der offensichtlich in jedem von uns hockt.

Oshos Worte vom Band: »Dein Problem ist, du willst dem Schmerz ausweichen. Aber du mußt ihn annehmen und allen Schmerz in Tränen transformieren. Mach schluchzende Töne, knuddle dein Kissen. Wenn du Hilfe brauchst, komm zu den Meditationsleitern. Wenn du das Bedürfnis hast, zu jemandem aus der Gruppe zu gehen, tu das – aber nur wenn dein Herz dich dazu treibt, und nur, um mit dem anderen zu weinen, nicht, um euch gegenseitig zu beruhigen.

Du wirst durch eine Menge Schmerz, Angst und Scham gehen, Schuldgefühle werden hochkommen, Einsamkeitsgefühle, sogar Wut. Nimm all diese Emotionen wahr – und transformiere sie in Tränen. Der Schmerz mag furchtbar sein. Es ist ein chirurgischer Eingriff. Es ist, als ob dir die Haut abgezogen wird. Du bist der Patient und gleichzeitig der Chirurg. Geh hinein in den Schmerz, mach ihn bewußt und transformiere ihn in Tränen. Und denke daran: Du bist in einer liebevollen Gruppe, die sich gegenseitig hilft.«

Drei Stunden sind fast zu wenig. Ich weine und weine, um meinen Vater, der irgendwo in einem Massengrab verscharrt liegt, um meine Mutter, der ich bei ihrem Sterben an Krebs nicht beigestanden habe, um die Kinder, die ich nicht bekommen konnte, um den kleinen Bruder, den ich, vier Wochen alt, in seinem winzigen Sarg liegen sehe – ich brülle über all die Verletzungen, die ich meinen Geliebten zugefügt habe und sie mir, ich schluchze, weil ich nie einen tantrischen Liebhaber hatte, haue auf mein Kissen, weil ich es plötzlich doch traurig finde, alt zu werden …

Am vierten Tag bin ich leergeweint. Denke ich! Minutenlang stehe ich, still mein Kissen in den Armen wiegend, tränenlos – als mich eine zierliche Koreanerin, die ich besonders ins Herz geschlossen habe, umarmt. Nun heulen wir beide los, aneinandergeklammert, ihre Tränen laufen mir den Hals herunter, meine Tränen über ihr Gesicht. Nachdem meine privaten Kümmernisse offenbar abgehakt sind, bricht in mir der große kollektive Schmerz aus – ich weine um Osho, um das, was ihm in Amerika angetan wurde, um die Boat-People, um die Kinder, die durch Minen ihre Gliedmaßen verloren haben, um die Großmutter, die während des Balkankrieges ihre tote Enkelin durch den Schnee schleppte, um die Soldaten, die immer wieder in Kriege hineingepeitscht werden – *go on digging, go on digging, go on digging* –

»Geh hinein in den Schmerz, mach ihn bewußt und transformiere ihn in Tränen ...«
Bei einem »Sharing« schimpft ein intellektuell aussehender, immer leicht ironisch dreinblickender Südländer los: »Rubbish alles! Reine Theorie! Ich kann nicht lachen, ich kann nicht weinen, mein Rücken tut mir jeden Tag mehr weh, mir geht es jeden Tag schlechter!«
Leela: »Mach die Dynamische Meditation morgens!«
Er, wütend: »Das geht überhaupt nicht wegen meines Rückens!«
Leela unerbittlich: »*Go on digging, go on digging!*«
Am vorletzten Tag der Tränen-Woche sehe ich ihn, das Laken über den Kopf gezogen, auf der Matte liegen, sein Körper zuckt, die Hand greift nach der Kleenex-Schachtel, um die Tränen zu trocknen – und im nächsten Sharing verkündet er strahlend: »Meine Rückenschmerzen sind wie weggeblasen, *un miracolo!*«
Ein anderer, der ebenfalls weder lachen noch weinen konnte, steht, total in seine roten Schals eingemummelt, so daß niemand sein Gesicht erkennen kann, an die Wand gelehnt, und auch ihn schüttelt es ...
Dritte Woche: »Beobachter auf dem Hügel« – einfach dasitzen und den »inneren Film« anschauen. Osho sagt, daß es drei Schlüssel zur Meditation gibt: Entspannung, Achtsamkeit oder Beobachtersein – und eine Haltung, die nicht urteilt: Akzeptanz.
Gedanken, Gefühle, Körperbewegungen, Geräusche von draußen – alles nehme ich wahr und beobachte, ohne Identifikation, absolut distanziert – Loslassen ist das Thema. Ich sehe einen Fluß vor mir, alles mögliche schwimmt vorbei, eine Blume, ein Stück Holz, ein totes Tier – ich nehme wahr, beobachte – und lasse los. Nichts tun. Nur sitzen.
Wir dürfen in Oshos Samadhi, in dem seine Urne steht, sitzen! Die Stille ist unbeschreiblich. Die Inschrift auf seinem Stein: Osho – never born, never died – only visited this planet Earth ...

Muß ich wirklich wieder hinaus auf den Marktplatz mit seinem Lärm und Gewühl? In dieser Ruhe bleiben dürfen, in diesem Frieden, für immer und ewig ...
Ach ja, apropos Marktplatz: einen ganz kleinen trivialen Sieg habe ich errungen. Immer ein höflicher Mensch, ertrage ich Geplapper normalerweise zähneknirschend, aber ohne kundzutun, daß und wie es mich

stört. Ich habe es geschafft, meiner Nachbarin zu signalisieren: Ich will das jetzt von dir nicht hören, ich brauche Ruhe! Und – ich wurde akzeptiert! Kleines großes Glücksgefühl. Ich werde jeden Tag mutiger, kühner und verletzlicher. Und ich werde jeden Tag fröhlicher.

Der Name »Mystic Rose« geht auf eine Geschichte um Buddha zurück. Buddha soll eines Tages dagesessen habe, eine rote Rose in der Hand, schweigend, endlos. Seine Jünger werden schon nervös. Was ist los, warum sagt der Meister nichts? Einer sitzt wie gewöhnlich abseits unter einem Baum, er redet nie. Plötzlich aber fängt dieser an zu lachen. Alle sind entsetzt. Buddha aber überreicht dem Lachenden die Rose mit der Aufforderung: Geh hinaus in die Welt und verbreite meine Lehre!
Am Ende der Tränen-Woche überreichen unsere drei Meditationsleiter jedem von uns eine rote Rose. Ausgelassene Abschlußfeier mit Tee, Kuchen, einer kleinen Band. Singen und Tanzen im Osho Basho Café.
In einem seiner wundervollen Diskurse zog Osho eine Parallele zwischen seiner und Sokrates' Vergiftung, erwähnte das Orakel von Delphi. Dort seht geschrieben: Sei – erkenne dich selbst – halte Maß.
Man bekommt immer die Botschaft von Osho, die man gerade braucht. Maßhalten ist eine spezielle Aufgabe für mich. Und die Balance finden zwischen der Introvertiertheit des Ostens und der Extrovertiertheit des Westens, zwischen Spiritualität einerseits und Wissenschaft und Technologie andererseits.

5. Juli 1997: Das erste Heim für Greyhounds in Irland eröffnet

Wer meint, es ginge den Tieren in diesem Jahrhundert endlich besser, muß erfahren: Das Elend wird immer größer.
So spielt sich in Irland erst seit den zwanziger, dreißiger Jahren eine Tragödie ab, die der Greyhounds, nachdem die Windhundrennen zu Wettrennen mit enormem Profit ausuferten. Wer verliert, wird als »Loser« gnadenlos dem Tod preisgegeben, aufgehängt, erdrosselt, erschlagen, an Autos gebunden zu Tode geschleift, für Tierversuche verhökert. Der wunderschöne sensible Greyhound, in früheren Zeiten

hochgeachtet, ist zu einem bloßen Werkzeug degradiert worden, das man wegwirft, sobald es keinen Gewinn mehr bringt – und das ist irgendwann bei jedem Greyhound einmal der Fall.
25 000 Greyhounds werden jährlich in Irland »produziert«. Die Greyhound-Industrie macht einen Umsatz von Millionen. Irland ist der größte Greyhound-Exporteur, geliefert wird hauptsächlich in die USA, Großbritannien und Spanien.
In den Wäldern um das Medina del Campo herum sieht man die spanischen »Verlierer« in den Bäumen erhängt – diese Tradition ist auch in anderen spanischen Regionen üblich.
Die Gründerin von »Pro Animale«, Johanna Wothke, hat in acht europäischen Ländern 15 Tierschutzstationen für gequälte und mißbrauchte Tiere errichtet, dennoch brachte sie es fertig, sich nun auch noch der armen Greyhounds anzunehmen, schaffte es, in Irland das erste Heim für die Verlierer zu errichten. Am 5. Juli konnte »Avalon« der Öffentlichkeit vorgestellt werden. Treue Helfer aus der ganzen Welt waren angereist, sogar eine junge Tierärztin aus Moskau.
Avalon ist der Name eines mythologischen Ortes, in welchem ursprünglich König Artus und später alle verletzten Kreaturen Zuflucht und Heilung erfahren haben sollen – die Tore von Avalon versagen den Waffen der Verfolger den Dienst, heißt es. Wir alle hatten mit den Tränen zu kämpfen. In den großzügig angelegten Freigehegen tummelten sich die Geretteten – aber wie vielen wird ein solches Glück noch zuteil, wie viele müssen einem schrecklichen Ende entgegensehen.
Über 80 dieser geretteten Greyhounds hat »Pro Animale« seit 1995 nach Deutschland an tierliebende »Adoptiveltern« vermitteln können, die alle begeistert sind von der Zärtlichkeit, Folgsamkeit und Sauberkeit dieser Hunde. Wieder ein paar Tropfen auf den heißen Stein.

*Gebet des Beagle aus einer Zuchtanstalt**

Ich kam im Zwinger zur Welt
mit fünf Geschwistern.

---

* Aus dem Buch »Gebete der Versuchstiere«

Der Beton des Bodens war rauh.
Alles war feucht.
Aber wir wärmten uns aneinander,
und die Mutter leckte uns zärtlich das Fell.

Aber dann waren da andere Zwinger.
Auch feucht und kalt.
Und Männer mit Spritzen,
die sie uns in die Beine jagten.
Ungeschickt waren sie und rauh.
Machten ihre Witze.
Immer waren sie eilig.
Denn sie arbeiteten im Akkord.
Sechzehnmal benutzten sie eine Spritze.
Sie taten uns weh.
Sollten wir sie nicht beißen?

Ach Herr, wir sind sanfte Tiere.
Wir bitten eher um Gnade und hoffen,
unser Schwanzwedeln erwecke ihr Mitleid.
Sie aber tun nur ihren Job, verdienen ihr Geld.
Sie klemmen uns Holz zwischen die Zähne.
Sie gießen Parfüm, Wasch- und Putzmittel,
Drogen und Lacke in unseren Magen.
Sie arbeiten mit Kopfschützern.
Denn wir schreien vor Schmerzen.
Ihre Krebsmittel zerfressen unser Inneres,
und ihre Kosmetika zerstören unsere Organe.

Unsere Leiden dauern Monate, selten Jahre.
Wir sterben jung.
Und wenn sie uns dann auseinanderschneiden
und wissenschaftlich formulieren,
wie ihre Gifte und Medikamente gewirkt haben,
dann sind sie stolz
auf ihre Kurven und Statistiken.

Lieber Gott, Du hast uns geschaffen
für ein Leben in Feld und Wald,
für Menschen, die uns streicheln und gern haben,
und damit wir ihnen treue Gefährten sind.

Können wir nun für sie leiden und sterben,
damit sie selbst weniger leiden?
Es ist schwer, Herr, das zu bejahen,
selbst für uns, die sanften Beagles.

Ob es in Deinem Paradies eine Wiese gibt,
auf der wir laufen können,
Bäume und Sträucher, Bäche und Hecken?
All das würden wir so gerne kennen.
Nimm uns zu Dir, Herr.

21. November 1997: Mein 70. Geburtstag/Assisi

Keine große Feier, statt dessen Aufräumarbeiten nach dem großen Erdbeben. Auch das Haus unserer Tierheim-Helfer ist arg ramponiert, die *Molino* so gut wie verschont geblieben – kein einziges Tier verletzt. Ausgerechnet die Basilica San Francesco hingegen stark beschädigt. Ich kann nicht umhin zu denken: Das hat Francesco gemacht, der so oft verlachte kleine *poverello*. Er will, daß die ganze Verlogenheit der protzigen Kirche zusammenkracht, daß die Menschen endlich zur Besinnung kommen – sich auch ihrer Mitgeschöpfe, der Tiere, annehmen, die er immer als kleine Brüder und Schwestern angesprochen und geliebt hat.
Ein Fernsehteam, aus Deutschland angereist, filmt, wie wir Steine schleppen, das Dach notdürftig reparieren, auf Trümmern hockend, Brot und Käse essen und mit kaputten Gläsern anstoßen.
Auf ein Neues!
Einen rührenden »Nachruf« auf Doppendorf habe ich erhalten: » … Sie haben viele Dinge angestoßen, viele Initiativen auf den Weg gebracht und für viele Menschen beglückende Veranstaltungen

gemacht ... viel Erfolg, liebe Barbara Rütting, bei Ihrem segensreichen Engagement für eine ökologische Lebensweise ...«
Wie heißt es so schön: Der Dank holt einen nicht ein, aber er läuft einem nach (oder so ähnlich).
Und ein Freund schickt mir einen Bericht aus der FAZ, geradezu eine Hymne.
Wie vieles sich doch im Rückblick verklärt. Als ich im Salzburger Festspielhaus vor Jahrzehnten die Mutter Courage spielte, lauteten die Kritiken in etwa »Na ja«. Vor kurzem las ich die Rezension über eine heutige Protagonistin der »Courage« – da hieß es: Also die von Barbara Rütting, die sei es gewesen ...

Mein Ego schnurrt

Mit umgedeuteten Klassikern reizte Fritz Kortner das deutsche Theaterpublikum der fünfziger und frühen sechziger Jahre bis aufs Blut. Dem Regisseur der Münchner Kammerspiele erlaubte Bayern, Schillers »Räuber« und Shakespeares »Schurken« in nazibraunen Mänteln agieren zu lassen. Nicht aber, übers Fernsehen »Die Sendung der Lysistrata« im Freistaat zu verbreiten. Das war 1961, und Millionen andere sahen zu. Einige wegen Kortner oder Aristophanes, viele wegen Romy Schneider, die als Myrrhine wieder vergebens versuchte, dem hiesigen Marzipan-Stigma ihrer Sissi zu entkommen. Kortners Genie habe sie befangen gemacht, sagte sie später. Die Fernsehzuschauer erlebten sie gefangen von Barbara Rütting. Romy Schneider spielte wie gelähmt vom Können der Kollegin. Auch Fritz Kortner scheint Barbara Rüttings Ausstrahlung erlegen zu sein: Selten agierte eine Schauspielerin bei ihm so beiläufig selbstbewußt.
Ganz heute, so gab Barbara Rütting die Lysistrata, etwas Sartre, etwas Kortner, viel Bundesrepublik, keine Antike. Die personifizierte Gegenwart war ihr Teil. In ihren frühen Rollen, die auch ihre besten waren, spielte sie jungen deutschen Film, ehe es ihn gab. Eine aparte Erscheinung, dunkel, von einer irritierenden Mischung aus Nüchternheit und Sinnlichkeit umgeben. Sie brachte eine Ahnung Montmartre und Existentialismus ins Einerlei deutscher Filmschauspielerinnen. Schon die

zweite Rolle im Trümmerfilm »Die Spur führt nach Berlin« trug ihr 1952 den Bundesfilmpreis ein. 1954 folgte Lob für die Partisanin in Helmut Käutners »Letzter Brücke«. Trotz schnellem Ruhm riskierte sie 1955 in Krefeld ihr Theaterdebüt. Es gelang.
Die Bühne bot ihr mit Strindbergs »Fräulein Julie«, Sartres »Ehrbarer Dirne«, Schillers Eboli und Büchners Marie die funkelnden Rollen, die »Papas Kino« fehlten und die das junge dann anderen gab. Doch 1961, als Amerika und die Schweiz einem ambitionierten deutschen Film unter die Arme griffen, schien noch einmal eine Wende ins Anspruchsvolle auf: In »Stadt ohne Mitleid«, einem ungewohnt realistischen Justizdrama über Vergewaltigung, das heute wohl als »Frauenfilm« apostrophiert würde, spielte Barbara Rütting unter der Regie von Gottfried Reinhardt mit Kirk Douglas und Christine Kaufmann. Sie profilierte sich als Charakterdarstellerin und wurde (allerdings folgenlos) nach Hollywood gerufen. Barbara Rütting erntete Hochachtung und wurde weiterhin in Edgar-Wallace-Filmen besetzt.
Ihr Ehrgeiz richtete sich dann auf andere Gebiete. Sie engagierte sich in der Friedensbewegung, praktizierte und propagierte ökologische Lebensweisen, schrieb Romane und preisgekrönte Kinderbücher. In Talkshows ist sie hin und wieder zu sehen, sehr entschieden, mit derselben Energie monierend, was sie als Lysistrata anklagte: »Wie verkehrt ihr die Dinge behandelt.« An diesem Freitag wird Barbara Rütting siebzig Jahre alt.
Regisseure sind gefragt, die ihr Können wiederentdecken.

Dieter Bartetzko in der FAZ

Januar 1998: Kunterbuntes aus der Osho-Kommune

Also mir gefällt der neue Hauch von Nüchternheit in der Osho-Kommune in Pune. Vorher der Schock: Oshos Sessel wird nicht mehr hereingetragen, hatte ich gehört, seine Fotos seien abgenommen worden, du meine Güte, ist die ganze Kommune am Auseinanderfallen?
Mitnichten. Die Sannyas-Celebration am 19. Januar, Wiederkehr des Tages, an dem Osho seinen Körper verließ, hatte grandiose Ausmaße. 10 000 »Buddhas« mindestens feierten in der Buddhahalle. Nicht mehr

wie früher in Weiß, sondern in rote Roben gekleidet. Oshos Sessel fehlt mir nicht. Er ist sowieso überall. Wie er vorausgesagt hat. Ich bin auch nicht mehr traurig, daß ich ihn in seinem Körper verpaßt habe. Alles ist gut so, wie es ist.

Weniger Wichtig- und Heiligtuerei insgesamt, scheint mir. Weniger Leute als früher laufen mit diesem Gesichtsausdruck herum, als seien sie kurz vor der Erleuchtung, weniger Schmuddellook auch – eine deutsche Journalistin vom Hessischen Rundfunk findet die Atmosphäre sogar »gediegen«.

Die Schwanenfrau in dem Teich an der Buddhahalle betrachtet sich nach wie vor in dem für sie aufgestellten Spiegel, der sie, wie ich gehört habe, über den Verlust ihres Partners trösten soll. Jeden Morgen zur gleichen Zeit stößt sie ihre Trompetentöne aus – immer wenn die Huhuhu-Phase der Dynamischen Meditation zu Ende geht und wir »einfrieren«, das heißt für zehn Minuten zur Salzsäule erstarren wie die arme Frau Lot. Denn dann beginnt es hell zu werden, die Vögel stimmen ihr Konzert an. Das zwitschert und zirpt und zetert, trällert, tschilpt und tiriliert und unkt und quakt, turtelt, balzt und jodelt und gackert, flötet, gurrt, scheppert, kräht und krächzt rundum aus allen Kehlen, was die Stimmbänder hergeben, um den neuen Tag zu begrüßen. Freude pur. Eine Krähe krächzt doch tatsächlich, ich schwöre es: Wachet auf, wachet auf! Eine einzige Krähe. Und der künstliche Hahn setzt noch eins drauf mit seinem gellenden Kikeriki. Einer der seligsten Augenblicke meines Tages.

Türkis färbt sich jetzt der Himmel über dem haushohen Baldachin der sich von beiden Seiten ineinanderneigenden Bambuskronen. Sie stehen so dicht wie Spargel im Bund.

Es ist gerade mal sieben Uhr morgens nach der Dynamischen Meditation, und schon wird fleißig gearbeitet, gefegt, geschrubbt und geputzt, werden die üppigen grünen Pflanzen gewässert, die Tische im Plaza Café mit frischen blauen Tüchern gedeckt, die Wagen mit dem Frühstück für Hunderte von hungrigen Meditierern herbeigekarrt, und die ersten sieht man bereits am Computer sitzen. Eine weiße Ashram-Katze wartet in tiefer Meditation auf ihr Frühstücks-M(a)üsli – hoffentlich nicht das kleine graue Kerlchen, das sich gerade vergnügt fiepend an meinem Rucksack zu schaffen macht. Um die Mieze abzulenken,

spendiere ich ihr ein Schälchen Rührei. Immer wieder überwältigend die Vielfalt der Nationen. In meiner Gruppe ein durchaus bürgerlich aussehendes israelisches Ehepaar, eine Taiwanerin, eine Amerikanerin, ein Spanier, eine Französin, eine Bulgarin.
Einer fragt, was Sannyasin-Sein bedeutet. Vermutlich für jeden etwas anderes. Für mich: Das ganze Leben zur Meditation zu machen, den Buddha ebenso zu leben wie den Zorbă. Sämtliche Masken abzulegen, um die zu werden, die ich bin, mich von allen Konditionierungen von Eltern, Schule, Gesellschaft und Religion zu befreien und die totale Verantwortung für mein Leben zu übernehmen. Alle hier durchlaufen einen mehr oder weniger schmerzhaften Prozeß und sind deshalb durchaus nicht immer guter Laune. Beim Schlangestehen zu den Mahlzeiten hört man gelegentlich ein deutliches »Arschloch«, wenn sich einer vordrängelt. Am verbiestertsten sind »die Deutschen«. »Die Italiener« und »die Spanier« sind auch rücksichtslos, dabei aber wenigstens lustig.
Freundlichkeit, Mitgefühl, Fröhlichkeit und Dankbarkeit, das sind die Qualitäten, an denen wir laut Osho täglich arbeiten sollen. Es gibt also noch viel zu tun bis zur Erleuchtung.
Mein spezielles Lernziel wiederum scheint zu sein, daß ich flexibler werden soll. In roter Robe und ebensolchen Leggings, Umhängetäschchen, Wasserflasche, rotem über die Schultern geworfenem Schal, den roten Samtrucksack auf dem Rücken komme ich mir vor wie in meiner Rolle als Mutter Courage, allerdings einer Courage mit einem gehörigen Hauch von Luxus …
Osho ist ganz sicher der Sokrates unserer Zeit. Das Brimborium um seine Person hat er wohl kaum gewollt. Ich könnte mir vorstellen, daß es ihm am liebsten wäre, wenn wir ihn vergessen und einfach nur seine Vision des neuen Menschen leben würden, endlich. Immer wieder hämmert er uns ein, daß wir allein sind. Wie zur Bestätigung ziehe ich die Tarotkarte Alleinsein.
Die Schwänin lebt es uns vor. Morgens und abends betrachtet sie sich im Spiegel neben ihrem Schlafplatz, als wolle sie fragen: Wer bin ich?

Januar 1998

Die Zeitschrift »Ab 40« fragte mich nach meiner Beziehung zu Macht und Geld.
Zur Macht: Macht hat mich nie interessiert. Kein Konkurrieren, keine Wettkämpfe. Schon Sackhüpfen und Eierlaufen ödeten mich an. Bin ein Team-Mensch.
Zu Geld: Hatte ich entweder gar nicht oder es floß mir reichlich zu – vermutlich, weil ich nicht darauf aus war. Ebenso reichlich floß und fließt es wieder weg. Geld ist Energie. Und Energie muß fließen.

13. Januar 1998: Leserbrief an die »Salzburger Nachrichten«

Zu Ihrem Bericht, der Pelzmantel sei wieder im Kommen.
Was ist Natur am Tierpelzmantel? Die qualvolle Käfighaltung? Die einseitige Fütterung mit Eiweiß der Fellqualität wegen? (meist aus der dritten Welt importiertes Fischmehl und Soja: drei Tonnen Futter für einen Nerzmantel!)
Das Versickern der Exkremente ins Grundwasser? Die Tötung der Tiere durch Abgase oder Strom? Die Gerbung der Leichenteile (schwere Umweltbelastung)?
Die chemische Aufbereitung der Fellseite gegen Verwesungsgestank? Jeder Tierpelzmantel stinkt, so wie sicher auch das Geld stinkt, das ein gewisses Model dafür erhalten hat, daß diese Dame, nachdem sie für ein Plakat »Lieber nackt als mit Pelz« posiert hatte, sich dann, besonders üppig mit Leichenhäuten behängt, auf dem Laufsteg präsentierte.
Die Behauptung, der Tierpelz sei wieder im Kommen, scheint mir eher eine verzweifelte Stimmungsmache der Kürschner, denen buchstäblich die Felle wegschwimmen. Warum sonst wird ein Pelzgeschäft nach dem anderen geschlossen? Dabei brauchten sich die Kürschner nur auf Webpelze umzustellen, nicht einmal Arbeitsplätze würden so verlorengehen. Und die Behauptung, die kalten Winter seien der Grund, daß die Frauen wieder zum Tierpelz greifen, ist absurd. Es gibt genü-

gend andere wärmende Hüllen, und diejenigen, die wirklich frieren, können sich eh keinen Pelzmantel leisten.
Während der Tierpelzmantel, da hochgiftig, als Sondermüll entsorgt werden muß, ist der Webpelzmantel im ökologischsten Fall aus Seide, Wolle, Baumwolle, Viskose (wird aus Baumrinde und Holzabfällen gewonnen) oder aus Kunstfaser wie auch Damenstrümpfe, Ober- und Unterbekleidung, Autositze, Kinderspielzeug …
Auf jeden Fall: beim Textilmantel wird 66mal weniger Energie verbraucht als beim Tierpelzmantel (Zeitschrift NATUR).
Als die Frauen vor Jahren das Tragen von Seehundfellen boykottierten, sprach mich auf einem Flugplatz ein Pelzhändler an. Er sei auf seinen Seehundfellen sitzengeblieben und hätte eine Stinkwut auf mich und alle Tierschützer gehabt, zunächst auch einen Verlust erlitten – sich dann aber auf Webpelze umgestellt und verdiene nun genauso gut!
Übrigens, man schaue sich nur um: Pelzmäntel machen dick, plump und alt. Keine Frau kann darin so schön und elegant aussehen wie die Tiere, die dafür ihr Leben lassen mußten. Also, Schwestern, bleiben wir dabei: Eine Frau mit Herz trägt keinen Nerz!

Februar 1998: Das Weite suchend

»Ab 12.30 Uhr ist dieser Tisch reserviert!« stand handgeschrieben auf einem Stück Pappe.
Es war genau 12 Uhr. Ich hatte bereits gegessen und wollte zahlen, als sich ein Mann auf den mir gegenüberliegenden Platz des Zweiertisches im Speisewagen des ITC setzte, den einzigen freien Platz im ganzen Wagen.
»Ab 12.30 Uhr ist dieser Tisch reserviert, hier ist die Speisekarte!« sagte ich diensteifrig, als sei ich die Serviererin, und wurde prompt schamrot.
»Ich weiß schon, was ich nehme!« antwortete er mit leicht englischem Akzent.
Er mochte Mitte Vierzig sein, intellektueller Typ, der Typ, auf den ich fliege. Vor Verlegenheit hörte ich nicht, was er bestellte: Einen Tee? Ein Schinkenbrot?

Aus seinem blauen Cashmere-Pullover lugte ein rosa Hemdkragen. In seinem schmalen Gesicht blitzten unter der Hornbrille irritierend hellblaue Augen, amüsiert, spöttisch, streng, forschend – ich versank in diesen Augen für eine Ewigkeit. Eine ganz verrückte Neugierde auf diesen Menschen war das, fast so etwas wie ein Erinnern … eine Wiederbegegnung …

Karma, durchfuhr es mich, während ich immer noch in diesen spöttischen hellblauen Augen verhakt war. Er starrte, ich starrte, und das wäre wohl endlos so weitergegangen, bis einer von uns in Gelächter oder in Tränen ausgebrochen oder wir einander um den Hals gefallen wären – schließlich wandte er den Blick ab.

Wir sahen einander dann überhaupt nicht mehr an. Entweder starrte er aus dem Fenster und ich ins Abteil hinein, oder unsere Blicke kreuzten sich in Windeseile, dann starrte ich aus dem Fenster und er ins Abteil.

Mein Herz klopfte wie rasend. Mein Kopf glühte. Ich konnte nicht mehr durchatmen, rief alle guten Geister des autogenen Trainings und mein Mantra zu Hilfe, drückte unter dem Tisch alle möglichen Akupunkturpunkte. Wurzelchakra total blockiert, dachte ich wütend. Und ich hatte geglaubt, mich und meine Chakren einigermaßen unter Kontrolle zu haben!

Atem zum Steißbein schicken …

»Bitte zahlen«, sagte ich zu der vorbeieilenden Serviererin. Meine Stimme klang tatsächlich ziemlich gelassen.

Aber nun fiel mir meine Handtasche auf den Boden, eine dieser schwarzen italienischen Stofftaschen mit vielen Fächern, die ich, weil ich meine, dafür keine Zeit zu haben, nie schließe, immer sind die Reißverschlüsse offen, eine Tasche, wie sie Reporter und Journalistinnen gern tragen, eine Tasche, die man sich einfach über die Schulter wirft, in der ich gelegentlich sogar ein Paar Schuhe verstauen kann, wenn ich mit flachen Schuhen irgendwo hinhetze, um dann bei der Veranstaltung mit den hochhackigen etwas langbeiniger zu wirken.

Also diese Tasche fiel nun auf den Boden. Glücklicherweise entleerte sich aber nicht der gesamte Inhalt, auf diese Weise kam sogar das Portemonnaie zum Vorschein, das ich andernfalls wahrscheinlich lange

hätte suchen müssen, unter seinen strengen spöttischen Augen in den vielen überladenen Fächern der Tasche, nicht auszudenken.
Immer noch mit dem Versuch beschäftigt, durchzuatmen und mich mit dem Mantra zu beruhigen, kramte ich nun das Geld aus dem Portemonnaie und bezahlte, von neuem verstört – diesmal durch den Anblick des Mittelfingers meiner rechten Hand, den ich mir vor Monaten fürchterlich in der Pferdebox eingeklemmt hatte. Der tiefblaue Nagel war zwar fast herausgewachsen, aber der Nagel sah nun aus wie angeknabbert und zeigte tiefe Querrillen, den Rest Blau und diese Querrillen hatte ich versucht mit silbernem Nagellack zu übertünchen, ein total untauglicher Versuch, wie jedes Frauenmagazin bestätigen würde. Und meine viel zu groben abgearbeiteten Hände sind sowieso seit jeher mein Hauptproblem.
Durchatmen zum Steißbein, om namah shivaya … offenbar hatte er die ganze Zahlzeremonie, meine Hände, den garstigen ramponierten und dennoch silbern lackierten Nagel gar nicht zur Kenntnis genommen. Aus den Augenwinkeln beobachtete ich, daß er auf eine sehr ungewöhnliche Art gähnte, den Kopf weit nach hinten geworfen, den Mund unverschämt weit geöffnet. So kann nur jemand gähnen, der total unbekümmert ist. Vielleicht ein Italiener oder ein Slawe – bei Vertretern dieser Spezies packt mich geradezu der Neid, weil sie sich offensichtlich überhaupt keine Gedanken machen über die Wirkung ihrer Körpersprache, in Fahrstühlen zum Beispiel, wo andere, wie die Deutschen etwa, auch ich, vor Verlegenheit nicht wissen, wo hinsehen – angestrengt die Speisekarte fixieren, die vorbeiflitzenden Zahlen, die die Stockwerke anzeigen, ja förmlich den Atem anhalten, um ja nicht den Geruch der Mitmenschen in die Nase zu kriegen.
Bestimmt ein ganz rücksichtsloser Typ, dachte ich, nun fast erleichtert, und erlag der Versuchung, einen kurzen Blick auf seine Hände zu werfen. Sie waren lang und schmal, wie zu erwarten. Kopfarbeiter, sicher ein Wissenschaftler, vielleicht macht der Kerl sogar Tierversuche, alles möglich bei dieser Art bodenlosen Gähnens, das sich sogar noch zweimal wiederholte.
In Gedanken probte ich einen einigermaßen eleganten Abgang. Gezahlt hatte ich. Nun saß ich da, meine monströse Tasche umklammert wie eine Bäuerin, die zum ersten Mal in die Stadt gekommen ist. Om namah

shivaya, Griff um die Tasche gelockert ... Das Kostüm, das mir eine Verkäuferin eingeredet hatte, trug ich an diesem Tag zum ersten Mal. Ich kann Kariertes nicht ausstehen, ich kann taillierte Jacken nicht ausstehen, ich kann Bermudas nicht ausstehen. Alle diese Merkmale zeichneten dieses Kostüm aus, das noch dazu verrückt teuer gewesen war, aber ohne Brille konnte ich in der Kabine das Preisschild nicht lesen, beim Zahlen dann wäre ich zwar fast in Ohnmacht gefallen, war aber zu feige, der Verkäuferin zu sagen: Das nehme ich nicht, das ist mir zu teuer, und das gefällt mir sowieso nicht, denn erstens mag ich nichts Kariertes, zweitens keine taillierten Jäckchen, sondern lange Blazer, drittens keine Bermudas. Keiner Frau stehen Bermudas, nicht einmal jungen Mädchen, sie machen einen Elefantenpopo, werden aber aus unerfindlichen Gründen von den Frauen geliebt.

Einen einigermaßen akzeptablen Abgang zustande bringen – um in mein Abteil zu gelangen, müßte ich ihm beim Gehen den Rücken zudrehen. Auch das noch. Meine Haare waren überdies im Nacken zu lang und rollten sich zu einer Art Entensterz auf. Warum habe ich es wieder nicht geschafft, zum Friseur zu gehen!

Als sich zum dritten? vierten? Mal dieser Mund mir gegenüber zu diesem absolut unanständigen Gähnen öffnete, ohne daß dieser Mensch auch nur den geringsten Ansatz machte, dieses Gähnen zu registrieren geschweige denn diese Höhle wenigstens mit der Hand abzudecken – da endlich bekam ich die Kurve. Packte fest meine kolossale Handtasche, quetschte mich samt ihr unter dem Tischchen hervor, gönnte meinem Gegenüber nur einen kurzen Streifblick, sah noch einmal in die hellblauen spöttischen Augen hinter der Hornbrille, brachte ein verhältnismäßig lässiges auf Wiedersehen hervor, das er murmelnd beantwortete, machte auf dem Absatz kehrt und stürmte aus dem Speisewagen.

Und ging sofort auf die Toilette, um meinen Abgang im Spiegel nachzuvollziehen. Man kann mit diesen Spiegeln in etwa auch seine Rückseite erforschen. Es war nicht so schlimm, wie ich befürchtet hatte. Die Bermuda unter dem taillierten grünblau karierten Jäckchen ebenso wie dieses zwar zerknittert, da aus edlem Leinen, machte keinen Elefantenpopo, die Beine in den dunkelblauen Strumpfhosen und flachen blauen Wildlederschuhen sahen eigentlich ganz rassig aus, die junge

Kellnerin, die in Bonn Agrarwissenschaft studiert und die Serviererei nur als Job zum Geldverdienen ausübt, hatte sogar die Meinung geäußert, daß ich eine tolle Figur hätte.
Aber meine Augen! Ich erschrak zutiefst. Untertassengroß, von einem geradezu irrwitzigen Grün, wie ein abgrundtiefer Gebirgssee.

Mai 1998: Leserbrief an den »Spiegel«

Was ist das für ein ungenießbarer Eintopf? Bhagwan-Osho in eine Pfanne gehauen mit Jehovas Zeugen, den Sonnentemplern, gar Shoko Asahara! Kann es sein, daß der SPIEGEL es nicht verwinden kann, daß die Sannyasin seit über zwei Jahrzehnten ihre lebensbejahende Haltung beibehalten und so nicht in die Schublade der merkwürdigen Allianzen zwischen dem doch ansonsten kirchenkritischen SPIEGEL und den sogenannten kirchlichen Sektenexperten passen? Ich jedenfalls verdanke es Osho, daß ich heute unabhängiger, mutiger, unbestechlicher und lebenstüchtiger bin, als ich mir je hätte träumen lassen. Wie wäre es mit Apostel Paulus: »Prüft alles und das Gute behaltet.«

z. Zt. Poona, Indien
Ma Anand Taruna
(Barbara Rütting)

12. Juni 1998: Statement zur Diskussion »Schweinebraten oder Dinkellaibchen?« – Goldegger Dialoge

Das Orakel von Delphi trägt, wie es heißt, die Inschrift »SEI – ERKENNE DICH SELBST – HALTE MASS«.
Das Gefühl für Maßhalten scheint der Menschheit zunehmend abhanden zu kommen. Um es mit dem im Programmheft zitierten Sören Kierkegaard zu sagen: Die meisten jagen so sehr dem Genusse nach, daß sie an ihm vorbeilaufen.
Aktuelles Beispiel die Potenzpille Viagra. In Amerika sollen bereits Männer an der Pille gestorben sein, im Tierversuch haben sie Blindheit verursacht. Aber der Run auf den Lustbringer ist ungebrochen.

Eine Karikatur im »Salzburger Fenster« zeigte einen älteren beleibten Herrn in Unterhose mit enormer Erektion, wie er blind – aber nicht vor Lust, sondern durch Viagra – die Schneiderbüste seiner Frau umarmt, während diese, im Bett liegend, kreischt: Hier bin ich, Herbert!

Wie man hört, nimmt die Spermienqualität der Männer immer mehr ab, es besteht also durchaus die Aussicht, daß sich die Menschheit in ihrer Gier nach immer mehr Lustbefriedigung selbst erledigt.

»Genuß zwischen Wahn und Sinn« – Titel der diesjährigen Goldegger Dialoge. Ich persönlich sehe in dieser extremen Sucht nach Genuß nur noch Wahn und kaum noch Sinn. Und wenn Kultur aus jahrtausendealter Sublimierung der Sinnesfreuden erwächst, dann sind wir wohl von Kultur so weit entfernt wie kaum jemals zuvor.

Sie kennen sicher den Witz von den beiden Planeten, die einander begegnen. Sagt der erste: Siehst du aber schlecht aus!

Antwortet der: Mir geht es auch schlecht, ich habe homo sapiens!

Gibt der erste zurück: Ach, das hatte ich auch mal, das geht schnell vorüber!

Sommer 1998: »Wer soll was zu welcher Tageszeit essen – und warum?«

Die Verunsicherung vieler Menschen, die sich über gesunde Ernährung Gedanken machen, wächst täglich. Auf kaum einem Gebiet gibt es so viele unterschiedliche Meinungen darüber, was denn nun gesund ist – sogar unter den sogenannten Experten. Frühstücken wie ein König ist auch nicht mehr »in«, liest man. Der Körper sei vormittags mit dem Ausscheiden beschäftigt und will deshalb bis mittags nur frisches Obst; der Frischkornbrei liege sowieso wie ein Fußball im Magen, die Arbeit, diesen Brei zu verdauen, sei so anstrengend, daß der Esser sich nach dem Frühstück gleich wieder ins Bett legen müsse, energiemäßig total auf der Strecke geblieben. Brot und gekochtes Getreide nie zusammen essen, sagt der nächste, und nie vor 14 Uhr; nach 14 Uhr überhaupt nichts Rohes mehr, warnt ein weiterer, denn da würde es dann vor sich hingären, weil der Körper Rohes und speziell Grünzeug nach 14 Uhr nicht mehr verdaut. Nach 18 Uhr kein Eiweiß, fordert wieder ein Ernährungsapostel, weil das im Körper über Nacht fault – Getreide dagegen erlaubt er. Gleich der Folgende verteufelt wieder dieses, nur Buchweizen sei bekömmlich, weil der nämlich gar nicht zur Getreidefamilie zählt, sondern ein Knöterichgewächs ist, wie wir ja alle wissen. Und dann wird natürlich die »tödliche Käsestulle« apostrophiert …

Was ist zu tun in diesem Meinungswirrwarr? Bei der Idee, morgens nur Apfelessig mit Honig zu sich zu nehmen und daneben sieben Pfefferkörner zu kauen, wird auch nicht jeder in Ekstase geraten. Tatsächlich fühlt man sich nach diesem Yoga-Frühstück unglaublich fit und hungerlos bis gegen Mittag. Ich habe es in Indien selbst ausprobiert. Aber Spaß macht es wirklich nicht.

Ich habe mir angewöhnt, in mich hineinzuhorchen. Worauf hat mein Körper Lust? Steht ihm heute nicht der Sinn nach einem kalten Frischkornbrei mit Obst, weil es draußen ungemütlich regnerisch ist, dann verwöhne ich ihn mit einem warmen Dinkelbrei oder frisch gebackenen Weizenfladen.

Lassen wir uns nicht verrückt machen. Daß alle Nahrungsmittel so naturbelassen wie möglich sein sollten – darin sind sich glücklicherweise alle Ernährungstheorien einig. Also alles, was vom Strauch oder Baum oder aus der Ähre heraus auf die Erde fällt und in ihr wieder neues Leben gibt, die Obstkerne und -steine, die Samen, Nüsse, Mandeln, Getreidekörner und so weiter, all das ist von höchster Lebendigkeit und hilft auch, mich lebendig zu erhalten. Je mehr ich dagegen daran herummanipuliere, verändere, erhitze, haltbar mache, desto weniger ist das Lebensmittel noch ein Lebensmittel und verkommt schließlich zum bloßen Nahrungsmittel. Also bin ich nach wie vor von der inzwischen ja salonfähig gewordenen Vollwertkost überzeugt. Diese sollten wir möglichst saisonbezogen einkaufen und zubereiten, die Erdbeeren dann genießen, wenn sie bei uns wachsen, und nicht zu Weihnachten, von irgendwo importiert, dann haben sie nämlich mit der Erdbeere kaum mehr als die Farbe gemeinsam.

Ganz wichtig: Essen soll Spaß machen, wunderbar schmecken, hinreißend aussehen UND gesund sein!

Ja, was grille ich denn da?

Aus meinem Buch »Lieblingsmenus aus meiner Vollwertküche«

Der Ehrengast heißt Seraphin und ist – ein Schaf.
Das Geburtstagskind, das zum Sommer-Sonnen-Geburtstagsfest geladen hat, heißt Bernhard Fricke, ist Rechtsanwalt, Stadtrat in München, nebenbei auch noch Gründer des berühmt-aufmüpfigen Vereins »David gegen Goliath«.
Ausgerechnet einige Tage vor Ostern wurde dem damals noch Nicht-Vegetarier Bernhard ein Lämmchen »geschickt«. Frickes Freundin hatte den Winzling jämmerlich blökend im verschneiten Englischen Garten gefunden.
Seraphin wurde per Flasche aufgepäppelt, und man konnte im Hause Fricke nicht umhin, sich Gedanken über die Sitte des Osterlamm-Essens zu machen. Seraphin begleitete, mit Pampers ausgestattet, den Anwalt in die Kanzlei und wurde allmählich zum anhänglichen Haus-Schaf.
Inzwischen erwachsen, lebt Seraphin nun auf einem Bio-Bauernhof, wo er wahrscheinlich ein methusalemisches Alter erreichen wird. Zum Wochenende holt Fricke ihn ab, und die beiden verbringen vergnügliche Tage, gehen spazieren oder baden, besuchen Freunde oder Partys.
Auf der Einladung zum Geburtstag stand geschrieben:
»Wer gern Tierfleisch zum Grillen möchte, soll dieses bitte selbst mitbringen! LAMMFLEISCH ABSOLUT UNERWÜNSCHT!« Klar. Unvorstellbar, daß eine Schwester oder ein Bruder von Seraphin am Spieß brutzelt! Es dürfte wohl den meisten Noch-nicht-Vegetariern ähnlich ergehen: Ein Tier, das ich kenne und liebe, kann ich schwerlich schlachten und als Braten verzehren.
Viele LeserInnen werden sich fragen: Eine Grillparty ohne Fleisch, ja was grille ich denn da?
Es gibt köstliche Grill-Alternativen mit Gemüse, Obst, Getreide, und die haben durchaus nicht den Beigeschmack von Ersatz für etwas eigentlich Besseres: Gefüllte Zucchiniblüten – Auberginenrollen mit Spinat – Möhrenmedaillons – Grünkernbratlinge auf Sellerieschnitzel – Artischockenböden mit Pilzfüllung – der Kreativität sind keine Grenzen gesetzt. Und kein Tier muß dafür leiden.

28. Juni 1998 Workshop in Kaliningrad

mit Professor Schneider vom Baubiologischen Institut Neubeuern

Mein Vortrag wieder einmal »Hilfe zur Selbsthilfe«. Ich berichte über meine Erfahrungen in Bulgarien. Großes Interesse. Die Probleme sind in allen östlichen Ländern ähnlich.
Eine Tortur die Autofahrten über die maroden Straßen, jeder Knochen tut weh. Ich habe eine Meniskus- und Kreuzbandoperation hinter mir, kann nur humpeln – mein schwerer Mirto-Hund hatte mir beim Spielen das Knie verdreht. Halte alles nur mit Schmerzmitteln aus. Ich, die ich nie Medikamente nehme! Fußballer spielen angeblich bereits vier Wochen nach ähnlichen Operationen – ich humple schon seit über einem Jahr!
Das Seminar ist von der Salem Bio-Akademie initiiert worden. Meine anfänglichen Bedenken gegen Salem haben sich leider als berechtigt erwiesen. Sicher tut die Akademie viel Gutes – aber sie vertritt nach wie vor rechtsextreme Tendenzen.
Warum gerät man immer wieder unter falsche Flaggen! Mir fällt Johannas Ausspruch ein: Wer Gutes tut, lebt gefährlich …

Juli 1998: Fax an Herrn Gerhard Lipfert, Salem Bio-Akademie e.V. – Betr. die Seminar-Tagung in Kaliningrad, Rußland

Sehr geehrter Herr Lipfert,
leider sind meine Bedenken, die Seminar-Tagung in Kaliningrad betreffend, nicht zerstreut worden, im Gegenteil.
Neben allen großartigen Werken, die Salem weltweit vollbracht hat, vollbringt und sicher auch in Kaliningrad vollbringen wird, sind mir natürlich auch immer wieder gewisse, milde gesagt völkische Tendenzen aufgefallen. Ich sagte Ihnen, daß ich auf keinen Fall irgend etwas mit irgendwelchen deutschnationalen oder gar neo-nazistischen Unternehmungen zu tun haben will, gesunde Ernährung hin oder her. Sie versicherten mir, eine solche Befürchtung sei völlig unbegründet, das Seminar fände an der Universität von Kaliningrad statt unter der

Schirmherrschaft der »Prawda«, zum Wohl der russischen Bevölkerung. Ich sagte meine Teilnahme zu unter der Bedingung, daß ich nicht als Vertreterin von Salem auftrete, sondern einzig und allein als Gesundheitsberaterin und Fachfrau in Sachen Ernährung.
Das Seminar verlief auch hervorragend, durchaus völkerverbindend und hätte fachlich wie politisch jeder internationalen Kritik standgehalten.
Entsetzt hat mich aber, was zwischendurch immer wieder von Salem-Mitarbeitern zu vernehmen war, Sätze wie »man wolle eine saubere Jugend heranziehen« – mir fatal vertraut aus meiner Kindheit in der Nazi-Zeit – oder »Deutschland zahle an mehr Juden Wiedergutmachungsgelder, als es Juden überhaupt gegeben habe« oder »Deutschland habe den Zweiten Weltkrieg nicht begonnen, sondern dieser sei vom ›Kapital‹ (?!) angezettelt worden, Deutschland habe sich nur verteidigen müssen, ich hätte ein völlig falsches Geschichtsbild« etc. etc.
Meine wiederholte Frage, wenn dem so sei und Deutschland sich nur verteidigt hätte, was dann deutsche Soldaten in Stalingrad zu suchen gehabt hätten, löste zwar heftige Gemütsbewegungen aus, wurde aber nicht beantwortet.
Der Gipfel war dann der Mann, der mit einem T-Shirt erschien, auf dem Ostpreußen abgebildet war mit dem Text »Verzicht ist Verrat«.
Ich will auf keinen Fall irgend etwas mit irgendwelchen Germanisierungsbestrebungen zu tun haben. In Kaliningrad habe ich wunderbare russische Menschen kennengelernt, möchte denen auch weiterhin beistehen, aber nicht unter dieser Flagge.
Auch ist mir die Mischung aus Deutschtümelei und Christentum unerträglich. Ich wünsche mir eine Welt ohne nationale Grenzen und ohne Religionen, eine humane Welt.
Ich muß Sie ersuchen, meinen Namen, auch gegenüber den Medien, nicht in Zusammenhang mit Salem zu bringen, ebensowenig eventuelle Fotos.
Für alles Gute, was Salem vorhat, wünsche ich Ihnen viel Glück.

Mit freundlichen Grüßen
Barbara Rütting

November 1998: WHO-Konferenz in Magdeburg

Ende November fand in Magdeburg die Internationale Konferenz »Neue Partner für Gesundheit – Gesundheit auf dem Weg ins 21. Jahrhundert« statt, eine Folgekonferenz der Jakarta-Konferenz, die eine Folgekonferenz der von Ottawa war ...
Dort hatte man gefordert, was eigentlich eine Selbstverständlichkeit sein sollte: Gesundheit für alle, genügend Nahrung, Wasser, soziale Sicherheit, ein Dach über dem Kopf etc. Ich war eingeladen, um über mein Hilfsprojekt »Hilfe zur Selbsthilfe für Bansko/Bulgarien« zu berichten.
120 Vertreter aus dem Gesundheitswesen hauptsächlich der östlichen Länder nahmen teil. Mein Angebot, die wichtigsten Informationen über die vegetarische Vollwertkost zur Verfügung zu stellen, unentgeltlich wie im Fall Bulgarien, fand überhaupt keinen Widerhall.
Aus dem bulgarischen Bansko selbst höre ich Erfreuliches:
Auf einem ehemaligen Schrottplatz wurde mit Phare-Geldern ein Gesundheitshotel gebaut, die Einwohner lernen Fremdsprachen; der Fluß wird gesäubert; zwei Banskoer Ärzte haben es geschafft, den Fleischkonsum der Banskoer Bevölkerung um 20 Prozent zu senken; aus Deutschland ist eine komplette Zahnarztpraxis sowie Instrumente zur Geburtshilfe für Bansko gespendet worden; Dr. Emil Iliev gibt in einer wöchentlichen Kolumne in der Sofia-Zeitung »24 Stunden« Ratschläge zur gesunden Ernährung (weniger Fleisch, Zucker und Salzverzehr-Empfehlung) und fordert im Fernsehen bessere Ernährung in den Krankenhäusern; die bulgarische Zeitschrift »Fleisch- und Fleischprodukte« berichtet, daß seit 1989 der Verzehr dieser Produkte in Bulgarien um das Achtfache zurückgegangen ist.

Fazit: Der Schritt in Richtung vegetarischer vollwertiger Ernährung ist zumindest EIN Ansatzpunkt zur Lösung der weltweiten Probleme – denn jeden Tag

- verhungern 100 000 Menschen
- sterben 100 Tier- und Pflanzenarten aus
- werden 86 Millionen Tonnen Erdreich abgeschwemmt

- werden 55 000 Hektar Tropenwald abgeholzt
- dehnen sich die Wüsten um 20 000 Hektar aus
- werden 100 Millionen Tonnen Treibhausgase in die Luft geblasen
- geht mehr Ackerboden verloren, als in 1000 Tagen neu entstehen kann.

Ich freue mich gewaltig über die Fortschritte in Bansko. Und auf das Vegetarier-Treffen in Bangkok/Chiang Mai im Januar 1999.

November 1998: Bericht für das »Fingerbook« zur Zwentendorf-Abstimmung

Vor 20 Jahren entschieden sich die österreichischen Bürger gegen die Nutzung der Atomenergie. Am 5. November 1978 wurde mit der ersten Volksabstimmung in der Geschichte Österreichs über die Inbetriebnahme des damals praktisch betriebsbereiten Atomkraftwerks Zwentendorf abgestimmt. Das Ergebnis ist Geschichte: Eine hauchdünne Mehrheit von 50,5 Prozent gegen das AKW. Für den damaligen Bundeskanzler Bruno Kreisky eine der bittersten Niederlagen, für die Grünenbewegung der Startschuß.
Wir feiern den 20. Jahrestag der Zwentendorf-Abstimmung. Ein Wermutstropfen die Tatsache, daß wir leider (noch) Atomstrom aus dem Ausland beziehen. Der Castor-Skandal hat sogar bei den Medien eine Wende bewirkt, bis hinein in die konservativen Kreise ist das Vertrauen in die Atomkraft enorm geschwunden, immer öfter ist von einem Ausstieg aus der Atomkraft die Rede.
»Die Sonne schickt uns keine Rechnung« – Titel eines Buches des Fernsehjournalisten Dr. Franz Alt. »Jeden Tag schickt die Sonne 15 000mal soviel Energie zur Erde, wie alle Menschen an diesem Tag weltweit verbrauchen. Sonnenstrahlen, Wind, Wasser, Biomasse und solarer Wasserstoff sind die umweltfreundlichen Energiequellen der Zukunft. Mit einer solaren Energiepolitik können wir das Weltklima retten und damit der Menschheit eine Chance des Überlebens geben.«
Angesichts dieser Tatsachen wagt es die Atomindustrie immer noch, uns einzureden, wir brauchten ihren Atomstrom, der nicht nur extrem

gefährlich ist, sondern obendrein auch noch teuer! Sind wir denn verrückt, daß wir uns diese Lügen immer noch auftischen lassen?
Es ist genug alternative Energie vorhanden, sie muß nur genutzt werden. Die Atom-Goliaths behaupten, ohne Atomstrom gingen die Lichter aus, und die Atomenergie, gern Kernenergie genannt, weil sich das so schön gesund anhört, sei ja so sauber und sicher.
Wie sicher, hat der Tschernobyl-GAU gezeigt, der sich täglich wiederholen kann. »Es hat zu keinem Zeitpunkt eine Gefahr bestanden«, hieß es nach dem Gau. In Wirklichkeit stellen sich die Auswirkungen noch Jahre nach der Katastrophe als grauenhaft heraus. An den genetischen Folgen werden noch viele Generationen leiden.
Franz Alt schildert, wie es im Jahr 2050 aussehen kann, wenn wir bis Mitte des nächsten Jahrhunderts die fossilen und atomaren Energien durch den neuen Energiemix abgelöst haben – dafür müssen die Weichen aber bald gestellt werden. Es gäbe dann kein Öl mehr, keine Kohle, keine AKW – der solare Energiemix sähe so aus:
50 Prozent direkte Solarenergie, das heißt: solarer Wasserstoff, Solarzellen, Solarstrom und Solarwärme; 25 Prozent Biomasse aus Schilfgras und Biogas aus landwirtschaftlichen Abfällen; 15 Prozent Windenergie und 10 Prozent Wasserkraft.
Die Chance heißt: Solaranlagen massenhaft industriell anfertigen, herunter mit den Preisen, Klima und Umwelt retten!

Januar 1999: VEGETARISM IS THE WAY – 33. Welt-Vegetarier-Kongreß in Chiang Mai, Thailand

Es kamen zwar nicht, wie erwartet, über tausend Besucher, aber doch ca. 700, viele davon Thais. Beim Eröffnungsdinner saßen unmittelbar in meiner Nähe ein Buddhist, ein Hinduist, Zarathustraanhänger, Sikhs, eine evangelische Finnin, Katholiken aus Irland, ein indischer Moslem. Wieder einmal merkte ich, wie wohl ich mich in so einer bunten, multireligiösen, multikulturellen Gemeinschaft fühle und daß ich in einer solchen Gemeinschaft leben möchte.
Am ersten Abend ein Schreck nach dem anderen: Mein Gepäck ist verlorengegangen, das Hotel riesig und unpersönlich, mit einem genauso

riesigen Einkaufspark mit viel Lärm verbunden, noch im Weihnachtsschmuck, überdimensionale Pappweihnachtsmänner kleben sogar an den gläsernen zwölfstöckigen Aufzügen, ununterbrochen entnervendes Stille-Nacht-Gedudel – die Organisatoren sollen erst morgen eintreffen, von einer Zimmerbestellung für mich weiß man auch nichts. Ich möchte mich mitten in all dem Trubel in der Empfangshalle auf den Boden setzen und in Tränen ausbrechen.

Da sehe ich ein bekanntes Gesicht – den Präsidenten der norwegischen Vegetarier-Gesellschaft, den ich beim Kongreß in Bratislava kennenlernte, die finnische Studentin. Einige mir noch unbekannte Leute aus England kommen hinzu, und wir haben gemeinsam ein phantastisches Vollmond-Dinner auf dem Dach eines einheimischen Restaurants. Zwei Tage später ist auch mein Gepäck wieder da, und der Kongreß beginnt.

»Es heißt, daß die Armen gern braunen Reis essen. Wir essen jeden Tag braunen Reis, also gehören wir zu den Armen.« Dieser Satz des im thailändischen Volk sehr beliebten Königs wirkte auf mich zunächst wie Hohn. Der König soll diese Worte, die groß und breit im Fernsehen wiedergegeben wurden, ausgesprochen haben, als er die Reisernte eines Projekts besuchte, das er selbst leitet. Er hat es sich zur Aufgabe gemacht, die Thais zu Vollreis-Essern zu erziehen und mit dem Vorurteil aufzuräumen, brauner Reis sei Gefangenennahrung – brauner Reis sei vielmehr gesund und würde dem gesamten Volk zu mehr Gesundheit verhelfen.

Es wurde ein »Rice No. 5«-Projekt gestartet, über das ca. 30 000 Mühlen ermutigt werden sollen, mehr braunen Reis zu liefern. Damit könnten im Vergleich zur Produktion von weißem Reis ca. 60 Prozent an Kosten für Elektrizität eingespart werden. Um die Bevölkerung an braunen Reis zu gewöhnen, soll dieser sogar um fünf Prozent billiger zu kaufen sein als der weiße. Gleichzeitig soll zu Konsumverzicht ermuntert werden und zu mehr Qualität statt Quantität auch im übrigen Lebensstil.

»*Long live his Majesty the King*« – bleibt zu sehen, ob das Volk seinem Rat folgen wird.

Ein Produzent aus Singapur drückte mir eine Broschüre in die Hand, die mich weniger begeisterte. Die Fotos glichen einer Schlachtplatte:

Würstchen, Leberwurst, Schinken, aber – alles vegetarisch, »keine Eier, Konservierungsmittel, Cholesterin oder tierisches Fett enthaltend, *a great new taste* – 100% reine vegetarische Gesundheitsernährung«.
Kein Wort darüber, welcher Chemiecocktail da in den Labors zusammengebraut wurde, damit das Sojawürstchen endlich wie ein Würstchen schmeckt. Für ethische Vegetarier ist es sowieso ein Rätsel, warum die wunderbaren Naturprodukte unbedingt wie Tierprodukte aussehen sollen, die wir ja gerade ablehnen.
Es soll sogar »gefüllten Fisch« vegetarisch geben, und auf meine Frage, was denn wohl diese seltsame Knusprigkeit auf meinem Teller sei, erhielt ich die Antwort, dies sei die vegetarische Version der Kruste eines Schweinebratens!
Schwer vorstellbar, aber es muß wohl so sein, daß Menschen, die noch am Geschmack von Tierfleisch hängen, diesen Umweg über die Imitate brauchen. Jedenfalls erfreute sich das Vegan-Büfett regen Besuches, mit herrlichen Früchten, Ananas und Papayas, den kleinen reif geernteten, süßen Bananen.
Ich fragte den Chef des Restaurants, ob er, wie die meisten Thais, Buddhist sei, was er bejahte. Auch Vegetarier? Er verneinte. Aber Buddha fordere doch Ahimsa, du sollst nicht töten, beharrte ich. Ja, wenn er selbst das Tier schlachten müsse, meinte er, aber das täten ja andere …
Workshops informierten über die Zubereitung von Tofu, Entgiftung durch Weizengrassaft, über Vegetarismus und Aids, ayurvedische und chinesische Medizin, Antioxidantien, die Vorteile des Nüsse-Essens und und und – parallel lief eine Ausstellung von Naturprodukten aller Art.
Bei allen Vorträgen und Workshops kamen immer wieder – und das fand ich besonders positiv – auch die ethischen, ökologischen und ökonomischen Aspekte zur Sprache. Wenn der Planet überleben soll, so kann das nur über eine Hinwendung zur vegetarischen Lebensweise geschehen, und zwar weltweit. Die so oft totgesagte Vollwertkost – sie ist mehr denn je »in«.
Furore machte der 79jährige Arne Wingquist. Seit 1985 ernährt er sich nur von Früchten, 1987 nahm er an einer 19tägigen internationalen 1410 Kilometer langen Radtour in Schweden teil. Dr. Ruth Heidrich

wiederum brachte es nach einer Krebsoperation mit veganer Ernährung gar zur Triathletin! Sie ist heute 64 Jahre alt und sieht aus wie 40. Ihr sehr persönlicher Bericht war ein Feuerwerk an Lebensfreude und ansteckendem Optismismus.
Paul Turner, Präsident von »Food for Life Global«, stellte seine Organisation vor, die seit 1974 über 75 Millionen bedürftige Menschen in über 60 Ländern mit kostenlosen vegetarischen Mahlzeiten versorgt hat, inzwischen unterstützt von Regierungen und Sponsoren, überwiegend allerdings ermöglicht dank des selbstlosen Einsatzes von zahllosen ehrenamtlichen Helfern, die sich sogar in Kampfgebiete wie Grozny und Sarajewo wagen, eine bewundernswerte Initiative. Besuche im Elefantenhospital, im Orchideengarten, in Königin Sirikits botanischem Garten, einer organischen Farm mit Demonstration der Anbaumethoden, einer Spirulinafarm und und und.
Während all dieser schönen Aktivitäten stieß der Schornstein des Hotels schwarze Rauchwolken verbrannten Mülls aus. Chiang Mai hat weltweit die höchste Rate an Lungenkrebs bei Frauen, wegen des Smogs – und weil immer mehr überwiegend junge Frauen rauchen.
Ein Video über Toronto zum Abschluß. Dort wird im Jahr 2002 der nächste Vegetarier-Weltkongreß stattfinden – aber vorher sehen wir uns ja alle in der Schweiz zum Europäischen Vegetarierkongreß.

1999: Fax an Sabine Christiansen

Liebe Sabine Christiansen,
Zunächst einmal meinen Glückwunsch zu Ihrer Sendung.
Erlauben Sie mir einige feministische Gedanken zum Thema Krieg und Männlichkeit. Beides gehört offensichtlich (leider) zusammen.
Vor ein paar Tagen sah ich zufällig eine Fernsehsendung über eine ungeheure Herde von Büffeln in der Brunftzeit. Es war gespenstisch, wie diese Massen durch Wüsten und Schlamm rasten, in kurzer Zeit sollen 100 000 (hunderttausend!) Kühe gedeckt worden sein, alte Büffel blieben verletzt und niedergetrampelt liegen.
Parallel wurde über die Massenvergewaltigung albanischer Frauen berichtet, irgendein Militär in etwa so zitiert: Wenn Soldaten Maschi-

nengewehre in die Hände bekämen, sei das nun leider mal so. Es wurden dann gleich Kisten mit Abtreibungspillen für die betroffenen Frauen verteilt, die sich aber aus Angst vor der »Schande« meistens nicht einmal meldeten, wie es hieß, Angst überwiegend vor den männlichen Mitgliedern der Familie (!).
Ich mußte an einen »Spiegel«-Artikel vor einigen Jahren denken, in dem der männliche Mensch mit den Platzhirschen verglichen wurde – es ginge vor allem darum, soviel eigenes Sperma wie möglich in möglichst viele Weibchen des Rivalen zu spritzen. Alle todbringenden Waffen haben ja Ähnlichkeit mit einem Phallus und ihre Detonation mit einer gigantischen Ejakulation.
Der Rivale wird grundsätzlich kleingemacht, niedergetrampelt und verhöhnt, wenn er bereits am Boden liegt. Ständig sind z.B. Sprüche zu hören wie »Rußland ist am Ende – wenn der russische Bär verletzt ist, wird er gefährlich« etc. etc.
In einer anderen Sendung (Ihrer?) war kürzlich die Mutter eines in Jugoslawien stationierten deutschen Soldaten zu sehen. Sie forderte, daß eine Gruppe von Müttern zu Milosevic gehen und vermitteln sollte.
Ich frage mich, wie kommt es, daß Mütter immer wieder Soldaten produzieren. Auch die Vergewaltiger sind schließlich Söhne von Müttern oder Männer von Frauen oder sogar Väter von Töchtern. Im Russischen gibt es ein Schimpfwort »Fick deine Mutter«, eins von vielen Beispielen für den abgrundtiefen Haß von Männern auf Frauen – aus Angst vor den Frauen? Vielleicht geht es da tatsächlich (auch) um Gebärneid. Männer können keine Kinder kriegen, deshalb sind sie so versessen darauf, daß Frauen Retortenbabys in die Welt setzen. Hinzu kommt natürlich der Religionsstarrsinn, hier Serben, nämlich Christen, dort Albaner, nämlich Moslems. Ich hätte gern gehört, was der orthodoxe Priester in Ihrer Sendung, der nur niedliche Ostergrüße und Platitüden zu versenden hatte, auf eine Frage zu den Vergewaltigungen geantwortet hätte.
Ich bin natürlich, als eine aus der Friedensbewegung hervorgegangene Grüne, der Meinung, daß Bomben keine Antwort auf Gewalt sind und daß dieser Krieg nie hätte begonnen werden dürfen.
Die Amerikaner als Sheriff der Welt wollen wie üblich neue Waffensysteme ausprobieren und die alten Waffen günstig loswerden, um wie-

der neue bauen zu können. Sehr lukrativ. Deshalb Hiroshima, der Golfkrieg, jetzt dieser Krieg. Die Beteuerung, es gehe darum, eine »humanitäre Katastrophe zu verhindern«, ist um so unglaubhafter, als Amerika schließlich eines der wenigen Länder ist, welches ein Verbot der Anti-Personen-Minen verhindert, die immer wieder Menschen und vor allem Kinder zerfetzen.
Ein Vorschlag: Machen Sie doch mal eine Sendung mit einer Nur-Frauen-Runde zum Thema »Wie könnten die Männer erlöst werden«. Herzliche Grüße und uns allen viel Glück getreu dem Camusschen »Dennoch«.

23. Juli 1999: 7. Europäischer Vegetarier-Kongreß in Widnau, Schweiz

Meinen Vortrag habe ich diesmal genannt »Vegetarisch leben zur Heilung der Erde?«.
Mit Fragezeichen, für diejenigen, denen dieser Titel sonst gar zu provokant erscheinen mag.
Die ewigen Wahrheiten kann man nicht oft genug wiederholen, als da sind: 7–10 Kilo pflanzliches Eiweiß ungefähr werden als Futtermittel benötigt, damit ein Kilo tierisches Eiweiß entstehen kann – Industriezucker und weißes Auszugsmehl sowie zuviel tierisches Eiweiß sind Hauptursachen der Zivilisationskrankheiten – wer oder was ist überhaupt ein Vegetarier etc. etc. etc.
»... Wir mühen uns ab und tun sie, die vielen kleinen Schritte, damit das Leben auf dieser Erde lebenswert bleibt oder wieder wird – und die Mächtigen bomben alles in Schutt und Asche. Der Psychotherapeut und abtrünnige Priester Eugen Drewermann soll gesagt haben, daß man für die Geldmittel, die dieser Krieg verschlungen hat, jedem Kosovaren ein Häuschen mit Swimming-pool hätte bauen können.
Nun kehren die Flüchtlinge in ihre zerstörte Heimat zurück. Aber auch und gerade in dieser Situation bietet sich eine vegetarische Vollwerternährung als rettende Lösung an. Ich möchte an dieser Stelle auf das Modell Bansko in Bulgarien hinweisen, einigen von Ihnen bereits bekannt.

Mir scheint, nicht der Biß in den Apfel hat den Sündenfall eingeleitet, sondern der Biß ins Fleisch. Vor einiger Zeit sah ich zufällig im Fernsehen einen Film über die brutale Abschlachtung von Affen für den Fleischverzehr in Afrika. In diesem Film wurde behauptet – und diese Theorie habe ich bereits vor Jahrzehnten gehört, als zum ersten Mal von Aids die Rede war –, daß Affen seit Jahrtausenden den sogenannten Aidserreger in sich trügen, er ihnen aber nichts anhabe und dieser erst durch Jäger und den ständig zunehmenden Verzehr von Affenfleisch zu der Menschen dahinraffenden Seuche geführt habe.
Ich werde nie die Bilder der so menschenähnlichen Affengliedmaßen und Köpfe vergessen, die da als Leckerbissen im Feuer geröstet wurden, nie die Augen des Gorillababys, das verstört neben seiner zerstückelten Mutter hockte.
Gorillas sind uns Menschen sehr ähnlich. Wir sind also vom Kannibalismus gar nicht so weit entfernt. Wir leben immer noch im Zustand der Barbarei. Aber die Natur beginnt offensichtlich, sich zu wehren. All die Lebensmittelskandale der letzten Zeit, Salmonellen, Schweinepest, BSE, der Dioxinskandal etc., sind »die Rache der verspeisten Tiere«, wie es ein amerikanischer Arzt ausdrückt.
Beim Vegetarier-Kongreß in Thailand fiel mir auf, wie viele Vegetarier, speziell Veganer, sich Gerichte einverleibten, die Fleisch imitierten, ohne sich klarzumachen, wieviel Chemie sie damit zu sich nahmen. Von gesunder Ernährung kann da natürlich keine Rede sein. Es ist dieser – gerade bei Veganern verbreitete – Puddingvegetarismus, der dazu führt, daß oft die gesamte vegetarische Lebensweise in Verruf gerät. Fleisch weglassen allein bedeutet noch keine gesunde Ernährung – die Ernährung muß vollwertig sein. Darüber dürfte wohl bei allen Ernährungswissenschaftlern Einigkeit herrschen. Wieviel Rohkost nun verzehrt werden sollte, ob nur Rohkost oder nur Früchte oder ob man den Kochtopf doch nicht unbedingt in die Ecke werfen sollte oder ob es auch mal ein Ei sein darf – natürlich von einem frei laufenden Huhn – oder ein Stückchen Käse, darüber sollten wir uns nicht in die Haare geraten, denke ich.
Das Motto dieses Kongresses lautet VEGETARISCH IN DIE ZUKUNFT. Ich plädiere also für die im Einsteinschen Sinn kleinen Schritte, auch wenn das manchem nicht radikal genug erscheinen mag. Mei-

ne Hoffnung sind die Kinder. Ohne diese Hoffnung hätte mich die Verzweiflung über den ganz normalen Wahnsinn der Erwachsenen vernichtet. Aber da ist dieser kleine Junge, Sohn eines Fotografen, dessen gesamte Familie seit der Lektüre meiner Kochbücher vegetarisch lebt. Der Vierjährige fragte eines Tages seinen Vater: ›Gibt es wirklich Menschen, die Fleisch essen?‹«

Bei diesem Kongreß hat sich eine im Nachhinein amüsante Episode zugetragen, die wohl keiner der Teilnehmer vergessen wird.
Am vorletzten Tag servierte der Koch des Tagungsortes – selbst kein Vegetarier und auch nicht in vegetarischer Kochkunst ausgebildet – zum Büfett unter anderem mexikanische Bohnen. Diese hatte er zwar eingeweicht und gehackt, aber weder gekocht noch gekeimt. Das Ergebnis: Einige Stunden nach dem Mittagessen wanden sich immer mehr von den 300 TeilnehmerInnen mit Magenkrämpfen, Brechdurchfall und Kreislaufstörungen buchstäblich am Boden, dreißig davon so schlimm, daß sie mit Rettungswagen und zwei Hubschraubern in die umliegenden Krankenhäuser eingeliefert werden mußten. Dutzende von Sanitätern gaben den sich auf dem Boden wälzenden Grüngesichtigen Infusionen beim ohrenbetäubenden Tatütata der Einsatzfahrzeuge, dem Dröhnen der Hubschrauber, dem Gurgeln der sich Übergebenden, die sich mit letzter Kraft zu den Toiletten schleppten. Das Sportcenter glich einem Lazarett nach einem Giftgasangriff.
Sofort war die Polizei zur Stelle, sperrte alles ab und ermittelte. Gerüchte kursierten: War es gar die Fleischmafia, die den Vegetariern eins auswischen wollte? Ein Haufen Schaulustiger hatte sich draußen angesammelt.
Die haben sicher ganz schön gefeixt. Wir saßen fest wie Gefangene. Mit der russischen Delegation versuchte ich, durch die im Keller liegenden Garagen ins Freie zu entkommen, vergeblich. Einem Teilnehmer gelang es durch eine unbewachte Hintertür, durch die er eine Stunde später mit einer Flasche Obstler wieder auftauchte, die wir paar Leute, die es noch nicht erwischt hatte, dann verputzten.
Der Abend nahte. Es war Zeit zum Abendessen. Daran dachte natürlich kein Mensch – außer Dagmar, meinem Running-gag – aus irgendeinem Grund kommt sie in fast allen meinen Büchern vor. Die hatte

nichts von den vertrackten Bohnen gegessen und verspürte Hunger. Sie stieg seelenruhig über die immer noch auf dem Fußboden gestapelten Elendsgestalten hinweg in Richtung Büfett, wo eine dampfende Linsensuppe – gekocht! – verheißungsvollen Duft verströmte. Doch auch hier: Abgesperrt von der Polizei! Nix Linsensuppe!
Um elf Uhr abends gab es schließlich Entwarnung, die Übriggebliebenen durften das Kongreßhaus verlassen, um ihre Hotels aufzusuchen. Ich hatte zwar dann einen gehörigen Durchfall – weiter nichts. Am nächsten Tag Pressekonferenz, von der Polizei einberufen. Der leitende Arzt meinte erstaunt, er habe noch nie erlebt, daß nach einer derartigen Lebensmittelvergiftung die Leute so schnell wieder auf den Beinen waren – bis auf zwei, die erst gegen Mittag aus den Hospitälern eintrudelten, waren alle wieder pünktlich morgens beim Kongreß!
Und das Untersuchungsergebnis – wir GGB-GesundheitsberaterInnen triumphierten natürlich, hatten wir diese Diagnose doch sofort gestellt: Das Phasin in den rohen Bohnen war schuld!
Was zunächst wie eine Katastrophe für die gesamte Vegetarier-Innung aussah, mauserte sich dann fast zu einem Triumph. Nach Muschel- oder Fischvergiftungen hätte sich niemand so schnell wieder aufgerappelt. Einer der massenhaft erschienenen Presseleute fragte dann auch, ob wir das Ganze als Werbegag inszeniert hätten!

In ein neues Jahrtausend gesprungen

Dezember 1999: Abschied von Sommerholz

Ein neues Jahr bricht an.
Ein neues Jahrhundert.
Ein neues Jahrtausend.
Ein neuer Lebensabschnitt – auch für mich.

Was für eine Chance!
Ich habe sie genutzt. Nach 30 Jahren die Zelte in Österreich abgebrochen. Wäre dort bis in alle Ewigkeit eine Piefke geblieben. Seit der junge Baron das Sagen hat, ist in den Wäldern das Reiten verboten. Beide Pferde erkrankten an Hufrehe und mußten eingeschläfert werden. Ein geliebter junger Hund ist gestorben. Die alten Obstbäume hat der Sturm umgebrochen, der Wetterhahn fiel vom Dach ... etwas anderes, Neues scheint angesagt.
Ich habe das Haus verkauft, mein Traumhaus.
Ohne Illusionen leben, auch ohne Illusionen über mich selbst, total leben im Hier und Jetzt, jede Sekunde, ekstatisch die Freude wie den Schmerz – in den letzten Monaten war ich gefordert zu beweisen, ob ich fähig bin, Oshos Lehren umzusetzen.
Ich habe geweint und gebrüllt und Bäume umarmt, bin total in den Schmerz hineingegangen, tiefer und tiefer.
»Berührst du den untersten Felsengrund der Trauer, wirst du plötzlich lächeln ...« (Osho).

Das Haus war verkauft. Aber wohin? Die Kommune in Italien hatte sich zerschlagen ...
Ende November wollte ich wegen meiner alten Rückenprobleme in der

Hackethal-Klinik eine Magnetfeldmatte ausprobieren. Julius Hackethal ist seit zwei Jahren tot, seine Frau Li leitet die Klinik. Ich suche eine Aufgabe, sagte ich, können Sie mich brauchen? Ich könnte mit den Krebskranken meditieren, lachen, über Ernährung informieren …

Ja, sagte sie, ja, ja, kommen Sie!

In einem ihrer Häuser war eine Wohnung frei. Ich schaute sie nur kurz an, fragte: Wann kann ich einziehen? Bestellte einen kleinen Möbelwagen für den 10. Dezember, ließ einen großen Teil der schweren Möbel im Bauernhaus und startete mit den beiden letzten Hunden und den beiden letzten Katzen in mein neues Leben. Ohne einen Blick zurück, weder im Zorn noch in Wehmut. Ohne eine Träne.

Von niemandem habe ich mich verabschiedet. Für die wirklich sehr lieben Sommerholzer einen Brief geschrieben, den Dagmar ihnen überbrachte.

Es ist wie mit einem geliebten Kleid, aus dem man herausgewachsen ist.

Du, mein liebes Haus, brauchst neue, junge Bewohner, die dich wieder mit Leben füllen, und auf mich wartet eine Behausung, die meinem jetzigen Wachstum entspricht.

Sei nicht traurig, liebes Haus. Wir müssen Abschied voneinander nehmen, mein Schmuckstück, durch all die Jahre sogar immer kostbarer geworden – dennoch, wir müssen uns trennen, in Dankbarkeit, heiter und ohne Wehmut, ganz so, wie Osho uns rät, dieses Leben zu verlassen: » … und dann gehen, ohne sich noch einmal umzusehen.«

Neuanfang in Bernau am Chiemsee

In den letzten Jahren habe ich eine Art Trilogie geschrieben: die Bücher »Bleiben wir schön gesund«, »Essen wir uns gesund« und »Lachen wir uns gesund«.

Frühling 2000: Ernährungsrichtlinien der Julius-Hackethal-Klinik

»Traue keiner Statistik, die du nicht selbst gefälscht hast« – Sie kennen sicher diesen bissigen Satz, hochaktuell gerade nach den jüngsten Enthüllungen über völlig zu Unrecht durchgeführte Krebsoperationen. 300 gesunde Patientinnen wurden, wie jetzt überall zu hören und zu lesen, brustamputiert, aufgrund falscher Diagnosen.

Der Patient, die Patientin – ein wehrloses Opfer. Muß es so sein?

Nein, es muß nicht so sein.

Was allerdings immer noch zutrifft: »Wenn du arm bist, mußt du früher sterben.« Denn die wirklich heilbringenden Behandlungen zahlen die Kassen nach wie vor nicht, und denjenigen, die sie praktizieren, wird das Leben schwer gemacht.

Wie eh und je: Zuerst wird eine neue Erkenntnis ins Lächerliche gezogen, dann wird sie angegriffen – und wenn ihre Wahrheit irgendwann gar nicht mehr zu leugnen ist, war alle Welt seit jeher dafür.

Ein Grund mehr, sich dort einzusetzen, wo nach dem Prinzip »Mit Augenmaß und Liebe« jeder Patient wie der beste Freund behandelt wird – nämlich in der Park-Klinik Julius Hackethal. Professor Hackethal hat den Menschen immer als Einheit von Körper, Geist und Seele gesehen – und so werden die Patienten und Patientinnen auch heute noch nach dem Motto dieses »Patientenarztes aus Liebe« behandelt, das da heißt »Vor allem nicht schaden«.

Wie wichtig in diesem Zusammenhang eine gesunde Ernährung ist, erkennt in zunehmendem Maß auch die sogenannte Schulmedizin. Aus Amerika kommen Untersuchungen, nach denen z. B. die Entstehung von Krebs bis zu 40 Prozent von der Ernährung abhängig sein kann – natürlich spielen auch Veranlagung, zwischenmenschliche Probleme und Umweltfaktoren eine Rolle. Aber, laut Dr. Max Otto Bruker, »erkrankt der Durchschnitt der Bevölkerung schon etwa 25 Jahre vor dem Tod an einem ernährungsbedingten Zivilisationsleiden, das dann später oft zur Todesursache wird«.

Zu diesen ernährungsbedingten Zivilisationsleiden gehören »der Gebißverfall, die Darmträgheit, Gallensteine, Stoffwechselstörungen,

Erkrankungen des Bewegungsapparates (Rheuma), Arteriosklerose, Thrombose, Herzinfarkt, Krebs und bestimmte Erkrankungen des Nervensystems«.

Dier Hauptfeinde des Kranken, und da ganz speziell des Krebskranken, wie aber auch des Gesunden sind der weiße raffinierte Zucker und das weiße raffinierte Mehl. Besonders die Krebszelle giert nach Zucker! Und dieser hat, auch in kleinen Mengen verzehrt, leider den Nachteil, daß er Vollkornprodukte unverträglich machen kann, die der Körper aber gerade wegen ihres Gehalts an B-Vitaminen dringend benötigt.

Unser Vollwert-Frühstück liefert Ihnen alles, was Sie für Hirn, Herz und Nerven täglich brauchen. Und bitte bedienen Sie sich fleißig am mittäglichen Salatbüfett. Die Rohkost gehört an den Anfang der Mahlzeit, so kann sie am besten ihre vitalisierenden Eigenschaften entfalten. Ob Sie dann in kleinen Mengen Fleisch essen oder ab und zu einmal Fisch, ist eher eine ethische als eine ernährungsphysiologische Frage.

Hören Sie in sich hinein! Wie geht es Ihrem Bauch nach der Mahlzeit? Fühlt sich das Bauchklima rundum behaglich an? Dann war die Zusammenstellung richtig.

Ganz wichtig: Essen muß köstlich schmecken – hinreißend aussehen – gute Laune machen *und* gesund sein!

P.S. Die Patienten und ich haben in den Lachmeditationen manchmal derartig gelacht, daß wir uns auf dem Boden kugelten.

Es gibt einen Punkt, da ist der ganze Mensch nur noch ein einziges Lachen. Die Dualität ist aufgehoben, die Trennung zwischen Mensch und Welt. Ich und der Kosmos sind eins. Ein begnadeter, wunderbar tröstlicher Zustand.

Aus »Lachen wir uns gesund«:
Lachen ist die beste Medizin – wer viel lacht, lebt länger!

Hätten Sie es gewußt? Ein Baby lacht im Alter von vier Monaten, wenn ihm der Bauch gekitzelt wird. Und bereits der einjährige Winzling findet es komisch, wenn Papi oder Mami an seiner Flasche nuckeln. Da stimmt doch was nicht mit der Mami oder dem Papi, hihihi!

Kinder lachen ungefähr 400mal täglich, Erwachsene nur noch ca. 15mal, Depressive so gut wie nie!
Beim Erwachsenwerden ist offensichtlich vielen von uns das Lachen vergangen. Aber es gibt keinen Grund, es nicht wieder zu lernen – Ausreden gelten nicht!
Schauen wir uns die Gründe an, warum wir (viel) lachen sollten:
Daß es »guten« und »schlechten« Streß gibt, ist bekannt. Forscher am medizinischen Zentrum der Loma Linda Universität in Kalifornien haben in Experimenten mit Versuchspersonen herausgefunden, daß Lachen – wen wundert's – den »guten« Streß fördert, daß Lachen ähnliche Prozesse auslöst wie Sport.
Lachen steigert die Produktion »guter« Hormone wie glücklich machender Endorphine und Neurotransmitter, verringert die Streßhormone Cortison und Adrenalin, erhöht die Zahl der Antikörper produzierenden Zellen, aktiviert die Viren bekämpfenden T-Zellen und unsere natürlichen Killer-Zellen!

Habe ich Sie überzeugt? Dann lassen Sie uns das Lachen gemeinsam üben.
Sie brauchen nur die Mundwinkel nach oben zu ziehen, und schon geht's los! Also: Mundwinkel nach oben gezogen, Zähne gebleckt, ein paar Minuten »Hihihi« oder »Hahaha« gemacht, das kann auch ruhig ganz meschugge und ausgeflippt klingen, je meschuggener, um so besser – und Sie sind ein anderer Mensch. Wetten daß? – Ich habe es wiederholt ausprobiert, gerade wenn ich traurig oder »sauer« war.
Interessanterweise wirkt auch ein »künstliches« Lachen. Sogar wenn Ihnen durchaus nicht zum Lachen zumute ist: Ziehen Sie die Mundwinkel nach oben, blecken Sie die Zähne, machen Sie ein paar Minuten »Hihi hoho« – auch dieses künstliche Lachen signalisiert dem Gehirn: Dieser Mensch ist fröhlich, nun schütte mal Glückshormone aus!
Und das tut das Gehirn tatsächlich.

Interview über Humor, Frieden und Trauer

Frau Rütting, in Ihrem Buch »Lachen wir uns gesund« geben Sie Anleitungen zum Glücklichsein. Wie wichtig ist Lachen?
Ein glücklicher Mensch ist ein Mensch, der lachen und weinen kann. Von der Gesellschaft nicht verbogene Kinder lachen gern und weinen ebenso gern. Beim Erwachsenwerden vergeht allerdings vielen von uns das Lachen – kein Wunder.
Ist unsere Gesellschaft so unglücklich?
Ein sensibler Mensch kommt nicht umhin, an dem allgemeinen Wahnsinn, den die Menschheit fabriziert, zu leiden. Ich habe durchaus meine Verzweiflungsanfälle, kann es jedoch trainieren, mich immer wieder sozusagen an den eigenen Haaren aus dem Sumpf zu ziehen.
Sie schreiben, daß die Zeit reif ist für ein weltweites Gelächter. Gilt das auch noch nach den Terror-Anschlägen?
Ausgerechnet am 11. September hatte ich einen Vortrag über die gesundheitsfördernde Wirkung des Lachens zu halten. Als ich vom Anschlag erfuhr, dachte ich, der Abend müsse ausfallen. Es waren aber einige hundert Menschen gekommen, so schlug ich eine Abstimmung vor. Alle wollten, daß wir diesen Abend durchführen. Es war ein ganz ungewöhnlicher Abend, an dem das Lachen bei mir wie anderen in Weinen überging, kollektiver Schmerz sich entladen konnte.
Lachen und Weinen als zwei Seiten einer Medaille?
Ja. Lachen und Weinen sind international und können Menschen verbinden. Mein Traum ist weltweites Gelächter – Menschen in Israel lachen mit Menschen der Hamas, gemeinsames Lachen verbindet Bosnier, Serben und Kroaten. Ein lachender Mensch wird nicht auf einen anderen lachenden Menschen schießen.
Sie sagen, Fröhlichkeit ist die beste Medizin. Geben Sie uns einige Lachtips?
Gern. Vor allem, schalten Sie den Verstand aus. Seien Sie albern, riskieren Sie, lächerlich zu wirken. Es gibt nichts zu verlieren, nur zu gewinnen. Sie möchten einen Witz hören? Ein Ehepaar kommt zum Scheidungsrichter, er ist 96 Jahre alt, sie 90. Der Richter erstaunt: »Und das fällt Ihnen jetzt ein, daß Sie sich scheiden lassen wollen?« Darauf

die beiden: »Nein, wir wollen das schon seit dreißig Jahren, aber wir wollten warten, bis die Kinder tot sind.«
Komisch, aber auch schrecklich traurig. Was für ein Leben. Nie den Augenblick gelebt, alles auf später verschoben. Auf zu spät.

(Münchner Abendzeitung)

2000: PETA – People for the ethical treatment of animals

hat eine große Kampagne gestartet gegen die Verordnung von Medikamenten aus Stutenurin gegen Wechseljahrsbeschwerden. Wie andere »Promis« habe auch ich der Firma Solvay ein Gläschen Pipi geschickt.

Geben Sie Solvay eine Kostprobe ihrer eigenen Medizin!
In unserer neuen Kampagne wollen wir es Solvay zeigen – bitte helfen Sie uns dabei, indem Sie etwas von Ihrem eigenen Urin spenden. Die Schauspielerin Barbara Rütting hat sich PETAs Kampagne angeschlossen, um das Ende der »Pinkelreihe« einzuläuten und Solvay davon zu überzeugen, auf ein synthetisches oder pflanzliches Östrogenpräparat überzugehen, denn diese gibt es bereits, und sie sind ausgesprochen wirksam.
Stuten verbringen sechs Monate ihrer Schwangerschaft angebunden und eingepfercht in winzigen Stallboxen, unfähig, sich umzudrehen oder gar bequem hinzulegen. Ständig hängen ihnen Urinsammelbeutel aus Gummi um den Bauch, die schmerzhafte Schürfwunden verursachen können. Und da Solvay und Wyeth-Ayerst konzentrierten Urin wollen, wird den Tieren der freie Zugang zu Wasser verwehrt. Alte, unfruchtbar gewordene oder lahmende Stuten landen beim Schlachter, ebenso Zehntausende ihrer Fohlen, die ungewollte »Nebenprodukte« sind.

Juli 2000: Verliebt in Toronto

In keinem Wörterbuch konte ich finden, wie dieses Fabeltier denn wohl auf deutsch heißen könnte: Der oder das »Mousse«, so jedenfalls vom Taxifahrer buchstabiert. Größer als ein Elch, aber doch kein Elch, sondern eben ein »Mousse«, lebt es offenbar in Kanadas Wäldern, und ein Wettbewerb unter Kanadas Künstlern hat dazu geführt, daß diese gigantischen Kolosse, aus festem Pappmaché geformt, bunt bemalt überall in Torontos Straßen zu finden sind und jedem, der ihrer ansichtig wird, ein Lächeln ins Gesicht zaubern.

Mein Lieblingsmousse, mit bunten glitzernden Steinchen geschmückt wie der Elefant eines Maharadschahs, logiert vor dem Hotel Sheraton. Ein anderer steht auf einem Sprungbrett über einem Wasserbassin, den Kopf mit der riesigen Schaufel gesenkt, als wolle er gleich in die Tiefe springen.

Liegt es an diesen entzückenden Mousses, daß ich mich in Toronto verliebt habe? In dieser Stadt ist alles fröhlich, optimistisch und großzügig, die breiten Straßen, die eleganten Wolkenkratzer, selbst der Ontariosee, nur einer von den insgesamt etwa zwei Millionen Seen Kanadas, sieht aus wie ein regelrechtes Meer. Na, und die Niagara-Fälle sind ja sowieso die größten der Welt. Kanada hat auch die originellste Fahne: ein rotes stilisiertes Ahornblatt auf weißem Grund. Von der kanadischen Großzügkeit gegenüber allen möglichen Außenseiter-Religionen können wir im deutschsprachigen Raum nur träumen: Adventisten, Mennoniten, Mormonen, Quäker, Moslems, Jainas – alles lebt friedlich nebeneinander und darf sich äußern, ohne als Sekte gebrandmarkt zu werden.

Zum Welt-Vegetarier-Kongreß in Toronto im Juli unter dem Motto »Sharing the Vision« hatten sich über 300 Vegetarierinnen eingefunden, diesmal überwiegend allerdings aus den USA, wenige Europäer. Alte Freundschaften wurden aufgefrischt, neue geschlossen. Sehr ausgewogen die Mischung aus Gesundheits-, Tierschutz-, ökologischen und ethischen Aspekten bei den Vortragenden. Auffallend die Übereinstimmung aller Vortragenden in der Ablehnung von Milchprodukten. Durchaus möglich, daß Milch mehr Menschen umgebracht hat als alle Kriege zusammen, wie ich einmal hörte. Jedenfalls wird in Zukunft bald kaum noch jemand an das Märchen glauben, daß Milchtrinken gesund sei und gar Osteoporose verhüte.

Und daran, daß Rohkost wohl die gesündeste Ernährungsform sein dürfte, daran wird wohl auch niemand mehr zweifeln.

Auf keinem Vegetarierkongreß habe ich so viele Veganer getroffen wie

auf diesem. Das großartige Essen war total vegan. Nur das Frühstücksbüfett hätte ich mir vollwertig gewünscht, da herrschten doch noch die Fertigflocken vor.
Alles in allem eine großartige organisatorische Leistung aller Beteiligten, die beim opulenten Abschiedsbankett auch entsprechend gewürdigt wurde.

November 2001: Zum Vegetarier in sechs Tagen Sechs kurze Interviews im Hessischen Rundfunk

Das war eine lustige Live-Sendung im Hessischen Rundfunk.
Der Interviewer fragte – ich antwortete in sechs morgendlichen Interviews à zwei bis drei Minuten.

Am Montag geht's ums Frühstück.
Wie fange ich den Weg zum Vegetarier an? Ab heute überhaupt kein Fleisch mehr oder langsam vorgehen? Was gibt es zum Frühstück?
Fleisch weglassen allein bedeutet noch keine gesunde Ernährung. Die Ernährung muss vollwertig sein, also so naturbelassen wie möglich und aus biologischem Anbau, das Getreide aus dem vollen Korn und frisch gemahlen, damit wir alle notwendigen Vitamine, Mineralien und Spurenelemente erhalten.
Auf dem Frühstückstisch stehen also Vollkornbrote und -brötchen, Honig und möglichst ein Frischkorngericht, das heißt ein frisch zubereitetes Müsli aus Hafer oder Dinkel, mit Früchten der Saison, geriebenem Apfel, etwas Zitronensaft, Nüssen und – Schlagsahne. Absolutes Brain-food! Danach wird jeder Morgenmuffel munter. Ideal wäre ein Kräutertee – zum Beispiel mit Rosmarin, der regt den Kreislauf an.
Wenn Umstellung, dann sanft! Und nie sagen: Das ist gesund – dann haben Sie schon verloren nach dem Motto, was gesund ist, schmeckt nicht.
Das Essen muß grundsätzlich toll schmecken, phantastisch aussehen – *und* gesund sein!

Am Dienstag ist das Mittagessen dran.
Schnell muß es gehen, als Berufstätiger kann ich auch nicht stundenlang einkaufen, um exotische Zutaten zu besorgen. Satt machen soll es auch, und abwechslungsreich soll es sein. Was koche ich also?
Beim Mittagessen sollte der Salat immer am Anfang stehen, am besten der Saison entsprechend, also zur Zeit Krautsalat, Möhren, rote Rüben, Sauerkraut, Sellerie. Mit einer feinen Sauce serviert, das Öl natürlich kaltgepreßt und aus biologischem Anbau. Am Öl nicht sparen! Es macht auch nicht dick, genausowenig, wie Butter dick macht.
Wenn es ganz schnell gehen soll, können Sie *les crudités* auf den Tisch stellen, wie die Franzosen so schön sagen – also Möhren, Fenchel, gestiftelt, Stangensellerie, Frühlingszwiebeln, daneben einen Dipp, in den sich jeder seine Crudités hineinstippt.
Mir reicht eine große Portion Salat – muß gut gekaut werden – und danach ein Hauptgericht. Daneben noch Suppe und Nachtisch ist mir zuviel, wenn man arbeitet und nach dem Essen nicht müde, sondern fit sein will.
Ein feines Hauptgericht, das ich mit großem Erfolg in Alfred Bioleks Fernsehsendung gekocht habe, ist mein Hirse-Spinatauflauf.
Kurzgedünsteten Blattspinat mit gekochter Hirse mischen, mit Kräutersalz, Sahne und Knoblauch pikant abschmecken und in eine gebutterte Auflaufform füllen. Darauf Tomatenhälften geben und Mozzarella oder geriebenen Parmesan plus Butterflöckchen. Im vorgeheizten Ofen backen.
Kann man im Frühling auch mit Brennesseln zubereiten statt Spinat. Schmeckt wie Scampi!
Wenn Sie unbedingt noch einen leichten Nachtisch möchten, bietet sich der Bratapfel an, gefüllt mit Rosinen, Nüssen und Honig.

Am Mittwoch kümmern wir uns um das Abendessen.
Was geben statt Wurst? Muß ich eigentlich etwas komplett anders machen, um die Stoffe einzunehmen, die im Fleisch drin sind? Was serviere ich überzeugten Fleischfans (ich brauche meinen Schinken und das Steak)? Wie sieht ein komplettes Abendessen aus?
Das Abendessen sollte leicht sein. Hier bietet sich jetzt im Herbst eine Kürbissuppe an, fein gewürzt und mit einem Spritzer Kürbiskernöl,

gefolgt zum Beispiel von Zwiebelkuchen, kredenzt mit jungem Wein. Für diejenigen, die unbedingt nach etwas verlangen, was wie Fleisch schmeckt, ist Grünkern das richtige – entweder als Aufstrich, hält jeder für Leberwurst, oder als Knödel zubereitet.
Wenn man mag, einen Ziegenkäse zum Abschluß.
Auch eine vegetarische Ernährung versorgt uns mit allem Nötigen, wenn sie vollwertig ist.

Am Donnerstag geht es um die Kinder.
Wie kriege ich den Nachwuchs weg von Würstchenbuden und vor allem: McDonald's?
Alle Kinder lieben Nudeln mit Tomatensauce und Pommes aus welchen Gründen auch immer. Und die sollen sie auch kriegen – aber vollwertige!
Bei meinen Kochkursen mit Kindern lasse ich die Kinder selbst das Getreide mahlen und die Nudeln fabrizieren. Auch die Tomatensauce machen sie selbst, backen im Ofen knusprige Kartoffelchips, bereiten köstliches Eis bzw. Halbgefrorenes aus Sahne – aber mit Honig statt Zucker und mit Naturvanille.
Auch aus einer Vollkornsemmel kann ich einen Super-Burger machen – sogar McDonald's führt sie ja schon, die Vegyburger: Z. B. eine Frikadelle aus Grünkern in die Semmel legen.
Immer die Kinder in die Zubereitung der Speisen mit einbeziehen, ihnen die Zusammenhänge erklären. Deshalb habe ich ein »Koch- und Spielbuch für Kinder« geschrieben. Motto: Wenn du diese tollen Sachen ißt, wirst du mit den Schulaufgaben schneller fertig und kannst schneller zum Spielen gehen!
Den Kindern macht es auch großen Spaß, z. B. Indianerknödel herzustellen: Frisch gemahlenes Getreide wird mit Honig und Nußmus verknetet und zu Kugeln geformt. Gerade Kinder brauchen eine Ernährung, die vollwertig ist und vor allem genügend Vitamin B enthält – ist alles im Getreide vorhanden.
Also: Frischkornbrei morgens oder Vollkornwaffeln. Dann zappelt der Zappelphilipp viel weniger!
Ganz schlimm ist Cola. Lieber Säfte geben, die aber mit Wasser verdünnt werden müssen zur besseren Verträglichkeit.

Am Freitag ist das romantische Menü zu zweit gefragt.
Vegetarisches Essen wird oft als freudlos empfunden: Tofuburger und ein paar Salatblättchen. Was kann ich bieten, wenn ich eine Frau/einen Mann bei Kerzenschein und gutem Essen rumkriegen will?
Auftakt ist mein »Indianischer Liebestrank« – in der kühleren Jahreszeit heiß, im Sommer eiskalt serviert, bestehend aus echter Vanille, Milch, Kakao, Honig, Cayennepfeffer, etwas Kräutersalz und weißem Rum.
Dieser indianische Zaubertrank soll die Liebenden auf ewig aneinanderschmieden – heißt es jedenfalls.
Beim Salatbüfett bitte üppig Ruccola reichen. Ruccola ist das Aphrodisiakum schlechthin, wurde angeblich in den Klöstern den Nonnen deswegen verboten. Weitere Aphrodisiaka: Spargel – zum Beispiel mit einer Sauce Mornay –, Sellerie in jeder Form. Wie singt der Volksmund: Freu dich, Hänschen, freu dich, heute gibt's Selleriesalat! Und bitte nicht an Knoblauch sparen!
Am Büfett dürfen die libidoanregenden Artischocken nicht fehlen – als Nachtisch empfiehlt sich eine Mousse au chocolat aus feinem Kakao (aus dem Fair-trade-Laden!) mit Honig, Zimt, Vanille und Schlagsahne (diese natürlich wie immer aus dem Bio-Laden).
Alles Auslöser zum Ausschütten von Glückshormonen.
Wer hier nicht schwach wird, ist eh nicht der/die Richtige.

Am Samstag lautet die Frage: Was servieren wir für Gäste?
Die große Einladung – ist das nicht unglaublich aufwendig, repräsentativ zu kochen? Was paßt fürs kalte Büfett? Linsen statt Chateaubriand?
Nicht aufwendiger als ein konventionelles Büfett.
Ich habe meinen Geburtstag mit 30 Gästen gefeiert, darunter auch »eingefleischten« Fleischessern. Gerade diese sagten: Das ganze Jahr über hätten sie nicht so gut gegessen – und wenn es so schmeckt wie bei dir, dann werde ich auch Vegetarier.
Beim Empfang mit Bio-Sekt gab es Fingerfood-Köstlichkeiten: Mit Spinat gefüllte Pastetchen, Frühlingsrollen, Häppchen von Gemüsequiche, gefüllte Minitomaten, Roquefortrüffel.
Das üppige Salatbüfett war bestückt mit allem, was wir von italienischen Antipasti kennen, geschmorten Auberginen und Zucchini, im

Ofen gebratenen Paprikaschoten, Pilzen und den für das romantische Menü zu zweit empfohlenen Delikatessen.
Es folgte eine indische Currysuppe mit gerösteten Mandelsplittern und Sahnehäubchen.
Das Hauptgericht: Gemüsestrudel mit Gorgonzolasauce.
Gekrönt wurde das Menü mit einem Mohn-Nuß-Parfait mit Orangensauce.
Dazu Weißwein und Rotwein aus biologischem Anbau, claro!

Die Stimmung war bombig – und keiner der Gäste »sauer«, wie das nach Fleischgerichten so oft der Fall ist.
Noch Fragen?
Alle Rezepte stehen in meinen Kochbüchern.
Lassen Sie es sich schmecken!

Januar 2001: Ein guter Freund hat uns verlassen

Mein Nachruf im »Gesundheitsberater«.
Unser geliebter Dr. Max Otto Bruker hat uns verlassen. Hat er das wirklich? Als der Sarg in die Erde gesenkt wurde und ich der roten Rose, die ich ihm mitgeben wollte, noch einen Kuß gab, wußte ich: Es stimmt nicht. Da geht nur irgend etwas, was man wohl mit »sterbliche Hülle« bezeichnet. Das ist nicht er. Er lebt in uns allen weiter, die ohne ihn nicht das wären, was sie heute sind.
Die von ihm Mut gelernt haben, Unbeirrbarkeit, Kompromißlosigkeit, auch wenn eine solche Haltung im Leben alles andere ist als angenehm.
Ich habe mich oft gefragt, wie weit ihm die vielen Anfeindungen, der Spott, die Verleumdungen, die Verständnislosigkeit von so vielen Seiten zugesetzt haben. Er ist immer ruhig und besonnen geblieben, wo mir bestimmt der Kragen geplatzt wäre.
»Wir müssen und werden unseren Weg gehen, unbeirrt!« war einer seiner Lieblingssprüche. Ein anderer: »Das Einfache kann jeder machen. Das Schwere müssen wir tun.«
Seine Unbeirrbarkeit war es wohl auch, neben seinem enormen Fachwissen, die er mit Julius Hackethal teilte, dem anderen großen Einzel-

kämpfer für die Wahrheit. Beide verband ihre Tierliebe und die Einsicht, daß Tierversuche die Wissenschaft nicht weitergebracht, sondern ihr sogar geschadet haben, daß Tierversuche inhuman sind und abgeschafft werden müssen. Ein Grund mehr für mich, die beiden zu lieben.
Dr. Bruker war es auch, der mich zu meiner ersten »Rede« zum Thema Tierversuche ermunterte, bei einer Tagung der Gesellschaft für Gesundheitsberatung. Los, sagte er, wenn Sie es mir erzählen können, können Sie es auch den anderen, also los, nur Mut!
Ich habe immer wieder gestaunt über seinen Wissensstand, nicht nur auf medizinischem Gebiet. Ob es die Halbwertzeiten zum Beispiel von Cäsium und Strontium waren – der »Senior« wußte sie, und zwar auswendig. Noch im hohen Alter stand er bei Diskussionen, ohne müde zu werden, oft bis Mitternacht Rede und Antwort, wenn uns schon die Augen zufielen. Aber auch lustig war er. Bei konventionellen Büfetts pflegte er zu sagen: »Wo ist der Schrott? Den essen wir, damit die anderen ihn nicht essen müssen!«
Ich habe ihm soviel zu verdanken. Ich habe ihm zu verdanken, daß ich heute, Mitte Siebzig, gesünder bin als mit dreißig Jahren, dank seiner wundervollen vitalstoffreichen Vollwerternährung. Ich durfte bei ihm die Ausbildung zur Gesundheitsberaterin machen. Ein Geschenk, das nur jemand nachempfinden kann, der das gleiche Glück gehabt hat. Über tausend Briefe zu seinem Heimgang bezeugen, wie lieb ihn seine Patienten, Schüler und Schülerinnen haben – wie sehr er unser Leben geprägt hat und wie sehr er in uns allen weiterlebt.
Vor Jahren war die Sterbeforscherin Elisabeth Kübler-Ross in Lahnstein eingeladen zu einem Vortrag über das Sterben und zur Frage, ob es ein Leben nach dem sogenannten Tod gäbe. Ich hatte ein bißchen Angst vor diesem Tabuthema und hätte es nicht für möglich gehalten, daß man damit einen so fröhlichen Abend zustande bringen kann, wozu natürlich Dr. Bruker wesentlich beitrug. Da haben wir wohl alle kapiert, daß der Tod nicht das Ende ist. Ich denke, es ergeht einem eher wie der Raupe, die zum Schmetterling wird. Sie hat vor dieser Metamorphose vermutlich (auch) ziemliche Ängste auszustehen.
»Das Sterben beginnt mit der Geburt«, hat Dr. Bruker auch gesagt, und »nein, ich habe keine Angst vor dem Tod, ich persönlich glaube nicht, daß mit dem Tod alles vorbei ist. Die Natur, alles Lebendige, ist der

Beweis eines schöpferischen ordnenden Prinzips …« und immer wieder: »Die größte Arznei aber ist die Liebe.«
In der Gedenkschrift der Gesellschaft für Gesundheitsberatung, die er gegründet hat und die inzwischen über zweitausend Gesundheitsberater ausbildete, steht ein Spruch von Friedrich Rückert: »Wer nicht gewacht hat, kann nicht schlafen, wer nicht gelebt hat, kann nicht sterben.«
Der Arzt aus Leidenschaft und mutige Pazifist hat gelebt, ein pralles erfülltes Leben. Zahllos die Menschen, denen er geholfen hat. Und er hat sein Haus bestellt – ein großartiges Team führt im Bruker-Haus sein Lebenswerk fort.
In einem Interview wurde er gefragt, wie er es geschafft habe, so alt zu werden. Seine Antwort: »Ganz einfach, ich habe nicht aufgehört zu leben!« Voller Dankbarkeit nehme ich immer wieder sein Buch »Ärztlicher Ratgeber aus ganzheitlicher Sicht« in die Hand. 1998 hat er mir hineingeschrieben: »Dem treuen Schloffen und Motor für gesundes Leben Barbara.«
Das Wort »Schloffen« ist wohl in keinem Wörterbuch zu finden. Aber ich empfinde es als eine ganz große Liebkosung.

20. September 2001

Nach dem 11. September.
Es ist mir nicht möglich, nach Amerika zu fahren, in das Land, in dem ein Bush Präsident ist. Ich muß die mit meinen Freunden Hans und Lily in der Karibik geplante Gesundheitskreuzfahrt absagen.

Fax to Dr. Hans and Dr. Lily Diehl
Dear Hans and dear Lily,
Since weeks I torment myself by trying to write this letter. Since the matter is so complicated forgive me writing in German.
Wie Ihr wißt, hatte ich vor, die Kreuzfahrt mitzumachen. Trotz mehrmaliger Versuche gelang es mir nicht, die gewünschte Anzahlung zu überweisen. Im nachhinein sieht es aus, als ob es nicht sein sollte! Denn dann passierte der Anschlag auf das World Trade Center.

Es ist ja nun viel darüber diskutiert worden, woher dieser Haß auf die USA kommt. Ihr wißt vermutlich gar nicht, wie verhaßt die USA auch bei den meisten Menschen in Europa sind, als Privatpersonen werdet Ihr das – hoffentlich – nicht bemerkt haben. Die allgemeinen Reaktionen waren denn auch: »Endlich kriegen die Amerikaner auch mal eins aufs Dach, warum müssen die in aller Welt den Sheriff spielen«, »jetzt sehen sie mal, wie es ist, wenn man unter Trümmern nach geliebten Toten buddeln muß« usw. usw. usw.
Hiroshima, Vietnam, der Golfkrieg, der Kosovokrieg haben zu dieser ohnmächtigen Wut beigetragen, zumal Präsident Bush auch noch als Klimakiller Nummer 1 gilt, jeden Fortschritt verhindert, an der Todesstrafe festhält und das Verbot der Landminen boykottiert, das immer wieder Menschen und besonders spielende Kinder zerfetzt. Und ausgerechnet dieser auf dubiose Weise an die Macht gekommene Präsident spielt sich nun als Streiter des Guten gegen das Böse auf – vor einiger Zeit war noch die Sowjetunion der Satan! Nun will er »das Böse« jagen wie ein wild gewordener Cowboy. Und wieder haben unschuldige Menschen zu leiden. Ein Angriff auf Afghanistan ist wohl nicht mehr zu verhindern, trotz weltweiter Friedensdemonstrationen. Wir wissen es doch – Gewalt erzeugt nur Gegengewalt, die Gewaltspirale muß durchbrochen werden, und genau das hätten wir von Amerika erwartet.
Ich bin einfach nicht imstande, in ein Land zu reisen, das sich so verhält, wie es Amerika jetzt tut, und dann noch zu einer Kreuzfahrt! Ich weiß nicht, wie Ihr die ganze Sache seht, als Adventisten seid Ihr vermutlich auch gegen Gewaltanwendung.
Ich habe jetzt erst einmal meinem Herzen Luft gemacht, ratlos, wie überhaupt alles weitergehen wird in der Welt, und sehr traurig. Da versuchen wir ständig, Samen von Verständigung und Herzlichkeit füreinander zu säen, und alles wird wieder zunichte gemacht.
Seid umarmt von Eurer Barbara

16. September 2001: Leserbrief an den »Spiegel«

Zum Titel »Wir werden zurückschlagen«
Das ist ja wohl ein Witz. Ausgerechnet dieser auf dubiose Weise an die

Macht gekommene Präsident spielt sich als Verteidiger des Guten gegen das Böse auf – will es »jagen«, »ausräuchern«. Genau der gleiche Mann, der den Klimaschutz boykottiert, an der Todesstrafe festhält und das Verbot der Landminen verhindert.
Präsident Bush zitiert so gern den lieben Gott. Vielleicht ist gerade der höchstpersönlich »Drahtzieher« des Angriffs auf das World Trade Center, bezeichnenderweise Herz Amerikas genannt – als Vergeltung für HIROSHIMA, für VIETNAM, für den GOLFKRIEG, für den KOSOVOKRIEG.
Wie jetzt in Amerika suchten auch dort weinende Menschen unter Trümmern nach ihren Toten. Hat Herr Bush da auch gebetet?
Womöglich ist Bushs lieber Gott gar nicht damit einverstanden, daß die USA in aller Welt den Sheriff spielen. Er hat ja schon einmal einen Turm einstürzen lassen, als es ihm zu bunt wurde: den Turm von Babel. Oder war das ein anderer Gott?

Barbara Rütting

Weihnachten 2001: Weihnachtsbrief für die »Salzburger Nachrichten«

Das Schlafgemach direkt neben dem Pferdestall – können Sie sich vorstellen, wie gemütlich das ist? Drei Jahrzehnte durfte ich dieses Glück genießen, auf meinem Bauernhof im Salzburger Land.
Der schönste Augenblick des Tages, wenn Pferde, Hunde, Katzen, Hühner abends satt und mit dem vergangenen Tag zufrieden auf ihrem warmen Strohlager, im kuscheligen Körbchen oder – unerlaubterweise – auf dem Sofa und – als Huhn oder Hahn – auf der Stange, Frauchen mit einem Glas Rotwein vor dem Kamin den Feierabend genießen.
Später im Bett höre ich, wenn die Pferde trinken oder sich zum Schlafen niederlegen, immer ein Zeichen des Sich-wohl-Fühlens und absoluten Vertrauens. Alles ist gut so, wie es ist.
Ohne meine Tiere hätte ich dieses schöne schreckliche Leben kaum ertragen. Diese unbändige wilde Freude der Hunde, wenn ich nach Hause komme, egal ob ich eine Woche fort war, ein paar Tage oder

eben mal zum Einkaufen. Haben Sie jemals erlebt, daß ein Mensch bei Ihrem Anblick derartig außer sich gerät vor Entzücken?
In diesem von Unsicherheit bestimmten Leben vermittelt ein Tier wenigstens vorübergehend ein Gefühl der Sicherheit. Ob ich Falten bekomme, traurig bin, alt werde – meine Hunde lieben mich, bedingungslos, wie – das behaupte ich – kein Mann es fertigbringt. Dem Zusammenleben meiner Tiere und mir liegt tatsächlich die Maxime zugrunde: Wir gehen miteinander durch dick und dünn, in guten und in schlechten Zeiten, bis daß der Tod uns scheidet.
Sie leben so kurz, das ist die Tragik. Glücklicherweise ist ihnen die Endlichkeit ihres Lebens wohl kaum bewußt. Aber ich weiß darum. Und zähle manchmal doch sorgenvoll die Jahre. Wieviel gemeinsame Zeit wird uns noch bleiben?
Die Angst, das geliebte Haustier, das ein Lebensgefährte geworden ist, durch den absehbaren Tod zu verlieren, und die maßlose Trauer, wenn dieser Tod dann schließlich eintritt, ich an diesem Tod vielleicht sogar noch beteiligt bin, weil mein Tier leidet und ich ihm durch eine Spritze Erlösung verschaffen muß, diese maßlose und für einen »normalen« Menschen nicht nachvollziehbare Trauer läßt manchen Besitzer gerade von Hunden und Katzen verzweifeln. Nach diesem Schmerz nie wieder einen Hund, nie wieder eine Katze, keinen neuen Wellensittich mehr, nie wieder binde ich mich an ein Tier.
Auch ich habe oft diesen Gedanken gehegt und dann doch festgestellt, ein Leben ohne Tiere ist kein Leben, habe immer wieder ein Kätzchen oder einen Hund zu mir genommen, den letzten im Frühling aus Indien von der Müllkippe mitgebracht. Buddhina ist mein 15. Hund und vermutlich noch recht jung. Die lachende Lilly hingegen, die aussieht wie ein kleiner schwarzer Bär, ist schon 13, 14 oder gar 15 Jahre alt. Jemand hat sie vor langer Zeit aus dem Auto geworfen, die Familie wollte gen Süden in den Urlaub, da war das kleine Tier lästig. Mit Lilly besuche ich ab und zu ein Altenheim. Besonders eine gehörlose alte Frau, an Parkinson erkrankt, strahlt über das ganze Gesicht, wenn Lilly in braver »Sitz!«-Haltung nach den mitgebrachten Leckerchen schnappt. Gerade für alte und einsame Menschen kann ein zärtliches Tier ein Freudenbringer und Gesundmacher ohnegleichen sein. Kein alter Mensch sollte beim Eintritt ins Altenheim auf das geliebte

Haustier verzichten müssen. Jeder sollte das Recht haben, mit ihm im Arm gemütlich diese Erde zu verlassen.

Auch Lillys Lebensende ist abzusehen. Ich werde halb verrückt werden vor Trauer, ich werde hineingehen in diesen Schmerz, sie verloren zu haben, in diesen Schmerz, daß dieses kleine Kerlchen mich nie wieder begrüßen und an mir hochspringen wird. Und dann werde ich doch wieder eine Gefährtin für Buddhina suchen, wie immer einen Hund aus dem Tierheim.

Irgendwie und irgendwann verschmelzen alle geliebten toten Hunde in der Erinnerung zu einer Kollektiv-Seele.

Neulich hat wieder mal irgend so ein Dummkopf gemeint, Tiere hätten gar keine Seele! Da können wir ja nur den Kopf schütteln, Lilly und Buddhina und die beiden Katerchen Mayoli und Sweetie.

Wie ich mir das Paradies vorstelle? Am Ende des langen Tunnels mit dem lichtdurchfluteten Ausgang, durch den wir ja angeblich kurz nach dem Verlassen des Körpers hindurchgehen, stehen alle meine Tiere, in freudiger Erwartung bellend, miauend, wiehernd, meckernd, gakkernd und krähend, um mich zu empfangen. Wenn das nicht Seligkeit bedeutet!

»Ich weiß nicht, wie der liebe Gott einmal bei der großen Abrechnung mein Lebenswerk bewerten wird, ich habe in den letzten Wochen über 50 Partiturseiten Parsifal geschrieben und drei jungen Hunden das Leben gerettet – warten wir ab, was gewichtiger auf die Waagschale drücken wird.«

Der das gesagt hat, war Richard Wagner.

Bin ich ne Oma?

Beim Spaziergang mit den Hunden umkreist mich ein etwa siebenjähriger Junge mit dem Fahrrad.

Es entspinnt sich folgender Dialog:

»Ich kenn dich«, sagt er, »du bist die Frau Barbararüttingbrot! Du bist auf unserem Brot abgebildet. Meine Mama hat ein Kochbuch von dir. Da bist du auch drauf!«

»Aha. Und wer bist du?«
»Ich bin der Denis. Aber ich sollte eigentlich ein Mädchen werden.«
»Und? Wärst du lieber ein Mädchen?«
»Nee.«
»Warum nicht?«
»Mädchen sind so zickig.«
»Ich bin doch auch ein Mädchen!«
»Nee, du bist doch ne Oma!«
»Wieso?«
»Na, weil du graue Haare hast!«
»Ich bin aber keine Oma. Ich habe nämlich keine Kinder, dann kann ich ja auch keine Enkel haben und keine Oma sein. Oder?«
Denis denkt nach.
»Stimmt. Und die anderen Omas lachen auch nicht soviel wie du.«
»Was meinst du denn, warum sie nicht soviel lachen?«
»Weil sie schon soviel durchgemacht haben.«
»Du lachst sicher auch gern. Oder hast du vielleicht wie viele Kinder zu hören bekommen: Lach nicht so blöd!«
»Ja, genau! Lach nicht so blöd, haben sie gesagt. Und ein Junge weint nicht, und ein Indianer kennt keinen Schmerz!«
»So ein Blödsinn! Also die Erwachsenen sind manchmal wirklich bescheuert, findest du nicht?«
»Aber du bist voll cool, echt! Du bist erste Sahne!«

Ich werde eine Lachkassette für Kinder machen.

Ist da Tier drin?

In Charlotte Probsts »Der Tierbefreier« las ich:
Friedrich (4) sitzt beim Frühstück. Er guckt streng seinen Vater an und zeigt auf die Wurst: »Ist da Tier drin?« fragt er anklagend.
Friedrichs Vater antwortet kleinlaut: »Ja, da ist Tier drin.«
Der Junge wendet sich angewidert ab. Friedrich ist Vegetarier – seine Eltern nicht. Friedrichs Schwester Luise ist immerhin schon sechs Jahre alt und ebenfalls Vegetarierin. Begonnen hat alles damit, daß Luise

bemerkt hat: Fleisch essen bedeutet gleichzeitig auch, Tiere zu essen. Friedrich und Luise kennen sich mittlerweile aus. Wochenlang haben sie bei jedem Lebensmittel nachgefragt. Wurde ihnen eine Karotte angeboten, folgte die Frage: »Ist da Tier drin?« Jetzt wissen sie es: Weder in Paprika, Karotten, Äpfeln noch in Zucchini »ist Tier drin«. In Kotelett, Schnitzel, Würstchen, Schinken, Leberwurst und Mortadella aber schon.

Das erste Schockerlebnis für Friedrich war Gelbwurst. Der Gelbwurst-Fan konnte nicht glauben, daß in so etwas Leckerem »Tier drin« sein sollte. Als ihm seine Mutter erklärte, daß er gerne die Gelbwurst essen könne, daß aber Wurst eindeutig Fleisch sei, kam er ins Grübeln. Er entschied sich für die Gelbwurst. Nachdem ihm seine Mutter das Brot geschmiert hatte und es auf seinem Teller lag, konnten die Wilachs an Friedrichs Gesicht erkennen, wie der damals Dreijährige mit sich kämpfte.

»Er tat mir richtig leid«, erzählt Marie Wilach. »Er sah mich ernst an, schob mir den Teller wieder hin und sagte traurig ›Ich will kein Tier‹.« Seit diesem Tag hat Friedrich nie wieder Gelbwurst gegessen.

Auch beim Einkaufen wird der Vierjährige mittlerweile radikaler. Bei jedem Griff in die Kühltheke fordert er: »Kein Tier kaufen!«, und auch freundliche Metzgereiverkäuferinnen sind überrascht von der Reaktion des Dreikäsehochs, wenn sie ihm eine Scheibe Wurst anbieten. Er sieht sie vernichtend von unten herauf an und sagt bestimmt: »Ich esse kein Tier!«

Von Thomas Wolff

Die »Welt am Sonntag« fragt sogenannte Promis zum Ausspruch von Bundeskanzler Gerhard Schröder: Gibt es eine Pflicht zum Fleiß?

Hier mein Statement:

Meine Antwort ist: Ja! Ich finde die heutige Spaßgesellschaft, die immer nur die Hand aufhält und nicht gibt, unerträglich.

Gerhard Schröder hat recht. Nicht Recht zur Faulheit ist in unserer Gesellschaft angesagt – das geht immer auf Kosten der anderen –,

sondern Pflicht zum Fleiß. Und so eine Haltung kann sogar Spaß machen.
Es gibt so viel zu tun – aber die Leute sind arbeitslos! Man kann nicht immer nur das tun, was man am liebsten täte, sondern auch das, was die Gemeinschaft braucht. Wenn jeder das macht (und vielleicht noch etwas mehr, als unbedingt nötig), haben wir das Paradies, hier und jetzt.

Sommer 2002: Die Leiden einer (nicht mehr ganz jungen) Möchtegern-Veganerin (frei nach Goethe)

(Aus meinem Buch »Essen wir uns gesund«)

Spargelzeit!
Unvorstellbar, daß ich dieses mein Lieblingsgemüse, dem zu Recht gern als Königin der Gemüse geschmeichelt wird, Äonen her mit Schinken oder gar einem Steak verspeist habe.
Nach der Wende zur vegetarischen Ernährung blieb dann die Sauce Hollandaise übrig oder die zerlassene Butter und der geriebene Parmesan.
Schmeckt ja auch lecker. Aber zunehmend sensibilisierter fängt der Mensch an zu grübeln: Sollte aus dem Ei statt Holländischer Sauce nicht eigentlich ein Hühnchen krabbeln?
Als sich auf meinem ehemaligen Bauernhof entzückende frisch geschlüpfte Küken tummelten, war gerade der Musikwissenschaftler Marcel Prawy zu Gast. Seine Begleiterin betrachtete fasziniert die gelben Federbällchen und bemerkte entsetzt: Und so etwas essen wir als Rührei!
Von Hitchcock wird erzählt, er habe Blut, das er ja in seinen Filmen üppig fließen ließ, appetitlich, ein Ei hingegen eklig gefunden.
Wenn ich heute höre, daß ein Großbauer 500 000 Hühner in Freilandhaltung – immerhin – hält, eigentlich zu begrüßen, erhebt sich doch die Frage, was aus all den vielen ebenfalls zur Welt gekommenen männlichen Küken wird!
Für Veganer heißt es also: Gar kein Ei mehr – für die anderen: Weniger Eier, mehr Klasse statt Masse, und wenn schon Eier, dann von frei laufenden Hühnern.

Wie gesagt, Spargelzeit. Wenn ich vegan essen will, kommt die Holländische Sauce auch nicht mehr in Frage, keine zerlassene Butter, kein geriebener Parmesan. Soll ich jetzt warmes Öl über den Spargel gießen? Hört sich nicht so toll an.
Alte Gewohnheiten sitzen fest und tief. Angeblich braucht es zwei Generationen, um Irrtümer auszumerzen …

Aber sieh mal einer an, was lese ich denn da in der »Welt am Sonntag«?

Unter der Überschrift »Harter Käse – weiche Knochen« bringt sie am 19. März 2002 einen Beitrag zum Problem Tiereiweiß und Osteoporose. »Unser Essen saugt uns die Substanz aus den Knochen. Zu viel Fleisch, weißes Getreide und Milchprodukte lassen im Körper Säure entstehen – Säure, die der Organismus mit Knochenmaterial neutralisieren muß. Basen, die chemischen Gegenstücke dazu, werden bei der Verdauung von Obst und Gemüse freigesetzt …«
Na also!

Januar 2002: Warum ich in »BÜNDNIS 90/DIE GRÜNEN« eintrete

Furchtbar ist es zu töten.
Aber nicht andere nur; auch uns töten wir
wenn es nottut,
da doch nur mit Gewalt diese tötende
Welt zu ändern ist, wie
jeder Lebende weiß.
(Bert Brecht in »Die Maßnahme«)

Auch wenn es bisher vielleicht so war, muß es so bleiben?
Der Afghanistankonflikt hat mich als überzeugte Pazifistin in eine schwere Krise gestürzt. Wie vorher der Krieg im Kosovo.
1968 bereits bin ich in München gegen die Wiederbewaffnung Deutschlands mitmarschiert, habe später in Mutlangen gegen die Pershing-Raketen, in Wackersdorf gegen die Wiederaufbereitungsanlage demonstriert und immer wieder gegen Atomkraft, im Vertrauen in das Mutlanger Credo »Das weiche Wasser bricht den Stein«.

Ich war dabei, als die Grünen ins Parlament einzogen, war mit Petra Kelly befreundet, die ich gelegentlich zu ihren Wahlveranstaltungen begleitete, habe vor Freude geheult, als die rot-grüne Regierung zustande kam. Dann der Kosovokrieg und jetzt die – wenn auch kritische – Solidaritätserklärung an einen durch fragwürdige Machenschaften an die Regierung gelangten Präsidenten, der den Klimaschutz verhindert, das Verbot der Landminen boykottiert, an einen Präsidenten, der die Todesstrafe verteidigt.

Sind das noch »meine« Grünen?

Daß dem, was einige Verbrecher der Welt antun, immer wieder antun, mit Pazifismus nicht beizukommen ist, sondern nur mit Gewalt, will ich nach wie vor nicht glauben. Der jahrhundertealte Glaubenssatz ist falsch, der da behauptet: »Wenn du den Frieden willst, bereite den Krieg vor.« Das funktioniert nicht, hat nie funktioniert. Wer den Krieg vorbereitet, erntet den Krieg. Umgekehrt könnte es gehen: »Wenn du den Frieden willst, bereite den Frieden vor.«

Zur Rechtfertigung militärischer Gewalt wird zwar behauptet, ohne den Kosovokrieg wäre Milosevic immer noch in Amt und Würden, auch das Hitlerregime hätte nur mit Waffengewalt beendet werden können, und – makaber – wiederum habe nur Waffengewalt es vermocht, das Ende der Taliban-Regierung herbeizuführen und den afghanischen Frauen ihre Menschenwürde zurückzugeben.

Mich überzeugen diese Argumente nicht. Terrorismus ist nicht mit Waffengewalt zu bekämpfen. Die Ursachen müssen beseitigt werden. Wenn Bin Laden sagt, die Amerikaner werden nicht ruhig schlafen, so lange die Palästinenser nicht ruhig schlafen können, so verstehe ich ihn. Und wer hat diesen Vertreter des »Bösen« (vor kurzem war dies noch die Sowjetunion) denn großgemacht, wenn nicht die USA?

»Man kann die Probleme nicht mit den Denkweisen lösen, die zu ihnen geführt haben« (Albert Einstein).

Neue Denkweisen sehe ich nur bei den Grünen.

So schmerzlich die Wende der Grünen weg vom Pazifismus zur Zeit auch scheint oder ist: Welche Alternative bleibt uns? Ich will nicht, daß die Grünen von Parteien abgelöst werden, die bisher alle Fortschritte in Umwelt- und Tierschutz verhindert haben und weiter verhindern werden, wobei sich besonders die C-Parteien hervorgetan haben. End-

lich rückt der Atomausstieg näher, macht der Schutz von Verbrauchern, Umwelt und Tieren Fortschritte. Noch vor kurzem habe ich mich resigniert vor dem Bundesrat in einen Käfig gesetzt, um gegen die Käfighaltung der Hühner zu protestieren – dank Renate Künast ist ein Verbot der Käfighaltung in Sicht!
Ich will, daß die Grünen in der Regierung bleiben, auch weil ich finde, daß sie diese schwere Entscheidung verantwortungsvoll gemeistert haben. Und darum trete ich ein in Bündnis 90/Die Grünen.
Auch in der Hoffnung, als Mitglied dieser Partei zu einer Rückkehr zu den pazifistischen Werten beitragen zu können.

Barbara Rütting

März 2002: Tierschutz ins Grundgesetz – jetzt!

Diese Forderung ist es, die tierliebenden Menschen quer durch Deutschland heute am Herzen liegt, für die sie auf die Straße gehen.
Die Initiatoren der Initiative, »Deutscher Tierschutzbund e.V.« und »Bundesverband der Tierversuchsgegner Menschen für Tierrechte e.V.« können sich einer nie dagewesenen Unterstützung durch die Bevölkerung sicher sein. Wir spüren es bei unseren Informationsveranstaltungen, wie empört die Menschen über die Zustände sind, in denen Tiere dahinvegetieren müssen, ob Käfighaltung der Hühner, Massentierhaltung, Tiertransporte – von uns Steuerzahlern subventioniert! –, empört aber auch über die Tatenlosigkeit und nicht eingehaltenen Versprechen »unserer« Politiker, die immer wieder wirtschaftlichen Interessen einen höheren Rang einräumen als dem Schutz der Tiere – die wie wir Freude und Schmerzen empfinden und die wir vor Qualen schützen müssen.
Warum ist es so wichtig, daß der Tierschutz als Staatsziel im Grundgesetz verankert wird?
Wasser, Luft und Nahrung sind zumindest theoretisch durch das Grundgesetz geschützt, nicht aber das Tier.
Die Freiheit der Wissenschaft ist geschützt, die Freiheit der Kunst ist geschützt, die Freiheit der Religionsausübung geschützt – nicht aber das Tier.

Im Namen der Freiheit der Wissenschaft, der Freiheit der Kunst und der Freiheit der Religionsausübung dürfen unseren tierlichen Mitgeschöpfen – ganz legal! – die schlimmsten Qualen und Torturen zugefügt werden. Im Namen der Freiheit der Wissenschaft darf ein Forscher Affenkindern die Augen zunähen, um dann irgendwann einmal die Nähte wieder zu entfernen und zu dokumentieren, ob und in welchem Grad die Augen gelitten haben, um nur ein Beispiel zu nennen.

Im Namen der Freiheit der Kunst darf eine »Künstlerin« während ihres Events einen Wellensittich in eine Masse aus Eigelb und Wurststückchen tauchen, um ihn flugunfähig zu machen, gar nicht zu reden von einem anderen »Künstler«, der eine Kuh schlachtete und die Teilnehmer seines »Mysterienspiels« sich in deren Blut und Gedärmen wälzen ließ.

Im Namen der Freiheit der Religionsausübung erhält ein muslimischer Metzger die Ausnahmegenehmigung, Schafe ohne Betäubung zu schächten (und zwar aus Wettbewerbsgründen!), was in Deutschland bisher verboten war.

Und wo bleibt der Tierschutz? fragt nicht nur der Deutsche Tierschutzbund, fragen sich viele Menschen, die noch nicht total abgestumpft und resigniert sind angesichts der nicht endenden Leiden der Tiere, nicht willens, diese mittelalterlichen Praktiken länger hinzunehmen.

Aber: »Die Quittung für der Tiere Qual gibt es bei der nächsten Wahl!« Kann es geben, muß es geben. Und diese Wahl steht im Herbst bevor. Wir alle sind aufgefordert, unsere Kräfte zu bündeln, um durch unser Wahlverhalten eine Änderung der unerträglichen Zustände zu erreichen. Und die dringlichste Forderung lautet: Tierschutz als Staatsziel ins Grundgesetz!

Allerdings sollten wir auch unser Verhalten als Verbraucher überdenken. Nur wenn wir bereit sind, für ein Ei von frei laufenden Hühnern, für Fleisch – wenn es denn schon sein muß – von einigermaßen artgerecht gehaltenen Tieren mehr zu zahlen nach dem Motto »Klasse statt Masse«, werden unsere Tiere in Zukunft einigermaßen würdig leben können. Das erfordert Aufklärung und Disziplin. Aber immer mehr besonders junge Menschen sind sich dieser Verantwortung bewußt.

Ich bin sehr hoffnungsvoll. Diesmal wird es uns gelingen, daß der Tierschutz im Grundgesetz verankert wird.

Vorwort für »The Path of Meditation«

Eine Freundin, die als Kind von Adventisten missioniert wurde, meinte angesichts der Osho-Fotos in meiner Wohnung: Das ist ja Götzenanbetung!
Mein Sannyasin-Sein löst immer wieder erstaunlich heftiges Befremden aus, Ablehnung, Angst. Häufig bekomme ich zu hören: Ich will von keinem Guru abhängig sein!
Aber auch große Neugier ist zu spüren: Irgend etwas muß dran sein an der Sache, wenn eine, die ja eher zur Schwermut neigt und am Leben leidet wie die Barbara/Taruna, zunehmend gut drauf ist.
Was ich durch Osho kapiert habe: Daß es gilt, Zorbă UND Buddha zu leben, um ganz zu werden, um heil zu werden, daß wir die Stille brauchen, aber auch den Trubel des Marktplatzes.
Mir scheint, daß manche Leute in die Welt geworfen sind, um Menschen zur Erleuchtung zu verhelfen, andere, um ihnen eine gute Suppe zu kochen. Ich begreife mich in dieser Inkarnation zunehmend als zorbăsche Suppenköchin auf dem Marktplatz.
Lernhilfen von Osho: »Wann immer du Zeit hast, sinne über Wahrheit, Gutes und Schönheit nach. Und immer, wenn du im Begriff bist, etwas zu tun, werde dir bewußt, ob du in Einklang mit der Wahrheit, mit dem Guten und der Schönheit handelst oder dagegen. Wenn das Gegenteil der Fall ist, dann halte sofort an und gib den Gedanken keine Nahrung mehr. Sie schaden dir nur, sie ziehen dich herunter und zerstören dein Leben. Sei dir also bewußt, welche Art von Gedanken du hast, und lenke sie mutig, entschlossen und beharrlich in Richtung Reinheit und Wahrheit.«
Vermutlich könnten wir tatsächlich alle im Himmel leben statt, wie die meisten von uns, in der Hölle.
Ein weiterer Osho-Tip: »Tue jeden Tag ein oder zwei Dinge, für die du nichts zurückbekommen willst ... das sind die Handlungen, die aus Liebe geschehen. Sie werden deine Liebe stärken und deine Freundlichkeit wird immer mehr wachsen ... du mußt deinem Leben eine Disziplin geben, um dich auf den höchsten Augenblick vorzubereiten, wo du deine Liebe über die ganze Welt ausdehnen kannst. Doch dazu

bedarf es einiger Anstrengung. Mache also jeden Tag etwas Liebevolles.« Freundlichkeit, Mitgefühl, Fröhlichkeit und Dankbarkeit, das sind die Tugenden, an denen wir hauptsächlich arbeiten sollen.
»Traurigkeit ist nur eine Angewohnheit, die du dir zugelegt hast. Genausogut kannst du dir Fröhlichkeit angewöhnen ... Das Leben muß in Lachen verwandelt werden. Das Leben und selbst der Tod müssen zu einer Freude werden.«
Und Osho erzählt auch die Geschichte eines bei seinen Zeitgenossen wegen seines heiteren, immer glücklichen Wesens besonders beliebten Heiligen. Dieser schickte sich an, seinen Körper zu verlassen, sang ein Lied und meinte: »Legt meinen Körper mitsamt den Kleidern auf den Scheiterhaufen und wascht ihn vorher nicht!«
So wurde er mitsamt seinen Kleidern verbrannt. Er hatte Feuerwerkskörper in den Kleidern versteckt, die alle anfingen zu explodieren. Sein Scheiterhaufen wurde zu einem Festplatz! Die Leute lachten und sagten: »Er hat uns zu Lebzeiten immer zum Lachen gebracht, und er bringt uns auch im Tod noch zum Lachen!«
Als ehemalige Schauspielerin kann ich da nur bewundernd feststellen: Was für ein Abgang!

26. September 2002: Fax an Claudia Roth und Renate Künast Bündnis 90/Die Grünen

Liebe Claudia Roth und liebe Renate Künast,
zuerst einmal ganz großen Glückwunsch zum Wahlergebnis. Phantastisch! In letzter Minute habe ich noch der FDP ein halbes Dutzend Leute abspenstig machen können.
Und nun eine Frage: Könnt Ihr mich irgendwie in der neuen Regierung brauchen? Wovon ich wirklich etwas verstehe, ist die Ernährung und damit Gesundheit der Menschen (ich bin ausgebildete Gesundheitsberaterin).
In Deutschland werden bekanntlich jährlich 75 Milliarden Euro (!) für die Behandlungen ernährungsbedingter Krankheiten aufgewendet, Krankheiten also, die durch eine vernünftige Ernährung zu verhindern, zu heilen oder zumindest zu lindern sind. Die Kosten im

Gesundheitswesen könnten durch gezielte Aufklärung drastisch gesenkt werden, und die Ernährung ist ja, wie wir wissen, durchaus nicht nur Privatsache, sondern auch ein Politikum – durch die Art, wie ich mich ernähre, trage ich mit dazu bei, ob diese Erde zugrunde geht oder doch noch zu retten ist.
Was ich bisher als Einzelkämpferin getan habe, würde ich – falls Ihr dies wollt – gern in Eure Arbeit einbringen. Vielleicht fällt Euch dazu etwas ein.
Wie auch immer, viel, viel Glück und eine dolle Umarmung, Ihr wunderbaren Frauen.

Eure Barbara Rütting

2003: Rede bei einer Anti-Irak-Demo in Rosenheim

Liebe Freundinnen und Freunde!
Krieg ist Krankheit – keine Lösung! Sagt der katholische Theologe Eugen Drewermann. Erst recht ist ein Angriffskrieg keine Lösung, wie ihn Präsident Bush jetzt vorhat – obwohl der überwiegende Teil der Weltbevölkerung diesen Krieg nicht will.
Kein Kind, keine Mutter, kein Vater will Krieg gegen andere Familien! Krieg bedeutet Hunger, Armut, Tod!
Ein sogenannter »Präventivschlag« ist zudem eine schwere Verletzung des Völkerrechts. Dennoch sind die USA dazu bereit. Man spricht bereits von einem Imperium Americanum, einem amerikanischen Imperium – und ganz locker auch noch nebenbei, daß ein solcher Krieg ca. 500 000 Tote kosten wird. Kinder, Väter, Mütter, Familien. All dies wird so angeregt und vergnügt kommentiert, als handele es sich um ein Spiel am Computer.
Man wirft uns von der Friedensbewegung gern vor, daß wir naiv seien. Es ist im Gegenteil naiv anzunehmen, daß durch einen solchen Präventivkrieg Terroranschläge zu verhindern seien. Im Gegenteil, sie werden erst recht stattfinden. Schon jetzt müssen sich die Länder, die einem Krieg zustimmen, bis an die Zähne schützen. Da boomt der Verkauf von Gasmasken und Impfstoffen gegen Pockenviren, die Pharmaindustrie kann sich die Hände reiben. Bin Laden soll einmal gesagt haben,

kein Amerikaner wird ruhig schlafen können, so lange nicht auch jeder Palästinenser ruhig schlafen kann. Und wie kann dieses Ziel erreicht werden, daß jeder Mensch in der ganzen Welt ruhig schlafen kann? Indem nicht Symptome bekämpft werden, sondern die Ursachen ausgeschaltet werden, nämlich die ungerechte Verteilung von Lebensgrundlagen, indem es Wirklichkeit wird: Waffen zu Pflugscharen … Ausgerechnet der Präsident der Vereinigten Staaten spielt sich als Gutmensch und als Kämpfer gegen das Böse auf. Der Präsident, der immer wieder das Verbot der Landminen verhindert, der das Kyotoabkommen boykottiert. Amerika verbraucht die meisten Ressourcen! Wenn nicht endlich eine gerechtere Verteilung der Weltgüter erreicht wird, wenn die Reichen immer reicher werden und die Armen immer ärmer, dann geht es bei den Kriegen im nächsten Jahrhundert nicht mehr um Öl, wie in diesem Irak-Krieg, sondern um Wasser. Wasser wird zur Waffe. Während des Golfkriegs drosselte die Türkei den Wasserzufluß zum Irak ab. Davon wurden Millionen irakischer Bauern betroffen. Schon jetzt ist in vielen Ländern Wasser ein Luxusgut geworden. In der südirakischen Hafenstadt Basra kostet ein Liter Trinkwasser bereits fünfzigmal soviel wie ein Liter Benzin!

Ich war noch ein junges Mädchen, da wurde mir schlagartig klar, wie Kriege gemacht werden. Sie werden gemacht! Damals wurde ein berühmter Reporter – ich glaube, es war Hemingway – nach Kuba geschickt, um über die dortigen Unruhen zu berichten. Er kabelte zurück: Es gibt in Kuba keine Unruhen, ich komme wieder nach Hause. Darauf kam die Nachricht: Bleiben Sie in Kuba – für die Unruhen werden wir sorgen!

So werden Kriege gemacht, die immer auf dem Rücken der unschuldigen Menschen ausgetragen werden, ganz egal ob es sich um Kriege wie in diesem Fall um Öl oder um Kriege im Namen Gottes handelt.

Ich stelle mir gerade die Mütter vor, die dann an den Flughäfen die Särge ihrer toten Männer, Brüder und Söhne in Empfang nehmen. Als ich ein Kind war, hieß es: Gefallen für Führer und Vaterland, in stolzer Trauer. Manche Mütter haben stolz um vier tote Söhne trauern dürfen. Und ich frage mich jetzt, liebe Frauen: Warum schaffen wir es nicht, unsere Männer von diesem Wahnsinn abzubringen? Warum haben wir das in all den Jahrtausenden nicht geschafft?

Erinnert ihr euch noch an Mutlangen? Da haben wir Blockaden gegen die Pershings, gegen die amerikanischen Massenvernichtungswaffen durchgeführt. Mit Erfolg! In Mutlangen sind sie irgendwann verschwunden, aber woanders existieren sie nach wie vor, die Massenvernichtungswaffen. Und sind denn Atombomben keine Massenvernichtungswaffen? Waren die Bomben auf Hiroshima und Nagasaki keine Massenvernichtungswaffen? Und womit die USA Vietnam verseucht haben, waren das keine Massenvernichtungswaffen?

Alle großen Fortschritte sind nur dadurch entstanden, daß irgend jemand ein bißchen mehr tat, als er oder sie eigentlich müßte. Hören wir auf mit dem Gejammer, wie schlimm alles ist! Hören wir auf, immer wieder die Hilfe von woanders, von anderen zu erwarten und zu fordern! Tun wir etwas mehr, als wir eigentlich müßten, jede und jeder von uns.

Denn: Wenn viele kleine Menschen an vielen kleinen Orten viele kleine Schritte tun, dann ändert sich die Welt Aber nur dann!

Also, tun wir sie, die kleinen Schritte. Und unterstützen wir noch mehr als bisher die Politiker, die dem ganzen Wahnsinn die Stirn bieten und dabei bleiben:

Kein Krieg im Irak – nie wieder Krieg!

1. März 2003: Rede bei der Anti-Nazi-Demo in Bernau am Chiemsee

Liebe Mitmenschen – wo auch immer Ihr steht, ob links, rechts oder in der Mitte! Eine Bitte: Laßt uns diese Veranstaltung friedlich über die Runde bringen, ohne Gewalt. Gewalt erzeugt nur Gegengewalt, wir wissen es doch alle. Ich wende mich hier überwiegend an diejenigen unter euch, die immer noch glauben, Adolf Hitler sei ein guter Mensch gewesen, ein großer Führer – und er habe sein Volk geliebt.

All das habe ich auch einmal geglaubt. Ich habe mich lange dagegen gewehrt einzusehen, wie infam wir, das Volk, belogen worden sind.

Liebe Freunde, bitte informiert Euch über die wirklichen Tatsachen! Besonders, die hergekommen sind, um Friedhelm Busse aus dem Gefängnis zu befreien. Ich habe eben den Bericht eines früheren RAF-

Mitglieds gelesen, also einer Terroristin der linken Szene. Diese Frau war beteiligt am Mord an einem deutschen Bankier. Sie hat während der Verbüßung ihrer Haftstrafe das Falsche ihres Tuns eingesehen und ist heute Friedensarbeiterin im Kosovo!

Ich wünsche mir, daß Friedhelm Busse – er sitzt zur Zeit in der Bernauer JVA ein und ist Anlaß des Neonazi-Aufmarschs – seine Haftstrafe ebenso nutzt. Er ist 1929 geboren, zwei Jahre jünger als ich. 1944 meldete er sich freiwillig nach zwei Jahren Adolf-Hitler-Schule zum Volkssturm. So weit kann ich ihm sogar folgen. Denn auch ich war damals bereit, für meinen »geliebten Führer« mein Leben zu opfern.

Wenn er aber heute noch Andersdenkende »in besondere Örtlichkeiten« bringen will, die Verbrechen der Nationalsozialisten öffentlich billigt, die Gründung der Bundesrepublik als kriminellen Akt bezeichnet und die Wiedereinsetzung der NS-Diktatur fordert, so ist das eben Volksverhetzung. Ob jemand Terrorist wird, ob Linksextremist oder Rechtsextremist – die Wurzeln scheinen immer die gleichen: nämlich die durchaus berechtigte Unzufriedenheit mit der Weltordnung oder richtiger mit der Unordnung. Die Unzufriedenheit damit, daß die Reichen immer reicher und die Armen immer ärmer werden, keine Arbeitsplätze und keine Zukunftsaussichten da sind, die Tatsache, daß die sogenannten Mächtigen uns vormachen, wie man am besten betrügt, und daß Ängste vor den »anderen«, den Fremden, bewußt und künstlich geschürt werden. Laßt uns einen ganz neuen Weg miteinander versuchen, liebe Freunde. Ängste und Aggressionen sind ganz normal und gehören zum Leben. Aber wir haben nicht gelernt, mit Ängsten und Aggressionen umzugehen. Laßt uns uns bewußtmachen, daß wir Ängste haben, Ängste davor, daß andere, Fremde, in unser Land kommen und uns unsere Arbeitsplätze wegnehmen könnten, uns ihre Kultur aufpfropfen könnten, ihre Religion.

Laßt uns an einer Kultur des Miteinander arbeiten. Wir sind überhaupt nicht gleich, das ist vielleicht das größte Mißverständnis, wir sind alle so ungeheuer verschieden! Laßt uns dieses Anderssein akzeptieren! Das ist doch spannend und gibt allen von uns unglaubliche Entwicklungsmöglichkeiten! Laßt uns doch diese Chance nutzen und gemeinsam an einer besseren Welt arbeiten.

Wenn wir das nicht schaffen, gehen wir alle zugrunde. Ich jedenfalls gebe die Hoffnung nicht auf, daß dies gelingt.
Ich danke Euch, daß Ihr mir zugehört habt.

20. Februar 2003: Heftiges Gedrängel um die sicheren Listenplätze sorgt für Nervosität unter Oberbayerns Grünen

Nervös, das beteuern sie alle, seien sie nicht. Es werde, hofft einer, »schon gutgehen«. Ein treuherziges Bekenntnis. Denn für einige steht die Existenz auf dem Spiel, weshalb die trotz aller Beteuerungen grassierende Nervosität nachvollziehbar ist: Wenige Wochen vor der Aufstellung der Oberbayernliste für die Landtagswahl herrscht bei den Grünen heftiges Geschiebe und Gedrängel um die aussichtsreichsten Plätze.
Derzeit sitzen fünf Grüne aus Oberbayern im Maximilianeum. Im Alpengürtel hatte die Öko-Partei 1998 7, 2 Prozent der Stimmen eingefahren – für das CSU-Stammland ein gutes Ergebnis. Da der Landtag mit der Wahl im September verkleinert wird, würde es jedoch nur für vier Mandate, mit ein wenig Glück für vielleicht fünf reichen.
Daher gelten nur die ersten fünf Listenplätze als wirklich aussichtsreich. Nach dem derzeitigen Stand bewerben sich vier Frauen und sechs Männer um eine dieser Top-Positionen. Die Frauen haben es dabei vergleichsweise kommod. Die Spitzenkandidatur ist traditionell für sie und damit für Landeschefin Margarethe Bause reserviert. Danach geht es im strengen Reißverschlußprinzip weiter. Für die Positionen drei und fünf werden die Abgeordneten Theresa Schopper (München), Susanne Tausendfreund (München-Land) und Ruth Paulig (Starnberg) ins Rennen gehen.
Eine wird dabei – das ist jetzt schon klar – auf der Strecke bleiben und vermutlich auf dem undankbaren siebten Wackelplatz landen. Zudem bekommen die drei Konkurrenz von der früheren Schauspielerin Barbara Rütting, die in Rosenheim-West auf Stimmenfang geht. Die 75-jährige Autorin gilt in Tier- und Umweltschutzkreisen sowie unter Friedensaktivisten als überaus populär – und zwar über Parteigrenzen

hinweg. Das macht Rütting zu einer gefährlichen Konkurrentin auf der Überholspur, die von einem der hinteren Plätze zum Sprung nach vorne ansetzt und damit alte Hasen rauskegeln könnte.

Donau Kurier

Sommer 2003: Brief an alle meine vernachlässigten Freunde

Wie ihr wißt, war ich nie eine große Briefschreiberin und Telefoniererin schon gar nicht. Aber dieser Sommer war besonders heftig und ist es immer noch – die Grünen haben mich nämlich als Kandidatin für die Landtagswahl am 21. September aufgestellt, und ehe ich es mich versah, war ich auf Platz 9 der Kandidatenliste. Also, wenn ich Pech habe, komme ich noch in den Landtag!!!

Da es nun einmal ist, wie es ist, erledige ich die Sache mit der mir eigenen Inbrunst, aber dennoch gelassen, da ich ja nicht auf einen Posten aus bin, sondern Inhalte vermitteln möchte – als Landtagsabgeordnete kann ich das vermutlich mit mehr Nachdruck. Wenn es also sein soll, wird es sein – Que serà serà …

Von Euch, die Ihr in Oberbayern wohnt, hätte ich natürlich gern Eure Stimme. Ich kann als Direktkandidatin in Rosenheim-West mit der Erststimme, in ganz Oberbayern, also auch in München, mit der Zweitstimme gewählt werden, die genauso zählt wie die Erststimme!

Sollte ich reinkommen, gibt es ein rauschendes Fest.

Liebe Grüße Euch allen und Umarmung, wenn gewünscht …

Eure Barbara Rütting

Juni/Juli 2003: Begegnung mit Barbara Rütting
Lebensfreude wieder entdecken

Im Mai getroffen habe ich die Kandidatin der Grünen im Stimmbezirk Rosenheim-West für die Bayerische Landtagswahl diesen Herbst, Barbara Rütting. Vielleicht ist sie demnächst – mit ihren heute 75 Jahren – Abgeordnete des Bayerischen Landtags. Ihre Chancen stehen nicht schlecht. Und daß sie dann in ihrem Alter und bei ihrem Leben eine

Jungfernrede halten wird – so heißt ja nach parlamentarischem Brauch die erste Rede –, würde sie amüsieren.
Wie paßt so viel Aktivität in ein einziges Leben hinein? Und wie kommt dabei ein Mensch heraus, der alles andere als gestreßt und abgekämpft wirkt? Man kann das Wichtigste in zwei Worten sagen: echt sein. Oder auch: authentisch sein. So sein, wie man ist – was gar nicht so leicht ist, weil eine innere und viele äußere Stimmen uns zeitlebens sagen, wie wir sein sollen, sein wollen oder sein wollen sollen.

Warum über etwas klagen, sich beklagen, sich beschweren für unsere Seele noch nicht die beste Medizin ist, zeigt Barbara Rütting an einem kleinen Beispiel aus ihrem Leben. »Ich sitze an einem prächtigen Sommertag im Garten, die Zweige des Kirschbaums über mir biegen sich unter der Fülle der sich zart rosa färbenden Früchte, die Amseln jubilieren, Rosen und Jasmin duften um die Wette, die Katerchen streichen liebevoll um meine Beine, die Hunde räkeln sich wohlig in der Nachmittagssonne, ein Bilderbuchhimmel. Ich bin gesund, habe ein trockenes Bett und genug zu essen ... Und dennoch stürzen mir plötzlich Tränen wie glühende Lava aus den Augen. Ich lasse sie fließen. Nicht ›Nun wein' doch nicht so‹ ist angesagt, sondern ›Nun weine mal ordentlich‹. Endlich.«
Warum weint sie?
Barbara Rütting kann es rekonstruieren. Sie beschäftigt sich im Garten mit dem Phänomen des Lachens – beschrieben in ihrem Buch »Lachen wir uns gesund« –, und dann gehen ihr Dinge durch den Kopf, die sie in der Zeitung gelesen oder die ihr sonstwie an die Nieren gegangen sind: »Ich weine um den kleinen Hasen, der unbemerkt im zugigen Käfig krank geworden und gestorben ist; um den aus dem geparkten Auto gestohlenen, im Wald zu Tode gefolterten Hund und die Kinder, die ihn liebten und jetzt trauern, um die Täter, die den Hund erschlagen haben, um den jungen Familienvater, der die Familie ins neue Auto zu einer Spazierfahrt einlud – die drei Töchterchen tot, die Frau schwer, er leicht verletzt im Krankenhaus; ich weine um die jungen israelischen Soldaten, die ins Gefängnis gesperrt werden, wenn sie sich weigern, Palästinenser zu unterdrücken ...«
Man muß sich das vorstellen! Da sitzt eine erwachsene Frau im Gar-

ten, Politikerin will sie werden, in den Landtag will sie einziehen, und sie heult los über ein verendetes Karnickel oder über Zeitungsmeldungen, wie wir sie täglich en masse als Augenfutter vorgeworfen bekommen. Ja, das muß man sich vorstellen, wenn man sich vorstellen will, wie unsere Welt in Palästina, in Rosenheim und out of Rosenheim menschlicher werden soll. »Ich weine um unser aller Einsamkeit, um den Mangel an Achtsamkeit füreinander und für diese Welt. Um all die vertanen, nicht genutzten Chancen zum Glücklichsein, zum Glücklichmachen.«
Haben Sie in letzter Zeit ein schöneres Wort aus dem Munde eines Politikers, einer Politikerin gehört?

Also: Mitte Mai 2003, Bernau am Chiemsee, Gasthof Alter Wirt. Hier findet eine »etwas andere« Wahlkampfveranstaltung statt: kein Plakat im Ort, kein Plakat vor dem »Alten Wirt«, kein Hinweisschild im »Alten Wirt«, dennoch ein Raum zum Bersten voll. Hübsch gedeckte Tische, vollwertige Speisekarte, die Landtagskandidatin der Grünen Barbara Rütting, 75 Jahre alt, stimmlich, körperlich und mental so fit, wie es in ihren Büchern steht, hält eine »etwas andere« Wahlkampfrede:

- den Koch im »Alten Wirt« hätte sie bei dieser Gelegenheit auf Vollwertküche eingeschworen, auch wenn noch nicht alles gleich klappt, ein wichtiger Anfang wäre gemacht;
- man sollte jetzt bestellen, danach und bis das Essen und Trinken kommt, würde sie ein paar Worte sagen;
- eine Stunde spricht sie dann über gesunde Ernährung;
- kein einziges Wort über den Wahlkampf;
- kein einziges Wort über ihre Kandidatur oder daß sie vielleicht gar gewählt werden möchte;
- kein einziges Wort über die Partei, für die sie antritt, die Grünen. Nur im Vorgespräch kam von ihr der Hinweis: »Wenn sie mich haben wollen, müssen sie sich wieder ein bißchen mehr für den Tierschutz engagieren.«

Gerade weil das übliche Wortgeklingel der üblichen Politiker fehlt (und nebenbei: überhaupt nicht vermißt wird), ist dies eine hochpolitische Rede. Vollwertnahrung für den Verstand – und keine ängstlich-laue Schonkost. Es geht ihr ums Wesentliche, ja, ums Eingemachte und damit gegen alles künstlich haltbar Gemachte – durch Ultrahocherhitzung, durch Gentechnik, durch fabrikmäßige landwirtschaftliche Produktion, durch Massen(mord)tierhaltung.

Was ist wesentlich?

Möglichst gesund leben, möglichst gesund sterben, Respekt vor der Natur haben, von der wir ja ein Teil sind, und von der wir leben. Für die Rezepte dazu: schlag nach bei Barbara Rütting.

(FLIEGE, Die Zeitschrift, gekürzt)

22. September 2003

Ich bin tatsächlich gewählt worden – mit über 15 000 Stimmen! Ein großer Teil davon sogar Erststimmen aus meinem »schwarzen« Stimmkreis. Den größten Batzen brachten dann allerdings die Zweitstimmen aus München und Umgebung, und das habe ich überwiegend den Tierfreunden zu verdanken, die von Haus zu Haus tingelten, um Wahlprospekte zu verteilen.

Am Abend vorher sah es noch ganz anders aus. Ich dachte, nun kann ich mich gemütlich zurücklehnen, es wird nichts mit dem Landtag – fast erleichtert –, schlief selig wie ein Murmeltier, während, wie ich höre, in der Münchner Grünen-Fraktion bei den Berichten über die Auszählung Entsetzensschreie zu vernehmen waren und den meisten wohl die Haare zu Berge standen, als ich deutlich aufholte. Kommentare soll es gegeben haben wie: Das darf doch nicht wahr sein!

Am nächsten Morgen ein Anruf von Bernhard Fricke von »David gegen Goliath«: Ich gratuliere! Ich: Wozu? Er: Du bist drin! Ich: Wo drin? Er: Im Landtag!

Der Warnungen gibt es viele: Entweder du resignierst und wirst verbittert – oder ein Ellenbogenmensch wie alle anderen. Das gehört nun mal zur Politik! Wenn du einen guten Antrag fünfzehnmal stellst, wird er fünfzehnmal abgelehnt, schließlich gibt ihn die CSU als ihren eigenen heraus undsoweiter.

Ich werde weder verbittert noch ein Ellenbogenmensch werden, sondern weiterhin versuchen, mit meinen Mitmenschen so sanft und liebevoll umzugehen wie nur möglich.
In die angeblich unumgänglichen Machtkämpfe werde ich mich nicht verstricken lassen, sondern unbeirrbar parteiübergreifend arbeiten, gegebenenfalls auch mal gegen die Meinung der grünen Fraktion einem guten Antrag der CSU zustimmen.
Ich behaupte, daß die Grünen ihren neuen zusätzlichen Platz im Landtag immerhin auch mir und meinen jahrzehntelangen Bemühungen um die Verbesserung von Verbraucher-, Tier- und Umweltschutz und dem Einsatz in der Friedensbewegung zu verdanken haben. Denn unter meinen WählerInnen waren nicht nur Grüne. Schließlich vertrete ich durchaus wertkonservative Inhalte im Sinne von »Hütet und bewahret die Schöpfung«.
Die vor uns liegenden Aufgaben sind zahllos, und das bei einer Zweidrittel-Mehrheit der CSU: Ausstieg aus der Atomwirtschaft, der Agro-Gentechnik, der Käfighaltung der Legehennen, Verbot von Subventionen für Lebendtransporte und von Tierversuchen, um nur einige zu nennen. Zumindest kann ich Sand ins Getriebe streuen. Wenn es mir zu bunt wird, strapaziere ich einfach das Lebensmotto meines Filmpartners Klaus Kinski: Wer mich beleidigt, bestimme ich.
Ich werde also tatsächlich fünf Jahre lang Abgeordnete der Grünen im Bayerischen Landtag sein. Ich, die ich nie »in die Politik« wollte!

6. Oktober 2003: Versöhnliche Hexe im Maximilianeum

Barbara Rütting, Exschauspielerin, Tierschützerin, Kochbuchautorin, hat viele Windungen der grünen Kultur und Politik mitgemacht. Heute leitet sie als Alterspräsidentin die erste Sitzung des frisch gewählten Bayerischen Landtags.
Millionen Tiere atmen auf, hat ihr neulich jemand geschrieben. Nicht, weil sich immer mehr Menschen vegetarisch ernähren, sondern weil sie, Barbara Rütting, jetzt für Bündnis 90/Die Grünen in den Bayerischen Landtag einzieht. Und das nicht nur als Abgeordnete und Tierschutzbeauftragte ihrer Fraktion. Heute wird die 75jährige frühere Schauspielerin

als Alterspräsidentin die konstituierende Sitzung des neu gewählten Landtags leiten. Sie sieht sich einer überwältigenden Mehrheit von CSU-Abgeordneten gegenüber, die mehr als zwei Drittel des Maximilianeums besetzt halten.

Doch solche Widerstände schrecken Barbara Rütting wenig. Seit sie ihre Film- und Fernsehkarriere vor gut zwanzig Jahren aufgab, um sich fortan in der Friedensarbeit, als Ernährungsberaterin und für den Schutz der Tiere zu engagieren, hat sie sich sowieso eine Menge anhören müssen – daß sie vorübergehend der yogi-fliegenden Naturgesetzpartei angehörte, trug einiges dazu bei. »Spinnerin« war noch der harmloseste Ausdruck, als sie sich die Haare auf Streichholzkürze stutzte und in Mutlangen gegen Pershings protestierte. Als »grüne Bio-Backtante« spottete die »taz« nach Erscheinen mehrerer Vollwert-Kochbücher, die den Dinkel-Bratling im deutschen Haushalt einführten. Jutta Ditfurth verdächtigte Rütting der Mitgliedschaft bei »rechtsextremen Esoterik- und autoritären Sexsekten«. Selbst als nun ihre Wahl in den Landtag feststand, höhnte die »Süddeutsche Zeitung« in Anspielung auf eine ihrer bekanntesten Filmrollen, daß die »Geierwally« die Herrenrunde im Landtag das Fürchten lehren werde.

Auch bei den bayerischen Grünen stieß ihre Kandidatur nicht nur auf Begeisterung, schließlich hatte sich Barbara Rütting aus der Partei zwischenzeitlich verabschiedet, weil die sich »vom Pazifismus abgekehrt« hatte. Doch die von Verbraucherministerin Renate Künast verkündete Agrarwende holte sie zurück.

Jetzt will Barbara Rütting insbesondere ihre ausgeprägte Integrationfähigkeit in den Politikalltag einbringen: »Ich kann begeistern, ich will liebevoll und sanft mit den Menschen umgehen. Ich kann sehr gut versöhnen.« Es bleibt allerdings fraglich, ob sie diese Fähigkeiten in einem Landtag anwenden darf, in dem die CSU so gut wie keine Rücksicht auf die Mini-Opposition nehmen muß. Vielleicht muß sie da eher auf ihre schauspielerischen Fähigkeiten zurückgreifen, die sie in den Fünfzigerjahren berühmt werden ließen. Nach ihrem Debüt im zu Recht vergessenen Streifen »Postlagernd Turteltaube« und diversen Heimatstreifen spielte sie bald zusammen mit Hollywood-Stars wie Kirk Douglas, etwa im Gesellschaftsdrama »Stadt ohne Mitleid«.

Einen gewissen Kultstatus verschafften ihr in Deutschland bis heute

ihre Rollen in düsteren Sechziger-Jahre-Krimis wie den Edgar-Wallace-Verfilmungen »Der Zinker« und »Neues vom Hexer«, in denen sie als mysteriöse und subtil verlockende Dunkelhaarige das perfekte Gegenstück zur den eher unschuldigen Heldinnen jener Zeit wie Karin Dor verkörperte.
Allerdings plagten sie bereits damals Zweifel an ihrer Rolle im von gnadenlosem Konkurrenzdenken geprägten Filmgeschäft. Den Wunsch, Schauspielerin zu werden, hat sie später als eine Art Flucht aus der Wirklichkeit in eine schönere Traumwelt interpretiert. Diese Sorge wird sie als Grüne im Bayerischen Landtag ganz gewiß nicht plagen. Aber vielleicht gelingt es ihr dank ihrer Prominenz und Medienwirksamkeit des öfteren, der CSU die Show zu stehlen. So wie heute.

taz

6. Oktober 2003: Meine Rede zur Eröffnung des 15. Bayerischen Landtags

Meine Damen und Herren,
hiermit eröffne ich laut § 2 Abs. 2 der bisherigen Geschäftsordnung die erste Sitzung des 15. Bayerischen Landtags und ernenne die beiden jüngsten Mitglieder, Herrn Manfred Weber und Frau Melanie Beck, zu vorläufigen Schriftführern.
Ich freue mich, dem Hausherrn, Landtagspräsident Johann Böhm, im Namen des Bayerischen Landtags für seine umsichtige Arbeit zu danken. Als Grüne ist es mir ein besonderes Vergnügen, den bayerischen Ministerpräsidenten, Herrn Edmund Stoiber, zu begrüßen. Ich begrüße Herrn Kardinal Wetter und Herrn Landesbischof Dr. Johannes Friedrich. Ich begrüße die Damen und Herren des Kabinetts der bayerischen Staatsregierung, die Fraktionsvorsitzenden, die Mitglieder des Diplomatischen Corps, die Abgeordneten des neu gewählten Landtags, besonders die 49 Abgeordneten, die neu in den Bayerischen Landtag gewählt wurden. Der Bayerische Landtag ist mit 48 Frauen wieder ein Stück weiblicher geworden. Das kann einem Parlament nur guttun.
Last not least begrüße ich die Presse. Hörfunk und Fernsehen des Bayerischen Rundfunks übertragen die Sitzung direkt.

Meine verehrten Damen und Herren, man hat mir eine sehr lange und sehr eindrucksvolle Liste von vielen weiteren und besonders zu begrüßenden Damen und Herren geschickt. Das Verlesen dieser Liste hätte aber vermutlich Ihre Geduld arg strapaziert. Ich bin sicher, daß unsere Ehrengäste aus allen Bereichen der Gesellschaft und die Freunde des Bayerischen Landtags damit einverstanden sind, wenn ich Sie hiermit alle, wirklich alle und ohne jeden Unterschied, sehr herzlich begrüße.
Ich möchte Sie jetzt bitten, sich im Gedenken an die Herren Abgeordneten Horst Heinrich und Manfred Hölzl, die während der letzten Legislaturperiode gestorben sind, von Ihren Plätzen zu erheben.
(Die Abgeordneten erheben sich)
Ich danke Ihnen.
Meine Damen und Herren – die Älteste ist eine Grüne, die beiden Jüngsten sind CSU-Mitglieder – mir kommt das recht konstruktiv vor. Wir sollten zeigen, daß alle davon profitieren, wenn junge und alte Menschen miteinander arbeiten, sich zuhören und voneinander lernen.
So heftig wir in den nächsten Jahren diskutieren werden und müssen, eines sollten wir nie vergessen: Wir sind den Bürgerinnen und Bürgern verantwortlich, die uns gewählt haben. Aber auch denen, die uns nicht gewählt haben, und wir tragen die Verantwortung für die beachtliche Zahl all derer, die gar nicht wählen wollten, weil sie den Parteien nicht vertrauen. Daran dürfen unterschiedliche politische Ziele und Prioritäten nichts ändern. Es muß möglich sein, daß wir bei unserer Arbeit für die Bürgerinnen und Bürger Bayerns hin und wieder über unseren parteipolitischen Schatten springen, ganz egal, wie schwarz, wie rot oder wie grün er ist. Sachfragen sind fast immer Machtfragen. Die beste Absicht ist belanglos, das beste Gesetz ist sinnlos, wenn man dafür keine Mehrheit findet. Aber egal, wie unterschiedlich unsere Meinungen über Sachfragen – und, ja, auch über Gesinnungsfragen – sein mögen, es ist ebendiese Auseinandersetzung, die unserem Parlament und unserer Tätigkeit hier einen Sinn gibt.
Erstmals nach dem Zweiten Weltkrieg verfügt in Deutschland eine Fraktion über zwei Drittel der Sitze im Landesparlament. Mir fallen dabei David und Goliath ein – das Bild stimmt nicht ganz: unsere Schleuder soll zwar treffen, aber nicht verletzen. Und bekanntlich beruht das Mehrheitsprinzip in der repräsentativen Demokratie dar-

auf, daß Minderheiten zu respektieren und notfalls zu schützen sind, gleichgültig, wie sehr sie einem vielleicht auf die Nerven gehen.

Daß ich heute zu Ihnen sprechen kann, verdanke ich all denen, die mich gewählt haben – und meinem Alter. Keine besondere Leistung, könnte man meinen. Alt werden allein ist vielleicht tatsächlich kein Verdienst – es kommt wohl darauf an, wie man alt wird, ob resigniert oder mit dem Mut, Neues zu wagen. Zu letzterem möchte ich meine Altersgenossen und Altersgenossinnen ermuntern. Sie gehören nicht zum alten Eisen.

Gemessen an den schmerzlichen historischen Erfahrungen, die meine Altersgenossen und ich machen mußten, gemessen am Grauen eines totalitären Regimes, gemessen am Schrecken des Zweiten Weltkriegs und an den Geburtswehen der Bundesrepublik Deutschland, ist es recht respektabel, meine ich, was wir Älteren zu einer friedlicheren Welt beitragen konnten: Die Massenvernichtungswaffen in Mutlangen sind abgezogen worden, die Wiederaufbereitungsanlage in Wackersdorf wurde verhindert, die Mauer ist gefallen. Deutschland ist Teil eines neuen, alten, friedlicheren Europa geworden.
Gerade die Blockaden in Mutlangen waren für alle, die sich wie ich stark in der Friedensbewegung engagiert haben, ein ganz wichtiger Abschnitt, ein Symbol für den Verzicht auf Gewalt und für einen anderen Umgang miteinander. Unser Motto lautete damals »Das weiche Wasser bricht den Stein«. Sanftheit, verbunden mit Durchhaltevermögen, täte hie und da auch einem Parlament ganz gut.
Es gibt bekanntlich zwei Arten von Politikern, die Realos und die Fundis – die Politologen sprechen von Profis und Puristen. Puristen wollen auch das verwirklichen, was nicht oder noch nicht machbar ist. Profis dagegen wissen genau, was durchsetzbar ist und was nicht, und sie wissen vor allem, wie man etwas durchsetzt. Gelegentlich neigen sie allerdings dazu, Notwendiges allzu schnell dem unterzuordnen, was sie für machbar, für mehrheitsfähig und bezahlbar halten. Ich meine, beide brauchen einander, wenn aus ihrem Gegensatz vernünftige Politik werden soll.

Quereinsteiger wie ich sehen manchmal parlamentarische Verstrikkungen besser als die Insider. Helmut Schmidt hat einmal auf die Frage nach der Gefährdung unserer politischen Kultur gesagt, daß die Vita der Politiker, die noch den Terror der Nazis erlitten haben, die noch den Schrecken eines von Deutschland entfesselten Krieges erlebt haben, die gehungert haben, die nicht wußten, woher sie ein Paar Schuhe nehmen sollten, wenn die einzigen durchgelaufen waren, daß sich die Vita dieser Politiker ganz erheblich von der Vita derjenigen unterscheidet, denen es im Wirtschaftswunder und danach immer besser und bessergegangen ist. Angst, Hunger und Mangel nicht am eigenen Leib gespürt zu haben, so Helmut Schmidt, könne leicht zur Blindheit gegenüber Wesentlichem führen, zu falschen Prioritäten. Es könne schließlich sogar den Umgang miteinander und damit die politische Kultur beschädigen. Gerade heute, in all den Diskussionen um das Machbare, habe ich mit vielen anderen die berechtigte Sorge, daß Notwendiges durch bloße Rentabilitätsabwägungen vom Tisch gefegt wird. Das reicht von der Kinderbetreuung über die Fragen der Kranken- und Pflegeversicherung bis zur Altenversorgung, vom Schutz der Umwelt bis zum Tierschutz. Wem es nur um Rentabilität geht, der muß schleunigst die Münchner Frauenkirche abreißen und an ihrer Stelle einen Supermarkt errichten«, hat ein kluger Kopf gesagt. Rentabilitätsdenken, meine Damen und Herren, wird vollends unerträglich, wenn es allein danach fragt, ob ein Gesetz, eine Maßnahme oder eine politische Absicht Stimmen bringt oder nicht.

Ich vermute, daß es in einem Parlament wie diesem mehr Gemeinsamkeiten gibt, als für die Bürger draußen immer erkennbar ist. Zum Beispiel die gemeinsame Sorge, daß die repräsentative Demokratie zur bloßen Parteiendemokratie verkommt. Die gemeinsame Sorge, daß die Transparenz des demokratischen Prozesses immer mehr durch parteipolitische Propaganda ersetzt wird. Die Sorge, daß eine undurchschaubare Bürokratie immer mehr bürgerliche Freiheit einschränkt und daß die Unabhängigkeit der Justiz durch parteipolitische Interessen gefährdet wird, eine Unabhängigkeit, die, wie wir alle wissen, neben der Gewaltenteilung und einer Dezentralisierung der Macht zum Fundament jeder repräsentativen Staatsverfassung gehört.

Meine Damen und Herren, vor vielen Jahren habe ich ausgerechnet als Berlinerin die Geierwally gespielt. Als ich vorgestern bei mir in Bernau meinen Müll zum Wertstoffhof brachte, gratulierten mir auch der Sepp und der Schorsch zu meinem Wahlerfolg. Der Schorsch ist zuständig dafür, daß der Müll anständig getrennt wird, und die Geierwally ist nach wie vor sein Lieblingsfilm. Und die sitzt jetzt im Landtag. Ich bin also wieder in Bayern gelandet. Hier gibt es zwar keine Geier mehr, und hoffentlich auch keine Pleitegeier, aber immerhin kreisen 90 Adler in Bayerns blauem Himmel, über einem hoffentlich auch in Zukunft grünen Land.

Ich danke Ihnen.

Dezember 2003: Die Alterspräsidentin

Ihr Steckbrief: Jahrgang 1927, Schauspielerin, Autorin, Gesundheitsberaterin, seit Oktober 2003 für die Grünen im Bayerischen Landtag und dessen Alterspräsidentin.
Ihre Philosophie: Ein pralles Leben leben, nie ausweichen.
Ihre Kritik am System: Zu viel Nehmen, zu wenig Geben.
Ihr täglicher Gedanke: »Dank an das Universum«.
Ihre Vision: Eine Gesellschaft, in der sich die Religionen nicht mehr bekämpfen und schließlich überflüssig werden.
Ihre Glücksmomente: Wenn sie in der U-Bahn von Unbekannten für ihre Arbeit umarmt wird.
Ihr Wunsch: Eine Welt frei von Gentechnik und Atomenergie – und mehr Respekt für alles, was Fell, Federn und Schuppen hat.

Münchner Ostbahnhof, Gleis 8, Schneetreiben, später Abend. Auf einem der Wartesitze eine Frau in Winterkleidung, unter der Mütze schaut weißes Haar hervor. In der Hand ein Dreiecksstück Pizza, mit Gemüse belegt, fast kalt. Szenenanweisung für ein Schauspiel? Nein, Momentaufnahme aus dem Arbeitstag von Barbara Rütting. Oft kommt sie erst gegen zehn Uhr abends aus dem Landtag, fragt sich dann am Bahnsteig: Warum tue ich das alles? Doch die Antwort hat sie schon vorher parat:

»Wenn viele kleine Leute an vielen kleinen Orten viele kleine Schritte tun, dann wird sich die Welt verändern.« Dieser oft bemühte Satz hilft ihr gegen Resignation. Und wenn der Nachtzug nach Bernau dann einfährt und die Pizza gegessen ist, dann weiß sie, daß sie auf dem richtigen Gleis ist: dem Gleis des Lebens, das sie selbst noch im Alter kurvenreich in Höhen und Tiefen führt, so daß sie am Ende ihrer Tage dann einmal sagen kann: »Bin ich froh, daß ich mich eingemischt habe.«

Derzeit mischt sich die 76jährige in den Speiseplan des Restaurants im Bayerischen Landtag ein: So viel Fleisch, und keine Vollwertkost – wie kann da gute Politik gemacht werden? Essen ist für Barbara Rütting weit mehr als den Hunger zu stillen. »Vegetarier sein ist nicht nur eine persönliche Entscheidung, es ist auch eine Einwirkung auf die Politik. Grausame Tiertransporte werden überflüssig, wenn die Gesellschaft nicht täglich nach Fleisch verlangt. Tierschutz ist Menschenschutz«, lautet ihr Postulat. Dafür erntet die grüne Abgeordnete kaum grünen Beifall.

Sich für Tiere einzusetzen mag zwar politisch korrekt sein, auf der politischen Bühne aber geht es um große und wichtige Dinge, nicht um Schweine oder Hühner. Die Quereinsteigerin Rütting hat nichts zu verlieren und will nicht nach oben, Macht interessiert sie nicht, sie will nur für ihre Ziele kämpfen. Frau Mühlegg, die Küchenchefin des Landtags, ist überrascht. Das erste Vollwertgericht habe mehr Zuspruch erfahren als erwartet. Die Schauspielerin Rütting strahlt glücklich, als hätte es gerade Zuschauerbeifall gegeben. Sie faßt nach und schlägt für April eine ganze Woche vor, mit Vollkorndinkel nach Rezepten der Hildegard von Bingen. »75 Millionen Euro«, sagt sie, »werden in Deutschland jährlich für die Behandlung ernährungsbedingter Krankheiten ausgegeben.« Sie läßt den Blick über die Tische schweifen. Deutsche Männer seien am schwierigsten, wenn es um Ernährung geht. Zum Beispiel Öl: »Für den Salat das billigste, für das Auto das teuerste.«

Für einen Flyer gegen die Käfighaltung von Legehennen ließ sie, die Landtagsälteste, sich mit einem braungefiederten Huhn im Arm fotografieren. Putzig oder radikal? Sie hebt die Speisekarte hoch: »Das ist der Raum einer Eierproduzentin: ein DIN-A4-Blatt! Käfighühner leben zu viert oder fünft in einer Käfigbox, in mehreren Etagen übereinander, ohne Tageslicht, das ist reine Folter! 84 Prozent unserer 50

Millionen deutschen Legehennen leben so.« Gestützt auf einen Entscheid des Bundesverfassungsgerichts von 1999, der diese Hühnerhaltung für gesetzeswidrig erklärte, erließ Verbraucherministerin Renate Künast eine Verordnung, die die Käfighaltung ab 2006 verbietet. Als die Bestimmung den Bundesrat passierte, feierte die Tierschutzszene, Barbara kredenzte Prosecco. Dann kam der Rückschlag: Am 28. November beschloß der Bundesrat, die Hennen im Käfig zu lassen. Sofort formulierte die Alterspräsidentin den Antrag, diesem Rückfall in die Tierquälerei nicht zuzustimmen. Er wurde von der CSU abgelehnt.

Soll man die Kämpferin für die Rechte der Tiere fragen, mit welchem Tier sie sich identifiziert? Als habe sie's geahnt, sagt sie mit ihrer klaren, vollen, redegewohnten Stimme unvermittelt: »Ich komme mir vor wie ein Maulwurf! Ich wühle und ernte Irritation. Oft bin ich halt zu früh dran. Vielleicht ist das meine Aufgabe im Leben: den Boden zu lockern für die Nachkommenden, damit diese dann darauf arbeiten können, wenn die Zeit reif ist.« Ökologisches Manifest einer Frau, die sich nicht verbiegen läßt und die ihre Tiefschläge und Niederlagen nicht schönredet – ob es um die Männer ihres Lebens geht oder um den Traum, mit anderen ein Ökodorf zu starten.

In ihrem Büro hat sie die Isomatte von Mutlangen. Für Yoga und Meditation zwischendurch und wenn ein Engpaß vor ihr liegt. Mutlangen, der US-Stützpunkt nahe Schwäbisch Gmünd, 1983 war das, die Blockade gegen die Stationierung der Pershing-II-Raketen. Erhard Eppler und Oskar Lafontaine waren dabei, Helmut Gollwitzer, Dorothee Sölle, Heinrich Albertz, Heinrich Böll, Peter Härtling, Walter Jens. Barbara saß auf ihrer Matte bei Petra Kelly, Gert Bastian und Robert Jungk. »Petra Kelly und Bob Jungk, das waren meine politischen Lehrer.« Die Friedensbewegung ist weiterhin ihr geistiges Zuhause.

Heute wird es wieder spät werden für den Maulwurf. Als verbraucher-, ernährungs- und tierschutzpolitische Sprecherin der Grünen-Fraktion, Mitglied in den Landtagsausschüssen für Umwelt, Verbraucherschutz und Landwirtschaft, außerdem Mitglied im Landesgesundheitsrat und stellvertretendes Mitglied im Gefängnisbeirat – da bleibt oft nur der letzte Zug nach Bernau.

(Natur & Kosmos)

Ein Jahr später

Das erste halbe Jahr war mörderisch. Kaum Zeit zu schlafen, kaum Zeit zu essen. Um eine bessere Lebensqualität für andere zu erreichen, bin ich angetreten – und die eigene bleibt auf der Strecke?
Nicht gut.
Man hatte mir prophezeit: Entweder du wirst verbittert in diesem Betrieb, weil du ständig scheiterst, oder du wirst ein Ellenbogenmensch wie alle anderen. Beides konnte ich vermeiden. Oder: Du mußt als Grüne einen guten Antrag 15mal stellen, 15mal wird er von der übermächtigen CSU abgelehnt, schließlich aber als eigener Antrag eingebracht und verabschiedet.
Stimmt. Und ist mir bereits passiert, jedenfalls die Ablehnung: nämlich beim Antrag für eine vollwertige biologische Ernährung der Schulkinder. Abgelehnt. Eine CSU-Abgeordnete anschließend zu mir: Sie haben ja recht, aber ich kann doch nicht dem Antrag einer Grünen zustimmen!
Ich schlug darauf im Plenum vor: Meine Damen und Herren von der CSU, dann frisieren Sie doch meinen Antrag um und geben Sie ihn als Ihren eigenen heraus!
Der Parteikonformismus ist das eigentlich Frustrierende an diesem Job. Ich werde mich gegebenenfalls darüber hinwegsetzen, von Anfang an bemüht, parteiübergreifend zu arbeiten.
Macht oder Ohnmacht einer grünen Abgeordneten im Bayerischen Landtag – eigentlich bleibt nur Sand ins Getriebe streuen. Von Macht kann keine Rede sein.
Zahllose Veranstaltungen zu den Themen Ernährung, Tier- und Umweltschutz und da speziell zur Gentechnik habe ich in den vergangenen Monaten durchgeführt, Anträge und Anfragen ins Parlament eingebracht. Ob es jedoch um den Ausstieg aus der Atomwirtschaft, aus der Agro-Gentechnik, der Käfighaltung der Hühner, den Tierversuchen, um das Verbot von Subventionen für Lebendtransporte von Tieren geht – von den sogenannten christlichen Parteien, von den unionsgeführten Ländern ist kaum Unterstützung zu erwarten, nur Widerstand.
Oder vielleicht doch, irgendwann?

Aber es gibt auch kleine Erfolge. Deshalb fängt die Arbeit an, mir Freude zu machen. Die Landtagsgaststätte führt ein inzwischen beliebtes Vollwertgericht auf der Speisenkarte. Mit Privatschulen ist die Einführung vollwertiger biologischer Ernährung der Schulkinder geplant. Eine dreitägige Ausstellung im Landtag mit Bio-Produkten fand großen Anklang, der Knüller: ein Tag mit Renate Künast – 650 begeisterte Besucher!
Ich muß nicht wiedergewählt werden, das ist mein Trumpf. Ich drohe: Wenn ihr nicht lieb zu mir seid, kandidiere ich 2008 noch einmal! Gelegentlich wird mir vorgeworfen, ich weiche die Grenzen zwischen den Parteien auf. Na wunderbar!
Mein Buch »Lachen wir uns gesund« ist ins Arabische übersetzt worden. Fehlt noch die Übersetzung ins Hebräische. In einem der Kapitel habe ich geschrieben:
»… muß insbesondere das völkerverständigende und friedensstiftende Element des Lachens hervorgehoben werden. Ein lachender Mensch schießt nicht auf einen anderen lachenden Menschen. Das wäre ja geradezu paradiesisch: Gelächter in der Knesset und bei der Hamas, gemeinsames Lachen verbindet Bosnier, Serben und Kroaten, Menschen in Rußland mit Menschen in Tschetschenien, die Fehde zwischen Katholiken und Protestanten wird einfach weggelacht … Juden, Palästinenser, Moslems, Christen, Agnostiker und Atheisten – alle vereint in einem gigantischen Gelächter … eine unrealisierbare Utopie? Durchaus nicht! Wie hat es Ben Gurion ausgedrückt: »Wer nicht an Wunder glaubt, ist kein Realist!«
Vielleicht habe ich Glück und mir bricht nicht vor Ende der Legislaturperiode das Herz. Die chinesischen Artisten kündigen ihre Darbietungen mit dem Slogan an: »Möge die Übung gelingen!« Sollte meine Übung also gelingen, so möchte ich mich von diesem Landtag mit einer kolossalen Lachmeditation verabschieden.

Und dann gehen, ohne mich noch einmal umzusehen …

Bitte beachten Sie die folgenden Seiten